职业教育全媒体系列教材

U0794102

汽车车身修复技术

主　编◎王颉平　王安安　杨玉强
副主编◎张习泉　蒋开正　邱丽娅
陈华国　毛建军
参　编◎马　泽　李　尤　范贤强
谢　芹　罗云波　邓　玺

西南交通大学出版社
·成　都·

图书在版编目（CIP）数据

汽车车身修复技术 / 王颉平，王安安，杨玉强主编
. —成都：西南交通大学出版社，2021.5（2024.1 重印）
ISBN 978-7-5643-8050-2

Ⅰ. ①汽… Ⅱ. ①王… ②王… ③杨… Ⅲ. ①汽车 - 车体 - 车辆修理 - 中等专业学校 - 教材 Ⅳ. ①U472.4

中国版本图书馆 CIP 数据核字（2021）第 107393 号

Qiche cheshen Xiufu Jishu
汽车车身修复技术

主编　王颉平　王安安　杨玉强

责任编辑　李华宇
封面设计　墨创文化

出版发行　西南交通大学出版社
（四川省成都市金牛区二环路北一段 111 号
西南交通大学创新大厦 21 楼）
邮政编码　610031
发行部电话　028-87600564　028-87600533
网址　http://www.xnjdcbs.com
印刷　四川玖艺呈现印刷有限公司

成品尺寸　185 mm×260 mm
印张　17.25
字数　396 千
版次　2021 年 5 月第 1 版
印次　2024 年 1 月第 2 次
定价　49.00 元
书号　ISBN 978-7-5643-8050-2

课件咨询电话：028-81435775
图书如有印装质量问题　本社负责退换
版权所有　盗版必究　举报电话：028-87600562

前言

PREFACE

为贯彻《国务院关于加快发展现代职业教育的决定》精神，深化职业教育教学改革，推进课程体系改革和教材建设，适应经济发展、产业升级和技术进步，培养服务区域发展的技术技能人才，遂宁市职业技术学校以王安安车身修复大师工作室牵头，组织汽车专业骨干教师及相关企业专家共同编写了本书。本书以企业调研为依托，组织专家深入研讨、论证，结合职业学校学生的学习特点，以任务的方式提炼了车身修复从业人员应具备的知识和技能。

目前，懂得汽车车身修复新技术、新工艺、新设备、新材料，具有质量意识、安全意识，已成为汽车修复技术技能型复合人才必须具备的能力。本书以项目为载体实施教学，所有项目选取科学且具有可操作性，符合该门课程的工作逻辑，能让学生在完成项目的过程中逐步提高自身的职业能力。

本书打破了传统的学科教材编写模式，是以典型工作任务、工作规程为主线，依据行业标准、国家职业标准、汽车领域 1+X 技能等级标准，将本课程的内容分解成各个知识点和技能点编写而成的。全书共分为四个项目：车身结构、车身损伤分析、车身典型板件更换及修复、前翼子板小凹陷涂装。本书适用于中等职业学校汽车运用与维修专业的教学，也可供汽车维修人员学习参考。

本书由王颉平、王安安、杨玉强担任主编，张习泉、蒋开正、邱丽娅、陈华国、毛建军担任副主编，马泽、李尤、范贤强、谢芹、罗云波、邓玺参与编写。

本书在编写过程中得到了遂宁市职业技术学校、四川职业技术学院、成都工业职业技术学院、成都石化职业技术学校的大力支持，在此一并表示感谢。

由于编者水平有限，书中难免存在不足之处，恳请广大读者批评指正。

编　者

2021 年 2 月

目录

CONTEN

项目一　车身结构

项目描述

车身碰撞修理的目的是将车辆恢复到事故前的状态。车身修理人员在对车辆进行维修时，要估算修理时所需要的零件、维修材料以及维修工作量，全面细致地做好车身修复工作。车身修理人员应能准确地识别车身及附属设备的损坏状况，并且对它们的修理或更换作出恰当的选择；必须了解车辆制造中所用的材料及这些材料对修理过程的影响。因此，作为一名车身修理人员，应该熟悉各种车身的结构及其附件，能识别车身材料，这也是车身修复的基本技能。

图 1-1　车身结构

主要学习任务

- 车身结构认知
- 车身材料认知

任务一　车身结构认知

任务描述

李先生驾驶的车型为帕萨特，在行驶过程中因粗心造成车身剐蹭，现将车开到维修站进行维修，需要你统计车身损伤的部件，现在请你安全地完成该任务。

学习目标

【知识目标】

（1）掌握车身结构的分类；

（2）掌握承载式车身、非承载式车身的特点；

（3）掌握车身的结构。

【能力目标】

（1）能参阅维修手册进行车身结构查询；

（2）能正确识别车身前、中、后部结构；

（3）能正确识别车身的覆盖件。

【素质目标】

（1）具备良好的沟通能力和表达能力；

（2）能够按照企业“7S”要求和安全生产规范进行操作；

（3）能与同学合理分工、密切合作，完成工作。

建议学时：4 学时

知识准备

轿车车身的型式是数不胜数的，但通过结构分析和形式划分，大致可分为以下几类。

一、车身结构分类

1. 按车身承载方式分类

轿车车身按承载方式可分为非承载式车身、承载式车身和半承载式车身。

非承载式车身即为有车架的车身，如图 1-2 所示。车架上有用于固定车身的螺孔以及固定弹簧的基座，车身本体悬置于车架上，通过弹性件连接，施加于汽车上的力基本上都由车架来承受。由于载荷主要由车架承受，所以这种车身的支柱一般较细，风窗玻璃也较大。

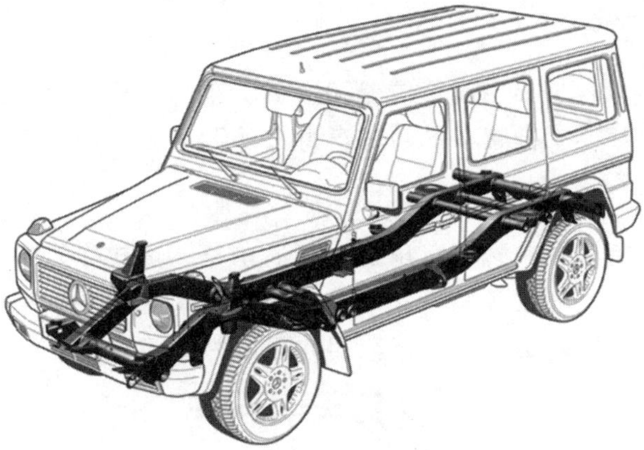

图 1-2　非承载式车身

车架承载着整个车体，发动机、悬挂和车身都安装在车架上，车身有着良好的刚性。车架的振动通过弹性元件传到车身上，大部分振动被减弱或消除，发生碰撞时车架能吸收大部分冲击力，在坏路行驶时对车身起到保护作用，因此车厢变形小，平稳性和安全性好，而且厢内噪声小。非承载式车身具有车身强度高、车架可以提供很强的车身刚性、有利于提高安全性等优点。这种承载式车身质量大，耗材量大，成本高，汽车质心高，高速行驶稳定性较差。一般而言，非承载式车身用在货车、客车和越野车上，也有少部分的高级轿车使用。

承载式车身是指在前、后轴之间没有起连接作用的车架，车身直接承受从地面传来的力和动力系统传来的力，车身负载通过悬架装置传给车轮，如图 1-3 所示。这种型式的车身具有质量小、省油、重心低、装配简单、高速行驶稳定性较好、车内空间利用率比非承载式车身结构更高等优点。道路负载会通过悬架装置直接传给车身本体，传动系统和悬架的振动和噪声会直接传入车内，因此噪声和振动较大，需采取防振和隔声措施；底盘强度远不如大梁结构的车身，当四个车轮受力不均匀时，车身会发生变形。车身主要采用点焊结构。由于没有车架的保护，碰撞后车身维修困难较大。承载式车身一般用在轿车及城市 SUV（运动型多用途汽车）等车辆上，尤其是目前广泛应用的发动机前置驱动布置型汽车车身。

图 1-3　承载式车身

2. 按车身外形分类

轿车车身的形状，主要由座椅位置和数量、车门数量、顶盖变化、发动机和备胎的布置等因素决定。式样繁多的轿车车身按外形可分为如下几类。

1）折背式车身

折背式车身是指车身的背部有角折线条的车身，也被称为浮桥式、船形、三厢式等，如图 1-4 所示。其主要特征是车身由明显的头部、中部和尾部三部分组成，大多数都布有两排座位，这种轿车按车门数可分为二门式和四门式。

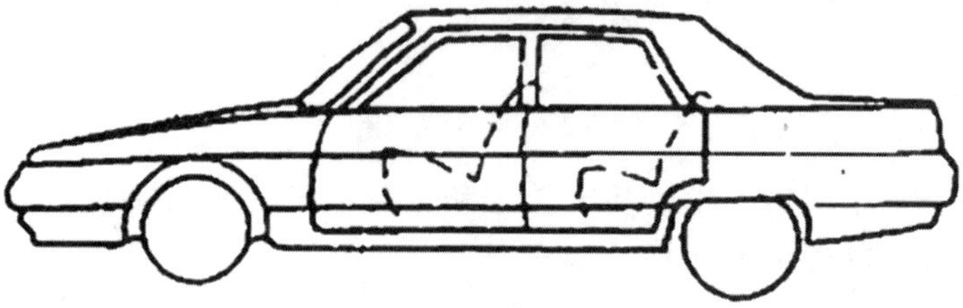

图 1-4 折背式车身

2）直背式车身

这种型式的后风窗和行李厢连接近似平直，比折背式更趋流线型，有利于降低空气阻力，且使行李厢的空间加大。这种车型也叫作快背式、溜背式车身等，如图 1-5 所示。

图 1-5 直背式车身

3）舱背式车身

这种型式的顶盖较折背式长，后背角度比直背式小，行李厢与后窗演变为一个整体的背部车门，也叫作半快背式，如图 1-6 所示。

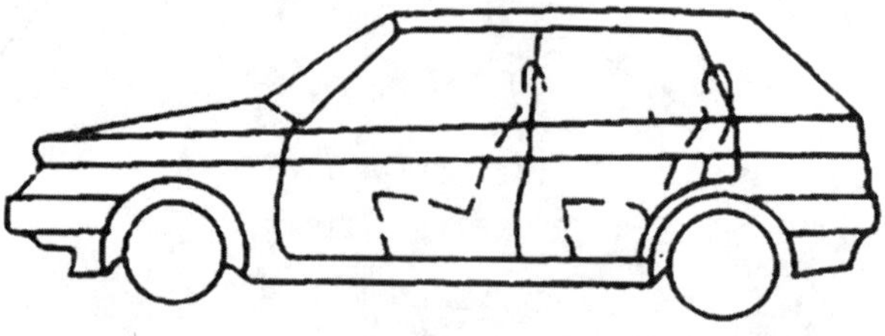

图 1-6 舱背式车身

4）短背式车身

这种车身由于背部很短而使整车长度缩短，从空气动力学角度考虑也是有利的，并且这样可减少车辆偏摆，有利于稳定性。这种型式也叫鸭尾式，如图 1-7 所示。

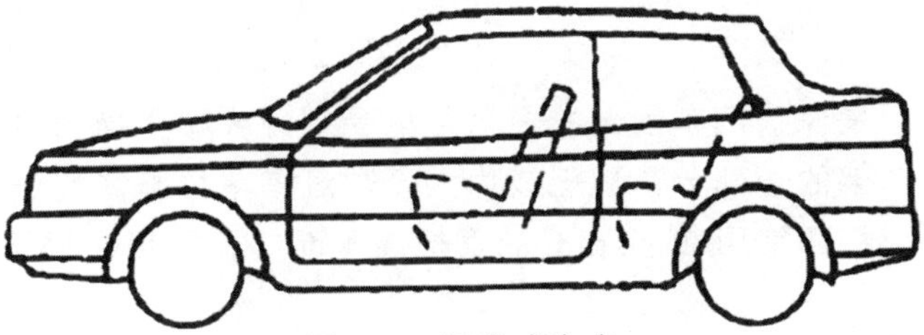

图 1-7 短背式车身

5）变形车身

轿车有很多种变形车身，主要是指车身部分的改变。如使折背式车身顶盖向后延到车尾的二厢式旅行车，以及使驾驶员座椅前移的一厢式多用途车等，如图 1-8 所示。

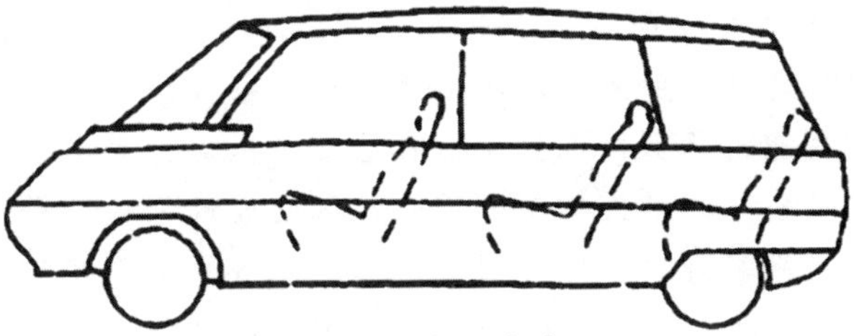

图 1-8 变形车身

二、车身前部结构

车身前部结构，其主要功能有三方面：形成发动机室（发动机前置车辆），为发动机及附件提供一个护罩，防止前轮甩泥；安装发动机总成、前悬架及转向装置等总成（对承载式车身而言）；当汽车受到正面冲击时，能有效地吸收冲击能量，保护后面的乘客室。

由于现代轿车大多是承载式车身结构，下面将重点对承载式车身结构进行介绍。

承载式车身因为没有车架，其车身的前部要支承发动机、驱动装置、悬架和散热器等各种重量，以及从悬架传递给车身的各种载荷，因此，该车身前部结构较复杂。图 1-9 所示为大多数承载式车身的前部结构。

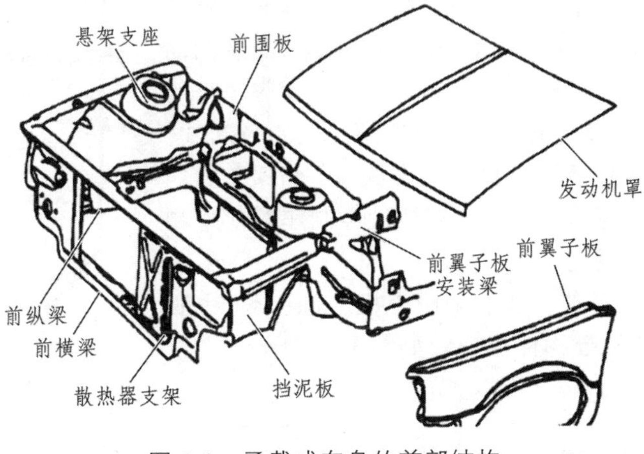

图 1-9 承载式车身的前部结构

1. 保险杠

保险杠的作用是保护汽车前部的覆盖件免受刮碰或减少撞击对汽车的影响。保险杠在早期属于车架的一部分；现已成为大多数汽车车身整体的一部分，并具有明显的装饰性。保险杠通常用 2～4 mm 的钢板冲压而成，或用工程塑料模压成型。

2. 发动机罩

发动机罩除了保护发动机、行车导流外，还要具有隔音、减振和避免与发动机运转声共振的功能。尽管不同车型的发动机罩的结构和尺寸不同，但其特征结构是相同的。

3. 翼子板

翼子板是遮盖车轮的车身外板，因旧式车身该部件形状及位置似鸟翼而得名。汽车翼子板按照安装位置又分为前翼子板和后翼子板，前翼子板安装在前轮处，必须要保证前轮转动及跳动时的最大极限空间，因此设计者会根据选定的轮胎型号尺寸用“车轮跳动图”来验证翼子板的设计尺寸。后翼子板无车轮转动碰擦的问题，但出于空气动力学的考虑，后翼子板略显拱形弧线向外凸出。现在有些轿车翼子板已与车身本体成为一个整体。但也有轿车的翼子板是独立的，尤其是前翼子板，因为前翼子板碰撞机会比较多，独立装配容易整件更换。有些车的前翼子板用有一定弹性的塑性材料（例如塑料）做成。塑性材料具有缓冲性，比较安全。

4. 前围总成

轿车车身前围总成是指分隔发动机舱和乘客室的那部分结构，由于承载式前车身结构件分别由前后横向承载单元和两侧的纵向承载单元构成，因而它属于横向承载结构件。

前围总成不仅是发动机室的一部分，也是乘客室的一部分，直接关系到乘客室的舒适环境和安全。前围总成具备如下功能：应有良好的隔热、密封、隔振和隔音效果；作为各种部件的安装基础，具有支承转向轴；支承并安装前风窗玻璃；安装空调装置及其通风管道；支承和安装仪表板；安装制动器、离合器踏板支架；安装雨刮器等附件；适应车身的总体布置要求；能够在它上面设置外部空气的吸入口、通风道、泄水通道以及车身电器的布线等；确保车身的扭转刚度，并提高撞车安全性，有效地控制座舱前壁和转向柱在撞车后的后移量。

轿车车身前围总成一般由前围盖板、前围板（也叫中隔板）、前围侧板等构件组成，如图 1-10 所示。

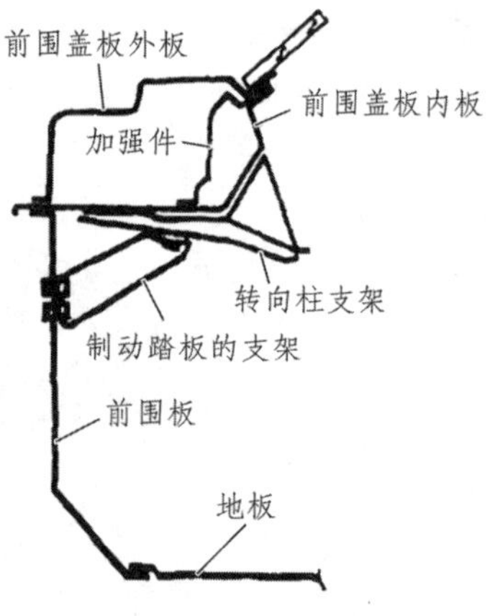

图 1-10　轿车前围结构断面示意图

1）前围盖板

前围盖板也叫发动机罩支承架，一般由盖板外板、盖板内板以及加强板等构件焊接而成。

前围盖板通过两侧的端板与车身左右侧围的前支柱焊接，是横贯车身左、右前门柱的梁式构件，必须具有很大的强度和刚度，尤其是扭转刚度。为了满足这些要求，同时为了减少自重，通常利用高强度钢板冲压并焊接成封闭式的断面结构。为了强化撞车时对乘客室的安全保护，形成一种即使前围盖板的前端被撞坏，其后端也能保持一定的完整性或产生有限的向后位移量，还在前围盖板的断面内插入加强板来增强盖板内板的强度，如图 1-11 所示。

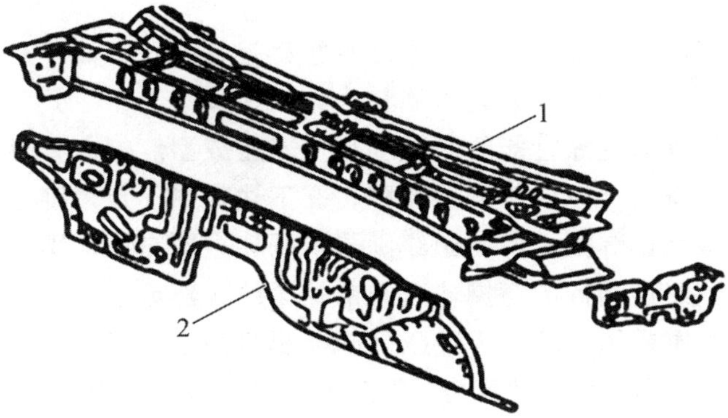

1—支承架；2—前围板（中隔板）。

图 1-11　前围盖板与前围板

由于前围盖板上部必须安装风窗玻璃，下部安装前围板，因而盖板上侧设有玻璃止口并依据玻璃和前围板的位置将其分成内板和外板两部分。内板用来安装空调、仪表板等车内部件，外板用来安装发动机罩铰链等。

前围盖板在外板的上侧设有通风口，也兼作泄水口，以适应车内通风以及风窗表面泄水的要求。通风口设在此处是因为：作用于汽车前部表面的空气的一部分，行驶中会在轿车前风窗下沿处变成较大压力的气体涡流，这部分涡流向两侧分流困难，会形成较大的行车阻力。将此处设作通风的进气口，可大大减少空气阻力。同时，因该处气流压力大，又能加大车内的通风能力。此外，该处也正是风窗表面雨水下流的集结地，该通风口又是兼作泄水的最佳场所。

进气口分为可见式和隐蔽式两种。图 1-12 所示为进气口和风道的布置。对于进气口可见的结构形式，常在盖板外板上安装通风盖板（也叫导流板），因为要符合造型设计要求，通风盖板通常用塑料制成梳篦状，同时防止腐蚀。对于进气口隐蔽的结构形式，则是借助发动机罩的后缘将盖板外板上的进气口遮挡住。而且雨刮器也采用隐蔽或半隐蔽的方式布置在发动机后端与风窗下沿之间的间隙内。后面一种布置形式更有利于适应汽车空气动力特性的要求。

前围盖板的封闭式中空断面，自然就成了空气的导入风道以及泄水通道。空气和污水通过这条通道进入中空的前门柱内，空气从门柱的侧孔和仪表板的风口吹入座舱内。污水进入门柱后，从门柱底部设置的流水槽排出，从而也解决了车身结构中的部分防腐问题。

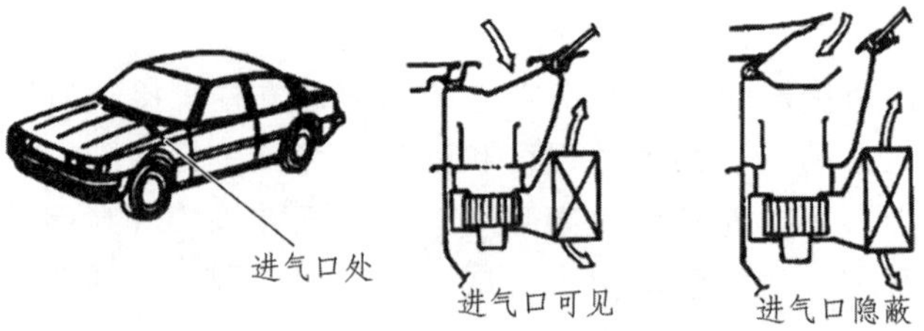

图 1-12　发动机罩后端进气口和风道的布置

2）前围板

前围板位于乘客室前部，发动机室与乘客室就是通过它而分开的，它是发动机室与乘客室的主要隔离构件，因此也称其为中隔板。

前围板一般用具有绝缘性能的高强度钢板冲压成型。起主要隔离作用的板面下部采用约 45º 的斜壁设计以便驾驶员搁脚，在下边弯成一定角度后与地板连接，上部边缘与前围盖板底部焊接，两侧边缘则与前围侧板或车身侧围的前门立柱连接。有些小型轿车，则将前围板的两侧冲压成前轮罩的一部分。

有些车上的前围板用一块整板冲压而成，更多的是用多块板件分别冲压后再组焊成一体。由于它上面常常安装离合器及制动器踏板支架，承受来自乘客室内乘客、物品等载荷，并起着加固中间车身壳体的作用，其上依据布线的需要制有各种大小不同的孔眼。为增加前围板的刚度，往往在其表面上冲压出用于安装各种装置的凸台或凹台，以及纵横方向不同、形状各异的加强筋。

前围板的另一个主要功能是隔离来自发动机的各种噪声、热源、振动。因而，前围板表面，尤其是内壁上大都涂有沥青、毛毡、胶棉等隔音、减振性材料，形成一种内覆层，以求乘客室振动小、噪声小、热影响小。为加强这种隔离效果，有的前围板则采用叠层钢板材料；有的车上还采用双重式结构，利用两板之间的空气夹层来充分扩大隔离效果。这种结构中，靠近发动机室一侧还起到刚度上的辅助加强作用，靠近乘客室一侧则仍用高强度钢板冲压成型。

转向柱支架也是安装在车身的前围结构上的。为保证支架支承结构的刚性，抑制转向柱的振动，有时需要在两个车门前立柱之间加设转向柱支架横梁，并且在前立柱侧面增加侧向加强支架来保证转向柱支架的安装刚件。

5. 前悬挂支承座

承载式车身两侧的纵向承载单元灯称为前悬挂支承座总成，由于它下部留有车轮的活动空间，底部呈拱形，故有左、右之分。

承载式车身前悬挂支承座的功能是：为悬架提供安装基体，形成保护发动机免受路面污泥飞溅的车轮罩，提供各种发动机室的零部件的固定以及支承翼干板上缘，同时还要保证撞车时对乘客的保护。

承载式车身前悬挂支承座几乎都是一个集成件，并针对承载式车身前车身的受力特点，将这个合件制成如图 1-13 所示的箱形封闭式结构，以保障其有足够的强度，同时能将独立悬挂系统中车轮传递的集中力分散到前车身上，以实现力的分散与平衡。

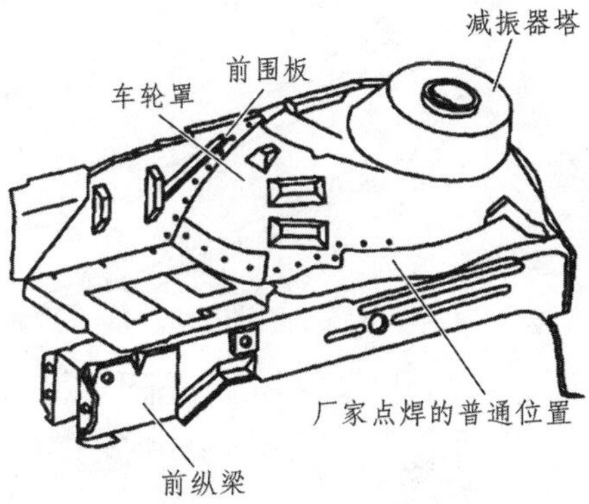

图 1-13　承载式车身右前悬挂支承座

整个部件由前翼子板骨架、防护挡板（或称前围侧板）、悬架支座（或称减振器塔）、前纵梁、减振器塔座（又称前轮罩）等多块钣金件组焊而成，由于各构件的连接处强度不足是产生裂纹的主要原因，常常设置有各种加强板，以提高其连接强度。在这个合件上还布置有发动机支承架、蓄电池支承座等。合件前端焊接在散热器支架上，后端焊接在中间车身的前围板上。当然，不同车型中，其中的每个分件又有可能由一整块钣金件或几块单独钣金件合焊构成。

轮悬底部焊接的纵梁结构不仅是上下的主要承载构件，也是前后的主要承载体，为保证无大的应力集中而与车身主体连接。一般采用两种连接方式：一种是前纵梁大面积地过渡到前围板，另一种是通过挡泥板来连接。

组成前悬挂支承座总成的各个板件小一些的是采用冷轧钢板，其他大都是采用高强度钢板。例如，麦弗逊式悬架塔座是承载部件，通常由高强度低合金钢板制成。纵梁和加强件也常由高强度钢制成。

为了提高前车身对冲击能量的吸收效率，除了加装保险杠外，还在前纵梁（包括发动机罩骨架上）上设置压扁区，以便当汽车受到冲击时，使该处优先变形，充分吸收撞击能量，减缓对中间车身的冲击，形成对乘客室的安全保护。此外，为满足承载和对前悬挂、转向系统等支承力的受力要求并使载荷分布均匀，前段纵梁前细后粗形成不等的截面，以适应不同断面上的载荷变化。

6. 散热器框架总成

散热器框架的主要功能是一方面用于安装散热器、大灯等；另一方面起到加固车身前部刚度的作用。

散热器支架的结构比较简单，但依据车型的不同有各种形式，大都由几块钣金件焊接在一起形成框架式结构，而且下边柜常常直接利用车架的前横梁。一般由下列几部分构成：一个上横梁杆，一个下横梁以及左、右隔板。常见的有两种形式，一种是将整个支架做成一个整体板的结构。另一种则是分体结构，如图 1-14 所示，这种结构的散热器框架常用螺栓、螺母连接为一体。与前横梁做成一体的散热器框架一般是点焊到纵梁上，以便安装散热器等。

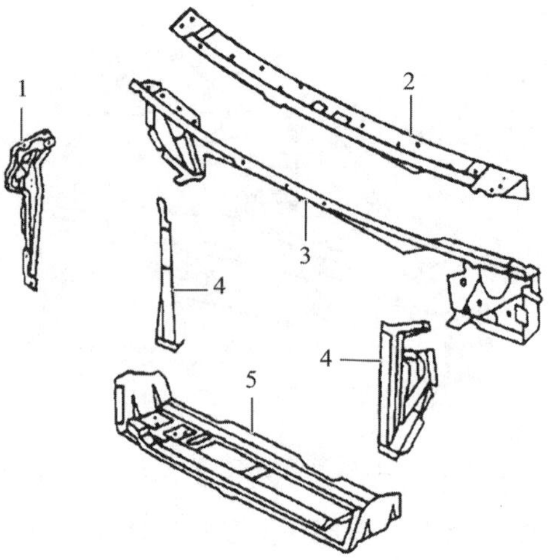

1—支架，门锁；2—上横梁；3—前板；4—加强板；5—下横梁

图 1-14　分体式散热器支架

三、车身中部结构

车身中部是车身中关系到驾乘人员安全的部分，车身中部要受上下弯曲的弯矩外，还承受来自不同方向的扭矩；车身下部的冲击与振动也通过车身底板向上部扩散，车辆发生碰撞事故时也需要由中间车身来抵抗变形，受力相当复杂。车身中部结构如图 1-15 所示。

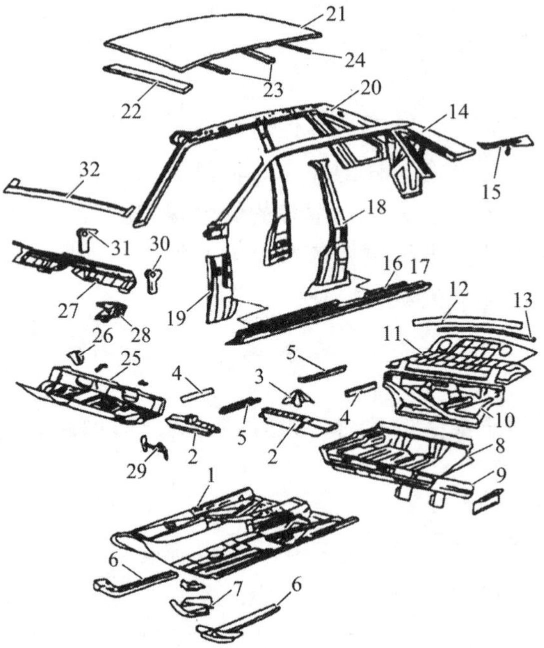

1—前地板；2—前座支架横梁；3—前座导向支架；4—前座滑槽；5—前座导轨；6—纵梁；7—变速器托架；8—后地板前部；9—后地板加强板；10—后隔板；11—后隔板上板；12—后隔板支承板；13—后风挡下板；14—顶框外侧板；15—水槽密封板；16—内门槛；17—外门槛；18—B 柱（中支柱）；19—A 柱（前支柱）；20—顶框内侧板；21—车顶；22—车顶前横梁；23—车顶加强板；24—车顶后横梁；25—前围上板；26—前围上板支架；27—转向器支架横梁；28—转向管柱支架；29—中央电器板支架；30—仪表板左支架；31—仪表板右支架；32—前风挡下板。

图 1-15　车身中部结构

1. 车身地板结构

现代轿车为满足造型和视野等的要求，广泛采用细窗柱、大面积的玻璃和薄车顶等结构形式。为增大运载能力，加大车身底部结构的承载分量，增加对驾驶员及乘客室的保护作用，要求车身地板结构有更高的强度和刚度。加上地板结构的防振、隔音和防腐性能的较高要求，以及车身室内居住性和舒适性对地板布置的影响，使得车身地板结构成为车身结构中最为重要的结构之一。

车身地板结构是车身运载质量的支承部分，必须有足够的强度和刚度，因此除地板构件本身外，大都在车身的地板上设置各种加强梁、连接梁等附加构件。图 1-16 所示为车身地板结构。

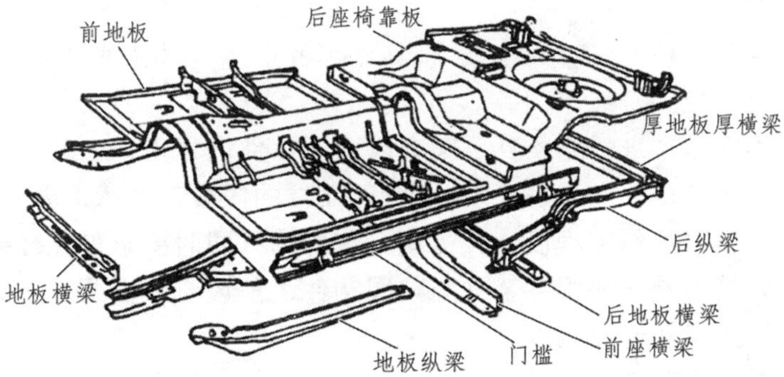

图 1-16　承载式车身地板结构

1）地板及附件的结构

地板是指车身座舱和后备厢下的板制构件，是根据车身内部的总布置和结构强度设计要求进行分块制作的。一般分为前地板、中地板和后地板。主要由地板、地板梁、支架、地板通道、连接板、座椅支架等部分组成。

地板构件本身为符合室内布置居住性，以及满足布置备胎和油箱等的需要而被冲压成各种形状，如通道凸包、阶梯形的地板等。为了提高地板构件的强度和刚度，除了在地板上布置有各种加强筋、各种形式和结构的支座、连接板等构件外，还焊接有许多的结构加强件。

地板梁是地板的主要结构加强件，是中间车身的重要承载构件，一般都焊接在地板上。地板梁主要有前地板横梁、后地板前（后）横梁、地板座椅横梁、地板前纵梁、地板后纵梁和其他地板加强梁等。

这些地板梁均采用不同厚度的钢板材料冲压，不同截面的断面形状根据布置、连接关系和强度的要求有所变化，以求在满足强度要求的前提下，尽量降低地板高度。

前部纵梁和后部纵梁与地板的连接，采用叉型梁设计原理，焊接在地板下面，以求将力分成许多分支进行传递，使车身地板受力均匀。

为了车身测量与维修方便，在车身的横、纵梁上还制有一些基准孔。地板通道是指覆盖变速器及允许传动轴和排气管等通过的地板上的凸起结构，能起到加强地板以及中间车身的纵向刚度的作用。

2）地板的连接形式

地板前端一般与前围板的下部焊接，后部与后车身地板制成一体，左右直接焊到门槛梁上。

2. 车身侧围结构

车身侧围结构是指车身两侧的钣金件（除车门外），其作用是形成车门口并为乘客的乘坐空间提供支承。车身两侧钣金件主要包括车门立柱（对于四门汽车，还包括中立柱）、车门槛板、车顶盖加强梁和后围侧板。

也有一些新型的承载式车身，将不包括后围板的两侧钣金件焊接在一起，使其作为一个总成，以便简化工艺，减少在焊缝处分割各个板件的时间。

1）前立柱

前立柱也叫前门柱（或叫 A 立柱）。其作用就是作为乘客室框架梁的前部支承，用来固定前风窗玻璃和安装车门等。

由于前立柱既是车身的结构件，又有表面覆盖件的作用，这就要求前立柱外板的表面形状应与车身表面的造型要求一致，而立柱的内板在形状上要避免尖角转折，降低车内人体撞击时的伤害程度，并方便安装内饰；同时要求前立柱要具有足够的刚性和强度，以便安装一些附件，并与前围构件、前风窗上横梁、车身前部构件等形成牢固的连接关系和连接强度。

为满足构件的承载刚性和强度要求，前立柱各部分截面大都焊成封闭的，如图 1-17 所示。为了保证驾驶员的视野要求，立柱的上段较细，而下段较粗，这是因为下段还兼作隐藏式流水槽和车内通风风道，需要有效地降低空气阻力和避免风动噪声以及流水阻力的缘故。

图 1-17　前支柱的断面形状

2）中立柱

对于标准型四门轿车，中支柱（也叫 B 立柱）的主要功用是为车顶盖提供中间支撑，为前车门提供门锁接触面，兼作后车门的铰链门柱。

现代轿车的中立柱多采用隐蔽式布置形式，即玻璃窗以下完全被前后车门遮住。

中立柱焊接在车门槛板、底板和顶盖纵梁上。一般由中立柱的内板、外板以及加强板焊接在一起，形成一个紧凑的结构。有些车型的中立柱仅往上延伸到汽车车身腰线为止。

因考虑视野要求，中立柱一般上部做得较细小，下部因为要安装门铰链、安全带装置等，为增加强度和刚度做得粗大，并带有加强件。其断面呈封闭状，且不同车型以及同一车柱的各部分形状也不同。为提高连接强度和精度，上面与车顶侧边梁的焊接处常常在内部设有对中用的芯板。为了上下车的方便，中立柱的上端向内、向后略微倾斜。

3）后立柱

四门轿车中，后立柱（也叫 C 立柱）一般由后上立柱和后下立柱焊接而成，形成中间车身侧围框架梁的后部支承构件，其中后上立柱兼作后风窗支柱，用来固定后风窗玻璃。因此，其上设有后风窗玻璃的安装止口，以及与后车门的配合止口。

对于双门轿车，一般由后离柱、后翼子板、后侧阀内板、后轮罩和后风窗立柱（或后车门立柱）等构件焊接为一体，形成车身侧围后部的整体支承部分，有些车型还在其上安装侧围的后窗。因此，双门轿车的后立柱也包括后风窗立柱或后门立柱（侧围框架梁式结构）。

由于紧接后立柱的后侧围附近大都布置有后悬架支座，受力较复杂，为了使后部地板载荷能有效地传递到车身侧围结构上，一般的轿车都在后立柱的底部焊有地板的加强横梁，并把后纵向加强梁也延伸过来。

4）门槛梁

门槛梁是指支承车身侧围的前、中和后立柱的下边梁。承载式车身中，一般独立制成并与地板焊合，为减轻重量、提高强度和侧面碰撞安全性，大都做成封闭断面，有时在门槛断面内还加设加强板。

在汽车侧面发生碰撞时，纵向撞击力只能由地板、车顶板和车门槛来承受。对于侧面碰撞，尤其是高度较低的碰撞，门槛将直接接受侧向力，并通过门槛将侧向力传给底部各个横梁等构件，因此门槛梁一般要完成下面两种方式的传力：地板所承受的垂直载荷，须借助于门槛梁才可有效地传递到车身的各部结构件上；车身正面和侧面碰撞时产生的侧向力，也要借助于门槛梁传递到车身底部结构的构件上。

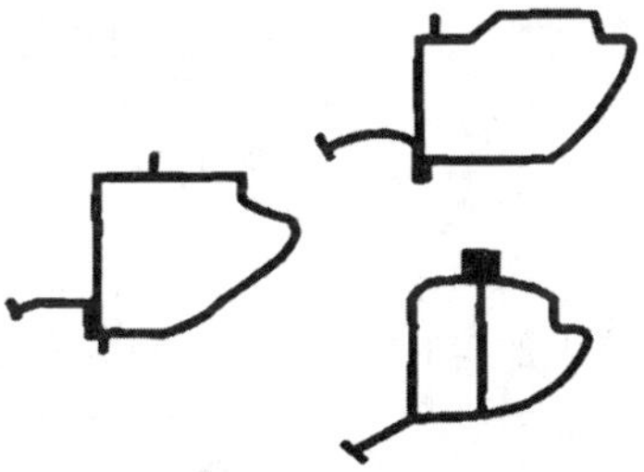

图 1-18　承载式车身门槛断面

门槛梁通常被焊接到车前侧板、中立柱（在四门车辆上）和后门侧板上。当然，在承载式车身车辆上，门槛梁还要焊接在前纵梁上，并直接与底板焊接，形成坚固的底板结构，如图 1-18 所示。车门槛板有时可与中立柱或风窗立柱一起视为一个总成，内、外门槛板可以单独购买或作为一个整体更换。

5）侧围顶梁

侧围顶梁是处于车身侧围的顶部，用以支承顶盖，并连接车身顶部前、后部分的梁式构件；也是形成门上框，并作为侧车身承受大面积碰撞时的承载梁。它具有较大的强度和抗弯及抗扭刚度。对于四门轿车，侧围顶梁（或称顶盖侧梁）、前立柱、中立柱、后立柱以及门槛等构件焊接在一起后，就形成了具有两个门口的侧围框架，能大大加强中部车身在受到正面撞击时的变形能力。显然，它和门槛构件一样，既是中间车身的纵向加强梁，又是中间车身的上部纵向连接梁，在车身结构中起着重要的作用。

由于侧围顶梁的重量、弯曲和扭转刚度，对整车的承载、抗弯曲和抗扭转的能力影响很大。因此，顶盖侧梁一般由强度较高的内、外板冲压件焊接而成，其断面形式多用封闭的箱形结构。除此之外，考虑到车身的侧向视野、造型、内部的头顶空间、上下车的方便性、结构密封和防腐等要求，顶盖侧梁的断面结构又演化成如图 1-19 所示的几种断面形状。对于硬顶轿车，由于无中立柱支承，往往还要对顶盖侧梁进行加强。

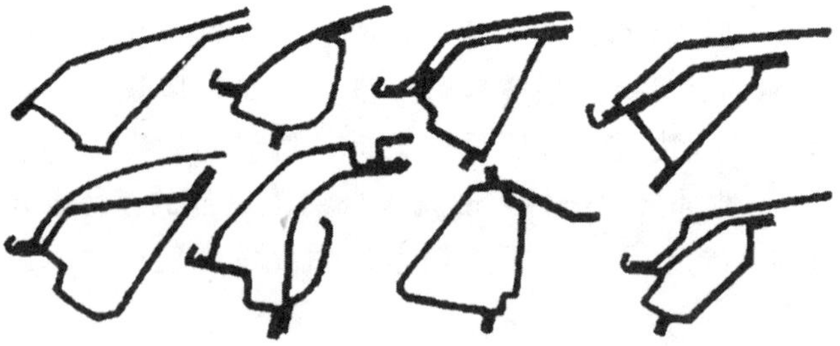

图 1-19 顶盖侧梁的断面形状

3. 车顶盖

车顶盖是车厢顶部的盖板。对于轿车车身的总体刚度而言，顶盖不是很重要的部件，这也是允许在车顶盖上开设天窗的缘由。从设计角度来讲，重要的是它如何与前、后窗框及与支柱交界点平顺过渡，以求得最好的视觉感和最小的空气阻力。

四、车身后部结构

轿车车身后部是指乘客室后侧用于放置行李、物品的那一部分。车身后部的主要功用是：与前车身共同完成整个车身的造型，形成完美的车身流线，减少行车阻力；装载行李物品，并封闭整个车身；承受重力以及来自后悬架等各个方面的载荷；在汽车发生追尾碰撞时保护中间车身即乘客的安全。

因此，后车身的结构必须满足以下要求：有足够的强度和刚度；严实的密封；较大的空间以及合理的内部结构布局；与整车协调一致的外形轮廓表面；在被追尾碰撞时，有一定的吸收能量的功能。

一般而言，后车身的结构形式可按与中间车身的连接关系分为两种：后备厢与乘客室合为一体的贯通式结构，如图 1-20 所示即为两厢式轿车特有的结构形式；后备厢与乘客室分开的隔开式结构，如图 1-21 所示即为三厢式轿车上常见的结构形式。

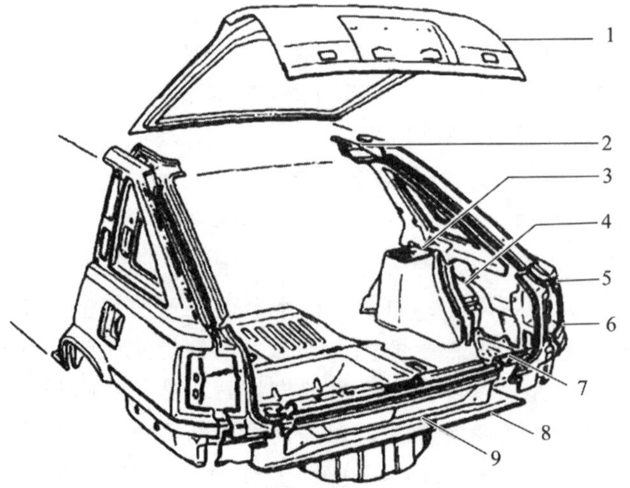

1—尾门板件；
2—车顶内部侧围板；
3—后围板轮罩内板件；
4—轮罩外板件；
5—车顶后内围板；
6—后侧围板；
7—尾门底端板件；
8—后部地板；
9—后部底端围板。

图 1-20 贯通式后车身结构

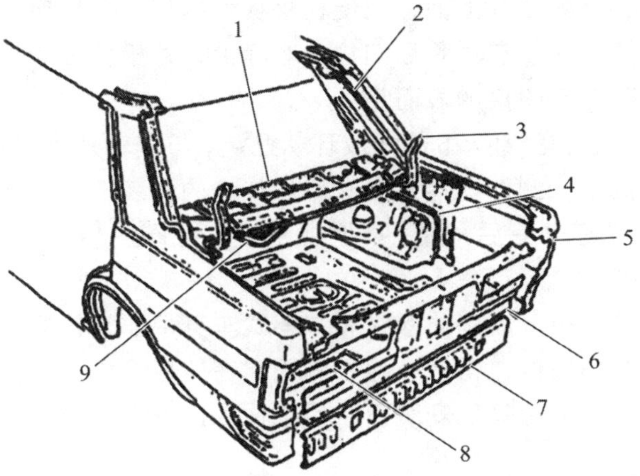

1—后围上盖板；
2—车顶内侧围板；
3—后备厢盖铰链臂；
4—后侧围车轮罩板件；
5—后侧围板；
6—后下围板；
7—后裙板件；
8—后底板；
9—后座椅支承架。

图 1-21　隔开式后车身结构

后车身一般由后侧围板、地板、后备厢盖、后保险杠等组成。

三厢式车身的后部结构较两厢式复杂。它还包括后窗台板、后围上盖板、后挡板、后尾板及各种连接板和加强板等。

1. 后侧围板总成

后侧围板总成是从后门柱、车门槛板和顶盖一直延伸到车身尾部的侧面部分，分左右对称的两块，形成后车身的两个侧围。典型的后侧围板总成由以下零件组成：外板件、后窗侧板件或顶盖延伸板、内板件、外轮罩、内轮罩以及各种加注口、延伸件、角板和加强件，其组成如图 1-22 所示。

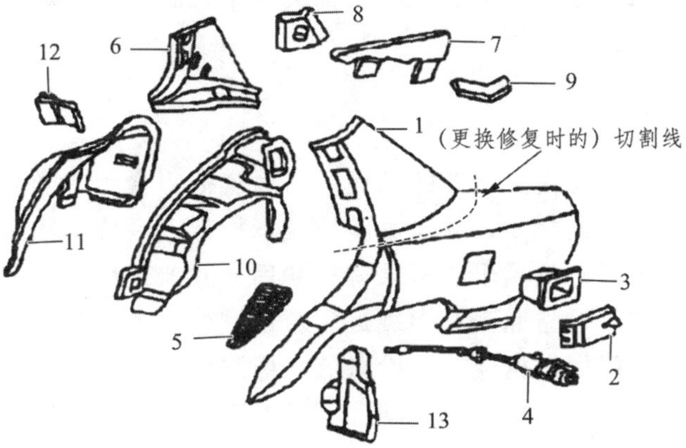

1—后侧围外板；2—油箱盖；3—加油漏斗；4—电动锁执行机构；5—泄压通风口；
6—内侧上板件；7—内侧隔板；8—内侧隔板托架；9—外侧隔板托架；
10—外轮罩板；11—内轮罩板；12—轮罩填料；13—油箱输油管护板。

图 1-22　后侧围板的组成

1）外板件

外板件也叫后侧围板总成上的外侧板件，是后车身侧表面的装饰板件，它由面板以及一些附件构成，其形状和附件随车型而异。

在有单独的后门立柱的车辆上，外板件被焊接在车门槛板、顶盖纵梁、后门柱、后底板延伸件、窗台和后窗柱、外轮罩等上面，以便在外板件损坏时能按照厂家所给的接缝拆开，予以修复或更换。在没有单独后门柱的车辆上，外板件或轮罩以其边缘形成车门门框，提供关门时与门的接触表面。

外板件的表面通常制有各种筋和型线，下部做成环状凸起，与车轮外廓相适应，从而与整车的艺术美感协调。其中一侧外板件还制有燃油加注的安装凸起（实际上是内凹），有些车型的外板件上部还开有后角窗，以增加车内的视野。一般还留有用于车内通风的出风口。

一些车辆的后侧围板有后延伸板。后延伸板在有车架式车身中非常普通，但在承载式车身车辆中不多见。这些小板件通常用螺栓将其固定在外板件上，填充后外侧板和后车身板件的空隙有时可作为后灯的安装面。后延伸件通常由印模压铸的白合金、纤维玻璃和塑料组成。

2）内板件

在一些车辆上，除有一块外侧板外，还有一块（或更多的）内侧板。在这些车辆上，内侧板件被焊接在外板件（无单独门柱的，与外板一起形成后门柱）、门柱、轮罩总成和底板上。内板件也是乘客室和后备厢的支承板。如果车辆有可移动的后侧窗，则调节器、槽和手柄都安装在内侧板上。内板件通常被汽车内饰板件所覆盖，因此它不是露在外的板件。

3）轮罩

轮罩为后轮提供飞溅物的防护，保护后围侧板后侧边和后备厢免受路面飞溅物的损伤，它也构成后备厢的一侧。轮罩通常由两个板件组成：内板件和外板件。内轮罩焊接在外轮罩、后窗台、后底板和顶盖侧纵梁上。外轮罩焊接在内轮罩和外侧板上，也是一块不露外观的板件。

2. 后围上盖板

后围上盖板也是底座椅支承架的盖板，与后窗框组合后，形成连接车身左、右侧围后支柱或侧围内壁的横梁，并与后座椅支承框架、后挡板和后轮罩内板共同组成座舱后面的隔壁。它不仅用于隔断乘客室和后备厢，还用来保证车身后部结构的扭转刚度，安结和支承后备厢盖。因靠近后窗常被称为后窗台，在后面安装后备厢盖铰链处还设置有加强板等构件，并设置流水槽结构且与后备厢盖保持良好密封。

3. 后备厢盖

后备厢是装载物品的空间，是由后备厢组件与车身地板钣金件构成，位于轿车车身的后部。图 1-23 所示为后备厢盖的结构，后备厢盖通常由上外板、下外板和内板构成。

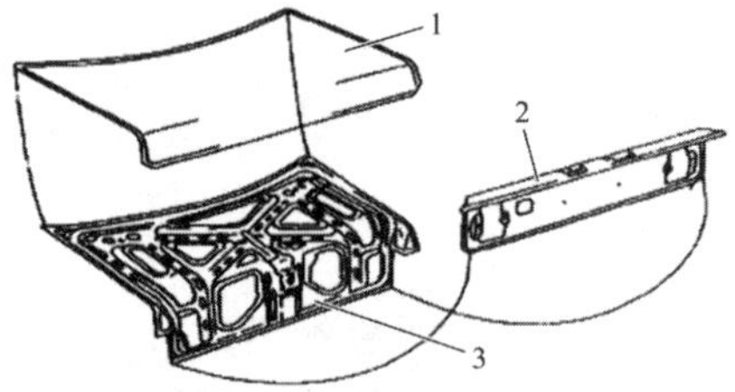

1—上外板；2—下外板；3—内板。

图 1-23　后备厢盖的结构

4. 地板及纵梁

后车身的地板主要用于装载行李物品、承受

重力，以及承担来自后悬架等各个方向传来的载荷；并在汽车发生追尾碰撞时保护中间车身的安全。

悬架摆臂、拉杆、轴总成、燃油箱、制动器和输油管等都安装车身地板上，因此，对后车身地板的强度和刚度要求很高。为确保后车身的强度，往往在地板上焊接加强梁，尤其是纵梁，其焊接方式是：纵梁的前部焊到车身地板上，由中间车身径直向后延伸，到相当于后桥部位再形成拱形弯曲。这样，既保证了后车身的刚度，又不至于使后桥与车身发生干涉。而且，当车身后部受到追尾碰撞时，还能瞬间吸收部分冲击能量，以其变形来实现对乘客有效的保护。

后车身的地板及其加强梁、附件数量虽然不多，但各个构件的形状却较复杂，如图 1-24 所示。然而，这些复杂的形状只出于提高刚度、强度和焊装的需要。这些构件的连接大都是利用点焊相连的。

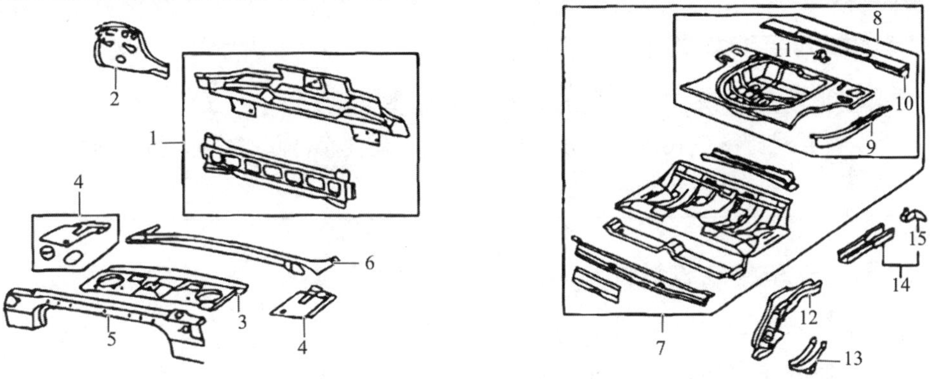

1—后车身板；2—后板件延伸板；3—后备厢板；4—后备厢板延伸件；5—后备厢板加强件；6—后窗板件；7—后备厢板件总成；8—后地板总成；9—隔热板；10—后板件；11—支承板；12—前地板纵梁；13—后悬支架；14—后地板纵梁总成；15—后纵梁加强件。

图 1-24　后车身的地板及加强梁、附件

5. 后车身的其他构件

后车身除了上述介绍的后侧围板总成、后围上盖板、后备厢盖、地板及纵梁外，还有后围板、上后车身板以及相应的附件等部件构成。

后围板通过后围板加强板与地板结构连接，左、右两端与后翼子板的尾部连接，其上常冲压出尾灯的安装结构。

上后车身板位于后窗底边和后备厢盖之间，焊接在后围侧板上。在一些车辆上，上后车身板是后窗台的一部分。一些车辆还有精加工板件安装在后车身板的外侧。除了上述的一些构件外，后车身还有其他许多附件，在此就不一一介绍了。

操作指引

1. 课前准备

（1）场地设施：举升机 1 台，车身修复实训室。

（2）设备设施：承载式车身 1 辆、非承载式车身 1 辆。

（3）工量具：常用拆装工具（1 套），车辆防护工具等。

（4）耗材：贴纸。
（5）资料：与车辆对应的车身修理手册。
（6）学生组织：教师指导、分组实训、过程评价。

2. 注意事项

（1）穿戴干净整洁的工作服。
（2）遵守场地安全规定，注意用电安全。
（3）在实训过程中，严禁挪动车身，站、踩车身，开关发动机舱盖、后备厢盖、车门等时应避免夹伤，严禁在车身周围嬉戏打闹。

任务实施

1. 承载式与非承载车身对比

（1）根据所学知识，对实训的车身进行分类并贴牌。
（2）观察并对比承载式车身与非承载式车身，写出这两种车身最大的区别是什么？

____

2. 承载式车身结构认知

学生根据教师的任务安排，先自行完成下列内容。
（1）承载式车身可以分为几段？
（2）根据所学知识，在承载式车身上找到相应的结构，并用贴纸写上名称。
（3）根据所学知识，回顾你所贴出的结构的作用。

3. 车身结构讲解

学生用贴纸贴完结构名称后，教师可以请学生讲解所贴车身结构的名称、作用，同时根据实训中学生的表现，对重点知识进行讲解。

4. 车身认知考核

为检验实训效果，可以根据下列两种方式考核，教师根据学生表现进行评分。
（1）教师说结构名称，学生在车身上找位置。
（2）教师指车身上的结构，学生说名称和作用。

任务小结

（1）轿车车身按承载方式可分为非承载式车身、承载式车身和半承载式车身。按车身外形分为折背式车身、直背式车身、舱背式车身、短背式车身、变形车身等。
（2）车身前部由保险杠、发动机罩、前翼子板、前围总成、前悬挂支承座、散热器框架总成等组成。
（3）车身中部由地板总成、车身侧围总成、车顶盖等组成。
（4）车身后部由后侧围总成、后围上盖板、后备厢盖、地板及纵梁等组成。

任务二　车身材料认知

任务描述

李先生驾驶的车型为帕萨特，在行驶过程中因粗心造成车身剐蹭，现将车开到维修站进行维修，需要你对车身所用材料进行识别，现在请你安全地完成该任务。

学习目标

【知识目标】

（1）了解金属材料的特性；

（2）掌握车身钢板的种类和性质；

（3）掌握车身铝合金的种类；

（4）掌握车身用玻璃的种类和特性。

【能力目标】

（1）能参阅维修手册进行车身结构的材料查询；

（2）能正确判断车身所用金属材料的性能；

（3）能判断车身所用材料的类型。

【素质目标】

（1）具备良好的沟通能力和表达能力；

（2）能够按照企业“7S”要求和安全生产规范进行操作；

（3）能与同学合理分工、密切合作，完成工作。

建议学时：4 学时

知识准备

车身上使用的材料主要是由车身的三大部分——车身壳体、装饰、装备的特性所决定的，所以车身用材料呈现多样性，如钢板、橡胶、塑料、玻璃等材料。同时，车身所使用的材料也随着材料技术的发展而发展。

一、金属材料的特性

在进行车身维修时，要充分了解金属材料的性能，尤其是机械性能（也称力学性能），才能对车身损伤作出正确的诊断和制定合理的钣金维修方案。

金属材料的性能分为两类：使用性能和工艺性能。使用性能是金属材料在使用过程中表现出来的性能，包括物理性能、化学性能和力学性能；工艺性能是指金属材料在制造加工过程中表现出来的特性，它决定了金属材料在被制造和加工时的难易程度，包括铸造性能、锻压性能、焊接性能和切削加工性能。

金属材料的物理性能主要有密度、熔点、热膨胀性、导热性、导电性、磁性和耐磨性。

金属材料的化学性能主要有耐酸性、耐碱性和抗氧化性。金属的抗氧化性是一个很重要的性能，某些金属在被空气氧化之后，其氧化膜可以保护薄膜下的金属不再被氧化，如铝；而另外一些金属在被空气氧化之后其氧化膜不能对金属起到保护作用，金属会继续和空气发生反应直至金属被完全氧化，车身上钢板的锈蚀就是这种情况。在车身维修中，必须了解相关金属材料的抗氧化性能，以便采取必要的措施提高车身的防锈能力，保证维修后的车辆在一段较长的时间内不会锈蚀。

车身上使用较多的材料是钢板，对车身维修有较大影响的是材料的力学性能，主要有可塑性、弹性、加工硬化、热变形等特性。

1. 可塑性

金属的可塑性也叫延展性，大多数金属都具有可塑性，即在超过弹性极限的外力作用下屈服会产生永久变形。可塑性可分为延性和展性两种。延性是指金属拉成细丝的能力；展性是指金属展成薄片的能力。

在车身修理过程中，就是利用钢板的可塑性对板件进行矫正或复位。

2. 弹性

金属板经弯曲而变形，能使其再恢复原状的力就是弹力。例如，当将自身的钣金面的抑制力除去时，就有恢复原来形状的倾向，这就是弹性。金属的弹性有一定的范围，若外力超过此限制范围就会失去弹性而获得永久变形。例如，弯曲的金属板将其所加的外力（弯曲力）除去后，就不能完全地恢复原状态，也就是超过了弹性极限。

车身钣金是以冲压的作用力作用于模具上使其成型的，当有应力残留在钣金零件上时就称其为板件的残留应力。例如，将发动机盖板的缘角部切断时，切断后的两个断面会有些收缩或反方向展开的现象，如图 1-25 所示。这是因为当初的冲压成型工序所留下的残留应力的影响。

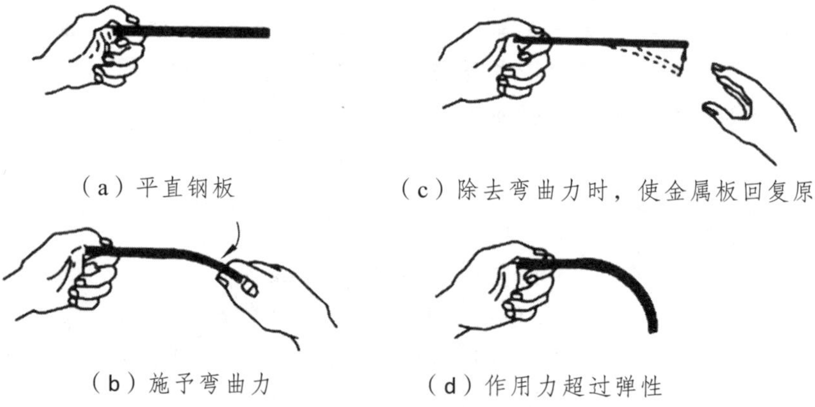

（a）平直钢板

（c）除去弯曲力时，使金属板回复原状

（b）施予弯曲力

（d）作用力超过弹性极限时则产生永久变形

图 1-25　钢板的弹性和弹性极限

3. 加工硬化

金属板以加热的方式成型（弯曲、伸张或压缩）时较为容易，事实上，不采用加热方式也可以使其成型，例如，钢板不使用加热的方式也可使其成型。钢板在常温状态中加工的可能性有一定的限度，超过了这个限度则钢板将会破裂。钢板在常温加工中，在接近极限状态下加工作业时，随着加工温度的增加，材料会渐渐变硬，使加工困难，这个作用称为加工硬化，如图 1-26 所示。

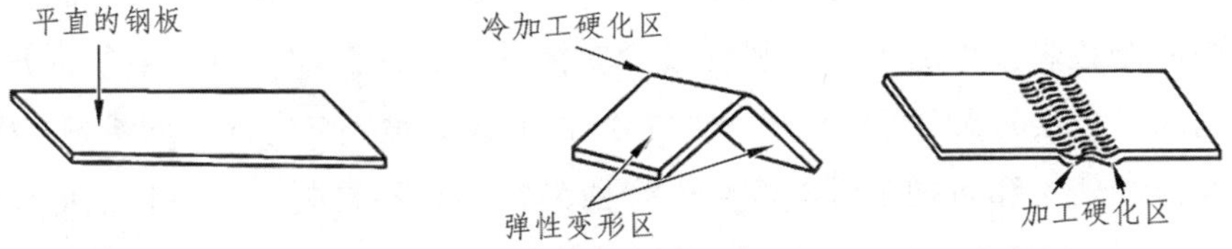

（a）将平钢板折曲　（b）进一步将平钢板折曲　（c）加工硬化部分

图 1-26　加工硬化

加工硬化作用的实例是：将平钢板折曲，再将其折回时则留下当初折曲部分的形状，也会使其最初折曲部的两端产生两处新的折曲。这就是钢板的折曲处形成新的加工硬化，其结果是使加工硬化部位的强度高于折曲处以外的部分。

加工硬化是车身钣金零件冲压成型过程中常产生的现象，在车身钣金打造过程中，因不断地施加外力会使钢板产生塑性变形，因而容易造成加工硬化。若以气焊火焰加热进行退火处理，当温度升高到大约 650 °C 后让其慢慢冷却，就可恢复其加工性。

4. 热变形

普通钢材当温度加热到 800 ~ 1 000 °C 时，即可开始加工，一直到温度降至 650 °C。但是当温度降至 400 ~ 200 °C 时，钢材就会产生青热脆化现象，从而较常温时缺乏延展性，而无法继续加工，必须再重新加热方可加工。

在车身修理中，使用修复机修复或焊机焊接时，钢板的温度会急剧升高。随着钢板所受热量的不断增加，钢板颜色将会变化，直至达到熔点 1 500°C，钢板受热后颜色与温度的对应关系如表 1-1 所示。

表 1-1　钢板受热后颜色与温度的对应关系

颜色	温度范围/°C	颜色	温度范围/°C
深红色	600	黄色	1 000
红色	700	橙色	1 100
粉色	750	白色	1 200
淡黄色	900	白亮色	1 250 以上

随着钢板被加热，其塑性越来越高，但当钢板温度超过某一点时，即发生材料或硬化脆性变化，如高强度钢板温度超过一定程度时，高强度钢板内部会发生变化，

使高强度钢板转换为普通钢板，而造成其强度大大降低。因此钢板加工时，应查看相关维修手册，温度不得超过规定值。

二、车身钢板的种类和性质

车身钢板通常有热轧和冷扎两种类型，热轧钢是在 730 °C 以上的高温下热轧制的，厚度是在 4 mm 以上，在汽车上主要用于制造横梁和车架等比较厚的零部件。热轧钢板的塑性和强度适中，其塑性较冷轧板差，容易在加工过程中产生开裂；冷轧板是由热轧板经过酸洗后冷轧变薄，并经过退火处理，它的表面质量好、精度高，具有非常好的塑性和可加工性，适合于弯曲和拉伸，不易断裂。冷轧板是具有非常好的焊接性，其缺点是容易生锈，抗腐蚀性能较差。图 1-27 所示为车身用薄钢板的分类。

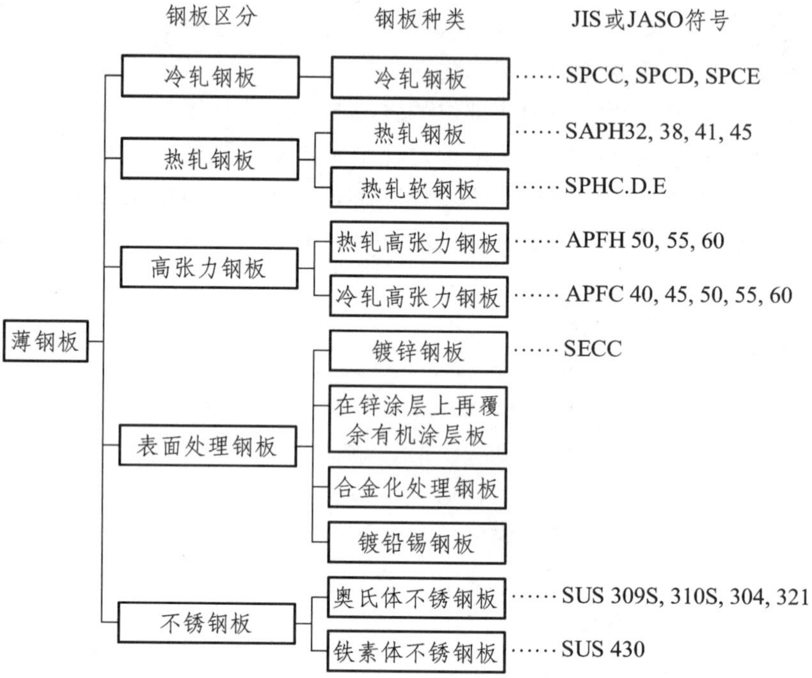

图 1-27　车身用薄钢板的分类

1. 热轧软钢板

工业上使用的钢板分为两种：一种是经高温轧延后制成的钢板，称为热轧钢板；另一种是热轧钢板再经常温轧延及表面调质处理后的钢板，称为冷轧钢板或磨光钢板。热轧软钢板是由含碳量少（0.15%以下）的钢锭，以热轧加工所制成。热轧钢板使用在外观上不需要很美观的部分，分为一般用、深冲用以及深度深冲用 3 种。其力学性能和用途如表 1-2 所示。

表 1-2 热轧软钢板的机械特性和用途实例

种类	符号	抗拉试验								用途实例
		抗拉强度/MPa	伸长率/%							
			厚度在1.0～1.2 mm	厚度在1.2～1.6 mm	厚度在1.6～2.0 mm	厚度在2.0～2.5 mm	厚度在2.5～3.2 mm	厚度在3.2～4.0 mm	厚度>4.0 mm	
第1种	SPHC	2.8以上	25以上	27以上	29以上	29以上	29以上	31以上	31以上	后轴壳
第2种	SPHD	2.8以上	—	30以上	32以上	33以上	35以上	37以上	39以上	悬架、变速箱壳
第3种	SPHE	2.8以上	—	31以上	33以上	35以上	37以上	39以上	41以上	行李厢盖铰链

2. 冷轧软钢板

冷轧钢板比热轧钢板的加工性优良且表面美观，所以大都使用在汽车车身、机械零件、电器等表面需要平滑、美观的构造物品上，用途很广泛。冷轧钢板分为三种，其主要用途如下：

（1）碳钢、低合金结构钢冷轧钢板和钢带（相当于日本的 SPCC）：普用于弯曲加工，轻度深冲加工，用以制作车身外板、零件的外壳，电气零件、钢制家具以及家庭用品等。

（2）优质碳素结构钢冷轧薄钢板和钢带（相当于日本的 SPCD）：使用在需要中等程度深冲成型的零件上，如电气机械、机械零件、各种容器等。

（3）深度深冲用优质碳素结构钢冷轧薄钢板和钢带（相当于日本的 SPCE）：使用在深度深冲成型的零件上，如汽车的覆轮盖、车门内板、油箱等。冷轧软钢板的力学性能和用途如表 1-3 所示。

表 1-3 冷轧软钢板的机械特性和用途实例

种类	符号	抗拉强度/MPa	伸长率/%						用途实例
		厚度>0.25 mm	厚度在0.25～0.40 mm	厚度在0.40～0.60 mm	厚度在0.60～1.0 mm	厚度在1.0～1.6 mm	厚度在1.6～3.5 mm	厚度>3.5 mm	
第1种	SPCC	2.8以上	32以上	34以上	36以上	37以上	38以上	39以上	车底板
第2种	SPCD	2.8以上	34以上	36以上	38以上	39以上	40以上	41以上	车门外板
第3种	SPCE	2.8以上	36以上	38以上	40以上	41以上	42以上	43以上	前覆轮盖，车门内板

3. 高强度钢板

高强度钢泛指机械强度高于普通低碳钢的各种类型钢材，并非特指某一种材料。高强度钢的特点是具有高于普通低碳钢板几倍甚至十几倍的抗拉强度，但其质量并没有因此而增加。现代汽车制造追求车身总体质量轻量化、车身总体强度提高以增加安全性，同时还要兼顾防腐性能，因此高强度钢板作为理想材料得到了较为广泛的应用。图 1-28 所示为整体承载式车身上使用高强度钢的常见位置。

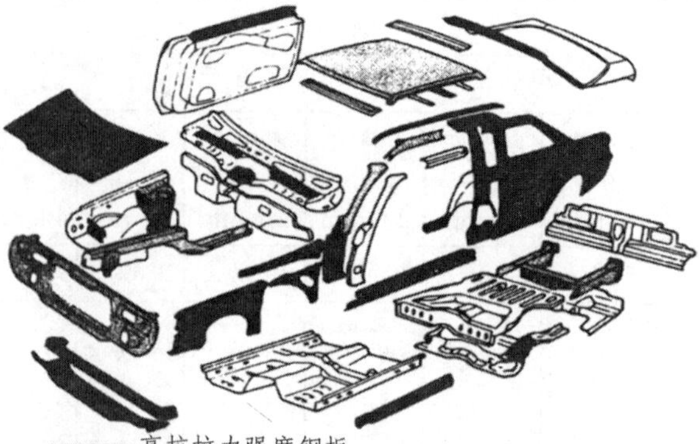

图 1-28　高强度钢板在车身上的应用

然而，高强度钢板的应用给车身的维修也带来了一定的困难。当高强度钢材料受到撞击产生变形时，由于其强度和硬度非常高，通过简单的矫正工艺很难使其恢复原状。在进行普通低碳钢板的矫正时，往往采用加热的方法使金属软化以便于整形操作，或进行热收缩操作、释放拉伸应力和焊接等。而使用高强度钢材以后，这种加热则需要严格的控制，有些钢材甚至根本不能使用加热的方法矫正，否则会严重影响构件的强度，给车身造成结构上的伤害。因此，在对高强度钢进行矫正时需要采用科学合理的方法，通过机械拉伸、有控制地加热甚至局部或整体更换等方法进行修复。

根据金属强度得以强化的过程，车身常用的高强度钢板主要有：高强度低合金钢（HLSA）、高抗拉强度钢（HSS）、超高强度钢（UHSS）等三种。

1）高强度低合金钢（HLSA）

高强度低合金钢是一种通过合金成分提高钢材强度的低合金钢，在车身中回磷钢应用较多。回磷钢是通过在低碳钢中加入合金成分“磷”来提高其强度的。磷和硫等非金属物质在钢材中的含量过多会使钢材变得非常硬、脆而强度变低，机械性能变得很差，因此往往被当作钢材中的杂质，需要在炼制过程中充分去除。但合理加入磷成分后可以提高钢的强度，因此这种钢也称为回磷钢。

高强度低合金钢的强度主要依赖于添加的化学元素，当过分加热这种钢材时，加热部位的添加元素将会被周围的元素吸收，导致加热部位强度严重弱化。因此，为避免修理后车辆的结构性能降低，在对高强度低合金钢进行加热操作（包括加热释放应力和焊接等）时，加热的温度不得超过 480 °C，加热的时间也不得超过 3 min。焊接时应采用气体保护焊，不能使用氧乙炔焊和电弧焊等高热量的焊接方式。

由于世界各国物产的关系，在美国生产的车辆上高强度低合金钢应用较多。高强度低合金钢具有和低碳钢相类似的机械加工特性，可用来制造前后纵梁、车门槛板、保险杠的衬板和车门立柱等。

2）高抗拉强度钢（HSS）

高抗拉强度钢也是一种合金钢，车身常用的高抗拉强度钢有硅锰固溶体淬火钢和沉淀淬硬钢等，其强度要高于普通低碳钢数倍。

硅锰固溶体淬火钢是硅和锰等添加元素的合金钢；沉淀淬硬钢是通过碳氮化铌沉淀物来提高其强度的。这种钢材再经过一定的热处理工艺，使其强度更加提高。

正常的加热和焊接工艺（氧乙炔焊和电弧焊）一般不会降低这种钢材的强度，这主要归功于其高强度。当车辆遭受撞击而产生变形时，结构件的应力超过其屈服极限，但对产生变形的部位进行加热并通过矫正恢复其原有的形状时，由于屈服应力得到释放，其强度又可基本恢复到原有的水平。如果碰撞所产生的应力超过其抗拉强度极限，构件产生破裂时，常规的焊接方法也不会对其强度有过大的影响，因此氧乙炔焊接工艺也可以用于这种钢材的加工。但这并非说明这种钢材可以无限制地加热，过高的温度同样会降低这种钢材的强度。当用加热的方法释放加工应力的时候，加热的温度应控制在 650 °C 左右。用高抗拉强度钢制造的一些主要车身构件，在维修时不宜矫正，应更换，如车门防撞钢梁和前防撞梁。避免矫正过程中，因钢板的强度降低而影响驾乘人员的安全。

日本车辆上使用高抗拉强度钢的较多，主要用于制造与悬架结构有关的车身部件和主要车身结构件，如车门槛板和保险杠衬板等。

3）超高强度钢（UHSS）

超高强度钢不含合金成分，它是通过特殊的热处理工艺（将钢材在一个连续的热处理传送带或带钢热轧机上进行淬火和轧制）来获得其高强度的。这种钢材具有两相显微金相组织（淬火马氏体和铁素体），因此又称为“双相钢”，其抗拉强度可达普通低碳钢的 10 倍。

用特殊的热处理工艺获得的特殊金相结构能使这种钢材具有非常高的强度，如若加热会破坏这种特殊的金相结构（相当于退火），使其强度恢复到普通低碳钢的水平，所以不能采用任何加热的矫正方法进行修复作业。但由于这种钢材硬度很高，一旦产生塑性变形后几乎无法在常温下对其进行冷压矫正，因此用这种材料制造的车身部件一旦损坏，只有将其更换。在换件操作时，必须采用气体保护焊接工艺。

由于这种钢材具有优良的抗冲击性能和良好的成型性，很多车辆都使用这种材料制造车的门柱等侧向防撞构件，有些车辆也用它来制造保险杠的衬板。

4. 表面处理钢板

节约能源问题的主要对策之一是轻量化，另一个要点是延长车辆的使用寿命。其手段之一是广泛使用表面处理钢板，使车身具有良好的耐蚀性。

表面处理钢板有在钢板的表面施以锌、铝等的金属镀层处理的钢板，以及喷涂锌粉漆并施以烘烤处理的涂装处理钢板等。

1）镀锌钢板

镀锌钢板由成卷的磨光钢板通过熔融的锌糟所制成，若再将此熔锌镀锌钢板通过热炉加热，使其镀层的锌膜合金化，则成为合金化处理钢板，此法锌层较厚，虽锌层与钢板的附着性略差，但防腐能力很好。另一种施以电镀镀锌的镀锌钢板是将钢板置于锌的化合物溶解液中，以锌为阳电极，钢板为阴电极，通电使锌析出附着于钢板上制成，此法镀层薄，表面质量好。

这些镀锌钢板的涂膜密着性、电阻焊焊接性、锌膜附着层的均一性，以及成型加工性等各有所长，各钢铁制造公司按照汽车制造厂对不同使用部位及零件使用特性的要求加以研讨而作改进和完善。

需要注意的是，镀锌钢板用于涂装的一面由于锌层与普通原子灰和中涂漆或面漆等黏附能力非常差，涂布在其上的涂料在很短的时间内就会脱落，因此在镀锌板表面进行原子灰刮涂时应先用环氧底漆进行喷涂，这样既可以保护锌层，提高防腐能力，又可以提高板材与原子灰的黏附能力。若要在锌层上直接刮涂原子灰应选用合金原子灰，只有合金原子灰才具备与锌层的黏附能力，普通原子灰和外层涂料对锌层均没有黏附力。

镀锌板在进行焊接操作时要注意，高温会使锌层汽化，汽化的锌具有较强的毒性，因此在对锌板进行焊接时需要做好防护，在通风良好的环境下进行。如确有必要，允许将焊接点周围的镀锌层刮去或磨去，但影响面一定要小。

2）镀铅锡钢板

镀铅锡钢板是在冷轧光亮钢板上被覆一层铅锡金属，而铅锡为软金属，其覆盖膜具有润滑性，所以有利于冲床的成型加工，且焊接性也佳。若镀层覆盖膜完整也不会产生腐蚀，这种材料被使用在汽车油箱的制品上。

3）锌粉漆涂装处理钢板

锌粉漆涂装处理钢板为美国开发制成的涂装处理钢板。它具有防锈力，同时也具有优秀的电阻焊接性，因而其用量在持续增加。以上介绍的表面处理钢板，可分为单面处理钢板和双面处理钢板两类。在涂装车身外板的场合，将表面处理钢板和普通冷轧磨光钢板混合使用时，涂装后的表面会显出鲜明的差别，且涂膜的密封性也有差异。表面处理的涂膜在遭受冲击时剥落，而产生涂装品质上的问题。因此，在车体的封闭部分（如侧护板等）使用单面的表面处理钢板；其内侧为表面处理层，具有耐蚀性，而外侧表面则与整个车壳一起涂装防锈。

4）不锈钢板

不锈钢板是在碳钢中添加铬或者是铬和镍，经热轧和冷轧所制成的钣金材料，极富耐蚀性，外观为光滑美观的银白色。在组织上，依铬和镍成分的多少，分为 3 类。图 1-29 所示为不锈钢的分类。

不锈钢板
- 铬不锈钢
  - Cr13%……马氏体钢
  - Cr18%……铁素体钢
- 镍铬不锈钢……Cr18%, Ni18%……奥氏体钢

图 1-29　不锈钢的分类

铁素体钢以 SUS430(JIS.GB4301-13-1991)为代表，对应我国 1Crl7Mo(GB 4329—91）不锈钢和耐热钢冷轧钢板；奥氏体钢 0Crl8Nil0（GB 4239—91）不锈钢、耐热钢冷轧钢板和钢带对应于日本 SUS304，含有 18%～20%的铬以及 8%～10%的镍；0Cr23Nil3(GB 1220—2005)不锈钢、耐热钢冷轧钢板和钢带对应于日本 SUS309S（JISC，4301-13-1991）冷轧不锈钢钢板和钢带；0Crl8Nil0Ti（GB 4239—91）不锈钢、耐热钢冷轧钢板和钢带对应于日本 SUS321（JISCA301-13-1991），具有良好的

耐蚀性，在各种饰条类的零件上使用得较多。因为它具有优良的耐热性，在非金属车身零件的排气系统的零件上也有使用。

三、铝合金

铝为银白色的金属，相对密度为 2.7，熔点为 657 °C，而铁的相对密度为 7.8，熔点为 1 535 °C。在实用金属中除镁及铋外，以铝为最轻，其纯度最高可达 99.99%，而通常为 98.0% ~ 99.7%。纯铝性质柔软，强度不大，故不适宜单独作为构造用材料。但是，加入其他金属制成合金后，常温或高温加工容易，且可获得相当优良的力学性能，此种合金称为轻合金。

在小轿车上使用铝材的部分，仅限于使用在强度上没有很大影响的车身零件上。例如车门、发动机盖板、行李厢盖板等车身钣金零件上，也可以应用在外部零件上，其表面要求有金属的辉亮状的部分。例如使用在饰条、水箱前饰罩、侧保险杆等处。使用铝材时，为了防止氧化腐蚀而失去光泽，而将铝制品完成后再经阳极化处理，使其表面形成一层 0.03 mm 厚的氧化铝膜，以达到耐腐蚀的目的，同时其表面也是可以再涂装的。板状的铝材或铸造品也都可以焊接，但是必须先除去焊接处阳极处理的氧化膜和使用焊接专用的铝焊剂。

铝合金在汽车上应用的出发点，不仅是一种轻质材料，可以降低汽车自重，提高燃油经济性，还有另外一个原因就是生产铝和回收铝的能量消耗少。

在汽车工业中，一般不直接采用纯铝作材料使用，汽车用铝材的主要类型为传统铝合金和泡沫铝合金，具体可以按以下几种方式进行分类。

1. 按照加工工艺性能特征分类

1）铸造铝合金

铸造铝合金是直接用铸造方法浇注或压铸成零件或毛坯的铝合金，其中又分为重力铸造件、低压铸造件等。其合金元素的含量比较高，合金元素的质量分数在 8% ~ 25%。一般铸造铝合金铸造性能好，压力加工性能差，且在实际使用中还要求铸件具有足够的力学性能，因此，铸造铝合金的成分并不完全都是共晶合金，只是合金元素的含量比形变铝合金高些。

铸造铝合金可根据使用目的、零件形状、尺寸精度、数量、质量标准、机械性能等各方面的要求和经济效益，选择最适宜的合金和铸造的方法。采用压铸法生产的铝合金零件，成品率高，能减少壁厚和后续加工量，表面质量好，尺寸精度高，很适于大批量生产。因此，铸造铝合金在汽车上的使用量最多，占 80%以上。

2）形变铝合金

形变铝合金与铸造铝合金不同之处在于，形变铝合金是经熔炼铸成铸锭后，再经过热挤压加工形成各种型材、棒材、管材和板材。形变铝合金中合金元素含量比较低。常用的形变铝合金中的合金元素总量小于 5%，但在高强度形变铝合金中可达 8% ~ 14%。

形变铝合金按其成分和性能特点可以分为不能热处理强化铝合金和可热处理强化铝合金。不能热处理强化铝合金具备良好的抗腐蚀性，故称为防锈铝。可热处理强化铝合金的合金元素含量比防锈铝高一些，这类铝合金通过热处理能显著提高力学性能，包括硬铝、锻铝和超硬铝。

形变铝合金在汽车上主要用于制造保险杠、发动机罩、车门、行李厢盖等车身面板，车轮的轮辐、轮毂罩、车轮外饰罩、车身框架、座椅骨架、车厢底板等结构件以及仪表板等装饰件。形变铝合金车轮的轮蜗、轮辐在成型加下时会产生加工硬化，强度增加，故与铸件相比，强度、韧性都大大具有优越性。目前，汽车用形变铝合金量正在逐渐增加。

2. 按照是否淬火硬化及所含合金分类

用于车身内部结构的材料，一般采用不可淬火硬化的铝合金；而对于外部覆盖件，较多采用可淬火硬化的铝合金。对于可淬火硬化的铝合金的常规热处理，主要有以下两类：一类是退火工艺，另一类是强化工艺。为了改进热处理工艺，提高铝合金的使用性能，还使用了回归再时效处理（RRA）、最终形变热处理和半固态成型及热处理，这些热处理工艺均可在一定程度上消除铝合金的组织结构缺陷，提高其物理化学性能。

3. 按照其所含合金元素分类

汽车用铝合金是根据日本的 JISH4000 标准来划分的，从 1000 到 7000 进行了分类，用于汽车车身板的铝合金主要有 A1-Cu-Mg 系（2000 系列）、A1-Mg 系（5000 系列）和 Al-Mg-Si 系（6000 系列）以及铝基复合材料等，其中 5038 和 5183 是汽车车身最常用的铝合金牌号。它们的具体分类见表 1-4。

Al-Cu 合金有高的抗拉强度；A1-Si 合金具有好的焊接性、高的耐腐蚀性和低的密度；A1-Zn 合金的切削性能好，只在不进行固溶处理时常温下经过较短时间的时效，可在一定程度上提高其强度；Al-Mg 合金具有优良的抗腐蚀性、好的切削加工性，并能通过阳极氧化得到漂亮的外观。A1-Zn-Mg 系铸造合金，作为高强度铸造铝合金得到发展。Zn、Mg 含量增加可提高合金强度。A1-Fe-Si 系合金中，Fe、Si 有利于增加强度和铸造性能的改善。

表 1-4　常用铝合金材料

	合金	主要合金成分	典型合金牌号	抗拉强度/MPa	用途
非热处理型合金	1000 系	Fe、Si、Cu	1070、1050、1100、1200	50～200	日用品、散热片、罩盖、铭牌、包装、建材、印制板
	3000 系	Mn	3003、3004、3005	100～300	日用品、散热片、包、罐、建材、彩铝
	4000 系	Si	4032、4043、4343		活塞、气缸盖、热交换器
	5000 系	Mg	5052、5082、5182、5083	100～400	建材、车辆、船舶、照相机、扣钉、低温油箱、压力容器
热处理型合金	2000 系	Cu、Mg	2011、2017、2024	300～500	飞机、气缸盖、活塞、电位器、钢钉、油压部件
	6000 系	Mg、Si	6061、6063、6262	150～400	建材、车辆、家具、船舶、家电、照相机、电线
	7000 系	Zn、Mg	7003、7001、7075	350～700	飞机、车辆、船舶、散热片

1）Al—Cu—Mg 系（2000 系列）合金

对于该系列铝合金，可以通过降低 Fe、Si 杂质元素来减少（Fe、Mn）A16、（Fe、Mn）3CuAl2 等脆性粗大第二相粒子，达到提高合金的断裂韧性和材料的横向性能的目的；另一方面还可以通过调整合金元素配比及添加微量元素，如添加过渡族元素 Zr 来提高合金的抗裂纹扩展性能。2000 系列铝合金具有良好的锻造性、高强度、良好的焊接性能、可热处理强化等特点，其强化相为 CuMgA12 和 CuAl2，但它的抗腐蚀性比其他铝合金差。2000 系列铝合金中，2036 合金已广泛用于生产车身板。具体来说，2036-T4 合金板广泛用于轿车车身外板，如车顶、底板等，取代钢板时，可使外覆盖件减轻 55%~60%。

2）A1-Mg 系（5000 系列）铝合金

5182 合金板特别适合于要求用延展方法成型的零部件，有较好的冲压成型性能，适合于制造汽车车身内板，使用部位可以在车顶、行李厢盖、地板、空气过滤器和车门等处。

3）A1-Mg-Si 系（6000 系列）合金

对该系列合金，可通过添加少量多种合金元素，如 Cr、Ti、Zr 来细化晶粒，改变再结晶状态，提高材料的强度和疲劳性能。6009-T4 的合金板材可成型为汽车覆盖件，成型性能与 5182-O 合金板相近，不出现吕德斯带，制造的汽车外板在烘烤、喷漆过程中不发生软化。使用部位包括车顶、行李厢盖、车门、侧围板、挡泥板等。6010-T4 的成型性能与 2036-T4 相似，能提供更高的强度，可在冲压钢板的冲床上采用相似的线速度成型，精修方法和速度也与钢板相同，它的使用部位如车顶、行李厢盖、挡泥板等。6009-T4、6010-T4 的塑性在适合成型的状态下，能获得更大的轻量化效果。

4）铝基复合材料

金属基复合材料（MMC）是 20 世纪 60 年代诞生的一种材料，是在连续的金属基体上分布着其他金属或陶瓷等增强体的一种物质。这种材料综合了基体金属和增强体的性能，因而具有单一材料难以达到的优良性能。铝基复合材料质量轻，比强度相比模量高，抗热疲劳性能好，耐磨性好，是金属基复合材料中应用最为广泛的一种。用于铝基复合材料的增强体有连续纤维、短纤维、晶须和颗粒等多种。

针对不同的增强材料和不同的应用场合，目前已开发出厂多种制备铝基复合材料的方法。如日本住友轻金属工业公司与美国雷诺尔兹铝制品公司共同开发出一种代号为 SG2-T4A 的车身铝合金复合材料板材，硬度比普通铝板高 1.5 倍，同时也具有良好的冲压加工性。此种材料在冲压加工时较软，便于拉延，而通过涂装及热处理后，硬度提高近 1 倍，如表 1-5 所示。

表 1-5　SG112-T4A 铝板与普通铝板的硬度比较

材料	SG112-T4A 涂装前	SG112-T4A 涂装后	普通铝板
硬度/MPa	110	210	140

虽然 SG112-T4A 的板材价格是钢板的 2 倍，但质量可减轻 50%，并且点焊工作量也减少 30%以上，是一种很理想的车身用铝板。

四、汽车玻璃

为了确保驾驶员的视野以及确保车辆碰撞时乘坐人员的安全，世界上主要汽车制造国家在法律上对汽车各个车窗玻璃的种类及品质都有规定，规定的内容如表 1-6 所示。

表 1-6　各国对汽车车窗玻璃使用规定

国名	前窗（光线透过率）	侧窗及后窗
日本	中间膜厚 0.38 mm 以上的胶合玻璃或是部分钢化玻璃（70%以上）	钢化玻璃
美国、法国	中间膜厚 0.76 mm 以上的胶合玻璃（70%以上）	钢化玻璃
德国、英国、意大利	中间膜厚 0.76 mm 的胶合玻璃或是部分钢化玻璃（德国 75%以上，英国、意大利>70%）	钢化玻璃
瑞典、芬兰	中间膜厚 0.76 mm 以上的胶合玻璃	钢化玻璃
澳大利亚	中间膜厚 0.76 mm 的无色胶合玻璃或是无色的部分钢化玻璃（85%以上）	钢化玻璃

汽车上常用的安全玻璃有钢化玻璃和夹层玻璃。图 1-30 所示为汽车用安全玻璃的分类。

汽车用安全玻璃
- 钢化玻璃
  - 全钢化玻璃
  - 半钢化玻璃
- 夹层玻璃
  - 高强度夹层玻璃（中间膜厚 0.76 mm）
  - 标准夹层玻璃（中间膜厚 0.38 mm）

图 1-30　汽车用安全玻璃的分类

1. 钢化玻璃

由普通平板玻璃或磨光玻璃经热处理后而得到的一种淬火玻璃，有全钢化玻璃和半钢化玻璃。钢化玻璃破损后即破碎成无尖锐状的碎粒，因此用在后挡风玻璃及车窗玻璃上，在车辆发生事故玻璃破碎时，可有效避免玻璃的碎片造成伤害。

钢化玻璃的性能特点有：弯曲强度比普通玻璃大 5 ~ 6 倍；冲击强度和疲劳强度都较高，比普通玻璃高几倍；挠度很大，比普通玻璃大 3 ~ 4 倍；热稳定性高，可经受 120 ~ 130 °C 的温度差而不炸裂；钢化玻璃发生破碎时，整个玻璃面会蒙上一层稠密的裂缝网，从而使透视变得困难，而且一受振动，玻璃就会破碎；玻璃破碎后，形成黄豆粒大小的细粒，且没有尖角，无锋锐碎片，无碎屑飞散，不致伤人，使用安全性好；耐高温和耐低温性能强，可长期在高温或低温季节使用而不改变性能；抗振性好，在汽车上可长期地经受振动而不改变性能；透光率不低于 80%。

钢化玻璃一般用于制作汽车上的玻璃制品，例如一般车速的汽车后挡风玻璃和车窗玻璃。

2. 夹层玻璃

夹层玻璃（胶合玻璃）是由两片机制平板玻璃，中间夹以塑料夹层，通过黏合剂、软化剂处理，再经过滚压、热压处理，使之黏合后逐渐冷却而制成的玻璃。

根据夹层玻璃夹层所用的塑料不同，有聚乙烯醇缩丁醛夹层玻璃、聚丙烯酸甲酯夹层玻璃，醋酸纤维夹层玻璃和硝酸纤维夹层玻璃，在汽车上用得较多的是聚乙烯醇缩丁醛夹层玻璃、聚丙烯酸甲酯夹层玻璃。汽车上主要使用聚乙烯醇缩丁醛夹层玻璃。

夹层玻璃的性能特点：具有优良的机械性能；弯曲强度比钢化玻璃小，但比普通玻璃高；冲击强度与钢化玻璃相近，但当冲击速度增加时，其冲击强度比钢化玻璃高得多；夹层玻璃在被击碎后，玻璃碎块仍旧粘在塑料夹层上，使用安全性能比钢化玻璃好；破碎时，碎片最长不大于 5 mm，且无碎屑；夹层玻璃可以用刀具随意切割；夹层玻璃呈无色、浅绿色或天蓝色。通常前面的挡风玻璃，有时中间夹层薄膜的上半部为有色的，以减少阳光对驾驶员照射的程度。它的透光率不低于 80%。

夹层玻璃一般用在汽车的前挡风玻璃，即使汽车发生事故造成前挡风玻璃破碎，玻璃碎片也会粘在夹层玻璃的玻璃上，避免玻璃碎片飞出造成更严重的伤害。

3. 有机玻璃

有机玻璃是用丙酮、氰化烃或者异丁烯等制成的甲基丙烯酸甲酯经聚合而成聚甲基丙烯酸甲酯，是一种高度透明的热塑性塑料，属于透光材料之一。

有机玻璃的性能特性：具有一定的机械强度，在一般条件下尺寸稳定，成型容易，但是质较脆，表面容易擦毛，作为透光材料其表面硬度不够；绝缘性能好，耐腐蚀性能较好，易溶于有机溶剂（如醇、酮、芳烃、氯化烃等）。但是，不耐碱，比较难以着火，而着火后燃烧缓慢，离火后继续燃烧。

有机玻璃在轿车维修作业中，制造某些透光材料零件，例如驾驶室的遮阳板、后灯灯罩、发动机罩前标志、暖风说明牌等。用改性有机玻璃（甲基丙烯酸甲酯、苯乙烯共聚物）制作轿车的指示灯护镜。

有机玻璃表面硬度较低，使用时要尽量注意不要被硬物损伤表面。有机玻璃使用温度不高，最高使用温度在 65 ~ 95 °C。使用时应注意：要避免和某些有机溶剂及碱类接触，以防溶解和受侵蚀。

操作指引

1. 课前准备

（1）场地设施：举升机 1 台，车身修复实训室。

（2）设备设施：承载式车身 1 辆。

（3）工量具：常用拆装工具（1 套），钣金锤，工作台，车辆防护工具等。

（4）耗材：钢板、贴纸。

（5）资料：与车辆对应的车身修理手册。

（6）学生组织：教师指导、分组实训、过程评价。

2. 注意事项

（1）穿戴干净整洁的工作服。

（2）遵守场地安全规定，注意用电安全。

（3）在实训过程中，严禁挪动车身，站、踩车身，开关发动机舱盖、后备厢盖、车门等时应注意避免夹伤，严禁在车身周围嬉戏打闹。

任务实施

1. 钢板特性认知

（1）钢板延展性认知。使用工具将钢板展成薄片。

（2）钢板弹性认知。请根据前面知识准备中的描述，对钢板施加由小到大的力，注意在施加力后释放，然后再施加更大的力后释放，写出钢板的变化过程。

____

（3）钢板硬化认知。对钢板进行来回弯折，钢板会发生什么变化？哪个部分有变化？

____

2. 车身用钢板贴牌

学生根据教师的任务安排，先自行完成下列内容：

根据实训车身，结合知识准备内容以及维修手册，分别在车身上找到不同类型的钢板，将钢板的名称写在贴纸上并将其贴在车身上。

3. 铝合金贴牌

学生根据教师的任务安排，先自行完成下列内容：

根据实训车身，结合知识准备内容以及维修手册，分别在车身上找到使用铝合金的地方，将名称写在贴纸上并将其贴在车身上。

4. 汽车玻璃贴牌

学生根据教师的任务安排，先自行完成下列内容：

根据实训车身，结合知识准备内容以及维修手册，分别在车身上找到使用玻璃的地方，将玻璃的名称写在贴纸上并将其贴在车身上。

5. 教师讲解

教师根据学生的表现对车身材料学生没掌握的地方进行讲解。

6. 实训考核

为检验实训效果，可以根据下列两种方式考核，教师根据学生表现进行评分。

（1）教师说材料名称，学生说出在车身上哪些地方使用了此种材料，并在车身上找到其位置。

（2）教师说车身结构部件，学生说此部件所用的材料。

任务小结

（1）金属材料的物理性能主要有密度、熔点、热膨胀性、导热性、导电性、磁性和耐磨性。金属材料的化学性能主要有耐酸性、耐碱性和抗氧化性。对车身维修有较大影响的是材料的力学性能，主要有可塑性、弹性、加工硬化、热变形等特性。

（2）车身钢板通常有热轧和冷扎两种类型。

（3）车身常用的高强度钢板主要有：高强度低合金钢（HLSA）、高抗拉强度钢（HSS）、超高强度钢（UHSS）等三种。

（4）表面处理钢板主要有镀锌钢板、镀铅锡钢板、锌粉漆涂装处理钢板、不锈钢板等。

（5）铝合金按照加工工艺性能特征分为铸造铝合金和形变铝合金，按照其所含合金元素可以分类 1000 系列 ~ 7000 系列。

（6）汽车上常用的安全玻璃有钢化玻璃和夹层玻璃。

项目二 车身损伤分析

项目描述

在对车身进行维修前，应先对车身的损伤情况进行分析，这样才能制定相应的维修方案。对车身损伤的情况进行分析，车身修理人员应熟悉汽车碰撞类型、汽车车身碰撞力的传递路径，同时也要了解车身常见的损伤类型，这样才能准确地对车身损伤进行评估。同样在汽车设计中，为了使车身吸收碰撞能量，在汽车前部车身和后部车身设计了在某种程度上容易损坏的部件，以形成一个能吸收碰撞能量的结构，以保证车身中部结实牢固，给乘客提供一个安全的空间。图 2-1 所示为车身碰撞时部分力的传递路径。

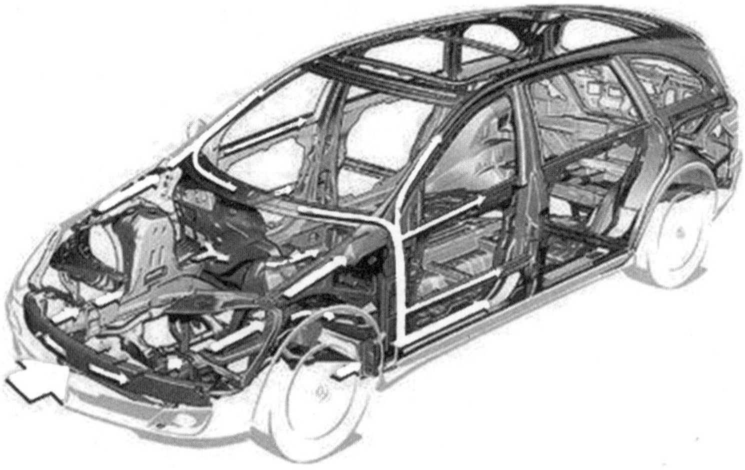

图 2-1 车身碰撞时部分力的传递路径

主要学习任务

- 车身损伤分析

任务　车身损伤分析

任务描述

李先生在驾车行驶过程中因车速过快造成碰撞事故，车辆受损，现将车开到维修站进行维修，现在请你对车身受损情况进行评估。

学习目标

【知识目标】

（1）了解汽车碰撞类型及其特点；

（2）掌握碰撞力的传递路径；

（3）掌握碰撞损伤类型；

（4）掌握车身上的碰撞吸能区的特点。

【能力目标】

（1）能正确判断碰撞力的传递路径；

（2）能正确判断车身损伤类型；

（3）能对车身受损进行评估。

【素质目标】

（1）具备良好的沟通能力和表达能力；

（2）能够按照企业“7S”要求和安全生产规范进行操作；

（3）能与同学合理分工、密切合作，完成工作。

建议学时：2 学时

知识准备

一、汽车不同方位的碰撞

汽车的碰撞主要包含正面碰撞和侧面碰撞两种。

1. 正面碰撞

正面碰撞包括汽车与刚体墙的碰撞以及汽车与汽车的碰撞。正面碰撞的位置高低不同会造成不同的损伤。当发生碰撞时，驾驶人猛踩制动踏板，则损伤的是汽车的前部。当碰撞点在汽车前端较高部位时，如图 2-2 所示，就会引起车壳和车顶后移及后部下沉；当碰撞点在汽车前端下方时，如图 2-3 所示，因车身惯性使汽车后部向上变形、车顶被迫上移，在车门的前上方与车顶板之间形成一个极大的裂口。

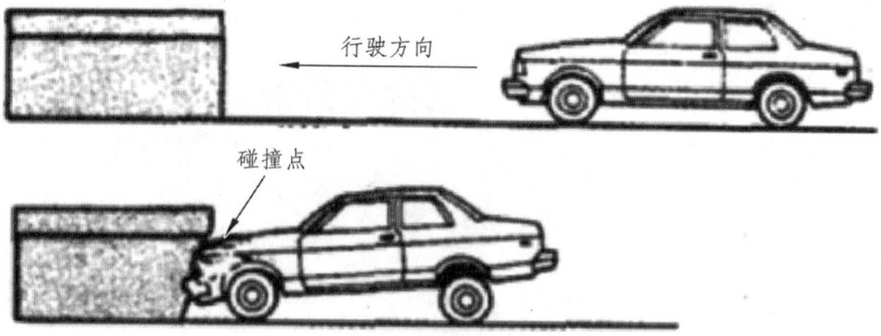

图 2-2　车身前部高点位置的碰撞

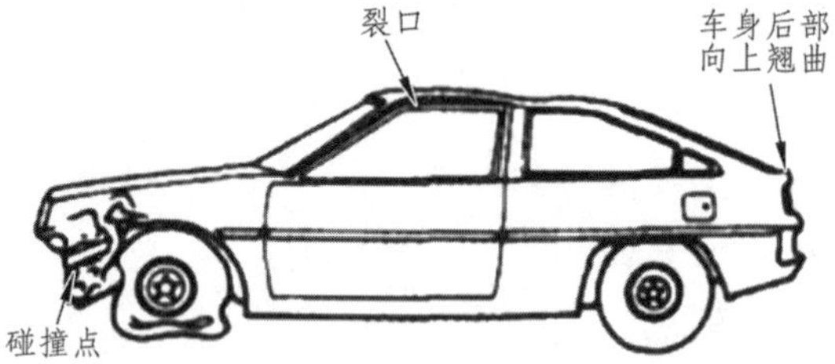

图 2-3　车身前部低点位置的碰撞

两辆相同的车，以相同的车速正面碰撞，当撞击对象不同时，撞伤结果差异很大。如图 2-4 所示，汽车撞上电线杆和撞上一堵墙壁，损伤结果就大不一样。如果撞上墙壁，其碰撞面积较大，损伤程度较轻。相反，撞上电线杆，因碰撞面积较小，其损伤程度较严重，汽车保险杠、发动机罩、水箱框架、水箱等部件都严重变形，发动机也被后推，碰撞影响还会扩展到后部的悬架等部位。

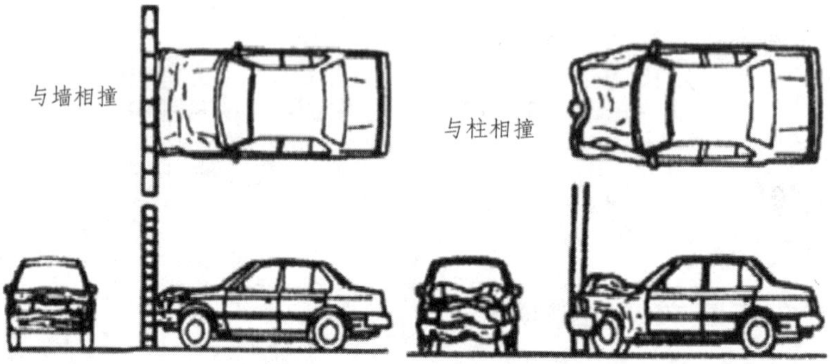

图 2-4　碰撞不同物体的碰撞结果

2. 侧面碰撞

如图 2-5 所示，横向行驶的汽车撞击纵向行驶汽车的侧面时，纵向行驶汽车的中部会产生弯曲变形，而横向行驶汽车除产生压缩变形还会被横向/纵向行驶的汽车向前牵引，导致弯曲变形。

从此例可以看出，横向行驶的汽车虽然只有一次碰撞但损伤却发生在两个方向，在十字路口汽车中部弯曲碰撞中，这种情况常常见到。另一方面，也可能变形发生两种碰撞而损伤却在一个方向上。

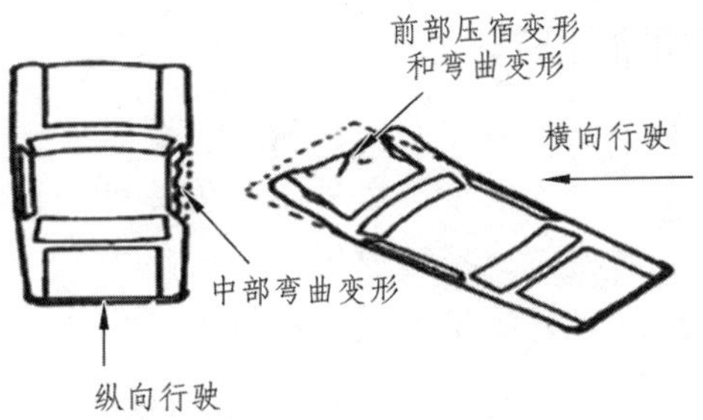

图 2-5　车辆的侧面碰撞

侧面碰撞时，碰撞力的损坏程度还取决于碰撞力与汽车质心相对应的方向。碰撞力的延长线不通过汽车的质心，一部分冲击力将形成使汽车绕着质心旋转的力矩，该力矩使汽车旋转，从而减少了冲击力对汽车零部件的损坏；碰撞力指向汽车的质心，汽车就不会旋转，大部分能量将被汽车零件所吸收，造成的损坏是非常严重的，如图 2-6 所示。

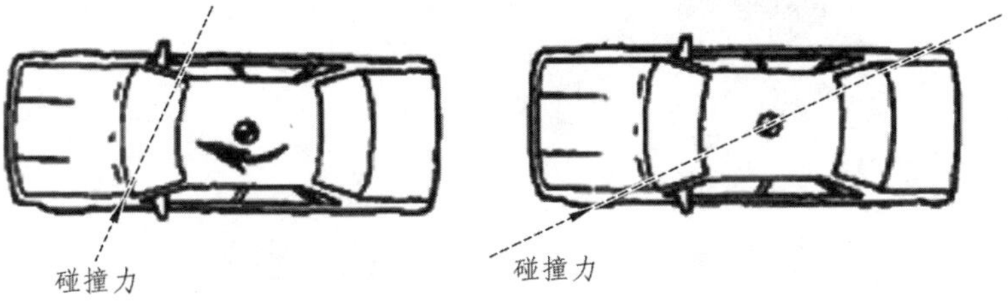

图 2-6　侧面碰撞时碰撞力方向对损伤程度的影响

二、碰撞力的传递

1. 碰撞力的传递

如图 2-7 所示，当汽车前角受到一个力 F_0，作用给 B 区域时，B 区域将会变形而吸收能量；碰撞力减到 F_1 并传递到 C 点，这段金属变形，能量继续减少到 F_2 并传递到 D 点，依次减少到 F_3 继续减弱传给 E，F_4 继续减少，汽车车顶盖金属轻微变形，在 F 点几乎不再有冲击力，也不再发生变形。

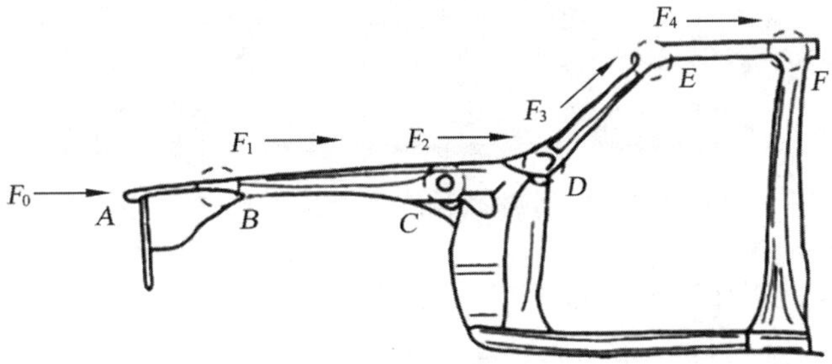

图 2-7　碰撞力在承载式车身结构上的分布与传递

碰撞动能在冲击力传递过程中逐渐转化成零部件的变形能。汽车若以相同的速度碰撞不同类型的障碍物，碰撞力的传递则因障碍物的形状、硬度不同而不同，车身变形的程度也不同。

2. 整体式车身正面碰撞时的力传递路径

正面碰撞时力通过保险杠支架传递到车辆内。固定在保险杠支架上的防撞元件继续将力传递到发动机支架内。前桥架梁与弹簧支座共同作用的结果可有目的地实现变形吸能性能。即使车辆的碰撞接触面很小，碰撞力也能通过保险杠横连杆、侧面防撞梁、前围和前桥架梁分散到车辆左、右两侧，如图 2-8 所示。

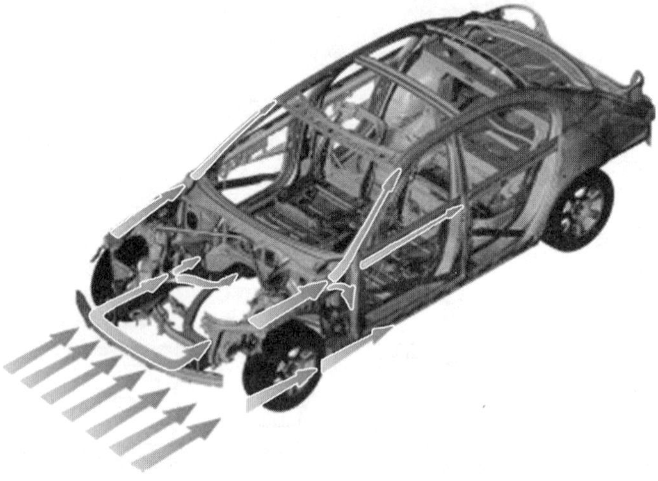

图 2-8　正面碰撞时的力传递路径

同时，碰撞力通过发动机支架继续分散到底板总成，通过发动机至前隔板加强件传递到变速箱传动轴盖板，通过车轮传递到轮罩内车门槛加长件的变形吸能区以及 A 支柱加强区域和侧框架。如图 2-9 所示，碰撞力通过弹簧支座和轮罩上的支架传递到侧框架也很重要。通过弹簧支座后的支架变形吸能区可以限制传递到 A 支柱内的力，同时可以降低 A 支柱附近车厢的负荷。

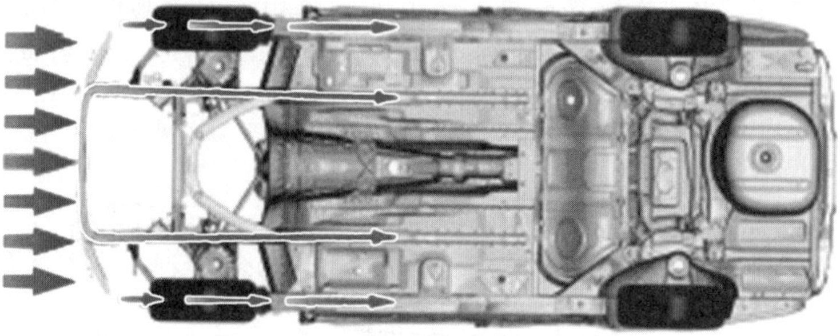

图 2-9　正面碰撞时底板上的力传递路径

3. 整体式车身侧面碰撞时的力传递路径

如果侧面碰撞时可移动障碍物撞到车辆上，那么碰撞力首先从侧面防撞保护件和车门锁传递到 A 支柱、B 支柱和 C 支柱。继续变形时侧面防撞保护件的安全钩会钩在 B 支柱和 C 支柱上。此外，车门内板也会支撑在车门槛上（通过结构上的重叠实现）。这样整个侧围即可非常牢固地连接在一起。这表示从这个阶段起，碰撞力通过整体式的侧框架结构作用在车厢上，如图 2-10 所示。

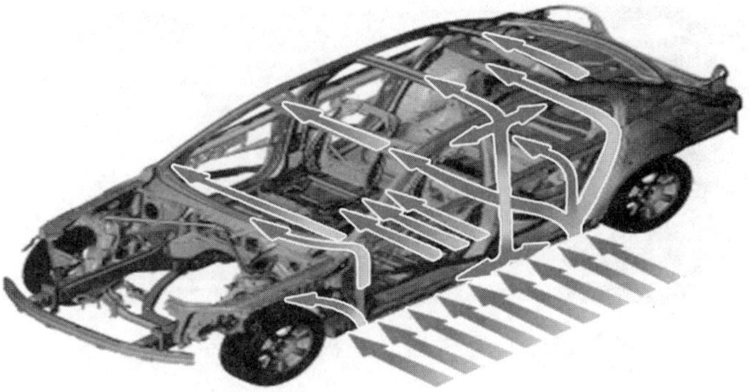

图 2-10　侧面碰撞时的力传递路径

如果碰撞更严重，那么车门槛将相应的力通过座椅横梁传递至变速箱传动轴盖板的连接支架和变速箱支架以及底板的后部横梁，最后传递至车身的另一侧。与此同时，力也会通过车顶传向对侧。在不带活动天窗的车辆上，车顶弓形架的作用是将力传递至车辆另一侧。在带有活动天窗的车辆上，刚性很强的活动天窗框架可将力继续传递到对侧。如果 B 支柱变形后挤压座椅，那么坚硬的座椅架会将所出现的力通过变速箱传动轴盖板传递到车辆对侧。

4. 整体式车身尾部碰撞时的力传递路径

发生尾部碰撞时，碰撞力通过保险杠支架及变形元件传递到车辆两侧。如图 2-11 所示，碰撞速度低于 15 km/h 时，这些元件作为变形吸能区可以用较低的维修费用更换。碰撞速度较高时各纵梁才会出现变形现象。通过后桥架梁和车轮，作用在车辆整个宽度上的负荷由后部底板和整个车门槛承受。在上部区域的力主要由后部侧梁吸收及传递。侧围将力传递至 C 支柱和车顶，同时将部分力通过车门向前传递。

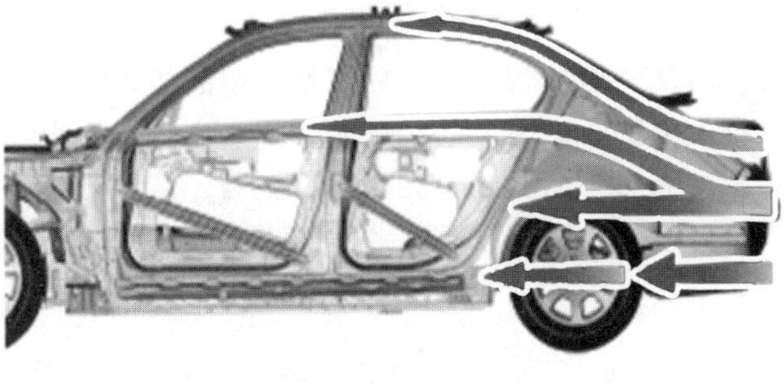

图 2-11　车尾碰撞时侧围内的力传递路径

车尾碰撞时底板上的力传递路径如图 2-12 所示，在侧框架和后桥架梁承受高负荷的区域安装了附加的加强件。其他碰撞力通过传动轴传递到发动机和变速箱上，以及废气装置和蓄电池上。此外，传动轴也是特殊的变形吸能区。铝合金传动轴由中间轴承的锥形法兰吸能，钢传动轴由反拉伸管吸能。由于后桥前的燃油箱位置比较有利，所以车尾碰撞时一般不会造成燃油系统损坏。

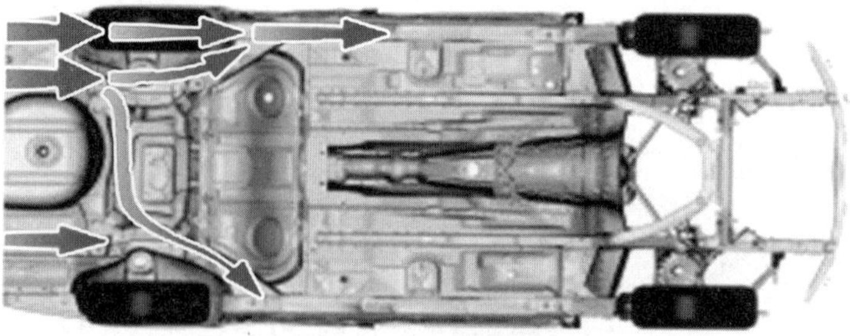

图 2-12　车尾碰撞时底板上的力传递路径

三、碰撞损伤类型

1. 按碰撞损伤分类

按碰撞损伤行为不同，分为直接损伤和间接损伤。

1）直接损伤

直接损伤是指车身与其他物体直接碰撞而导致的损坏。由于车身结构、碰撞力、角度以及其他因素的差异，损伤区域各不相同。

2）间接损伤

间接损伤是指发生在直接损伤区域之外，并离碰撞点有一段距离的损伤。

间接损伤的类型有：

（1）波及损伤是指冲击力作用于车身上并分解后，分力在通过车身构件过程中所形成的损伤。

（2）诱发性损伤是指一个或一部分车身构件发生损坏或变形以后，同时引起与其相邻或装配在一起的其他构件的变形。

（3）惯性损伤是指汽车运动状态发生急剧变化，在强大惯性力的作用下而导致的损伤。

间接损伤是碰撞力从碰撞接触区域向后传递，引起的毗邻钣件、结构物的变形损伤。间接损伤的程度取决于碰撞力的大小、作用方向，以及吸收碰撞能的各个结构件的强度。间接损伤有时不易发觉，如钣金件皱曲、漆面开裂和伸展、钣金件缝隙错位、接口撕裂、开焊等。图 2-13 所示为直接损伤、间接损伤标志。

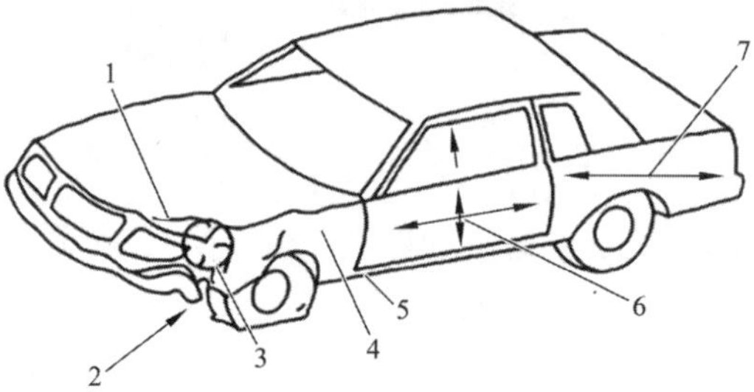

1—漆面裂痕和褶皱迹象；2—碰撞力作用方向；3—碰撞位置；4—构件吸能变形；
5—开焊；6—车门、车窗矫准；7—后部变形。

图 2-13　直接、间接损伤标志

2. 按车身损伤结果分类

按车身损伤结果不同，碰撞损伤可分为左右弯曲变形、上下弯曲变形、褶皱或压溃、菱形变形和扭曲变形等，下面介绍几种常见的碰撞损伤。

（1）左右弯曲变形。从一侧来的碰撞冲击经常会引起车身的左右弯曲或一侧弯曲。左右的弯曲通常发生在汽车的前部或后部，一般可通过观察车辆一侧明显的碰撞损伤、车门等板件与周围板件的缝隙及高度的变化、车身和车顶的错位等来判断。

（2）上下弯曲变形。上下弯曲是碰撞中最为常见的一种损伤，一般由前方或后方的直接碰撞而引起，可能发生在汽车的一侧也可能是两侧，基本现象是车身有倾斜或离地间隙不一致。可以通过查看车门的缝隙是否在顶部变窄、下部变宽、车门在撞击后是否有下垂等来判断。

（3）断裂损伤。当碰撞过程持续进行时，在碰撞点上就会产生显著的挤压。这样碰撞的能量被结构的变形吸收（以保护乘坐室），离中心点较远的部位可能会产生皱褶、断裂或松动。断裂损伤通过测量其长度是否超出配合公差来判别，它与传统车架式车身的断裂损伤相似。

（4）增宽损伤。对承载式车身而言，正面碰撞时传到乘客室的碰撞力会使侧面结构弯曲远离乘客（而不是向内侧挤压），同时侧梁变形，车门的缝隙增宽。通常可以通过测量门隙的变化和门高的变化来加以判断。

（5）扭转变形。当轿车高速撞击到路沿或道路的中央隔离墩时，可能导致扭转变形。发生扭转变形以后，汽车的一角通常较正常位置高或低些，而另一侧的情况与撞击一侧相反。即使最初的碰撞直接作用于中心点，但再次的冲击还是能够产生扭转力的，从而引起车身的扭转损坏。承载式车身的扭转变形与非承载式车身车架的扭转变形相似，可以通过测量其高度或宽度的尺寸变化来判断。

承载式车身的损坏类型和损伤顺序一般为：左右弯曲变形、上下弯曲变形、断裂、扭转变形和增宽损坏等。

知识拓展

整体式车身碰撞吸能区

由薄钢板连接成的车身壳体，在碰撞中，能吸收大部分振动。其中一部分碰撞能量被碰撞区域的部件通过变形吸收掉，另一部分能量会通过车身的刚性结构传递到远离碰撞的区域，这些被传递的振动波引起的影响称为二次损伤。二次损伤会影响整体式车身的内部结构或与被撞击相反一侧的车身。

为了控制二次损伤变形，汽车在前部和后部设计了吸能区（抗挤压区域），如图 2-14 所示。前保险杠支撑、前纵梁、挡泥板、发动机罩、后保险杠支撑、后纵梁、挡泥板、行李厢盖等部位，设计为波纹或结构强度上的局部弱化。在受到撞击时，它们就会按照预定的形式折曲，这样碰撞振动波在传送过程中就被大大减小直至消散。中部车身有很高的刚性，把前部（或后部）吸能区不能完全吸收而传过来的能量传递到车身的后部（或前部），引起远离碰撞点部件的变形。从而保证中部乘客室的结构完整及安全，这是现代汽车安全性设计的一个重要特点。

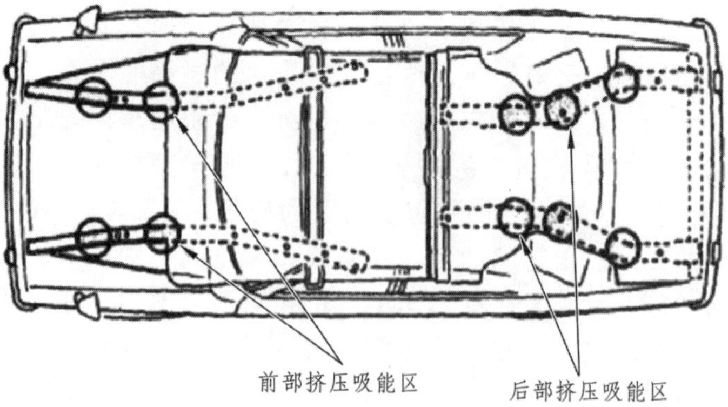

图 2-14　整体式车身的吸能区

1. 整体式车身前部碰撞吸能部件

在所有的碰撞中，超过 70%的碰撞发生在汽车的前部。在碰撞力比较小时，由前部的保险杠、防撞梁等变形来吸收碰撞能量，当碰撞力较大时，车身的前纵梁将吸收碰撞能量，如图 2-15 所示。前纵梁作为前部最坚固的部件，不仅有承载前部其他部件和载荷的能力，在碰撞中它还作为主要吸能元件通过变形吸收碰撞能量。

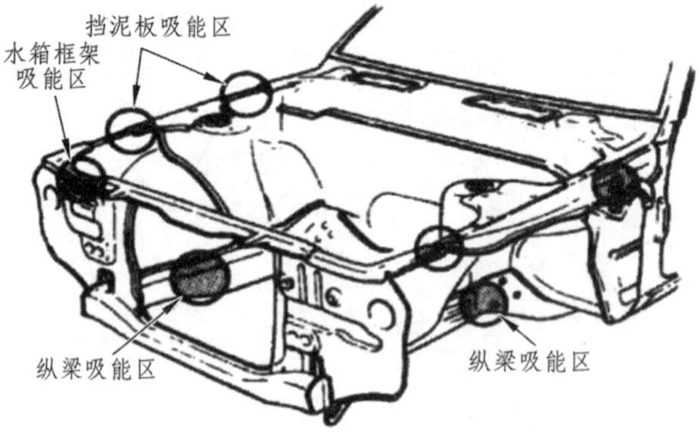

图 2-15　整体式车身的前部吸能区

（1）在车身前部主要吸收能量的部件是前纵梁。图 2-16 所示为不同形式的前纵梁。

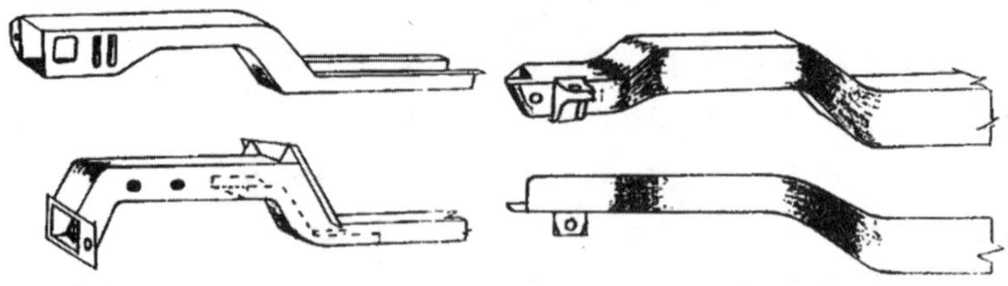

图 2-16　不同形式的前纵梁

（2）橡胶吸能装置。橡胶垫装在吸能器和车架纵梁之间。当受到碰撞时，吸能器受力后移，橡胶受力压缩，吸收冲击能量。当碰撞冲击力减小时，橡胶垫恢复到原始位置，保险杠恢复到原始位置。

（3）压溃型吸能器。压溃型吸能器在现代汽车上广泛采用，如图 2-17 所示。它的工作原理是在碰撞时通过部件本身的压缩变形吸收能量，受到损伤后必须更换。

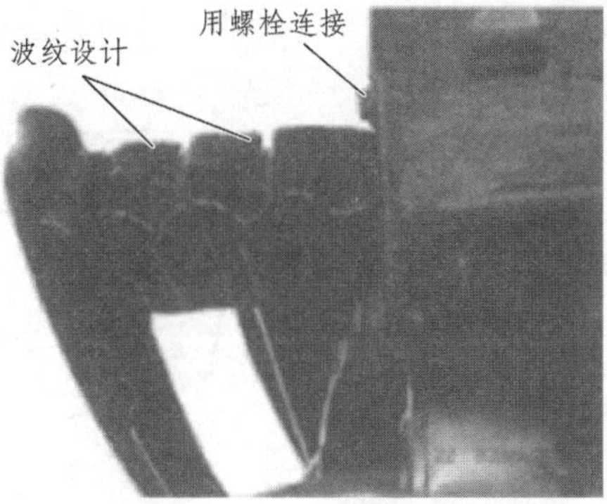

图 2-17　压溃型吸能器结构

2. 整体式车身中部碰撞吸能部件

当碰撞发生在车身中部时，碰撞能量通过车门、门槛板、中柱等部件的变形来吸收。为了保证乘客室的完整及乘客的安全，在中部的区域如中柱、门槛板采用了高强度钢板甚至超高强度钢板，在车门内部采用超高强度钢板制造防撞梁来保护乘客安全。

如果吸能区在设计中没有很好地考虑吸能效果，或者修复后破坏了吸能区的结构，那么吸能区将不能很好地吸收碰撞能量，会造成中部乘客室严重变形，威胁乘客的安全。

操作指引

1. 课前准备

（1）场地设施：举升机 1 台，车身修复实训室。
（2）设备设施：发生前部碰撞的轿车 1 台。
（3）工量具：常用拆装工具（1 套），车辆防护工具等。
（4）安全防护用品：工作帽、工作服、安全鞋、棉手套等。
（5）资料：与车辆对应的车身修理手册。
（6）学生组织：教师指导、分组实训、过程评价。

2. 注意事项

（1）穿戴干净整洁的工作服。
（2）遵守场地安全规定，注意用电安全。
（3）在实训过程中，严禁挪动车身，站、踩车身，开关发动机舱盖、后备厢盖、车门等时应注意避免夹伤，严禁在车身周围嬉戏打闹。

任务实施

下面以正面碰撞为例来分析损伤检查的基本步骤。

1. 了解碰撞情况

了解碰撞事故发生情况，有助于全面、准确、迅速地检查所有损伤。

2. 确定损坏部位

观察整个车辆，具体方法从碰撞点开始，环绕汽车一圈，如图 2-18 所示，统计受损的处数，评估其程度，确定其损坏顺序。

图 2-18　环绕汽车一圈

3. 检查车身损伤和变形

1）检查外部损伤和变形

从车辆的前部、后部和侧部观察车辆，并从侧面检查横向和垂直弯曲、扭曲、变形的线条，以及车身上的隆起和凹陷，如图 2-19 所示。同时，检查外板变形或其他与碰撞部位相关联的部位。

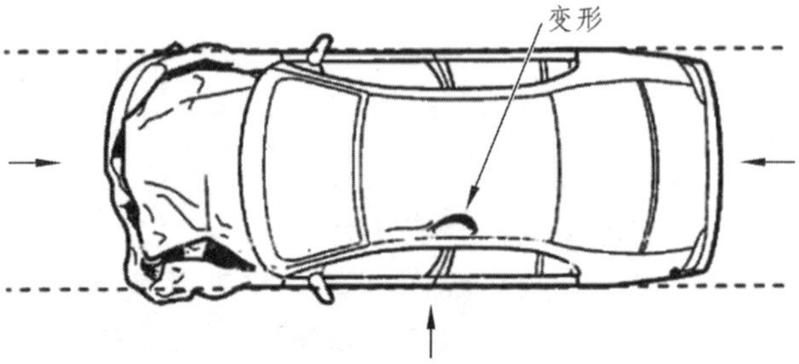

图 2-19　检查外部损伤和变形

2）检查外部车身板件的定位情况

如图 2-20 所示，仔细检查所有带铰链部件（如发动机盖、车门、行李舱盖或背门）的装配间隙和配合状况是否正常，开启与关闭是否正常。通过这些检查除了可以判断覆盖件的变形情况，还可以判断安装这些覆盖件的结构件变形情况。比如，车门是通过铰链安装在车身门柱上的，通过开关门和观察门边缘与车身二者间的曲面是否吻合及装配情况等，即可确定车门或立柱是否受到损伤，如图 2-21 所示。

图 2-20　检查外部车身板件的定位情况

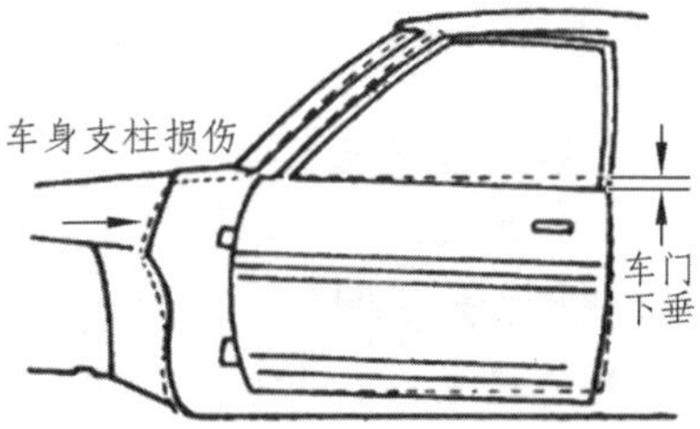

图 2-21 车门和支柱的检查

3）检查发动机室

检查发动机以及变速箱固定点的变形，检查辅助系统与底盘以及线束与底盘间的接触情况。检查车身各部分的变形，以及焊缝密封胶的剥落情况。

4）检查客舱和行李舱

检查客舱或行李舱内撞击力造成的间接零件损伤。检查转向柱、仪表板、内板、座椅、座椅安全带以及其他内饰件上因驾驶员或货物而导致的损坏。

5）检查车身下部

检查发动机机油、变速器油、制动液或散热器冷却液的泄漏情况。检查车身底部各部分的变形以及焊缝密封胶的剥落。

4. 完成车身损伤评估报告

车身损伤评估报告应包含车辆基本信息、事故发生的概况、车身损坏的情况等信息。

任务小结

（1）汽车的碰撞主要包含正面碰撞和侧面碰撞两种。正面碰撞的位置高低、撞击对象不同，撞伤结果差异大。侧面碰撞时碰撞力与汽车质心方向对撞伤结果影响大。

（2）碰撞动能在冲击力传递过程中逐渐转化成零部件的变形能。汽车若以相同的速度碰撞不同类型的障碍物，碰撞力的传递则因障碍物的形状、硬度不同而不同，车身变形的程度也不同。

（3）按碰撞损伤行为不同，分为直接损伤和间接损伤。

（4）按车身损伤结果分类：碰撞损伤可分为左右弯曲变形、上下弯曲变形、折皱或压溃、菱形变形和扭曲变形等。

项目三 车身典型板件更换与维修

项目描述

汽车车身发生剐蹭事故或碰撞事故后，车身会受到不同程度的损伤。车身修理就是修复车身的损伤，使车身恢复到事故前的状态。根据车身受损的情况会选择不同的车身修复工艺方法。车身测量与矫正、板件修复、结构件更换、非结构件更换等都是属于车身修复中钣金修复的基本工艺。车身钣金修复完后，还需进行车身涂装修复，这部分内容在项目四中具体介绍。本项目主要介绍车身典型板件的更换与维修。图 3-1 所示为车身维修使用的测量及校正平台。

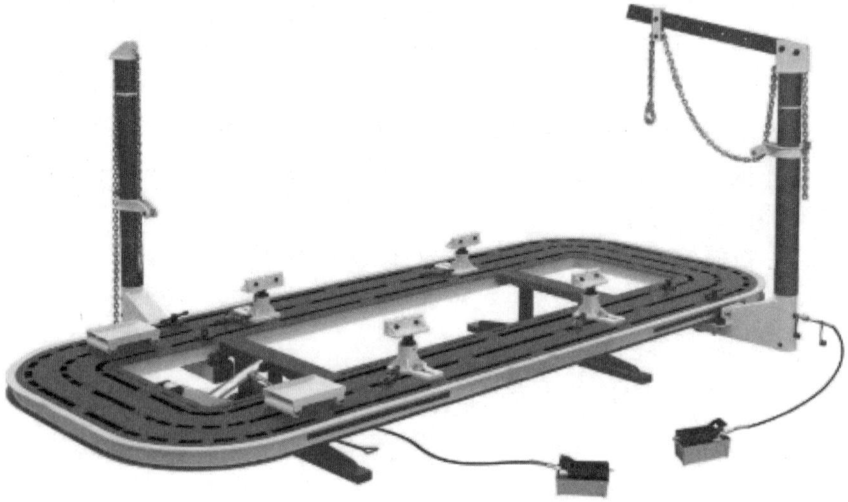

图 3-1 车身维修中使用的测量与校正平台

主要学习任务

- 板件修复安全防护
- 前保险杠的拆装
- 车门的拆装
- 左前翼子板的切换修复
- 左前车门的修复
- B 柱的更换
- 车身测量校正

任务一　板件修复安全防护

任务描述

一辆 2015 款迈腾 1.8T 轿车在行驶过程中发生事故，现进入维修车间进行修复。维修人员需要在指定区间进行损伤诊断、拆件和维修。为了保证维修顺利进行，维修人员必须做好自己的安全防护。请你正确穿戴钣金和焊接的工作服，在维修区内安全、高效地进行车身修复。

学习目标

【知识目标】

（1）能布置汽车车身钣金修复车间工位；

（2）能描述个人安全防护用品的分类与作用。

【能力目标】

（1）能够正确穿戴个人安全防护用品；

（2）能够在个人安全防护下进行操作。

【素质目标】

（1）培养学生安全操作意识；

（2）培养学生按照“7S”标准进行实践；

（3）培养学生团队协作与沟通的能力。

建议学时：4 学时

知识准备

在进行车身修复作业的过程中，需要用到手动、气动、电动工具，如果这些工具使用不当，会对人身造成伤害。在修复作业过程中，有很多粉尘、铁屑、挥发物等，这些有害物会对身体造成损伤，在研磨钣金作业的时候，噪声也会对人体造成伤害。要防止维修过程中各种有害物对自身的伤害，就要佩戴个人安全防护用品。

一、汽车车身钣金修复工作服的正确穿戴

1. 汽车车身钣金修复车间的布置

1）工作区域的布置

车身钣金修复工作区一般分为钣金加工检查、钣金加工校正、车身校正和材料存放工位，如图 3-2 所示。在车身修复工作区，要完成事故车辆的检查、车辆零部件的拆卸、板件修理、车身测量校正、车身板件更换和车身板件装配调整工作。车身测量校正、车身焊接、车身装配调整一般在一个固定的工位进行，即车身校正仪。

校正仪平台一般长为 5 ~ 6 m，宽为 2 ~ 2.5 m。为了安全，校正仪外围要有 1.5 ~ 2 m 的操作空间。校正工位长为 8 ~ 10 m，宽为 5 ~ 6.5 m。

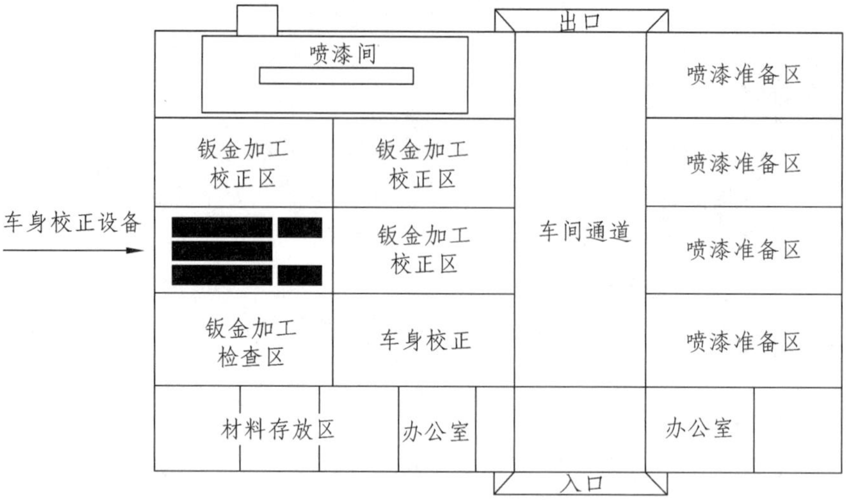

图 3-2　钣金车间的区域划分

2）气路布置

车身钣金修复工作区要使用压缩空气和电，所以气路要布置合理。钣金车间气路布置如图 3-3 所示。

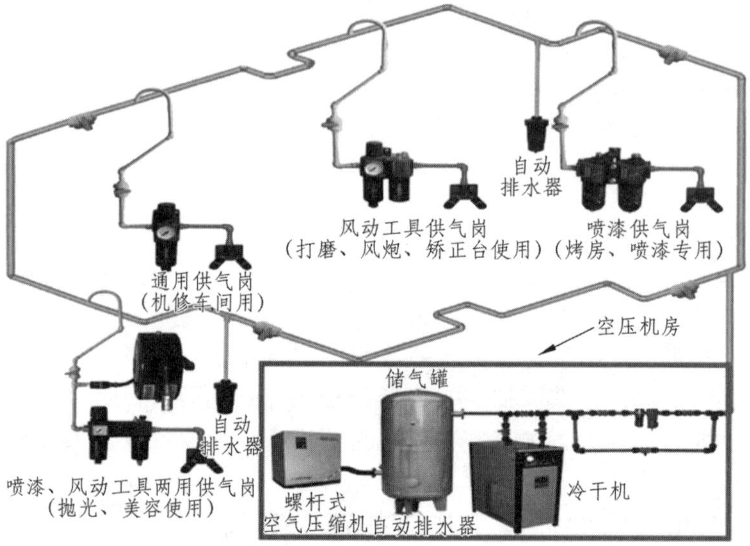

图 3-3　钣金车间气路布置

3）工作岗

工作岗是整个供气系统最末端的部分，一端与主管道连接，另一端借助供气软管与钣喷工具相连。主要的工作岗类型有：通用工作岗、风动工具工作岗、喷漆专用工作岗和喷漆、风动两用工作岗。工作岗主要用于用气量较大的打磨、风炮、校正台等工具。岗位配置压力调节器、快速接头座、隔水油雾器（隔水器、油雾器）。

快速接头（见图 3-4）以及快速插头是汽修厂最常用的连接件。它们不仅要求耐用、不漏气，而且还要使用安全、方便。

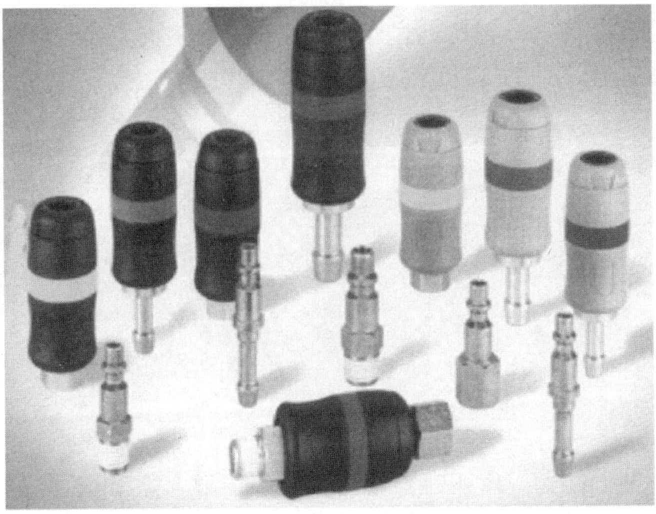

图 3-4　快速接头

4）气鼓、软管

通常，维修车间的工作不只是在固定的工作岗前完成，因此需要通过软管（见图 3-5）将气鼓接在固定岗位上，将气源送到工作地方。如果输气管道安放不好或直接置于地上，既容易弄脏或损坏，又容易造成事故。使用气鼓能够有效地解决此问题。气鼓所用软管，除了要有足够的内径外，还应具备耐压、防静电、结构坚固、不含硅等特点。

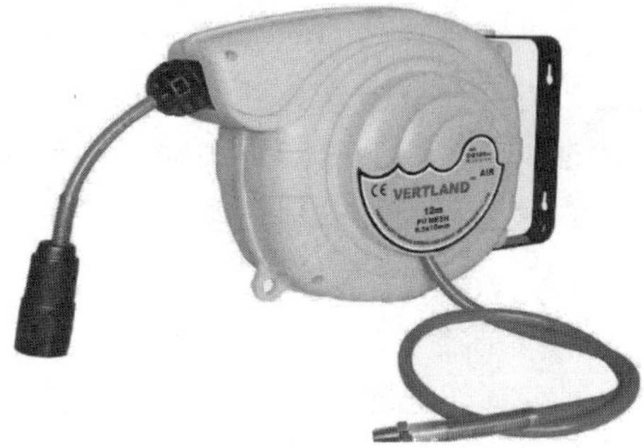

图 3-5　气鼓和软管

2. 个人安全防护用品分类

个人安全防护用品包括工作帽、防护眼镜、防尘口罩、耳塞、工作服、手套等。

3. 个人安全防护用品的作用

1）工作帽

蓬松的长发很容易被运动的机器挂住而引发事故。如果头发比较长，工作时应该将其扎在脑后，或者塞到工作帽里（见图 3-6）。

2）防护眼镜

当工作环境有损伤眼睛的风险时，就要戴上防护眼镜（见图 3-7）。防护眼镜的镜片要用安全玻璃制成，并且还要对眼部侧面进行防护。普通眼镜不能作为防护眼镜使用。佩戴防护眼镜，可以防止金属颗粒进入眼睛。

3）防尘口罩

汽车维修经常在有毒化学气体环境中进行。不论是暴露在有毒气体中还是过量尘埃中，都要戴上呼吸器或防尘口罩（见图 3-8）。

4）耳罩

在噪声级很高的场合停留时间过长，会导致听力丧失。在经常有噪声的环境里，应该戴上耳罩或耳塞（见图 3-9）。

图 3-6　工作帽

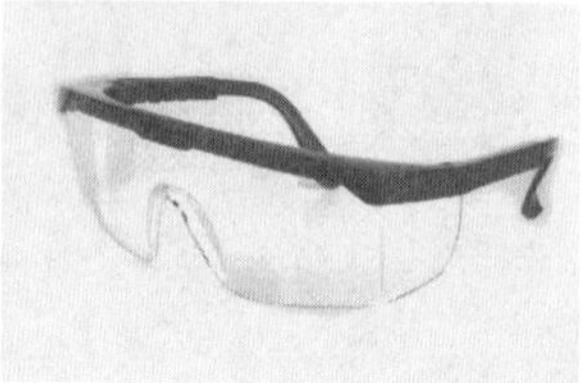

图 3-7　防护眼镜

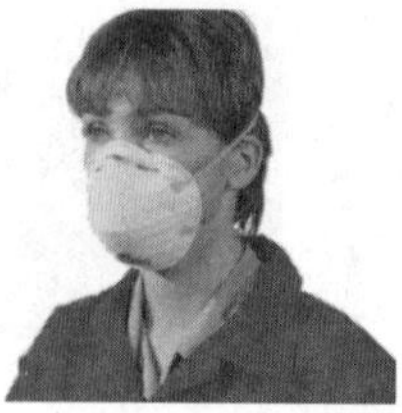

图 3-8　防尘口罩

图 3-9　耳罩

4. 工作服

工作服（见图 3-10）：作业时穿着的服装不但要合适舒适，还要结实。宽松的服装很容易被运动的零件和机器挂住，也不要系领带，不要将工作服套在自己的衣服外面。

5. 手套

维修人员常常忽视对手的保护，戴手套不仅可以保护手，避免损伤手，防止通过手染上疾病，也可以使手保持干净（见图 3-11）。有多种不同的手套可供选戴，进行焊接作业或拿高温物件时，应该戴上厚手套；在处理强腐蚀性或危险性化学物品时，应该戴上聚亚安酯或维尼龙手套；戴上乳胶手套和丁腈橡胶手套可以防止油污沾到指甲上，以预防疾病。

6. 安全鞋

维修汽车时重物有可能意外掉落砸到脚上，所以要穿用皮革或类似材料做成的并具有防滑底的鞋或靴子即安全鞋（见图 3-12）。铁头安全鞋可以增强对脚的保护，运动鞋、休闲鞋和凉拖鞋都不适合在车间穿。

图 3-10　工作服

图 3-11　手套

图 3-12　安全鞋

二、汽车车身钣金焊接工作服的正确穿戴

1. 焊接面罩

焊接面罩（见图 3-13）材料为防火材料，视窗尺寸为 90 mm×40 mm，灵敏度和恢复时间可调节，响应时间为 1/20 000 ~ 1/30 000 s（明态到暗态），恢复时间为 0.1 ~ 1 s（暗态到明态）。采用不同的焊接方式应选用不同的标准遮光号，亮态时选用 DIN4，暗态时选用 DIN9-13（可调遮光号，适应不用环境条件中作业）。

2. 焊接手套

焊接手套（见图 3-14）是一种焊接工人作业用手套，耐火耐热，可为工人提供安全防护及作业舒适性，主要材质有牛二层皮、牛头层皮、猪皮、羊皮等天然皮革。其作用主要是隔热，耐磨，防止飞溅物烫伤，阻挡辐射，同时有一定的绝缘性能。

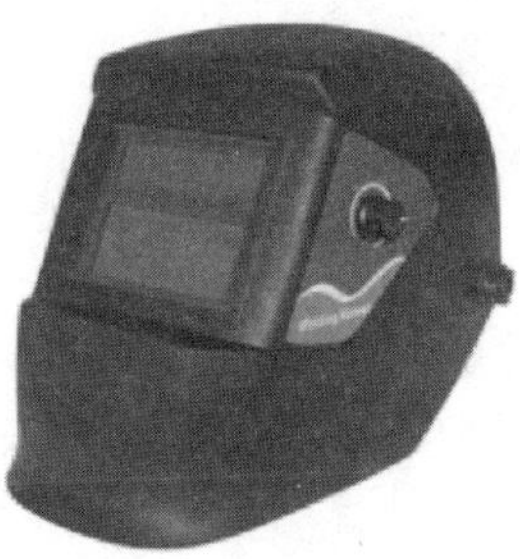

图 3-13　焊接面罩

图 3-14　焊接手套

3. 绝缘鞋

绝缘鞋（见图 3-15）的作用是使人体与地面绝缘，防止电流通过人体与大地之间构成通路，对人体造成电击伤害，把触电时的危险减到最低程度。这是因为触电时电流是经接触点通过人体流入地面的。它还能防止试验电压范围内的跨步电压对人体的危害。因此，电气作业时不仅要戴绝缘手套，还要穿绝缘鞋。

4. 焊接工作服

焊接工作服（见图 3-16）是焊接工人作业时所穿的一种具有防护性能的服装。

通常电焊工是在高温、焊渣飞溅、高辐射等条件下作业，如果不正确佩戴防护用品，很容易对身体产生伤害。焊接工作服材质包括牛皮、帆布、阻燃布等。辅料包括防火线、绝缘扣、加固螺钉等。

图 3-15　绝缘鞋

图 3-16　焊接工作服

操作指引

1. 课前准备

（1）场地设施：钣金修复车间。

（2）设备设施：大众迈腾轿车 1 辆。

（3）防护装备：工作服、工作帽、防尘口罩、防护眼镜、手套、安全鞋等；焊接工作服、焊接面罩、焊接手套、绝缘鞋等。

2. 注意事项

（1）在实训场地应穿戴干净整洁的工作服。

（2）听从实训指导教师的安排，严格遵守场地安全规定，注意用电安全。

任务实施

1. 规范佩戴钣金个人安全防护用品

（1）将防尘口罩从塑料袋中取出，如图 3-17 所示。

（2）把有金属鼻夹的一方打开一定的角度，面向防尘口罩无鼻夹的一面，使金属鼻夹位于口罩上方，如图 3-18 所示。

（3）左手将防尘口罩抵住下巴，右手将下方头带拉过头顶，置于颈后耳朵下方，如图 3-19 所示。

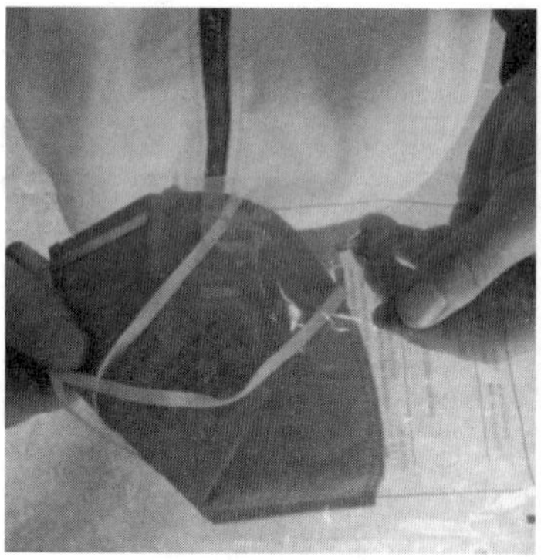

图 3-17

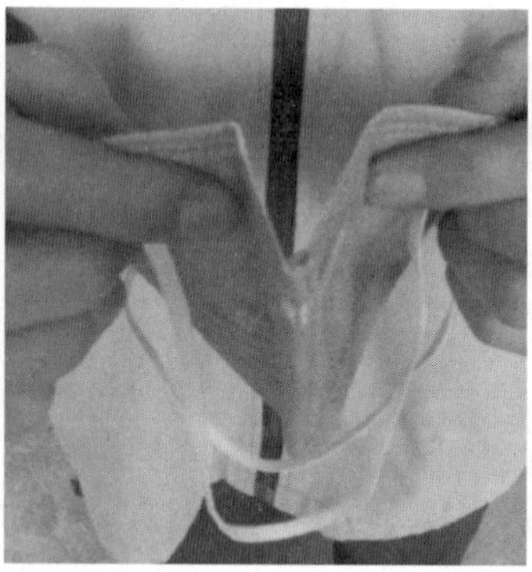

图 3-18

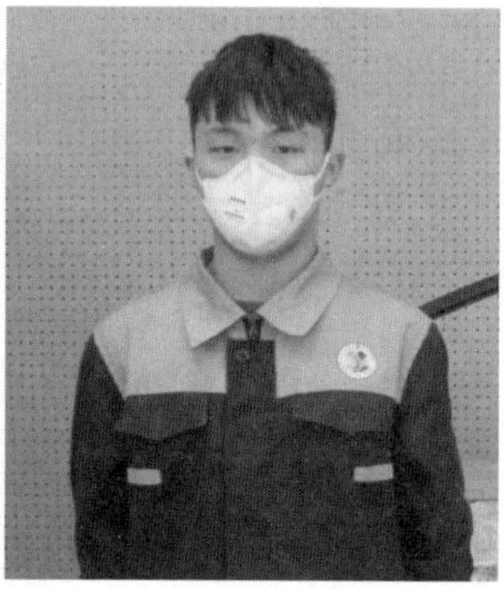

图 3-19

（4）右手将防尘口罩抵住下巴，左手将上方头带置于颈后耳朵上方；将双手手指置于金属鼻夹中部，从中间向两侧按照鼻梁形状向内按压，直至将其完全按压成鼻梁形状为止，如图 3-20 所示。

（5）戴防护眼镜。防护眼镜戴前应仔细检查，须确认无变形和构件松动，如图 3-21 所示。

（6）戴工作帽，并把头发盘在工作帽中，如图 3-22 所示。

图 3-20

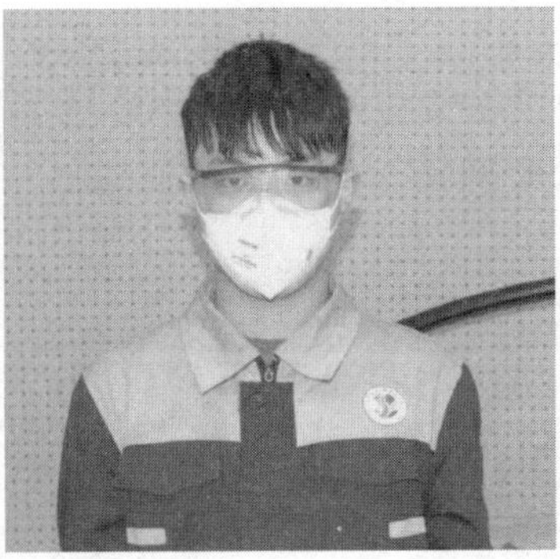
图 3-21

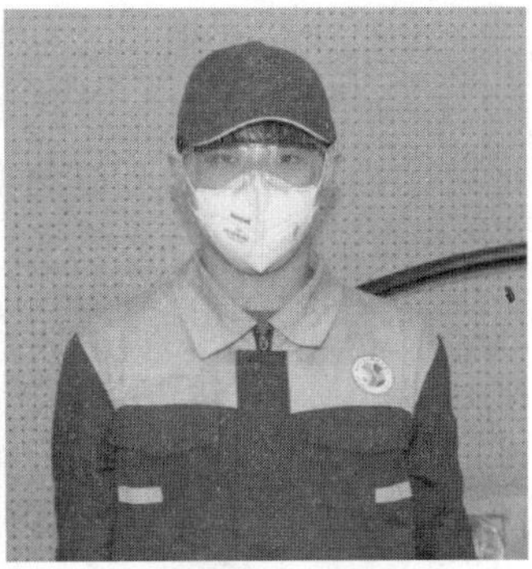
图 3-22

（7）戴耳塞。把手洗净，将耳塞的圆头部分搓细，一只手从头后部绕过，将外耳向后上方提起，另一只手将搓细的耳塞圆头部分缓慢旋转塞入耳中，如图 3-23 所示。

（8）穿好工作服。工作服应该较为宽松，系好袖口，如图 3-24 所示。

（9）戴手套，穿好安全鞋。安全鞋的前尖留有一定余量，鞋后跟与脚后跟不紧不松正好吻合，鞋面不能挤压脚背，腰窝与脚弓吻合，如图 3-25 所示。

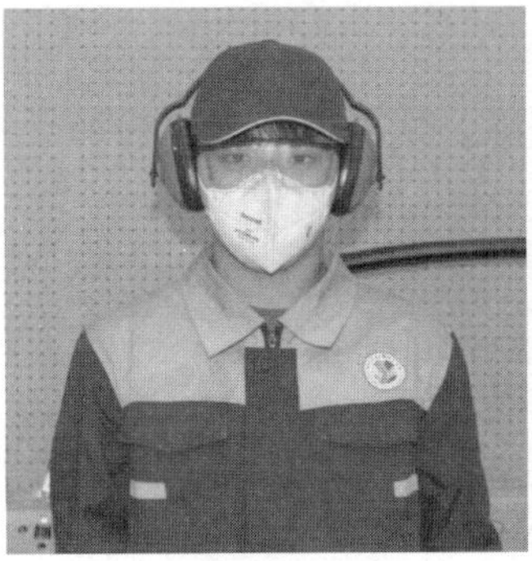
图 3-23

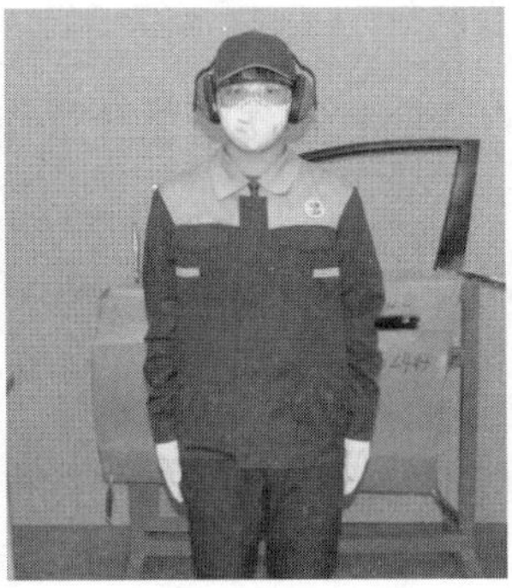
图 3-24

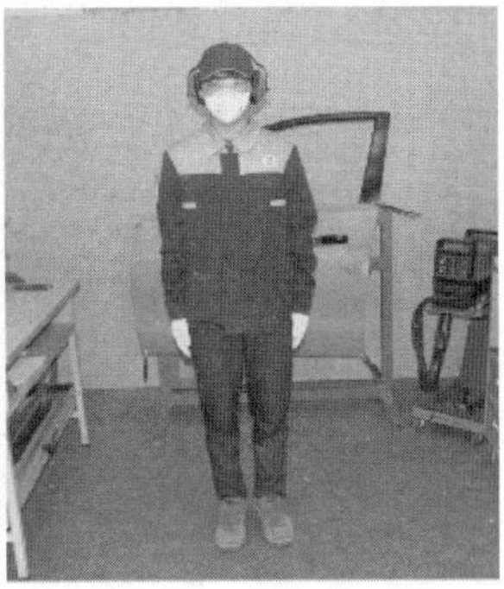
图 3-25

2. 规范佩戴焊接防护用品

（1）穿好焊接工作服，并系好纽扣、纽带，焊接工作服紧松要合适，以免影响焊接操作，如图 3-26 所示。

（2）穿好绝缘鞋及护腿板。绝缘鞋的前尖留有一定余量，鞋后跟与脚后跟应正好贴合，鞋面不能挤压脚背，腰窝与脚弓吻合，如图 3-27 所示。

图 3-26

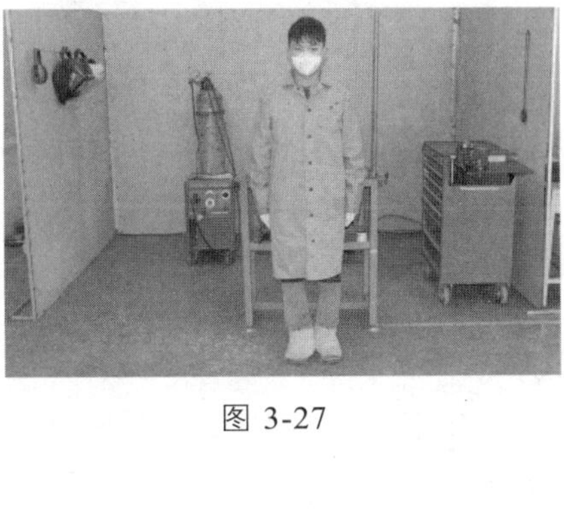
图 3-27

（3）戴焊接手套，如图 3-28（a）所示。

（4）戴焊接面罩，调整焊接面罩遮光号在 9 ~ 11 号，并调整焊接面罩松紧带到合适紧度，调整面罩两边的松紧旋钮，以免焊接面罩自动掉下，如图 3-28（b）所示。

（5）穿好焊接服装后，进行焊接操作。

（6）操作完毕后，打扫工作台，进行 5S 管理。

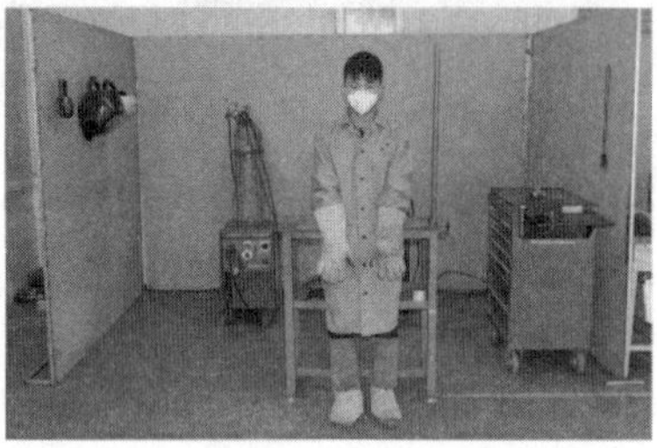

（a）

（b）

图 3-28

任务小结

（1）汽车车身钣金修复车间的布置包括工作区布置、气路布置、工作岗布置以及气鼓和软管布置。

（2）个人安全防护用品包括工作帽、防护眼镜、防尘口罩、耳塞、工作服、手套等。

（3）焊接防护装备包括焊接工作服、焊接面罩、焊接手套、绝缘鞋。

（4）在进行车身修复作业的过程中，需要用到手动、气动、电动工具，如果这些工具使用不当，会对人身造成伤害。要防止维修过程中各种有害物对自身的伤害，就要佩戴个人安全防护用品。

任务二　前保险杠的拆装

任务描述

张先生驾驶2009款迈腾1.8T 轿车，因驾车不慎与其他车辆追尾，造成前保险杠（见图3-29）损坏，损坏情况较重，需进行更换维修。

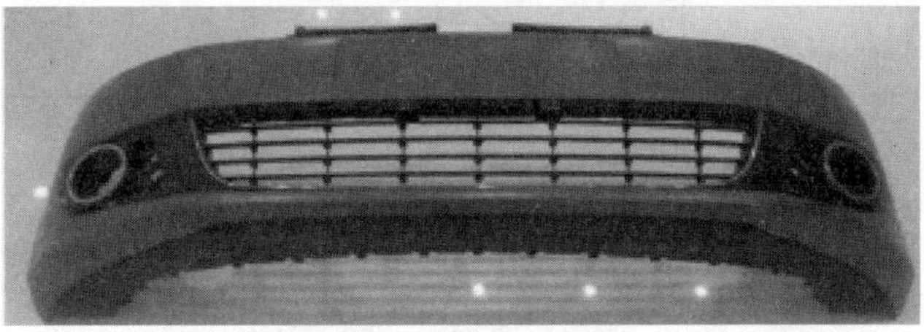

图3-29　汽车前保险杠

学习目标

【知识目标】

（1）掌握保险杠的结构；

（2）掌握塑料的分类及辨别方法；

（3）掌握保险杠的材料属性。

【能力目标】

（1）能选取合适的工具对保险杠进行拆装；

（2）能辨别保险杠的材料。

【素质目标】

（1）具备良好的沟通能力和表达能力；

（2）能够按照企业“7S”要求和安全生产规范进行操作；

（3）能与同学合理分工、密切合作，完成工作。

建议学时：2学时

知识准备

汽车一般都在前、后最外端装有保险杠。其主要功能是：

（1）当汽车在前后方向与其他物体相撞时，能有效地保护车身，减轻对被撞物体（或人）的损害程度。

（2）作为外部装饰，美化汽车的外形。

一、保险杠的结构

保险杠是由外板、缓冲材料和横梁三部分组成。其中外板和缓冲材料用塑料制成，横梁用厚度为 1.5 mm 左右的冷轧薄板冲压成 U 形槽；外板和缓冲材料附着在横梁上，横梁与车架纵梁用螺栓连接，可以随时拆卸下来。保险杠所使用的塑料，主要有聚酯系和聚丙烯系两种材料，采用注射成型法制成。例如有的型号的轿车的保险杠，采用了聚酯系材料，并用反应注射成型法制成；而有的型号的轿车的保险杠，采用了聚丙烯系材料用注射成型法制成。国外还有一种称为聚碳酯系的塑料，渗进合金成分采用合金注射成型的方法，加工出来的保险杠，不但具有高强度的刚性，还具有可以焊接的优点，而且涂装性能好，在轿车上的用量越来越多。图 3-30 所示为保险杠的结构。

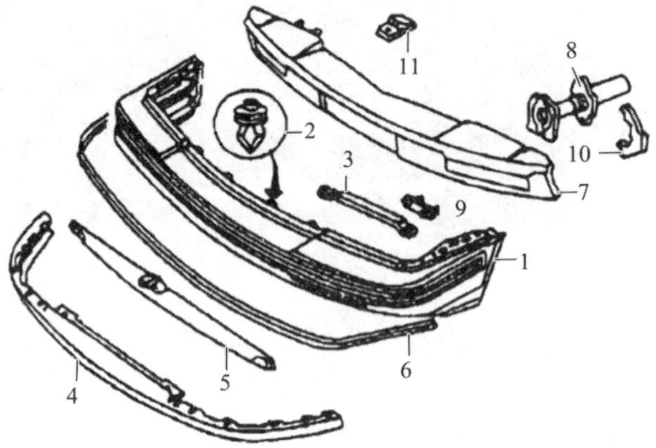

1—保险杠；2—推入式锁扣；3—保险杠罩支架；4—保险杠面罩扰流板；5—散热器空气扰流板；6—保险杠面罩横件；7—保险杠；8—碰撞吸能器；9—钢板及嵌钉；10—吸能器垫片；11—牵引钩缓冲垫。

图 3-30 保险杠的结构

保险杠面罩装在保险杠的最外侧，起导流作用并兼作车身饰件。有的保险杠面罩是保险杠的一部分，如上面所述两件式和三件式。但大部分保险杠面罩与保险杠是分离的。面罩常用合成树脂材料制成，这些塑料可以是氨基甲酸醋、聚合碳纤维或合成材料。可以着漆，使之与汽车其他装饰相匹配。

一些汽车的保险杠外罩制有导流孔板，以便向散热器或车底引导气流，有的在外罩上装了指示灯光、牌照等，还有的在保险杠外罩装有与车身侧围防擦条颜色和形状一致的装饰条，以求起到装饰与美化作用。多数汽车往往将保险杠护罩、散热器格栅、前装饰板和下导流板集成为一体。而这种集成部件则被称为保险杠装饰板。

二、保险杠的分类

由于轿车的档次、厂家、型号的不同而使汽车保险杠千差万别。保险杠的分类可以根据功能、材料、安装位置等进行。

1. 按功能特性分类

按功能特性分类有普通式和能量吸收式两种类型的保险杠。由于普通型保险杠的特点是结构简单、质量轻，在普通汽车上的应用比较广泛；能量吸收式保险杠则因增加了具有吸收冲击能量功能的结构，大幅度地提高了保护效能，多为高级汽车所采用。

1）普通型保险杠

普通型保险杠也称刚性保险杠。所谓刚性仅仅是相对而言，是因为比能量吸收式保险杠有较大的刚性，其本身也并非十分坚固。

大多数普通型保险杠由面罩和支架两部分组成，形成两件组合式保险杠。支架材料常见的有用薄钢板冲压而成的、铝制的和塑料压制的。

具有塑料支架的称为塑料保险杠。塑料保险杠大都装备在普通轿车上。具有用薄钢板冲压的、或用铝制的支架板的称为钢制或铝制保险杠。钢制和铝制保险杠一般配备在一些紧凑型轿车上。图 3-31 所示为普通型保险杠（两件组合式）。

钢制的保险杠用支架以刚性连接方式装配在车身纵梁的前后端。用薄钢板等冲压而成的支架板和塑料面罩等零件同样具备吸收冲击能量的功能。

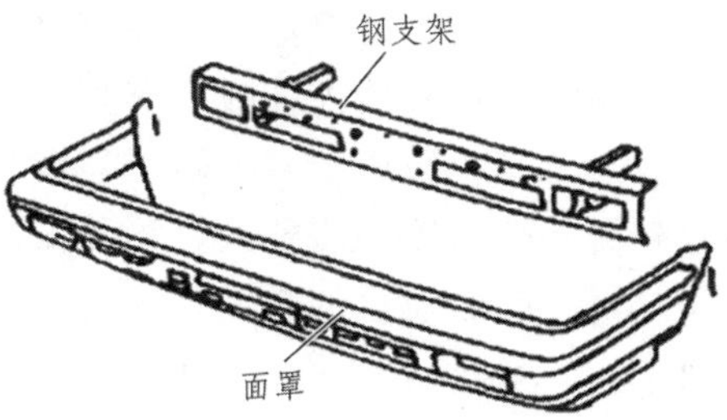

图 3-31　普通型保险杠（两件组合式）

2）能量吸收式保险杠

如前所述，普通刚性保险杠用螺栓固定在车架上。它在抵抗碰撞时的冲击力、减少车身和车架在碰撞时的损坏程度的同时，却将绝大部分冲击能量直接传递到车架和车内乘客身上，对乘客的保护性有限。因而，当前大多数较高级的汽车都装备了具有吸能性能的保险杠。这些保险杠，有的自身具有吸能特性，有的另外附加吸能器，并将吸能器安装在保险杠面罩与前杠或保险杠横梁与车架之间，用以提供更大的弹性力，以更多地吸收和衰减冲击力。这种保险杠可以有效地降低汽车发生碰撞或追尾事故造成的损失。能量吸收型保险杠依其能量吸收方式分为以下三种类型。

（1）直接吸收式。

图 3-32 所示为直接吸收式保险杠的典型构造，它由三部分构成；靠车身一侧为强质比（强度/质量）高的钢制保险杠后支架板，将合成泡沫塑料或多孔橡胶等吸收冲击能量好的材料填充于支架板与面罩之间，就构成了具有一定能量吸收功能的、三件组合的保险杠。

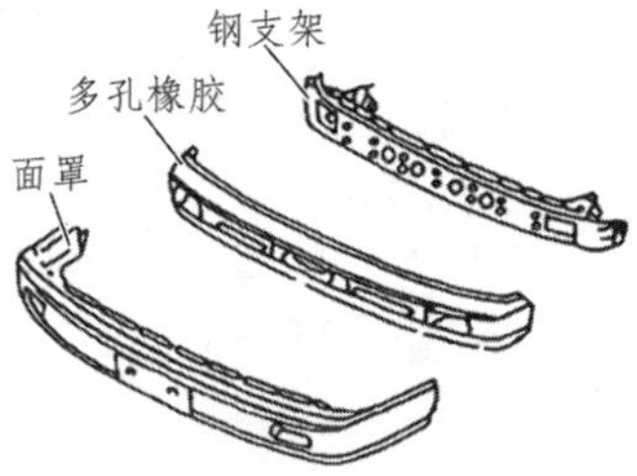

（a）能量吸收型保险杠

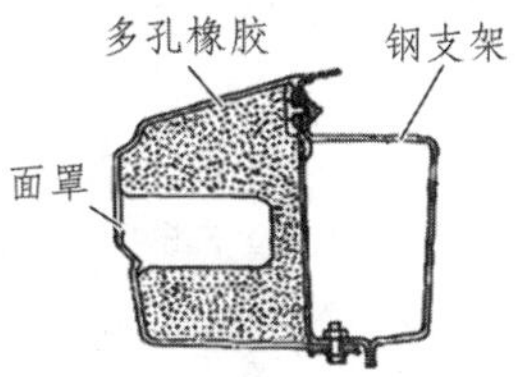

（b）能量吸收型保险杠的断面

图 3-32　直接吸收式汽车保险杠（三件组合式）

当汽车受到较为轻度冲击时，这种类型的保险杠依靠填充材料受冲击、压迫时的瞬间变形，直接吸收冲击能量。由于具有自身质量轻、受冲击时整体位移小等优点，它已经成为能量吸收型保险杠的主流结构。

它由厚壁弹簧钢制成，为有美化效果，表面经过镀铬。利用弹簧被压缩时吸收冲击能量的原理，将弹簧钢安装在车架的前端，形成缓冲弹簧式镀铬弹簧钢保险杠。正常情况下，弹簧处于释放状态，碰撞过程中，弹簧处于吸收冲击能量时的变形状态。这是较为传统的、整体式保险杠的一种，现在仍用于高级轿车、箱式汽车和货车上。带有保险杠罩的缓冲弹簧式保险杠，因保险杠不外露，所以表面不一定镀铬。

（2）具有外挂吸能器的保险杠。

这种保险杠的外挂吸能器与保险杠分体制作。它装在保险杠与车身之间，类似于底盘悬挂装置中的减振器。当发生碰撞事故，保险杠受到冲击载荷时，主要依靠外挂吸能器吸收冲击能量，达到减轻碰撞损失的目的。与悬挂减振器不同的是，保险杠需要在吸能器的弹性元件的恢复作用下复位。吸能器损坏后，保险杠也就无法复位。

2. 按材料分类

按材料的不同可分为钢板保险杠、铝合金保险杠、塑料保险杠。

（1）钢板保险杠：钢板保险杠由钢板冲压成 U 形槽钢，表面进行镀铬或喷漆处理，与车架纵梁铆接或焊接为一体，与车身有段较大的间隙，好像是一件附加上去的部件。早期的轿车前、后保险杠，主要是钢板保险杠，由于其重量较大，发生事故时不能对行人起到缓冲作用，所以现在轿车未使用钢板保险杠。现在钢板保险杠主要用于货车。

（2）铝合金保险杠：由铝合金制成的管状保险杠，这种保险杠具有造型样式多、美观、气派等特点，主要用于越野汽车和小型面包车。

（3）塑料保险杠：主要由塑料制成，它除了保持原有的保护功能外，还与车体造型和谐、统一，并使本身轻量化。这种保险杠的强度、刚性和装饰性都较好。从安全上看，汽车发生碰撞事故时，能起到缓冲作用，保护前后车体；从外观上看，可以很自然地与车体结合在块，浑然成一体，具有很好的装饰性，成为装饰轿车外形的重要部件。

现在汽车保险杠使用较多的是塑料保险杠。当塑料保险杠外罩损坏时，可以用原厂件、拆车旧件予以更换。如果撕裂或破洞很小时，损坏部分可以用相应成分的塑料焊接或用修复剂修复。但保险杠的其他加强件即使微小损坏也不可修复。

塑料的种类很多，按其热性能不同，可分为热固性塑料和热塑性塑料。

热固性塑料：第一次加热时可以软化流动，加热到一定温度，产生化学反应—交链固化而变硬，这种变化是不可逆的，此后，再次加热时，已不能再变软流动了。正是借助这种特性进行成型加工，利用第一次加热时的塑化流动，在压力下充满型腔，进而固化成为确定形状和尺寸的制品。表 3-1 所列为常见热固性塑料类型、ISO 代码、特性及应用示例。

表 3-1　常见热固性塑料类型、ISO 代码、特性及应用示例

塑料类型	ISO 识别码	特征	应用示例
聚氨酯	PU	减振、弹性较好	密封剂、吸收能量
环氧树脂	EP	导热性较弱	点火线圈、印刷电路板
聚酯树脂	UP	耐热、强度高、耐风蚀	点火线圈、印刷电路板
玻璃纤维	SMC	耐热、强度高且尺寸稳定	行李厢盖、侧围、折叠式车顶盖

热塑性塑料：指具有加热软化、冷却硬化特性的塑料。日常生活中使用的大部分塑料属于这个范畴。加热时变软以至流动，冷却变硬，这种过程是可逆的，可以反复进行。热塑性塑料中树脂分子链都是线型或带支链的结构，分子链之间无化学键产生，加热时软化流动，冷却变硬的过程是物理变化。表 3-2 所列为常见热塑性塑料类型、ISO 代码、特性及应用示例。

表 3-2　常见热塑性塑料类型、ISO 代码、特性及应用示例

塑料类型	ISO 识别码	特征	应用示例
聚丙烯	PP	较好的强度和化学耐腐蚀	保险管、车轮罩盖板、侧饰板
聚乙烯	PE	耐老化和耐化学腐蚀	燃油箱、清洗液储存罐
聚氯乙烯	PVC	耐腐蚀	底部防腐层、车内饰板

与钢铁比较，塑料的优点有：相对密度小；成形性良好；无金属的外观及具有触感；有柔软性；耐蚀性良好；隔音、防振、隔热性能良好等。

三、塑料件的鉴别方法

不同的塑料件有不同的修理方法，因此修理前，首先要清楚塑料的类型。

只要拆下需修理的塑料件，从背面的标记内识别出其符号或缩略语的内涵，就知道这个塑料是什么类型的塑料。目前，识别塑料件类型主要采用编号识别和测试识别两种方法。

1. 编号识别法

世界上许多生产商将塑料零件的国际标准号或 ISO 码或缩略语印制在塑料背面。也有的在汽车维修手册中注明塑料的类型。表 3-3 给出了常见塑料件的名称及修理方法。

表 3-3　常见塑料件的名称及修理方法

ISO 识别码	名称	修理方法
ABS	丙烯腈-丁二烯-苯乙烯	热空气焊接、厌氧（速溶）黏结、玻璃纤维修理、无空气焊接
ABS/PVC	ABS/乙烯树脂（软）	化合物修补、无空气焊接
EPIII或 TPO	乙烯-丙烯	黏结剂修理、无空气焊接

续表

ISO 识别码	名称	修理方法
PA	尼龙	厌氧（速溶）黏结、无空气焊接、玻璃纤维修理
PC	Lexan	
PE	聚乙烯	热空气焊接、无空气焊接
PP	聚丙烯	
PPO	Noryl	玻璃纤维修理、无空气焊接
PS	聚苯乙烯	厌氧（速溶）黏结
PUR，RIM 或 RRIM	热固性聚氨甲酸乙烯	黏结剂修理、无空气焊接
PVC	聚氯乙烯	化合物修补、无空气焊接
SAN	苯乙烯-丙烯腈	热空气焊接、无空气焊接
TPR	热塑橡胶	黏结剂修理、无空气焊接
TPUR	热塑性聚氨基甲酸乙酯	
UP	聚酯（玻璃纤维）	玻璃纤维修理

注：表中所列修理方法的英文缩写：黏结剂修理——AR，无空气焊接——AW，玻璃纤维修理——FGR，热空气焊接——HAW，化合物修补——PC，厌氧（速溶）黏结——S。

2. 测试识别法

（1）燃烧测试法：热固性塑料燃烧时不会产生熔滴，而热塑性塑料燃烧时会产生熔滴。这种方法易造成环境污染及安全隐患，故不建议使用。

（2）黏结测试：选用不同的焊条，直到有一种能黏结住，则可确定塑料的类型，从而选用该焊条进行焊接。

（3）挠性测试：将修理用的塑料制成试件，进行弯曲试验，热固性塑料弯曲后不能恢复原形，而热塑性塑料弯曲后能很好地恢复原形。

正确鉴别车身前保险杠的所属种类，是对保险杠进行维修的前提。

操作指引

1. 课前准备

（1）场地设施：钣金实训场地。

（2）设备设施：整车

（3）工量具：常用拆装工具（1 套），车辆防护工具等。

（4）耗材：卡扣等。

（5）学生组织：教师指导、分组实训、过程评价。

2. 注意事项

（1）穿戴干净整洁的工作服。

（2）遵守场地安全规定，注意用电安全。

（3）拆卸前应确认车辆是否熄火、驻车制动处于制动状态、车轮挡块安装稳固。

任务实施

1. 安全与环保

在实训室进行每一项实践操作时，应严格遵守实训室规章制度，不得嬉戏打闹，切实按照“7S”要求进行操作。

在进行保险杠拆装前，首先要确保汽车固定良好（检查驻车制动及车轮胎垫块的位置）。其次，在拆装前后保险杠时，应先检查保险杠的损坏程度。操作时，工作人员必须穿好工作服，佩戴工作手套。在操作过程中，注意拆卸下零部件的编号，按顺序放置。拆装完毕后，各拆装工具须有序地放置原位，结束后，做好实训场地的清洁工作。

2. 前保险杠拆卸

前保险杠装配简图如图 3-33 所示。

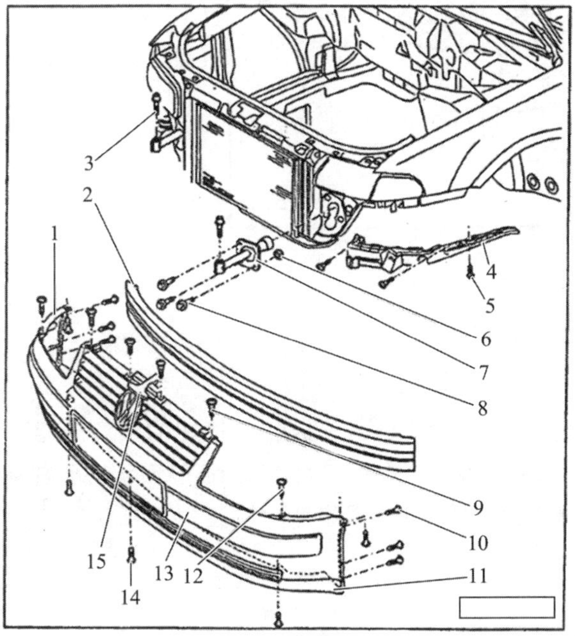

1—保险杠外罩壳
2—保险杠骨架
3—螺栓
◆2个
◆20 N·m
4—导向装置
◆保险杠的拆下和装入，可平行地由导向装置中（左、右导向）卸下或装入
5—螺栓
◆6个
◆2 N·m
6—六角螺母
◆2个
7—缓冲装置
8—螺栓
◆7个
◆50 N·m
9—螺栓
◆4个
◆3 N·m
10—螺栓
◆8个 ◆2 N·m
11—导流板
◆卡在保险杠罩里
◆在拆卸盖板时，导流板不需要拆下来
13—保险杠嵌条
14—快速连接螺栓
◆3个 ◆2 N·m
15—释放杆

图 3-33 前保险杠装配简图

1）拆下释放杆

释放杆 1，用螺丝刀 2 将其分开，并从联接锁上拆下（见图 3-34）。

图 3-34 释放杆拆卸图

2）导向装置的调整

滑块 2 在导向件 1 上应这样调整：使滑块在车灯 4 和导向件 1 的上边缘形成一个 2 mm 的间隙（见图 3-35）。然后使用专用工具进行检查与间隙调整。

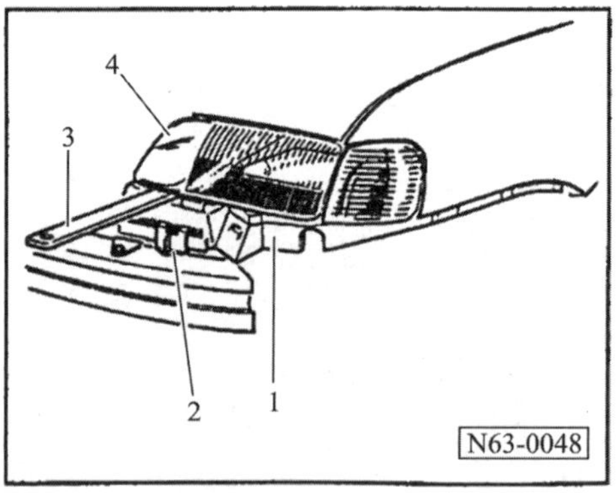

图 3-35 导向装置调整图

3. 保险杠安装

按照保险杠拆卸的相反顺序将保险杠装上。

用螺栓固定保险杠后，必须进行调整，它与翼子板和前格栅的距离应相等。顶部间隙必须均匀。调整装配螺栓，装配托架允许保险杠可上可下、可左可右及可进可出。如果需要，在保险杠和装配托架之间加设填隙片以调整保险杠对准。

4. 拆装小结

拆装过程中，应该注意对车辆的防护，避免刮伤漆面。拆装时应使用适当的工具对保险杠进行拆装；拆卸卡扣时，应注意拆卸力度，避免因力度过大而造成保险杠零部件不必要的损坏。将保险杠从车上拆下前，应确认保险杠与车身的螺栓、卡扣连接已全部拆卸。

任务小结

（1）保险杠的主要功能有：当汽车在前后方向与其他物体相撞时，能有效地保护车身，减轻对被撞物体（或人）的损害程度；作为外部装饰，美化汽车的外形。

（2）塑料保险杠由外板、缓冲材料和横梁三部分组成。

（3）保险杠的分类可以根据功能、材料、安装位置等进行。按功能特性分类有普通式和能量吸收式两种类型的保险杠。按材料特性分类有钢板保险杠、塑料保险杠、铝合金保险杠。

（4）塑料的种类很多，按其热性能不同，可分为热固性塑料和热塑性塑料。识别塑料件类型主要采用编号识别和测试识别两种方法。

任务三　车门的拆装

任务描述

客户王先生驾驶的车型为卡罗拉，据王先生反映，该车行驶时车门螺栓会出现滑动类异响，初步估计为车门内附件螺栓松脱，现在请你安全地完成车门的拆装工作，排除异响。

图 3-36　汽车车门

学习目标

【知识目标】

（1）了解车门的功能及分类；

（2）掌握车门的各部分组成与作用；

（3）掌握卡板门锁的组成和特点。

【能力目标】

（1）能参阅维修手册进行车门拆装资料的查询；

（2）能运用拆装工具对车门进行拆装；

（3）能对车门与车身间的缝隙进行调整。

【素质目标】

（1）具备良好的沟通能力和表达能力；

（2）能够按照企业“7S”要求和安全生产规范进行操作；

（3）能与同学合理分工、密切合作，完成工作。

建议学时：2 学时

知识准备

车门作为汽车车身的主要组成部分。其功能是：

（1）在乘客上、下车或装卸货物时，打开车身壳体的内外联系，提供便利的通道。

（2）在汽车行驶时，封闭车身壳体，断绝车身壳体的内外联系，确保行车的安全。

为了确保这些功能，对车门有以下几点要求：具有必要的开度，并能使车门停在最大开度上，以保证人员的上、下车方便；安全可靠，行车或撞车时，车门不会自动打开；开关方便，具有良好的密封性；具有足够的刚度，不易变形下沉，行车时不振响。

一、轿车车门的分类

轿车车门的数量与轿车的用途和型式有密切关系，常见的有二门、三门、四门、五门等多种型式。二门、四门常用在折背式（三箱式）、直背式、溜背式、短背式等多种型式的车身上，视车身的大小、允许乘员的多少决定车门的数量。

车门也可以根据车门的开闭方式和车门有无窗框进行分类。

1. 根据车门的开闭方式分类

车门的开闭方式有旋转式车门、推拉式车门（滑门）及飞翼式车门等，尤其以旋转式车门应用较普遍。

（1）旋转式车门按旋转方向常见顺开门（见图 3-37）、对开门（见图 3-38）两类。顺开门是车门铰链布置在车门的前端，顺着车前进的方向向前旋转，这种车门布置比较安全，如果在轿车行驶中门锁失灵而使车门打开或者乘员误开车门，不会因空气流动的作用而发生危险。对开门的后门铰链是紧固在后支柱上的，车门开启时是向后旋转，这种布置便于三排座轿车的中排座椅和后排座椅的乘员上下车。对开门轿车现在运用较少。

图 3-37　顺开式车门

图 3-38　对开式车门

（2）推拉式车门（滑门）。推拉式车门的支撑与滑动主要依靠安装在车门上、中、下的三个导轨及与之配合的滚柱。在开始打开车门时，车门稍向外倾移动后，再向车身后方水平滑动，因此，车门占用面积很小，可以相应增大车内空间，如图 3-39 所示。

图 3-39 推拉式车门

（3）飞翼式车门。飞翼式车门大多用于运动车，是一种车身低、流线型好、为了方便上下车而采用的结构型式。飞翼式车门向上方弹起，车门打开后的形态像正在飞翔中的海鸥翅膀，所以称为“飞翼式”。普通的铰链机构很难承受将车门举起的重量，因此门铰链部位采用封入高压气体的托杆，可利用气体的反弹力轻易地举起车门。开启车门的方法有两种：一种是将铰链装于车顶，车门横向打开的方式；另一种是铰链装于车门前方，车门向上举起的方式，如图 3-40 所示。

（a）旋翼式　　（b）飞翼上开式

图 3-40 飞翼式车门

2. 根据车门有无窗框分类

车门可分为有框车门与无框车门。大多数轿车是有框的，如图 3-41（a）所示，有框车门容易保证车门的刚性和密封。无框车门如图 3-41（b）所示，多用于敞篷车和硬顶车。在一辆轿车上前门没有窗框、后门有窗框的例子也是有的。

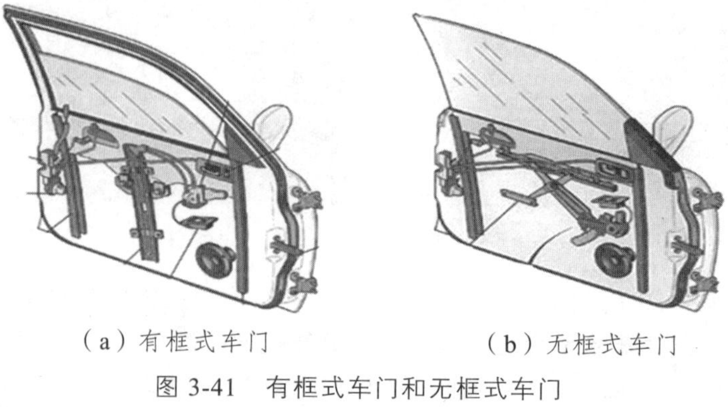

（a）有框式车门　　（b）无框式车门

图 3-41 有框式车门和无框式车门

二、车门的结构

轿车车门是由壳体、附件和内饰板三部分组成。轿车车门多采用框架式结构。图 3-42 所示为轿车车门壳体的分解图，框架式车门的玻璃窗框，大多是滚压成型的。决定窗框形状时，要考虑窗框的刚度、密封条的布置与固定、窗框与门内板的连接及安装等。

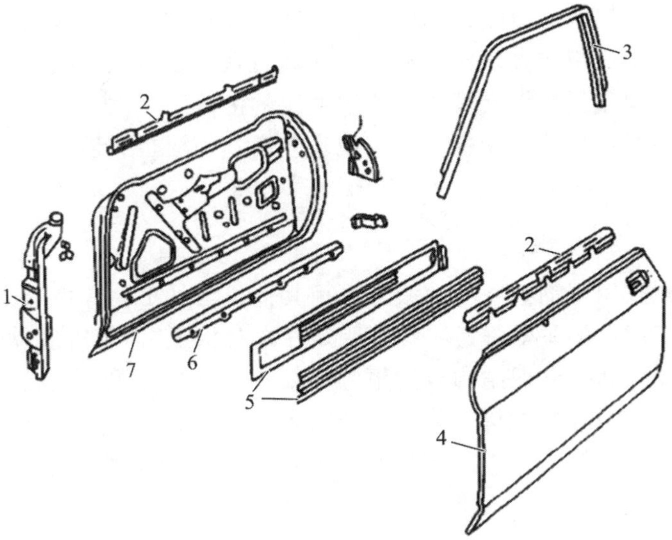

1—安装铰链和门锁的加强板；2—玻璃横向夹持板；3—玻璃窗框；
4—门外板；5—加强板；6—玻璃升降导板；7—门内板。

图 3-42　框架式车门壳体分解图

车门附件包括车门铰链、车门开度限制器、带有内外操纵手柄的门锁、定位器、车门密封条等，在车门内、外板之间还装有玻璃、玻璃导槽和导轨及玻璃升降器等。

1. 车门壳体

车门壳体的骨架部分包括内板、外板、窗框和加强板等，如图 3-43 所示。

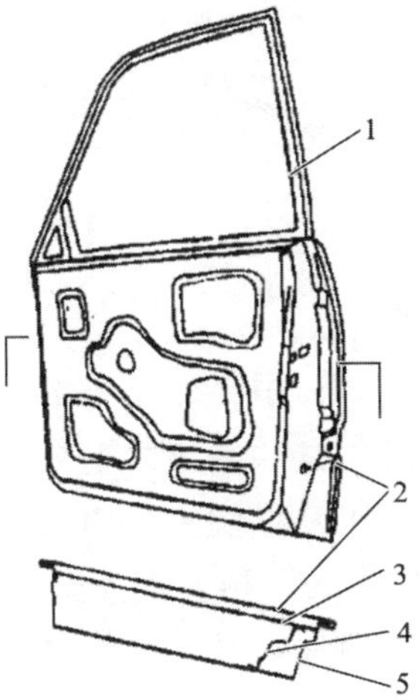

1—窗框；
2—外板；
3—外加强板；
4—加强板；
5—内板。

图 3-43　车门壳体

1）车门外板

车门外板基本上是由车身外形定下来的，由板材厚度为 0.6 ~ 0.8 mm 的薄钢板冲压而成，通常在外板上冲制一些孔，用以装配外手柄、锁机构、装饰条等。车门内外板的装配一般采用点焊、黏结及咬合等方法。

2）车门内板

车门内板是车门的主要受力部件，大多数附件装在车门内板上，所以内板的形状复杂，刚度、强度都较高，并且在一些重要位置还需焊上加强板。内板有整体冲压的，也有分块冲压后焊接成型的。整体冲压的内板刚度大，免去焊接的麻烦，尺寸精度高，但需要大型冲压设备，生产成本较高。内板也有用螺栓与外板总成紧固在一起的。

3）窗框

窗框大多数是用薄钢板冲压、滚压或用其他方法加工后焊接而成的，也有极个别的车型将滚压成型的车窗框通过螺栓固定在车门板上。为了实现良好的玻璃定位、玻璃运动导向及密封，窗框结构应满足的要求有：具有使车门玻璃能向下运动的导槽；有固定车门密封条的结构；便于外装饰条及内护板的装配；可拆卸窗框的结构形式应具有良好的装配工艺性及足够的连接刚度；窗框与其相邻的车身骨架应协调，保证车身表面的光滑、车身的密封性及避免产生运动干涉。

2. 车门内护板

车门内护板除可装饰车门外，还具有车门开关方便、支撑肘顺利地避让腕、隔音、防尘、防水及在车辆冲撞时保护人体的功能。

按其基材部分是否成型，车门内护板可分为平板内护板（无外铰链的成型）和成型内护板两种。前者按包车门的范围分为半包和全包两种；后者按成型部位和深度分为部分成型（只是部分浅拉延）和整体成型（包括把手在内）。现代轿车大多采用成型内护板，如图 3-44 所示。

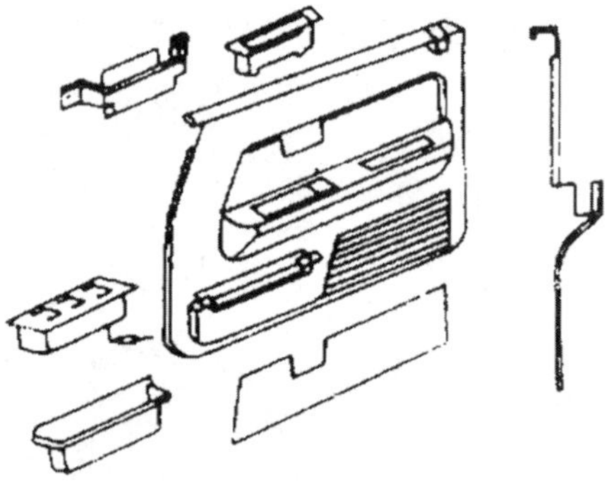

图 3-44　成型车门内护板

3. 车门扶手

车门扶手装于内护板的车室一侧，起扶手作用，并作为车门开关的把手，因此要有供别的手肘扶靠的部位和手握的部位。在某些高级车上的扶手还要安装一些附件，如车窗升降器、电动座椅等电气开关，以及烟灰盒、门锁内手柄等乘坐舒适性装置。一般全为隐藏式。扶手有装配式和整体式两种。扶手多为半硬结构，由骨架、发泡层和表皮组成。骨架为钢板冲压件和塑料件，发泡层为聚氨酯等发泡材料，表皮大多是聚氯乙烯复合材料通过搪塑、吹塑或吸塑成型。

4. 车门铰链

车门铰链是车门总成的一个附件，车门附件还包括玻璃升降器、门锁、内外手柄、门锁控制机构、车门开度限位器等。其中，车门铰链是决定车门与车身间相对位置、控制开闭运动的装置，它由门铰链和销轴构成。

在车门铰链中有内铰链（也叫隐铰链）和外铰链。现在大部分轿车都使用内铰链；在某些特殊车身结构中也有外铰链的形式。

车门内铰链通常采用合页式，在铰链机构中，除了应有将车门与车身进行铰接的合页外，还应有车门在任意开度的阻尼和车门开度限位装置。也有将铰链与开度限位器功能分离的型式，在上、下铰链之间装上杆式开度限位器，将铰链与限位器的功能分离，在轿车中这种型式应用较多。

为了限制车门铰链因开启角度过大造成的车门与车身碰撞，在车门框上、下铰链之间还装上用来限制车门最大开度的限位器。

将车门限位器的一端用销钉与车身连接，另一端嵌入车门体内并使之固定，车门开启至半开位置时限位器开始起作用，当车门推动杠杆右移，杠杆楔形端部推动两滚子上下力向压缩阻尼弹簧，形成对杠杆的滑动阻力，从而保持车门在任意开度下的位置。当车门进一步开启，杠杆端部接触到限位橡胶，进而限制了车门的全开，这就是开度限位器的作用。

一般轿车的车门采用合页式铰链，其车门铰链总成焊于支柱上的铰链支座，其上带有内螺纹，焊于车门端板上的单耳页板，还有双耳页板、铰链轴、铰链衬套、垫圈和螺栓。双耳页板上有一个方孔，铰链支座有一内螺纹孔，二者用六角螺栓相连。双耳页板上的方孔对铰链的位置作微量调整。另外，在轿车的上下铰链之间同样设有独立的车门限位器，如图 3-45 所示。

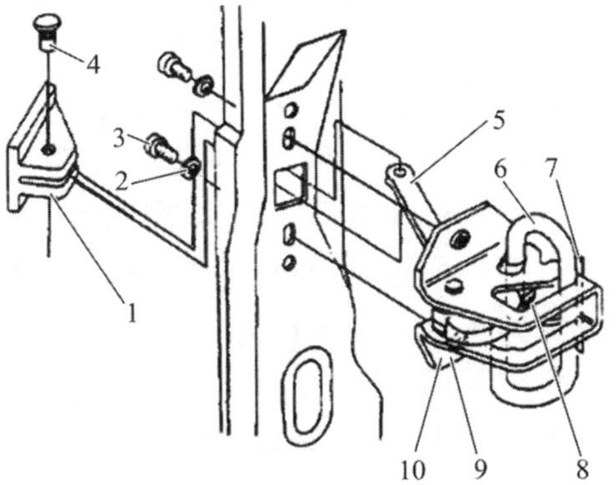

1—限位器支架；2—垫圈；3—内六角螺钉；4—销钉；5—臂；6—扭簧；
7—弹簧支座；8—螺旋滚轮；9—滚轮；10—保护罩。

图 3-45 车门限位器总成

限位器支架焊在门柱上，臂的一端与限位器支架用销钉铆接，铆接后应使臂能自由转动。滚轮与保护罩用销轴双面铆接，铆接后的滚轮转动轻便自如。螺旋滚轮与保护罩没有固定连接，是靠扭簧的一端作为螺旋滚轮轴。扭簧一端靠弹力紧卡在保护罩的孔上，另一端卡在保护罩的另一孔槽上。为使受力均匀，扭簧的中部与保护罩之间增加一弹簧支座。保护罩用两弹簧垫圈和内六角螺栓紧固在门端板内侧。

5. 车门锁

车门锁是汽车车身重要的、使用最频繁的专用保安部件。它一方面直接关系到汽车行驶时乘客的安全，另一方面也是汽车的防盗安全装置。

门锁有很多种类型，通常将门锁分为：手动门锁、自动门锁和遥控门锁三类。

（1）手动式门锁即机械式门锁，如舌簧式、钩簧式、卡板式（见图 3-46）、齿轮齿条式、凸轮式等。在各类机械式门锁中，卡板式（又叫叉销式）门锁受力平稳、冲击性小，零件多为钢板冲压、加工后装配而成，结构紧凑，生产工艺性、可靠性、耐久性和维修性均好，强度高，定位准，由于锁体部件也可用增强树脂制造，既轻巧、启闭噪声又低，可使用于各种类型的汽车，并逐渐取代其他类型的门锁，成为主要的车门锁结构。

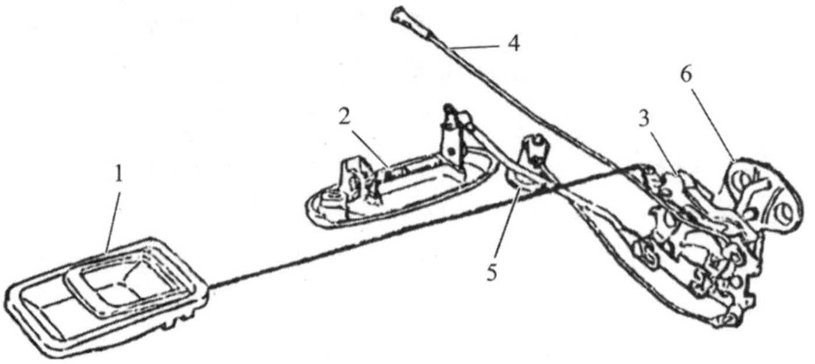

1—内手把；2—外手把；3—锁芯；4—锁定按钮及连接杆；5—锁体（包括卡板）；6—锁环。

图 3-46 卡板式门锁总成

（2）自动门锁。现代轿车，特别是中、高级轿车采用了自动门锁，由驾驶员集中控制，即当一个车门上锁后，所有车门同时锁紧的装置。

自动门锁与手动式门锁的主要区别反映在操纵方式上，前者需使用钥匙或手柄将车门锁打开或锁紧，而后者可由驾驶员集中控制各车门的启闭。按操纵方式的不同，有电磁式、电机式、真空式和电子式等几种类型。

自动门锁的功能可从车内司机席一侧，手按车门控制开关，将车门全部锁死。除集中控制门锁功能外，还在有的轿车上加装了车速传感器及相应的电控系统，当轿车行驶达到一定速度后，自动门锁系统将开始工作。自动门锁的锁定及解锁可以通过车内手动车门控制速度提高到一定车速后，能自行通电将全部车门自动锁死，以避免忘记锁止门锁或行驶中车门开脱。

（3）遥控门锁。它又被称为电子防盗式门锁，一般由电子指令发射器、接收器和执行机构三部分组成。将声、光、电、磁等现代技术应用于防盗门锁。如警报指示器式防盗式门锁就是其中一种，使用非本车门的钥匙开锁时，蜂鸣器就会鸣响、报警。

操作指引

1. 课前准备

（1）场地设施：钣金实训场地。

（2）设备设施：整车或车门总成。

（3）工量具：常用拆装工具（1 套），车辆防护工具等。
（4）耗材：卡扣等。
（5）学生组织：教师指导、分组实训、过程评价。

2. 注意事项

（1）穿着干净整洁的工作服。
（2）遵守场地安全规定，注意用电安全。
（3）拆卸前应确认车辆已熄火、驻车制动处于制动状态、车轮挡块安装稳固。

任务实施

1. 安全和环保措施

在实训室进行每一项实践操作时，应严格遵守实训室规章制度，不得嬉戏打闹。切实按照“7S”要求进行操作。

在进行车门拆装前，首先要确保汽车固定良好（检查驻车制动及车轮胎垫块的位置）。操作时，工作人员必须穿好工作服，佩戴工作手套。在操作过程中，注意拆卸下零部件的编号，按顺序放置。拆装完毕后，各拆装工具须有序地放置原位，结束后，做好实训场地的清洁工作。

2. 车门拆装

1）拆卸内饰板

如图 3-47 所示，拆下车门内板与车门本体的连接螺栓，将这几颗螺栓取下来后，可以将内板与车门体分离。在分离时还要注意内板与车门体有一条电源线连接在一起的，这时需要另一个组员将电源线与车门内板分离。

2）拆卸限位器

如图 3-48 所示，检查并调整限位器和车门锁。具体步骤是：将限位器与车身的连接螺栓拆下，接着就是将限位器与车门体的连接螺栓拆下，然后就是检查限位器是否完好，检查完毕后将限位器正确地安装在车门体上面。若要拆卸限位器，把限位器车门侧螺栓拆卸即可。

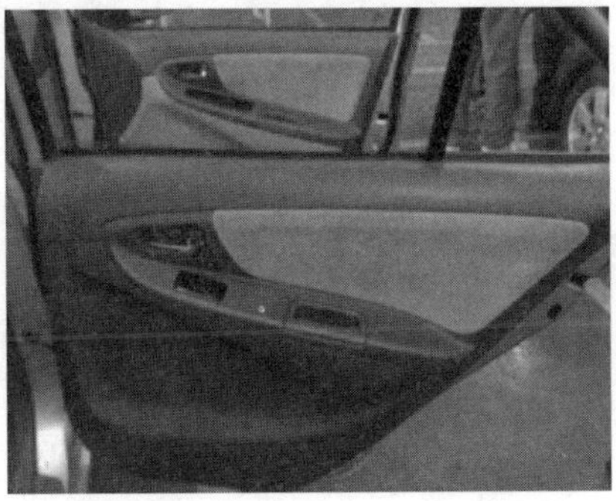
图 3-47　拆下车门内板

图 3-48　检查限位器连接情况

3）拆装车门锁

先按照图 3-49 和图 3-50 所示的顺序将锁体与车门的连接螺栓拆下，注意拆卸螺栓时应按照对角分次的方法拆卸。然后将外门把手的卡销与车锁分开，这样就可以将车锁取下来并对车锁进行检修。检修好后就可以按照拆下的相反顺序将车锁重新装在车门上。

图 3-49　拆除门锁连接螺钉

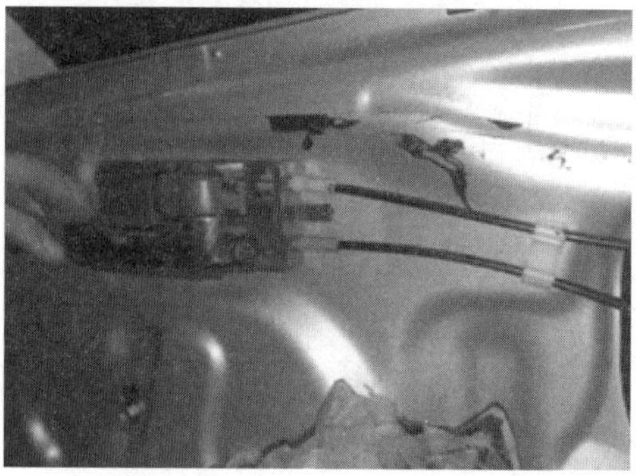

图 3-50　拆除门锁控制拉锁

4）安装车门锁

将车锁安装好后，对铰链进行调整，这里要注意的是，应该按照对角分次的方法拧紧螺栓，调整好铰链的位置后再用相应的套筒扳手将其拧紧，这样就完成了铰链的调整。

5）安装其他部件

按照相反的顺序安装车门的其他部件。

6）调整

将车门部件安装好后，要对车门与车身之间的缝隙进行调整，在此不再赘述。

3. 质量检验

完成这部分工作后就要对车门密封性的几个参考位置进行检验，看车门关闭时的缝隙是否均匀，宽度是否符合要求，并且车门的棱线与翼子板、同侧的后翼车门的棱线是否对齐，车门是否关闭紧密不透风，如图 3-51 所示。

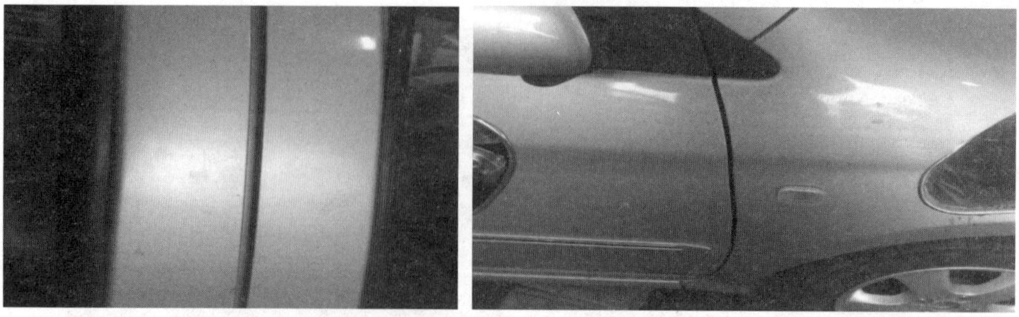

（a）前车门与前翼子板之间密封性检查　（b）前车门与中柱之间密封性检查

图 3-51　前车门与中柱之间密封性检查

任务小结

（1）对车门的基本要求：具有必要的开度，并能使车门停在最大开度上，以保证人员的上、下车方便；安全可靠，行车或撞车时，车门不会自动打开；开关方便，具有良好的密封性；具有足够的刚度，不易变形下沉，行车时不振响。

（2）根据车门的开闭方式，车门可以分为旋转式车门、推拉式车门（滑门）及飞翼式车门等。根据车门有无窗框，车门可分为有框车门与无框车门。

（3）轿车车门由壳体、附件和内饰板三部分组成。

（4）车门壳体的骨架部分由内板、外板、窗框和加强板等组成。

（5）车门附件包括车门铰链、车门开度限制器、带有内外操纵手柄的门锁、定位器、车门密封条等。

（6）常见的门锁有手动门锁、自动门锁和遥控门锁三类。

任务四　左前翼子板的切换修复

任务描述

一辆汽车在正常行驶过程中与对向行驶的车辆发生轻微事故碰撞，造成汽车前端损坏，左前翼子板前段开裂损伤，经修理技师评估未达到整体更换翼子板修复的标准，现需要对左前翼子板进行切换修复。

学习目标

【知识目标】

（1）了解翼子板金属的属性；

（2）掌握手工成型工艺流程；

（3）掌握焊接技术规范；

（4）掌握汽车修理国家质量检查评定标准。

【能力目标】

根据翼子板的损伤程度，能对翼子板进行正确的切割修复。

【素质目标】

（1）严格执行安全操作规范（佩戴安全防护）；

（2）严格按照修复工艺标准操作；

（3）施工完后，一定要对场地进行整理、整顿（工具归位、设备断电）。

建议学时：4 学时

知识准备

一、翼子板金属属性

翼子板（见图 3-52）是遮盖车轮的车身外板，因旧式车身上该部件形状似鸟翼而得名。按照安装位置又分为前翼子板和后翼子板，前翼子板安装在车辆前轮处，作为车辆侧面侧的外板，防止汽车在行驶过程中，被车轮卷起的砂石、泥浆溅到车厢的底部。

（a）前翼子板件　　（b）后翼子板件（局部侧围）

图 3-52　前后翼子板

前翼子板件是轿车总装中的直属件，由板厚 0.6 ~ 1.2 mm 的优质碳素钢板冲压而成。前翼子板与前翼子板衬垫用螺钉组合后，安装于轿车前部左右侧面，成为车身前部侧面的保护面，同时也使侧面形成流线型，增强美感并减少空气阻力，但其尺寸要保证前轮转动及跳动时的最大极限空间。

翼子板的材料通常为钢板、铝板、轻金属材料及复合材料等，目前的汽车生产中，使用得最多的为普通低碳钢板。普通低碳钢板具有很好的塑性加工性能，强度和刚度也能满足汽车车身的要求，同时能满足车身拼焊的要求，因此在汽车车身上得到广泛应用，如图 3-53 所示。

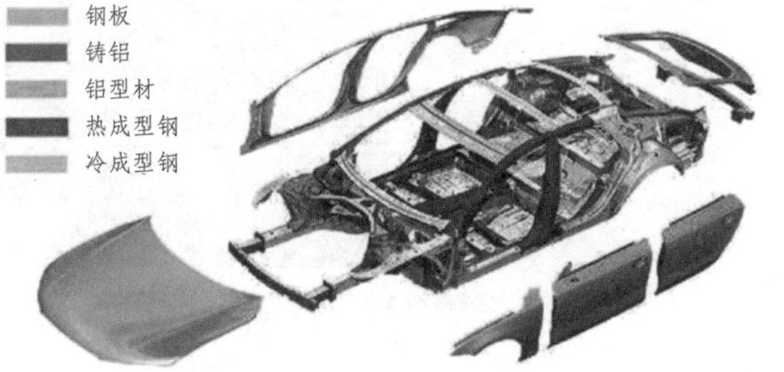

图 3-53　车身材料分布

由于材料是影响汽车质量的重要因素，车身材料占了整车材料的很大部分，所以减轻汽车车身质量是世界各大汽车公司追求的目标。近年来，越来越多的车身使用铝或塑料等非钢铁材料，例如奥迪 A2 全铝制车身，日产汽车 SUV 奇骏用塑料做前翼子板，非钢铁材料得到日益广泛的应用。

翼子板通常是复杂的空间自由曲面。图 3-54 所示为某轿车的前翼子板的外观图，从图中可以看到，它有着清晰的装饰棱线及高度流畅光顺的表面，几何形状上具有以下特点：

（1）拉深深度可达 170 ~ 240 mm。

（2）外形复杂又不对称，本身是空间曲面，且一般是不可展曲面。

（3）有外凸或内凹的底，或大台阶形底。

（4）如把前翼子板划分为若干近似规则曲面，则它是由若干小曲面片拼接而成，且多数曲面片之间是光滑连接的。

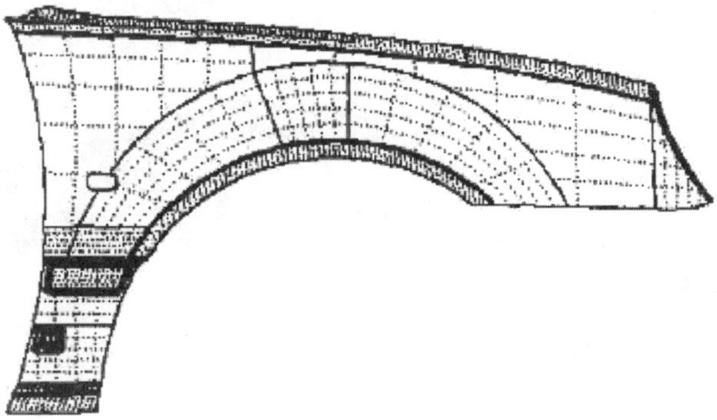

图 3-54　翼子板曲面图解

二、二氧化碳气体保护焊

1. 二氧化碳气体保护焊简介

二氧化碳气体保护焊又称 MIG 焊（熔化极惰性气体保护焊），是一种使用熔化电极，以外加气体作为电弧介质，并保护金属熔滴、焊接熔池和焊接区高温金属的电弧焊方法，如图 3-55 所示。

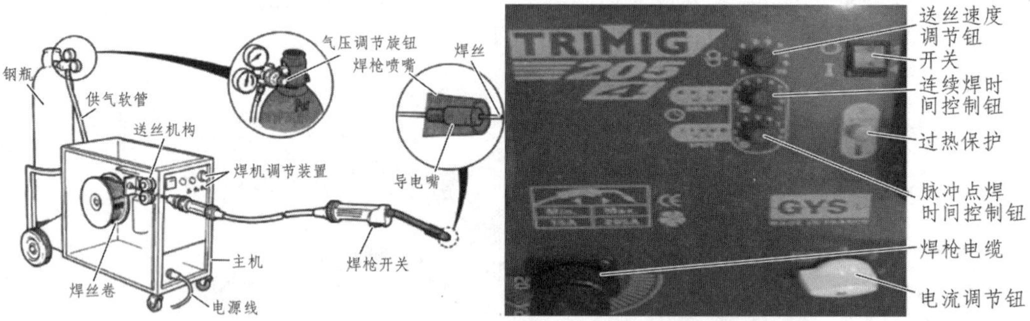

图 3-55　二氧化碳气体保护焊控制面板

1）送丝机构

焊接时送丝机构确保焊丝不间断地进行送丝，保证焊接质量，通过调节压紧手柄的松紧度，有效地控制焊丝通过送丝机构，防止卡滞。送丝机构根据送丝导轮的数量不同，可分为单轮送丝结构和双轮送丝结构，如图 3-56 所示。

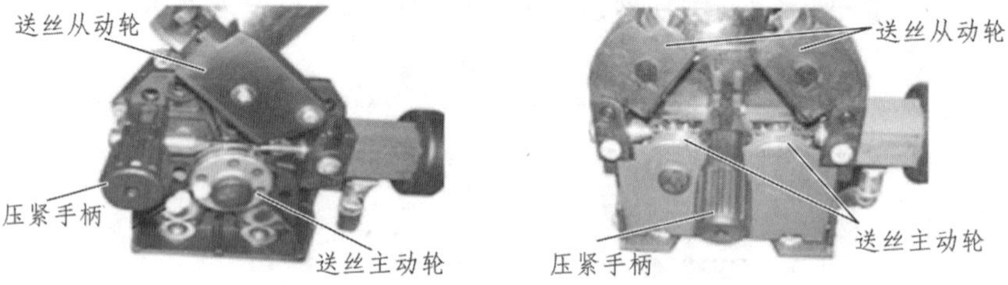

（a）单轮送丝机构　　（b）双轮送丝机构

图 3-56　二氧化碳气体保护焊送丝机构

2）焊枪

焊枪是指焊接过程中，执行焊接操作的部分。它使用灵活、方便快捷、工艺简单，并将焊丝引导至焊接部位，还能通过配气阀，控制焊接质量，如图 3-57 所示。

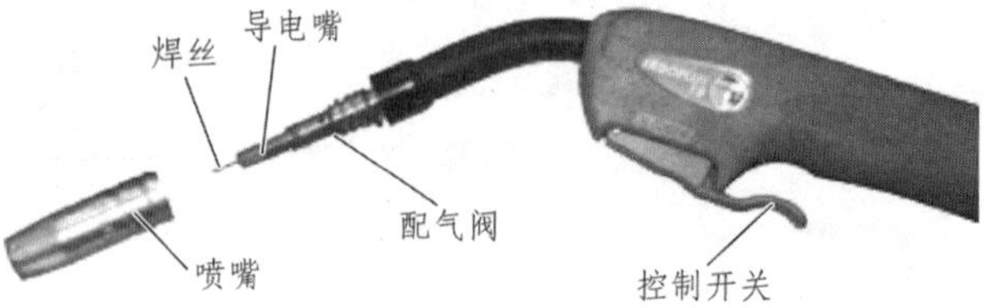

图 3-57　二氧化碳气体保护焊送丝焊枪

3）保护气体

焊接作业时，焊接一般用纯 CO_2 气体或 CO_2+Ar 的混合气体，混合气体的比例有 75%Ar+25%O_2 和 80%Ar+20%CO_2 两种，这两种混合气体通常被称为 CO_2-25 气体、CO_2-20 气体。采用纯 CO_2 气体保护可使焊接熔深加大，使电弧变得比较粗糙且不够稳定，这将使焊接时的飞溅物增加，所以在较薄的材料上进行焊接时，最好使用混合气体。

2. 二氧化碳气体保护焊焊接参数的调整

焊接时，需要对一系列参数进行调整，如焊接电流、导电嘴与母材之间的距离、焊枪角度、焊接方向、保护气体的流量、焊接速度和送丝速度等，如图 3-58 所示。

1）焊接电流

焊接电流的大小会影响母材的焊接熔深、焊丝熔化的速度、电弧的稳定性、焊接飞溅物的数量。

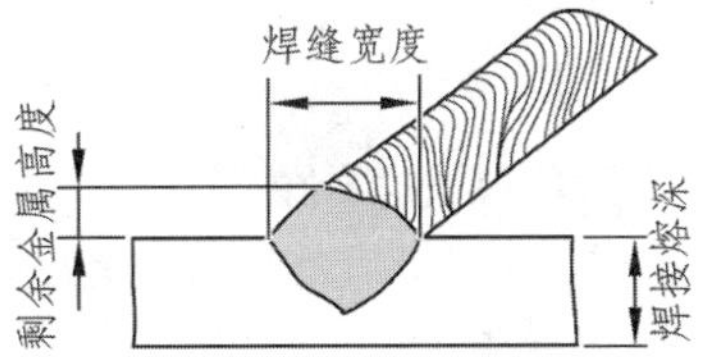

图 3-58 二氧化碳气体保护焊参数

2）电弧长度调整

由于电弧的长度是由电弧电压的高低决定的，电弧电压过高将产生过长的电弧，电弧的长度增大，焊接熔深减小，焊缝呈扁平状，从而使焊接飞溅物增多，而电弧电压过低会导致起弧困难，焊接熔深增加，焊缝呈狭窄的圆拱状，如图 3-59 所示。

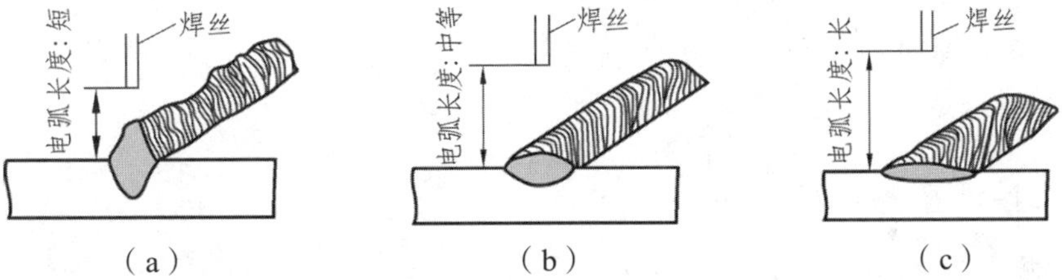

图 3-59 二氧化碳气体保护焊电弧长度

3）焊接时的焊枪角度

焊接方法有两种，即正向焊接和逆向焊接，如图 3-60 所示。正向焊接的熔深较小且焊缝较平；逆向焊接的熔深较大，并会产生大量的熔敷金属。采用上述两种方法时，焊枪角度都应在 10° ~ 15°。

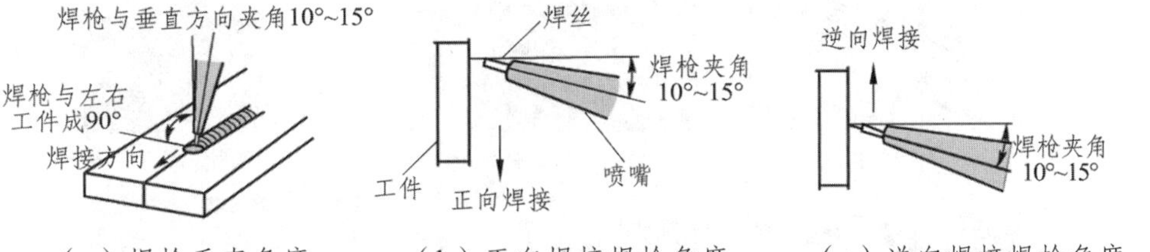

(a) 焊枪垂直角度　(b) 正向焊接焊枪角度　(c) 逆向焊接焊枪角度

图 3-60 二氧化碳气体保护焊电弧长度

4）焊接速度

焊接时，焊枪的移动速度过快，焊接的熔深和焊缝宽度都会减小，而且焊缝会变成圆拱形，当焊枪移动速度进一步加快时，将会产生咬边，而焊接速度过慢则会产生许多烧穿孔。

5）焊接位置

焊接作业时，焊接位置通常由汽车上需要进行焊接部件的位置决定，如图 3-61 所示，焊接参数的调整也会受到焊接位置的影响。

（a）平焊　　（b）横焊　　（c）立焊　　（d）仰焊

图 3-61　二氧化碳气体保护焊焊接位置

三、焊接基本操作

为了确保焊缝质量，选用正确的焊接操作方法对于初学者来说，尤其应该注意以下几方面。

1. 焊接三个基本方向的运动

当焊枪起弧后，在焊接过程中为了得到良好的焊缝，焊丝必须要有三个基本方向的运动：焊丝自动进给朝着熔池方向逐渐下降，焊枪沿焊接方向前移，做横向摆动，如图 3-62 所示。

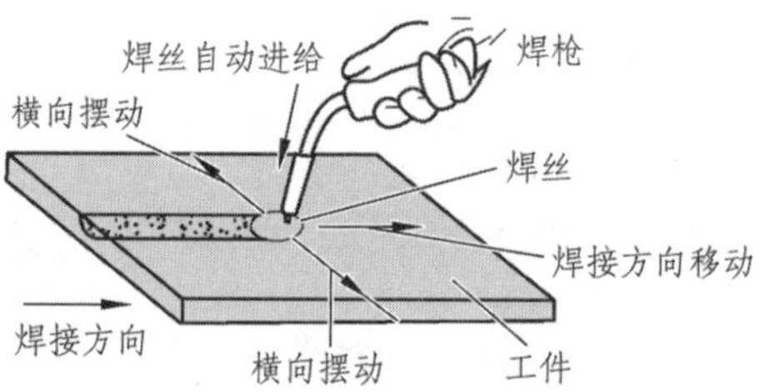

图 3-62　二氧化碳气体保护焊焊接方向

2. 焊接质量的检查

每次焊接，都应检查焊接的质量，可以在一些金属板上进行试焊，这些金属板和汽车上需要焊接的零部件的材料要相同。焊接这些试验板时，焊机的各项参数要调整适当，试验板的焊接处用各种检验方法进行破坏性试验，以检验焊接的质量，如图 3-63 所示。

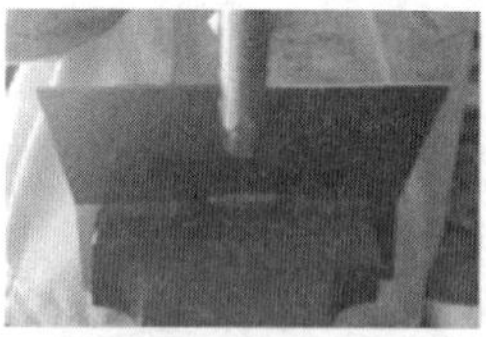

（a）搭接焊破坏方法

（b）对接焊破坏方法

（c）塞焊破坏方法

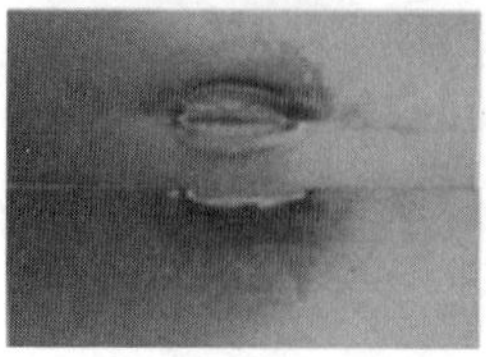

（d）搭接焊破坏效果

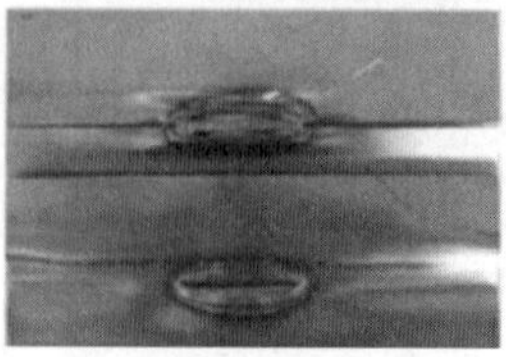

（e）对接焊破坏效果

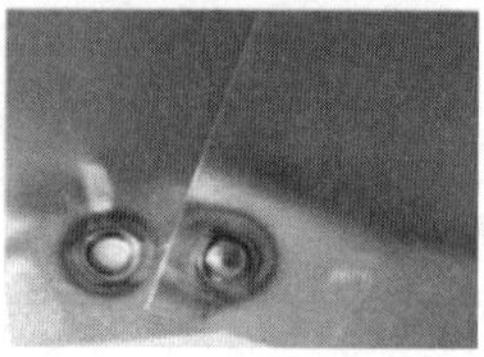

（f）塞焊破坏效果

图 3-63　破坏性试验

3. 焊接缺陷

焊接过程中，由于各种原因难免会产生焊接缺陷，所以正确的焊接方法能为高质量的焊接提供了保证。如果产生焊接缺陷，就应设法改变操作方法，避免焊接缺陷的产生。表 3-4 列出了焊接缺陷及产生原因。

表 3-4 二氧化碳气体保护焊焊接缺陷及原因

缺陷	图示	缺陷描述	可能产生原因
气孔或凹坑	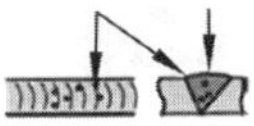	气体进入焊接金属中产生的气孔或凹坑	1. 母材上有锈迹或污物； 2. 焊丝上有锈迹或水分； 3. 保护不当、喷嘴堵塞、焊丝弯曲或气体流量过小； 4. 焊接时冷却速度过快； 5. 电弧过长； 6. 焊丝规格不正确； 7. 气体被不适当封闭； 8. 焊接表面不干净等
咬边	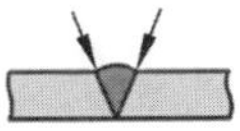	由于过分熔化的母材而形成一个凹坑，它使母材的横截面减小，严重降低了焊接部位的强度	1. 电弧太长； 2. 焊枪角度不正确； 3. 焊接速度太快； 4. 电流太大； 5. 焊炬送进太快； 6. 焊炬角度不稳定等
不正确熔化	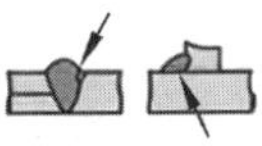	不正确熔化发生在母材与焊接金属之间，或发生在两种熔敷金属之间的不熔化现象	1. 焊炬的进给太快； 2. 电压过低； 3. 焊接部位不干净等
焊瘤	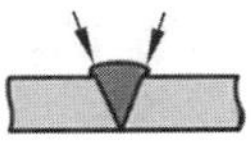	角焊比对接焊更容易产生焊瘤，焊瘤会引起应力集中而导致过早腐蚀	1. 焊接速度太慢； 2. 电弧太短； 3. 焊炬进给太慢； 4. 电流太小等
熔深不足		由于金属板熔敷不足而产生的	1. 电流太小； 2. 电弧过长； 3. 焊丝端部没有对准两层金属板的对接位置； 4. 槽口太小等
焊接飞溅物太多	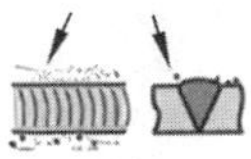	过多的溅出物在焊缝的两边形成许多斑点和凸起	1. 电弧过长； 2. 母材金属生锈； 3. 焊枪角度太大等
焊缝浅		进行角焊时，在焊缝处容易产生溅出物而且焊缝浅	1. 电流太大； 2. 焊丝规格不正确等
垂直裂纹	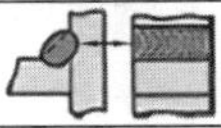	裂纹通常只发生在焊缝顶部表面	焊缝表面有赃物（油漆、油、锈斑）
焊缝不均匀		焊缝不是均匀的流线形，而是不规则的形状	1. 焊枪嘴的孔被损坏或变形，焊丝通过嘴口时发生摆动； 2. 焊枪不稳定； 3. 移动速度不稳定等
烧穿	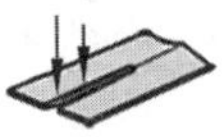	烧穿的焊缝内有许多孔	1. 焊接电流太大； 2. 两块金属之间的坡口槽太宽； 3. 焊枪移动速度太慢； 4. 焊枪到母材之间的距离太短等

操作指引

1. 课前准备

（1）场地设施：翼子板支架 1 台，装有废气抽排系统和消防设施的场地。
（2）设备设施：焊机 1 台、切割锯、打磨机、电钻、砂轮机。
（3）工量具：常用拆卸工具（1 套）、翼子板卡尺、剪刀、样冲、钣金锤套装等。
（4）耗材：打磨片、砂纸、锯条。
（5）学生组织：教师指导、分组实训、过程评价。

2. 注意事项

（1）穿戴干净整洁的工作服。
（2）遵守场地安全规定，注意用电安全。
（3）插拔诊断仪时一定要关闭点火开关。
（4）正确使用焊机、切割锯等工具。

任务实施

一、放样和裁剪

1. 判断损坏范围并确定局部更换位置

（1）切割更换位置，需根据损坏的程度而定，损坏范围超过 1/2，则更换总成，损坏范围小于 1/4 时，可局部切割更换。

（2）确定局部更换时，切割位置需避开安装孔、固定点、加强件等部位。

2. 将放样纸放置于局部更换位置做对比

提示：纸张需大于更换位置，并左右留出合适的距离，便于放样划线操作，如图 3-64 所示。

3. 表面边缘线放样划线

（1）手按住放样纸与板件贴合面边缘，使用铅笔沿贴合边缘划轮廓线。

（2）沿边缘划轮廓线时，双手要配合紧密，划到哪里，支撑手要跟到哪里，如图 3-65 所示。

4. 放样纸折边

（1）第一道划线完成后，沿所画轮廓线和板件的贴合边缘进行折边。

（2）折边时，放样纸与板件需完全贴合，不能留有间隙，保证放样尺寸的准确性，如图 3-66 所示。

图 3-64　放样

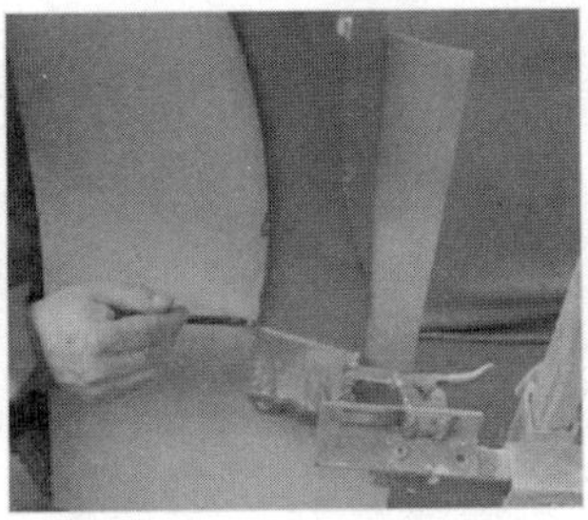

图 3-65　放样划线

图 3-66　放样纸折边

5. 放样纸剪裁

放样划线后的展开示意图.放样纸的反面也有展开图，裁剪放样图外边缘轮廓线，如图 3-67 所示。

6. 外边缘打样

将剪刀裁剪下的样板放于板材上，并用铁吸盘固定，然后用划线笔在板材上划出外边缘轮廓线打样，如图 3-68 所示。

7. 中心孔定位

（1）铁锤配合样冲，用中心孔定位，如图 3-69 所示。

（2）打样工序完成后，取下样板纸。

图 3-67　放样纸剪裁

图 3-68　放样纸打样

图 3-69　中心孔定位

二、下料

1. 裁剪板材

（1）用铁皮剪剪切外边缘多余的板材，剪切时，应符合相应的技术标准，如图 3-70 所示。

（2）圆弧部位使用弯头铁皮剪剪切，直线部位使用直头铁皮剪剪切。

2. 板材整平

（1）板材置于钣金平台上，用圆头锤敲击板材，将板材裁剪位置的变形整平，如图 3-71 所示。

（2）敲击板材的力度要合适，防止在板材上出现锤印。

图 3-70　裁剪板材

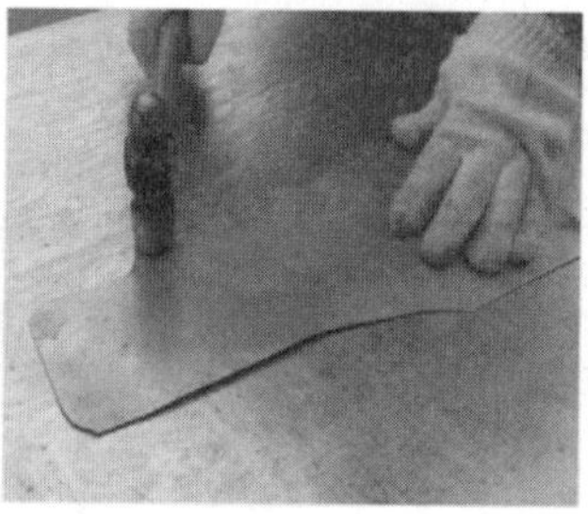

图 3-71　板材整平

三、折弯成型

1. 折弯线成型

（1）线型凿对准折弯处的经线，使用圆头锤敲击线型凿头部，使折弯处的经线出现一定量的变形（需分次敲击 3～5 次），如图 3-72 所示。

（2）敲击时，板材下面需垫橡胶垫，禁止直接在钣金工作平台上直接敲击。

（3）线型凿移动时注意平稳移动，每次移动不要超出线型凿刃长度的 1/2。

2. 折弯

（1）板材置于钣金工作台边缘棱角处，木锤对准折弯线敲击，如图 3-73 所示。

（2）折弯时，要分次敲击板材。木锤敲击的移动量不要超出一次敲击长度的 1/2。

3. 收边

（1）板材置于橡胶垫上，用木锤敲击板材折弯处收边，如图 3-74 所示。

（2）敲击方法同折弯操作。

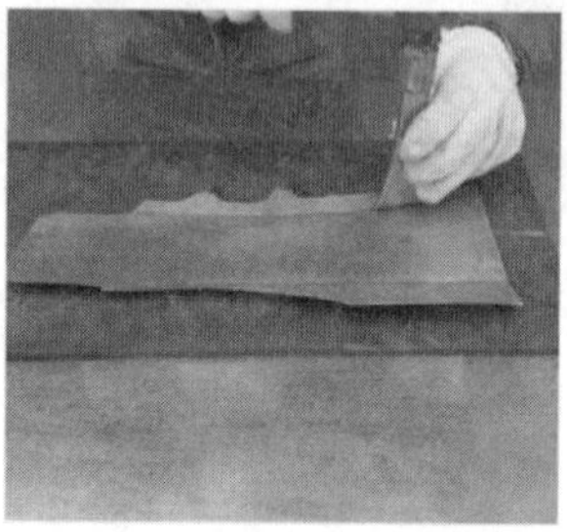

图 3-72　折弯线成型

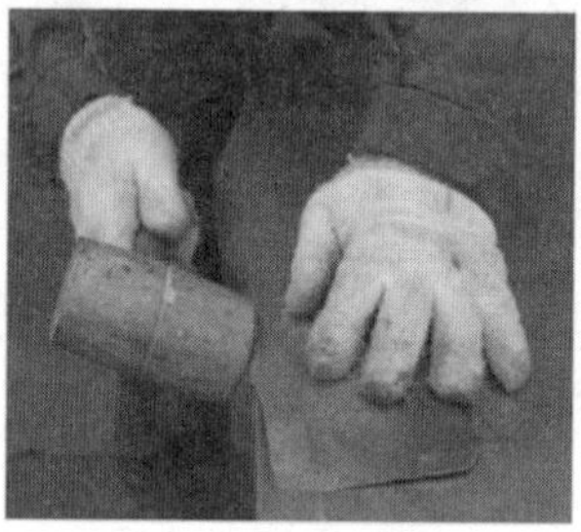

图 3-73　折弯

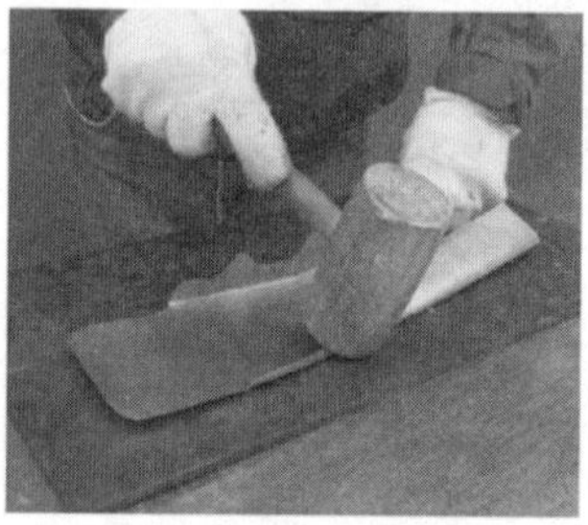

图 3-74　收边

4. 成型工件对比

成型工件与局部切割更换板件对比，如有尺寸误差，需进一步修正，直至符合尺寸要求，如图 3-75 所示。

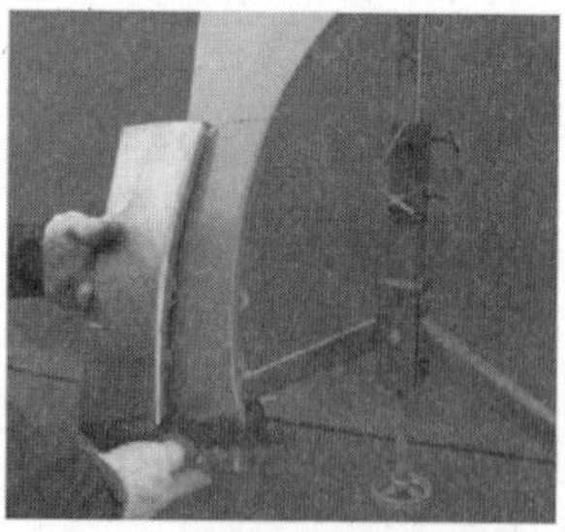

图 3-75　成型工件对比

四、切换翼子板需要更换的部位

（1）沿切割线切割下需要更换部位的翼子板，在切割线上下 30 mm 处用纸胶带对未受损区域做好防护，如图 3-76 所示。

（2）打磨切割线上下 30mm 处油漆表面涂层，便于后期焊接，如图 3-77 所示。

（3）用大力钳固定好翼子板，并焊接定位点，定位点之间的间隔距离不能超过 30 mm，如图 3-78 所示。

图 3-76　切割翼子板

图 3-77　打磨翼子板

图 3-78　翼子板定点

（4）打磨定位点，不能打磨定位点以外区域，造成其他部位损伤，如图 3-79 所示。

（5）采用连续焊接的焊接手法，分段对翼子板进行焊接，如图 3-80 所示。

（6）打磨焊缝，直到表面光滑整洁，如图 3-81 所示。

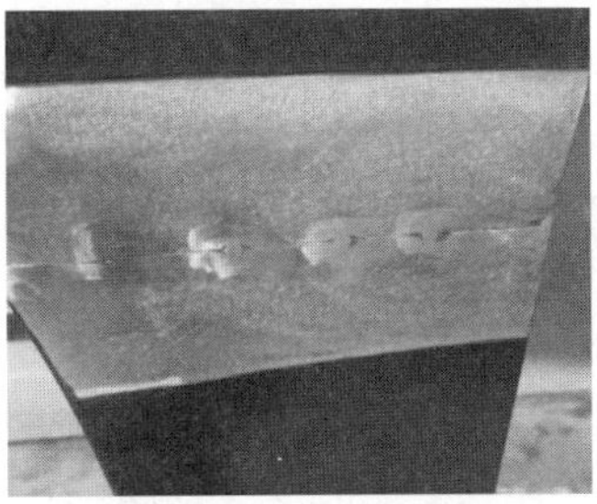
图 3-79　打磨定位点

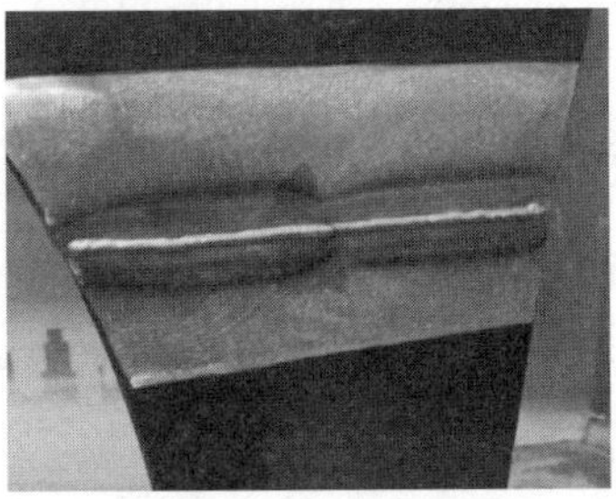
图 3-80　焊接翼子板

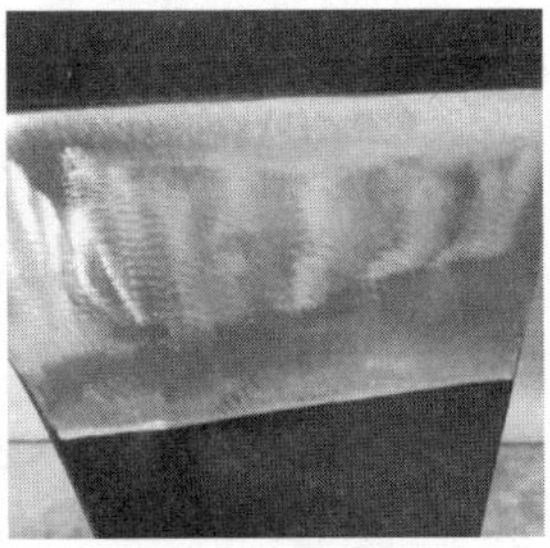
图 3-81　打磨焊缝

（7）整理：按照“7S”管理标准整理操作工位及场地。

任务小结

（1）所划的轮廓线即为毛坯或半成品的加工界限和依据，所划的基准点或线是工件安装时的标记或校正线，要求是：尺寸准确、位置正确、线条清晰、冲眼均匀。

（2）剪切时剪刃与板料的接处位置应保持 2/3 以上，剪刃与板料应为垂直，禁止使用剪刃的头部进行板材的剪切。

（3）板料剪切后，端面要保持平顺，不能有毛刺，剪切下料的误差应小于 1 mm。

（4）能根据相关质量标准及技术要求对一般构件进行尺寸、形状、位置和接缝外观等修复。

（5）焊接操作前要对新板件进行检查，粗切割、精切割要保证余量，要求与更换的部位相匹配，在拆卸相关部件时要对所有装饰物进行保护，防止损坏其他正常部件。

任务五　左前车门的修复

任务描述

一辆汽车在正常行驶过程中与对向行驶的车辆发生轻微事故碰撞，造成驾驶员侧车门面板凹陷变形。请根据维修手册规定，制定合理的维修方案，并使用相应的维修设备及工具，完成车门表面钢板变形的修理工作。

学习目标

【知识目标】

（1）了解车门的结构及功能；

（2）掌握低碳钢、高强度钢热成型原理；

（3）熟练掌握手动修复工具、外形修复机各部件的名称、功用及使用方法；

（4）熟练掌握钢板凹凸变形的修复方法；

（5）熟练掌握外形修复机对钢板拱起的修复工艺。

【能力目标】

（1）根据车门的损伤程度，能对车门（凹凸变形）进行正确的修复；

（2）正确掌握修复机的使用方法。

【素质目标】

（1）严格执行安全操作规范（佩戴安全防护）；

（2）严格按照修复工艺标准操作；

（3）施工完后，一定要对场地进行整理、整顿（工具归位、设备断电）；

（4）施工完后一定要对场地进行彻底的清扫、清洁。

建议学时：8 学时

知识准备

轿车的车门一般由门体、车门附件和内饰盖板三部分组成。门体包括车门内板、车门外板、车门窗框、车门加强横梁和车门加强板。车门附件包括车门铰链、车门开度限位器、门锁机构及内外手柄、车门玻璃、玻璃升降机和密封条。内饰盖板包括固定板、芯板、内饰蒙皮、内扶手。

一、车门的分类

车门按其开启方式可分为以下几种：

（1）顺开式车门：即使在汽车行驶时仍可借气流的压力关上，比较安全，而且便于驾驶员在倒车时向后观察，故被广泛采用。

（2）逆开式车门：在汽车行驶时若关闭不严就可能被迎面气流冲开，因而用得较少，一般只是为了改善上下车方便性及适于迎宾礼仪需要的情况下才采用。

（3）水平移动式车门：优点是车身侧壁与障碍物距离较小的情况下仍能全部开启。

（4）上掀式车门：广泛用作轿车及轻型客车的后门，也应用于低矮的汽车。

（5）折叠式车门：广泛应用于大、中型客车上。

车门按其生产工艺可分为以下几种：

（1）整体式车门：内外板由整块钢板冲压后包边而成，该生产方式初次模具投入成本较大，但可相应降低相关检具、夹具，材料的利用率较低。

（2）分体式车门：由车门框总成和车门内外板总成拼焊而成，门框总成可采用滚压方式生产，成本较低，生产率较高，整体相应模具成本较低，但后期检具、夹具成本较高，且工艺可靠性差。

整体式车门和分体式车门在整体成本方面相差不是很大，主要是根据相关的造型要求确定相关的结构形式。由于目前汽车造型要求较高，且生产效率要求较高，车门整体结构趋向分体式。

二、车门的设计要求

（1）保证乘客上下车的方便性，最大开度控制在 65° ~ 70°；

（2）开启过程中不应与其他部位发生位置干涉；

（3）车门关闭时要锁止可靠，不会在行车中自行打开；

（4）车门机构操纵方便，包括关门自如、玻璃升降轻便等；

（5）良好的密封性能要求；

（6）具有大的透光面，满足侧向视野要求；

（7）要有足够的强度与刚度，保证车门工作可靠，减小车门部分振动，提高车辆侧向碰撞的安全性，防止车门下沉；

（8）良好的车门制造、装配工艺性。

三、车门的门体结构

（1）车门外板：0.6 ~ 0.8 mm 的薄钢板冲压成型。

（2）车门加强横梁：即车门防撞梁，有封闭的圆管截面形式，也有高强度钢板冲压成型。

（3）车门内板：重要的支撑板件，又是车门附件的安装体，一般采用较厚的薄钢板，具有以下的特点：

① 需拉延出较深的周边形成门厚；

② 板面上需要冲压出各种形状的凸凹台，用于附件机构的安装；

③ 冲压出各种加强筋，以提高刚性，减小振动噪声。

（4）车门加强板：对门体局部加强而设置。

① 内板面上安装车门附件机构的部位，提高安装部位的刚度和连接强度；

② 在门体安装铰链处、开度限位器处和门锁处等部位设置 1.2～1.6 mm 厚的加强板，与车门内板焊接；

③ 车门内、外窗台处设置加强板，要考虑断面形式、密封条的固定安装结构。

（5）车门窗框：大多采用薄钢板冲压成型或滚压成型。窗框结构断面要考虑的要点：

① 与车身侧围门框的正确配合；

② 良好的密封性能，密封条、玻璃导槽的布置和安装结构；

③ 符合玻璃升降的要求；

④ 窗框本身刚度，这对密封的影响较大；

⑤ 窗框与内、外板的连接结构。

四、钢材的特性

金属材料的性能包括很多，可分为物理性能、化学性能、力学性能、工艺性能等，对车身维修人员来讲，钢材的力学性能分析很重要，而钢材的力学特性主要有三种，即弹性变形、塑性变形、冷作硬化和加工硬化。钢板的力学特性都与施加在金属材料上的力、所产生的各种影响有密切的关系，它们都与“屈服点”有关，屈服点（抗拉强度）是指金属材料拉伸断裂前钢材所能承受的最大载荷，如图 3-82 所示。

1. 弹性变形

弹性变形是金属材料受到外力作用发生变形，当外力撤销后能够恢复到原来形状的能力。例如一块金属板，缓慢地折弯，未达到弹性极限时撤销外力作用，它将会回弹到原来的形状，如图 3-83 所示。

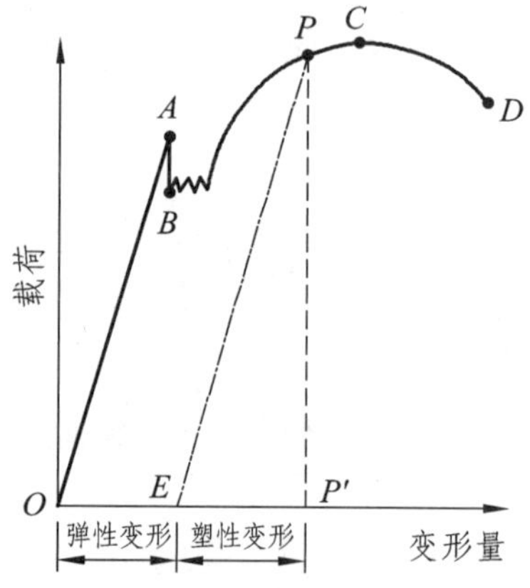

图 3-82　钢材的特性

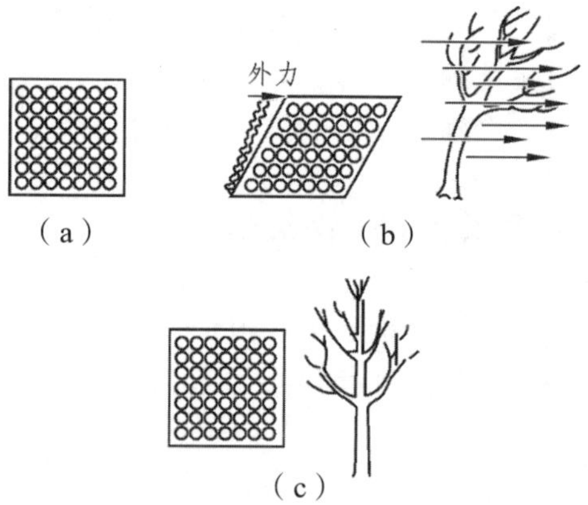

图 3-83　钢材的弹性变形

2. 塑性变形

塑性变形是指金属材料在外力作用下超过弹性极限载荷，这时再卸除载荷，金属材料也不能恢复原状，其中有一部分不能消失的变形被保留下来，这种保留下来的永久变形即为塑性变形，如图 3-84 所示。

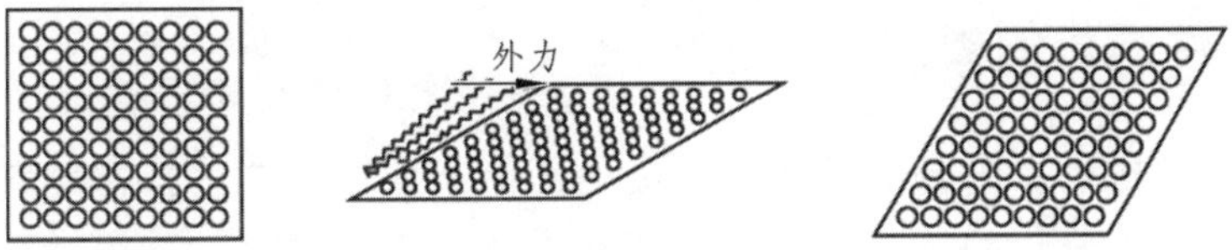

图 3-84　钢材的塑性变形

3. 冷作硬化和加工硬化

冷作硬化是指金属材料在常温或再结晶温度以下，加工时产生强烈的塑性变形，使晶格扭曲、畸变，晶粒产生剪切、滑移，晶粒被拉长，这些都会使表面层金属的硬度增加，减少表面层金属变形的塑性，称为冷作硬化。加工硬化是指金属材料在常温或再结晶温度以下塑性变形时强度和硬度提高，而塑性和韧性降低的现象。无论是冷作硬化还是加工硬化，从晶粒排列上看，被挤压或拉伸后，晶粒产生了位移，由原来的规则形状变成不规则形状并重新排列，如图 3-85 所示。

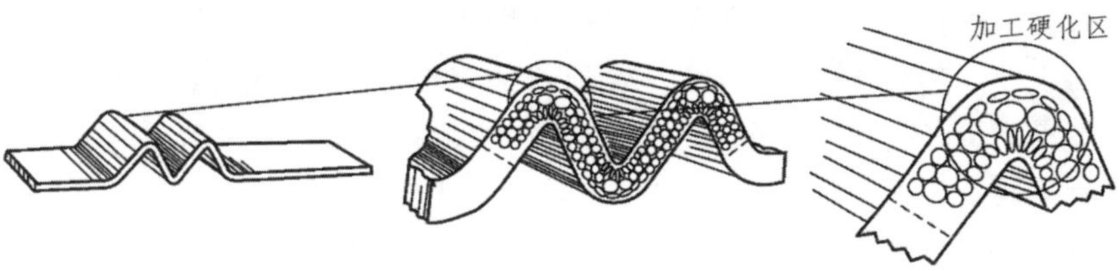

图 3-85　钢材的冷作硬化和加工硬化

金属材料被弯曲或加工就已经产生加工硬化，它是金属材料损坏的根源，当汽车发生碰撞产生变形时，进一步产生加工硬化，而修理人员对碰撞损伤车身修复过程中，也会产生加工硬化，如图 3-86 所示。

图 3-86　钢材的冷作硬化和加工硬化

4. 板件的力学特性分析

金属板件的折损是指金属材料被弯曲后，超过塑性变形极限，不能恢复原来的形状。汽车上的金属板件在受到碰撞时，不一定会产生折损，如果弯曲后，金属板件能够恢复到原来的形状，则金属板件没有受到折损，如果不能恢复到原来的形状，这种折损就会造成加重原来存在的加工硬化程度，如图 3-87 所示。

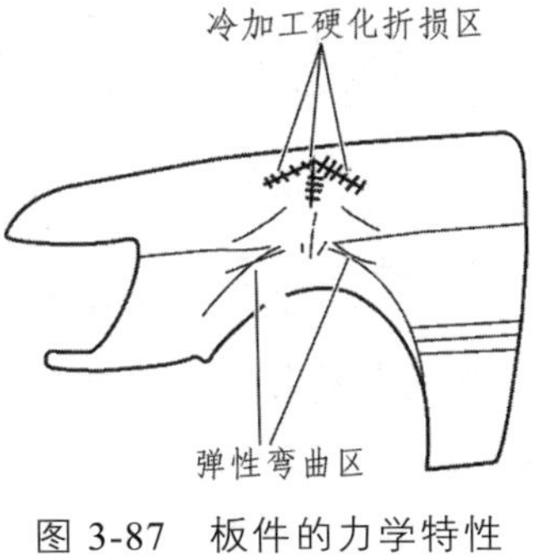

图 3-87　板件的力学特性

五、板件损伤的类型

根据引起损伤的原因分析车身板件损伤的类型，一般可分为直接损伤和间接损伤两种，车身板件修理的第一步是对受损板件的部位进行损伤分析，合格的维修人员，能根据相应的条件准确地判断出受损板件上的变形状态。

1. 直接损伤

直接损伤是指引起碰撞的物体与金属板上受到损伤的部位直接接触而造成的损伤，也就是碰撞点部位的损伤，如图 3-88 所示。

2. 间接损伤

间接损伤是由直接损伤引起的，在直接损伤周围区域的折损和挤压变形，如图 3-89 所示。在所有的损伤类型中，间接损伤占所有损伤的 80%～90%。所有非直接的损伤都可看成是间接损伤，碰撞一般都会同时造成这两种损伤，各种构件所受到的间接损伤没有太大区别，它总是产生同样的弯曲、同样的压缩力，对间接损伤的修理方法也是相同的，只是由于受损伤部位的尺寸、硬度和位置的不同，所用的修理工具有所不同。

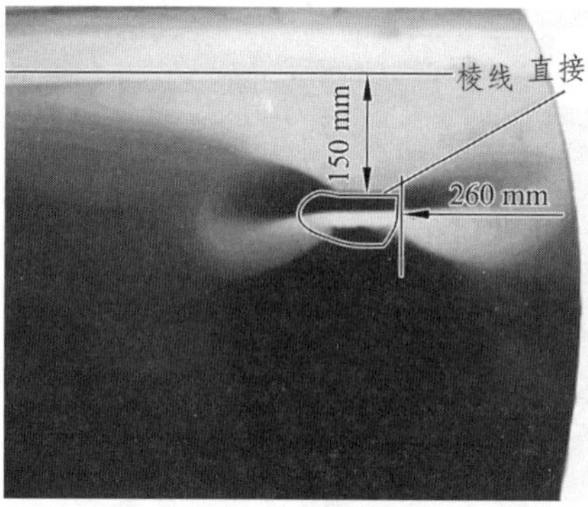

图 3-88　板件的直接损伤

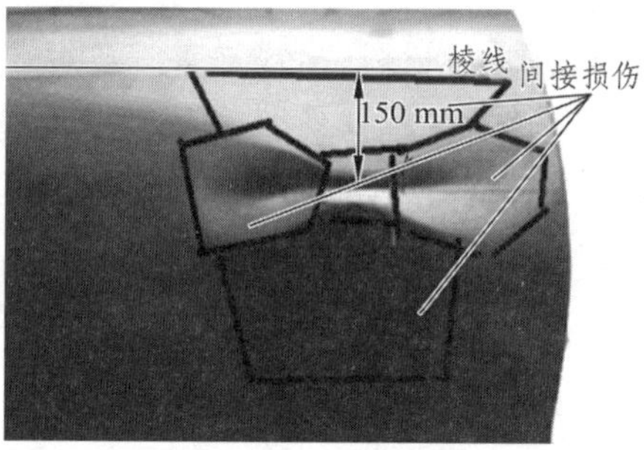

图 3-89　板件的间接损伤

六、间接损伤的类型

间接损伤变形一般分为单纯铰折、凹陷铰折、单纯卷曲、凹陷卷曲四种类型。

1. 单纯铰折

单纯铰折损伤，其弯曲过程像一个铰链一样，如图 3-90 所示，沿着一条线均匀地弯曲，产生这种变形时，金属上部表面受到拉力而产生拉伸变形，下部表面被推到一起而产生收缩变形，金属的中间有一个未发生变形的区域。

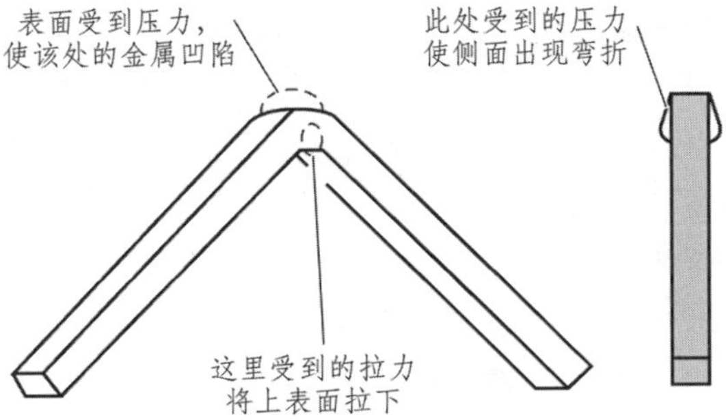

图 3-90　钢板单纯铰折

2. 凹陷铰折

凹陷铰折损伤，其上部金属受到的损伤要比下部金属小得多，折损处受到压力作用，一边产生严重收缩，这就是凹陷铰折，如图 3-91 所示。

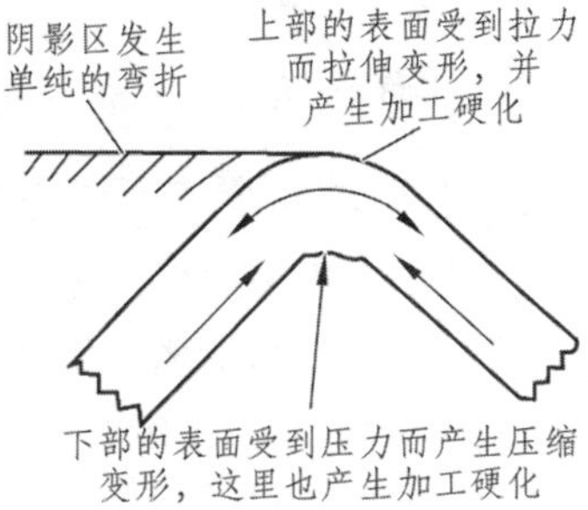

图 3-91　钢板凹陷铰折

3. 凹陷卷曲

当铰折折损穿过一块金属板时，它不仅使所有的箱形或局部箱形截面产生收缩，而且也会使它穿过的任何隆起的表面收缩，发生这种情况时，便形成了新的折损。这种折损试图将金属板的内部向外翻并卷起，以增加其长度，“长度的增加”是这种折损的特征，我们把这种折损称作凹陷卷曲。铰折折损（包括凹陷铰折和单纯铰折）增加的是深度，而不是长度，任何发生在隆起表面上的折损都会使金属收缩，凹陷卷曲式折损也不例外，金属收缩量取决于碰撞的程度。

4. 单纯的卷曲折损

当发生凹陷卷曲时，还有另外两处也同时发生折损，这两处折损发生在凹陷卷曲部位的旁边，这就是单纯卷曲折损，由于这两处都位于金属板的隆起部分，因而也是收缩型的折损，如图 3-92 所示。

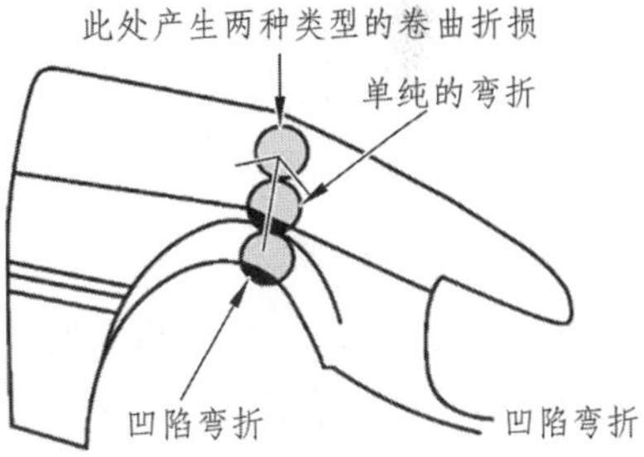

图 3-92　钢板单纯卷曲折损

操作指引

1. 课前准备

（1）场地设施：门板支架 1 台，装有废气抽排系统和消防设施的场地。

（2）设备设施：焊机 1 台，介子修复机 1 台，组合修复工具 1 套，钣金锤套装，撬棍，切割锯，打磨机，电钻，砂轮机。

（3）工量具：常用拆卸工具（1 套），翼子板卡尺等。

（4）耗材：工作服，手套，防护眼镜，耳罩，绝缘鞋，打磨片，砂纸。

（5）学生组织：教师指导、分组实训、过程评价。

2. 注意事项

（1）穿戴干净整洁的工作服。
（2）遵守场地安全规定，注意用电安全。
（3）插拔诊断仪时一定要关闭点火开关。
（4）正确使用焊机、修复机等工具。

任务实施

一、手工修复

1. 虚敲法

1）虚敲修复大面积凹陷

虚敲法整修钢板的大面积凹陷时，如图 3-93 所示，由于 B 区域向下凹陷造成的周围 A 区域塑性变形，钢板外侧没有较高的部位，如果用垫铁压出钢板的凹陷，则在 A 部位会出现凸起。整修时使用垫铁将 B 部位压出，使用手锤敲下 A 部位的凸起，将 A 区域敲下时，则 B 区域（使用垫铁压着）将渐渐被整修平顺。

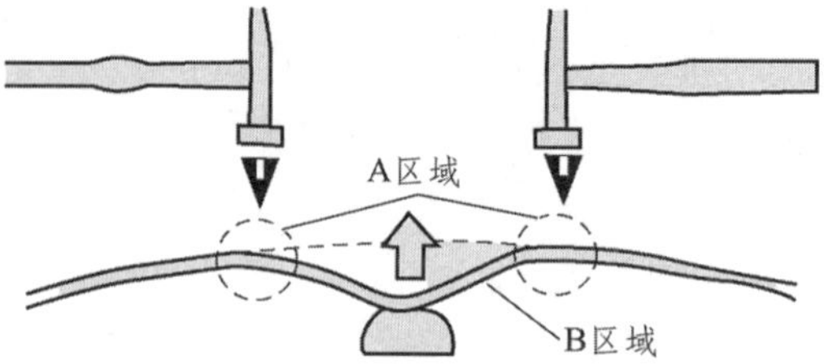

图 3-93　钢板虚敲修复范围

2）虚敲修复大面积凸点

虚敲法修复大面积凸点时，钢板的最凸出部位为塑性变形区域，也是抑制弹性变形的区域，修理时应先释放塑性变形区域的应力，如图 3-94 所示。当塑性变形区域应力被释放后，钢板渐渐地整修成原来的弹性变形状态，此时，转换垫铁用力位置顶出凹陷部位，再用手锤敲击凸点。通过几次反复敲击后，钢板的形状已经恢复成形，但钢板表面仍会残留一些凹陷，此时要用实敲法进行修复。

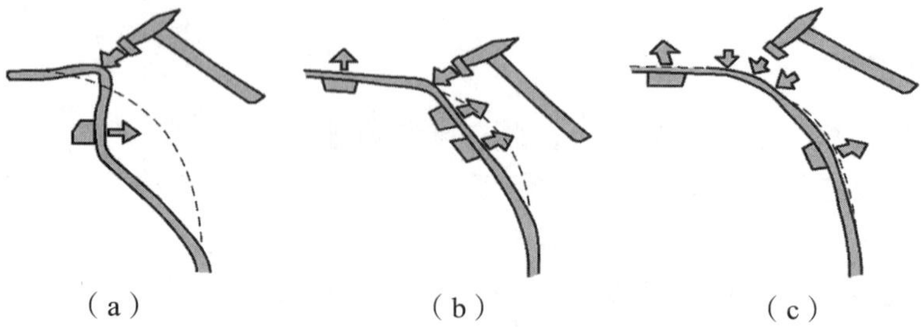

图 3-94　钢板虚敲修复

2. 实敲法

1）实敲修复小面积凹陷

板表面产生小的凹陷时，使用垫铁向外压出（与虚敲手法相同），并从外侧使用铁锤敲击钢板凹陷的部位。如果不实施压出作业，则手锤敲击钢板的部位会出现圆形的凹陷，如图 3-95 所示。

2）实敲修复小面积凸点

钢板表面产生小的凸点时，此时不需要使用垫铁将钢板压出，只需要轻轻靠着钢板内侧，然后手锤将凸点敲下，如图 3-96 所示。

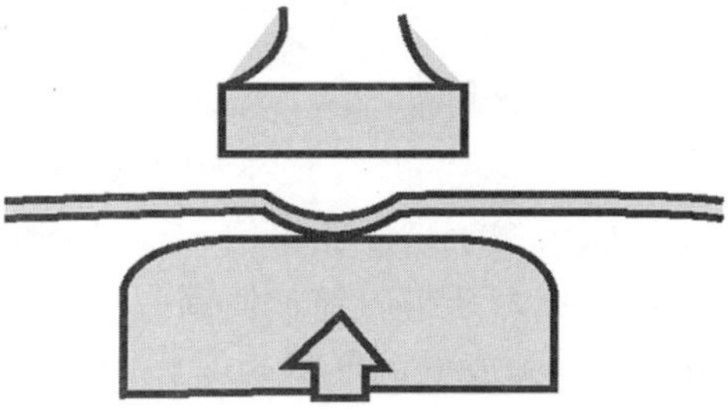

图 3-95　钢板实敲修复凹陷

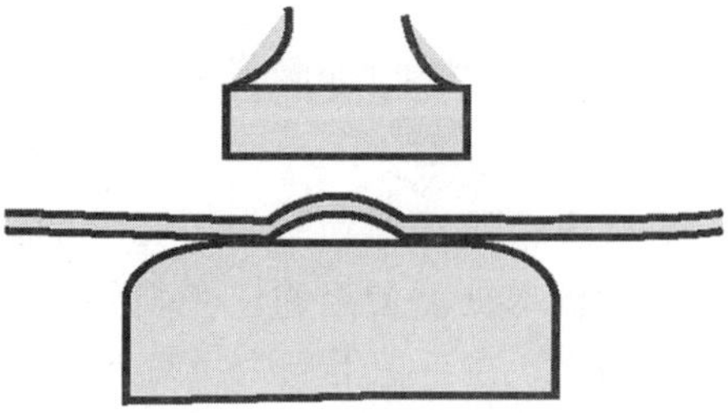

图 3-96　钢板实敲修复凸点

3. 匙形铁修复外表面损伤

匙形铁是车身修理的特殊工具，其作用类似锤子或顶铁，主要用于抛光金属表面，所以也叫修平刀。匙形铁可与不同的面板形状匹配使用，也可当作垫铁使用，如图 3-97（a）所示。匙形铁主要用于抛光表面，可以把敲打力分布到一个较大的区域上，从而迅速把隆起敲平，并且不损坏板件的其他部位，操作时与锤子配合使用，把匙形铁直接放在隆起表面处，用锤子敲打匙形铁即可，如图 3-97（b）所示，其平直表面把敲打力分布在宽的表面上，可将被光整表面的皱折和凸起修平。匙形铁也可以用来敲平操作空间有限部位的小凹痕，可以在构件的内、外板之间，操作空间狭小且不能用普通垫铁的地方作垫铁使用。

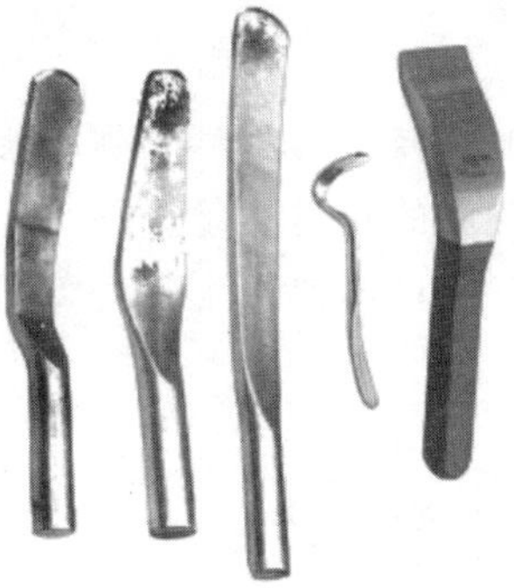

（a）

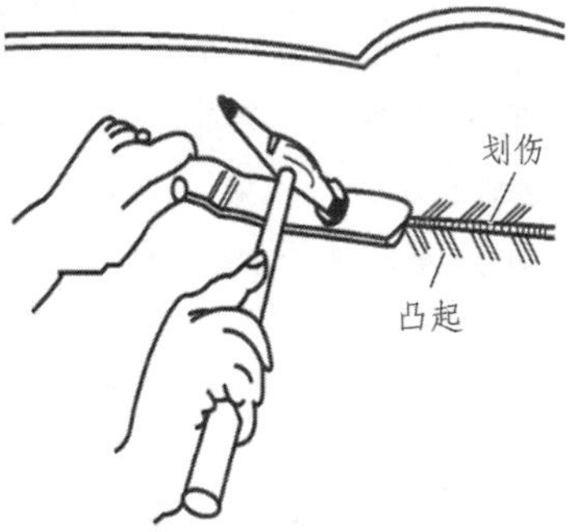

（b）

图 3-97　匙形铁

4. 撬镐

撬镐只用作撬起凹陷点，它们有不同的长度和形状，大多数有U形末端把手。

撬镐可以用来升起门后端侧板和其他气密的车身部位上的凹陷点，撬镐通常比滑锤和拉锤好用，它们不需要在板件上钻孔或焊接附件，不会损伤漆面，如图 3-98 所示。

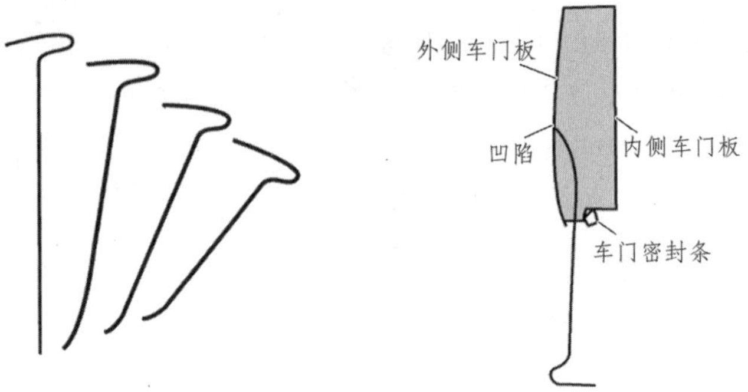

（a）撬镐的类型　　（b）撬镐的使用

图 3-98　撬镐

小弧度撬镐端部为一个小弧度的镐头，U 形端为把手，用在车门、车门槛板和后顶盖侧板等处。使用时，把撬镐通过板件上的孔穿入结构内部，使镐头对准板件上小的凹点，在手把上用力撬即可。大弧度撬镐与小弧度撬镐形状相似，但镐头长，用在需要较长镐头才能达到凹痕的情况下。

5. 钣金锉

钣金锉（见图 3-99）是用来修整锤、垫铁、匙形铁等钣金工具作业留下来的凸凹不平痕迹的钣金专用工具，它与锉削金属件的一般锉刀是有区别的，钣金锉只与凸起属材料接触，适用于对加工后较粗糙的表面进行光洁处理作业。

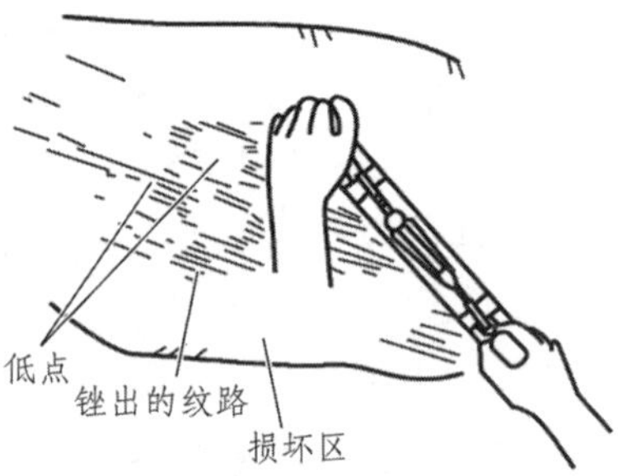

图 3-99　钣金锉

二、机器修复

1. 外形修复机的拉拔原理及工作原理

汽车外形修复机是对车辆外表面进行整形修复的设备。外形修复机也称为介子机，为电阻焊的一种，采用高频脉冲电子控制电路，利用电极头上夹持各种附件与钢板接触，通过大电流，使接触部位产生电阻热，获取与需求相对应的各种功能，配合各种专用工具，无须拆卸车体即可在车体表面作业，能快捷完美地修复整形损坏部位，修复工作原理如图 3-100 所示。

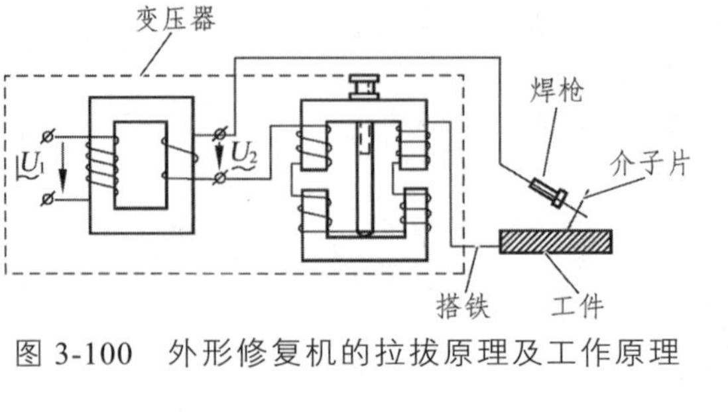

图 3-100　外形修复机的拉拔原理及工作原理

车身外形修复机焊接后向外拉拔原理，等同于手锤与垫铁作业时的虚敲作业，虚敲作业是将垫铁放置在钢板凹陷较低的内侧部位，整形机修复是将介子焊接在钢板凹陷较低的外侧部位，向外拉出，以取代从内侧向外压出的垫铁，如图 3-101 所示。

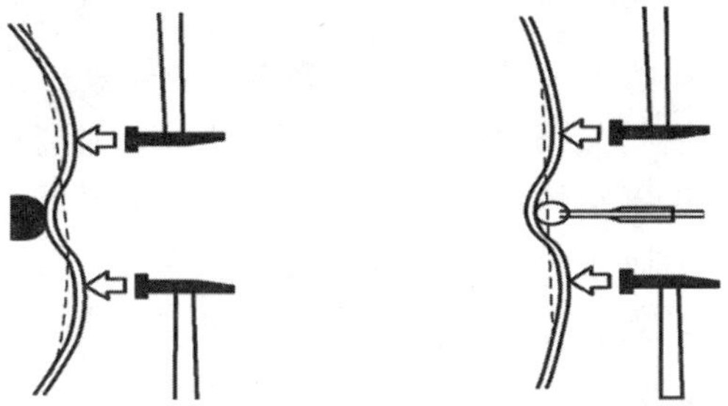

（a）虚敲作业　　（b）外形修复拉拔原理

图 3-101　外形修复机的拉拔原理

外形修复机的主机内部结构并不复杂，从其工作原理可以看出，主要由交流焊机变压器、控制线路电路板、交流接触器及功能选择面板组成，根据修理时选择的功能不同，通过焊枪夹持各种专用附件，将其焊接于受损板件表面上，达到所需的修理目的，如图 3-102 所示。

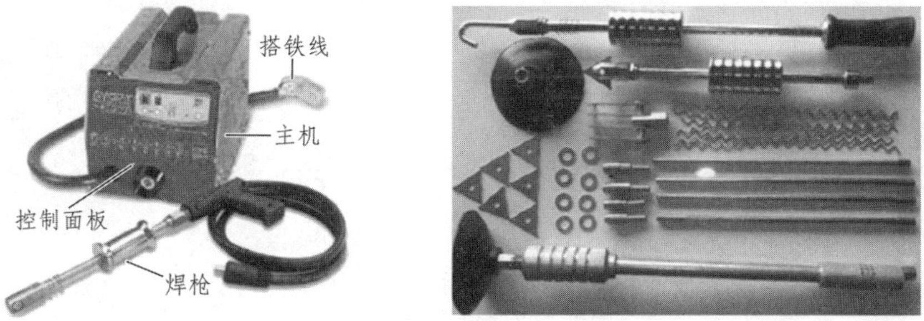

（a）外形修复机主机　　（b）外形修复机附件

图 3-102　外形修复机的组成

2. 操作方法

（1）打磨旧漆膜，修复前将作业部位用打磨设备将旧漆膜除干净，另还需选取一个合适的离作业区域较近的部位也打磨干净，然后将搭铁线固定于该部位。

（2）焊接介子片（圆垫圈），根据车体材料厚度，调整焊接时间与焊接电流的匹配参数，焊枪上插上开口铜头并紧固，然后将介子片（圆垫圈）插入铜头开口处，将介子片（圆垫圈）边缘轻轻抵于修复区域，按下开关作焊接操作，即完成介子片（圆垫圈）的焊接过程。若凹陷面积较大，可多焊几个介子片（圆垫圈）。

（3）拉锤拉伸修复，拉锤钩钩住介子片（圆垫圈），顺着拉锤轴向撞击惯性铁，有时需要反复数次，方可将凹陷部位的一个范围拉伸复原。

（4）拆卸介子片（圆垫圈），修复后只要轻轻扭转介子片（圆垫圈）即可卸除。

3. 炭棒作业

炭棒具有与氧乙炔焊加热一样的功能，但是炭棒具有比氧乙炔焊加热更加集中、加热变形小、不会降低板件强度、容易操作等优点。当车身钢板较厚，不能用单点焊接功能时，可用炭棒粘接，同时炭棒可进行热收缩、淬火功能。

4. 拉拔的方法及种类

拉拔方法分为单点拉拔和多点拉拔，也可称之局部拉拔、整体拉拔。单点拉拔，是指使用具有焊接电极头的拉锤焊接或焊接单个垫片，对局部或比较轻微的凹陷进行拉拔的方法。单点拉拔影响的范围较小，通常以点的形式表现。整体拉拔是指焊接成排垫片或蛇形线等，通过一定的连接方式，使用人力或机械牵引，使每个垫片或蛇形线的焊接部位均匀受力，从而将损伤部位整体拉出的方法，这种将众多垫片焊接在一起整体拉拔的方法，也称拉环法、垫片穿轴法等。整体拉拔影响的范围较大，通常以面的形式表现，一般针对大面积的双层结构板件、转角过渡处和车门立柱、车门槛板等较重的损伤。

5. 外形修复机的使用方法

（1）判定损伤范围。

车身面板损伤部位及程度的判定，主要有目测法、手感法、钢板尺与样板规尺法等。损伤部位确定后，应进行标注，以正确确认损伤区域，如图 3-103 所示。

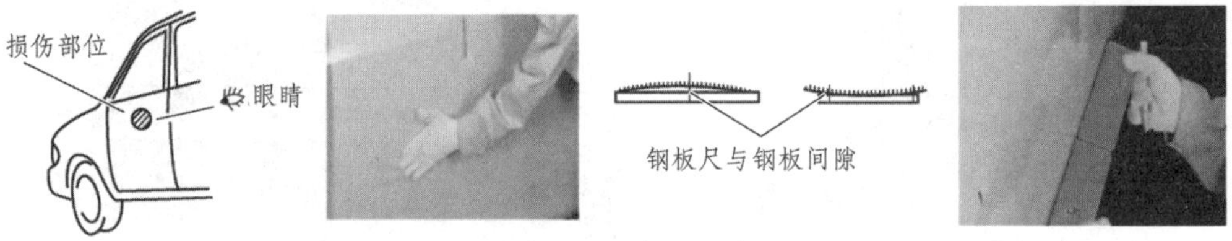

（a）目视法　（b）手摸法　（c）直尺测量法　（d）自制样板尺测量法

图 3-103　判定损伤范围

（2）磨除旧漆膜。

磨除旧漆膜前，应佩戴好防护用品，如手套、口罩、护目镜、耳塞等，单作用研磨机加注润滑油，使用 60 目砂纸等研磨设备正确安装至研磨机上（见图 3-104）。根据经验调整合适的转速，将研磨机倾斜一定角度，轻轻放于钢板损伤部位或预固定搭铁电极头的部位，开启开关将旧漆膜磨除。褶痕较深无法触及时应先消除应力，逐渐展开后再去除油漆，不易触及或凹陷较深的部位也可使用皮带式打磨机、手持砂纸或尖锐工具轻轻去除油漆层，研磨后应确保旧漆膜及油污清理干净，避免焊接瞬间出现火花伤及钢板。

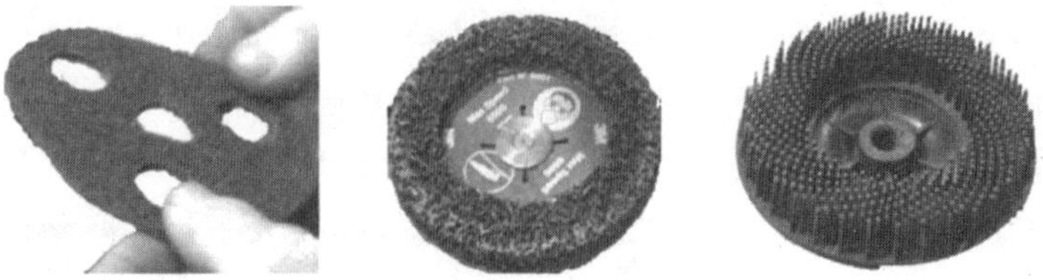

（a）砂纸　（b）黑金钢磨头　（c）橡胶磨头

图 3-104　各种磨头

（3）把搭铁线连接到离损伤部件较近的地方。连接的方法是用搭铁的夹钳夹住金属板或直接把搭铁线焊接到金属板上，如图 3-105 所示。

（4）把介子片（圆垫圈）安装到焊枪上。焊枪的触头一般有磁性可以吸住介子片（圆垫圈），把介子片（圆垫圈）抵在凹陷处的金属板上，如图 3-106 所示。

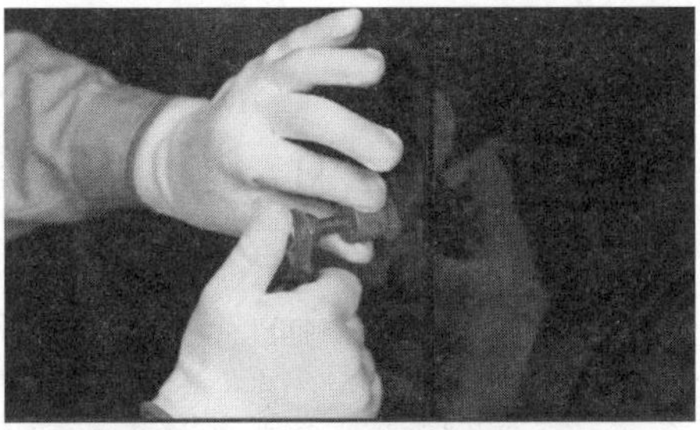

图 3-105　连接搭铁线

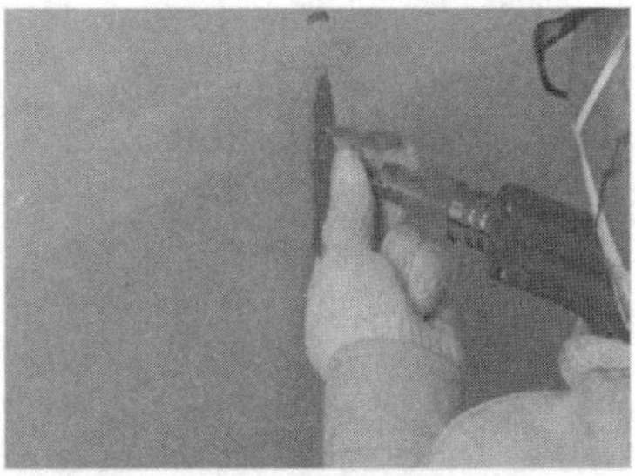

图 3-106　焊接介子片

（5）按下焊枪的开关，通电后介子片（圆垫圈）就焊接在金属板上了，然后就可以使用拉出器对金属板进行拉伸修复，如图 3-107 所示。

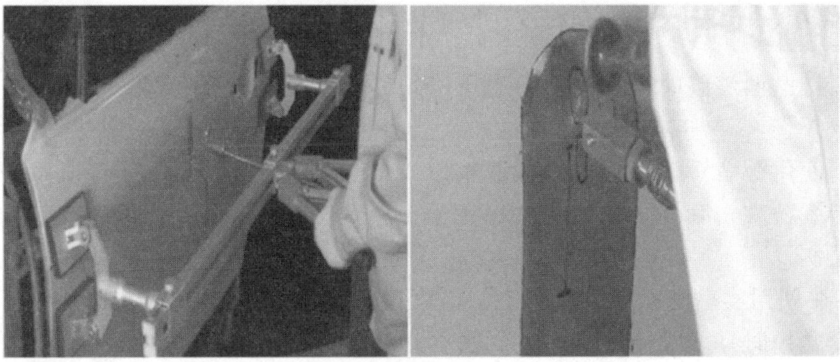

图 3-107　拉伸修复

（6）拆除使用过的介子片（圆垫圈）时，用钳子夹住后，左右拧就可以轻松拆下来，如图 3-108 所示。

（7）拉伸修复操作完成后，在盘式打磨机上装上打磨纸，轻轻地对金属板表面进行整体打磨，把焊接印打磨掉，如图 3-109 所示。

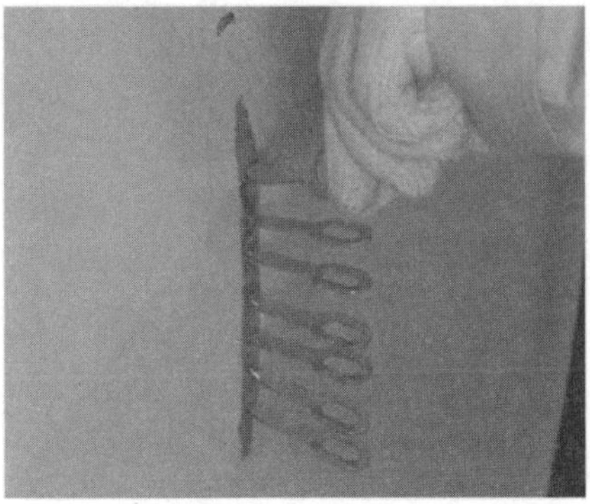

图 3-108　拆下介子片

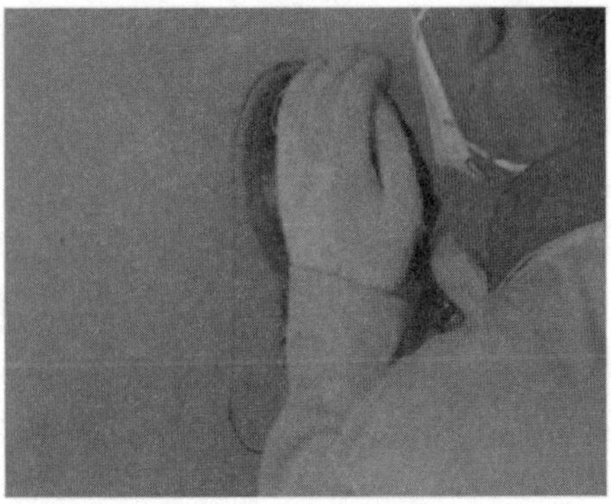

图 3-109　打磨焊接印

（8）热收缩作业需根据门板修复时的凸点情况，决定炭棒在板件上的停留时间。热收缩的原理为热胀冷缩原理，修理工艺不允许使用水进行快速冷却，一般使用压缩空气进行快速冷却，如图 3-110 所示。

（9）最后把金属板上去除涂层的部分进行防腐处理，注意金属板上焊点的反面和搭铁都要进行处理，如图 3-111 所示。

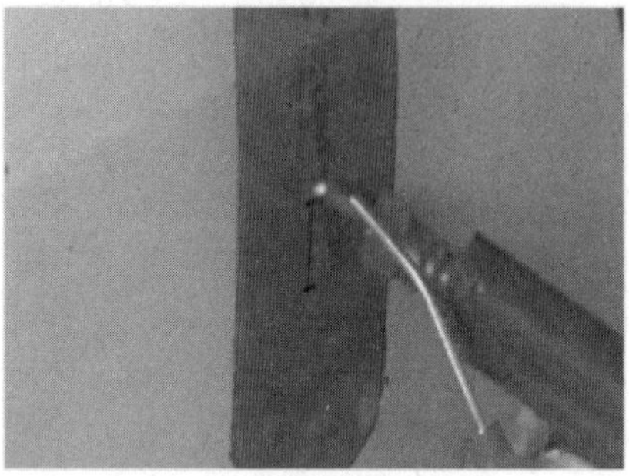

图 3-110　热收缩作业

图 3-111　“7S”作业

任务小结

（1）打磨旧漆膜时，一定要打磨干净，防止在使用外形修复机焊接时对受损区造成二次损伤。

（2）使用钣金锤时应握住铁锤手柄末端，使用手腕的力量进行环形运动敲击。在使用钣金锤敲击金属板时，钣金锤锤面或手柄应与金属板保持平衡，以免对金属板造成损伤。

（3）在使用实敲法敲击金属板时，钣金锤与垫铁只能敲击凹陷或者凸起的位置。在敲击金属板时，要掌握好敲击的力度，以免造成过度损伤。

（4）外形修复机焊接时，必须匹配焊接电流和焊接时间，并在相应位置进行试焊，防止因焊接电流过大或焊接时间过长，烧穿板件。

（5）拉伸修复作业时，组合修复工具拉伸组件与板件成垂直角度，沿受损力相反方向拉伸修复板件。

（6）板件的拉伸修复操作，需遵循钢板的变形规律，拉伸力度不能过大，防止操作不当，造成板件穿孔等现象。

（7）修复完毕，使用研磨设备将板件的焊接氧化点彻底打磨干净，并需对维修板件表面及背面做防腐处理。

课后练习

1. 铁锤在垫铁上的敲击法可以修理（　　）损伤。

A. 小的凹陷　　B. 大的凸起　　C. 板件上的拉伸区

2. （　　）不属于钣料拉形的成型过程。

A. 弯曲　　B. 拉形　　C. 补拉

3. 在手工成型中，“打薄”放边的主要缺点是（　　）。

A. 厚度不够均匀　　B. 粗糙　　C. 形不够

4. 以下矫正方法中错误的是（　　）。

A. 机械矫正　　B. 液压矫正　　C. 火焰矫正

5. 锉刀按齿纹的粗细不同又可分为粗挫、中挫、细挫和（　　）等。

A. 普通锉　　B. 特种锉　　C. 整形锉

6. 以下材料中不能焊接的是（　　）。

A. 铸铁　　B. 低碳钢　　C. 铝合金

7. 强度是指金属材料在外力作用下抵抗（　　）的能力。

A. 变形　　B. 冲击　　C. 冲击和振荡

8. 在车身上，（　　）损坏了不允许修理，只能更换。

A. 前立柱　　B. 前纵梁　　C. 保险杠加强梁

9. 铁锤在垫铁上的敲击法可以修理（　　）损伤。

A. 小的凹陷　　B. 大的凸起　　C. 板件上的拉伸区

10. 车身上，应用双面镀锌的部件有（　　）。

A. 车顶板　　B. 门槛板　　C. 发动机罩

参考答案：ACACC ACCAC

实训项目

姓名：________________ 班级：________________ 日期：____________

实训项目一　左前车门的修复

车辆信息记录：受损门板修复项目的工件为已设置损伤的车门外板（2013 年款新赛欧左前门外板，门板厚度为 0.65 mm），如图 3-112 所示。

图 3-112　车门外板

1. 实操计分和考核要求

（1）受损门板的受损位置、尺寸图片及作业要求：

在 40 min 内对雪佛兰新赛欧左前门外板上的条形凹陷（漆膜已破坏）进行修复，设置的条形凹陷损伤位置见图 3-113，位于方框区域内。

条形凹陷为纵向，损伤长度为 120 mm，损伤宽度为 40 mm，损伤深度为 12 mm，如图 3-114 所示。

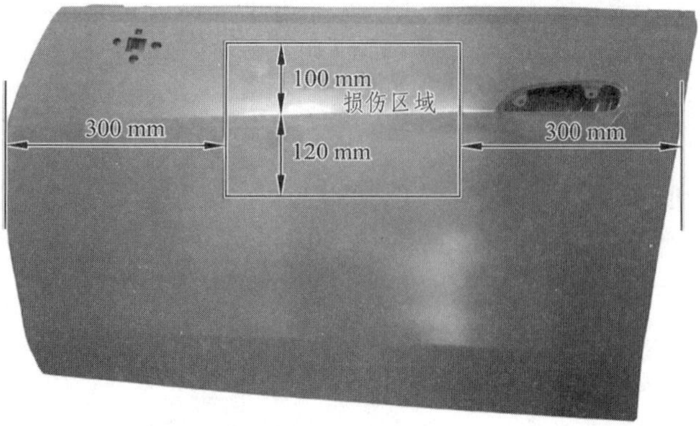

图 3-113　损伤位置

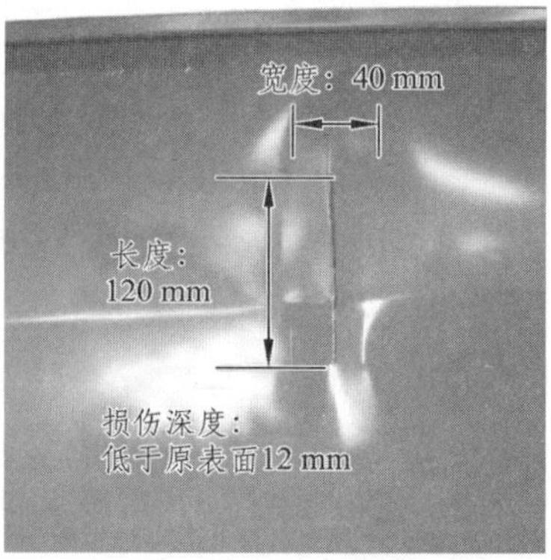

图 3-114　损伤情况

学生对凹陷部位分析、打磨、合理使用工具及设备，按正确工艺进行损伤修复。

（2）考核要点：

安全防护、设备调整及操作、修复后形状、“7S”等。修复后技术要求如下：

① 打磨后裸金属为椭圆状，长轴 240 mm，短轴 160 mm。

② 凹陷部位修复后高度低于原表面，差值不大于 1 mm。

③ 车身线、钢板曲率应与专用卡尺吻合，不能超出±1 mm。

曲率卡尺测量位置如图 3-115 所示。

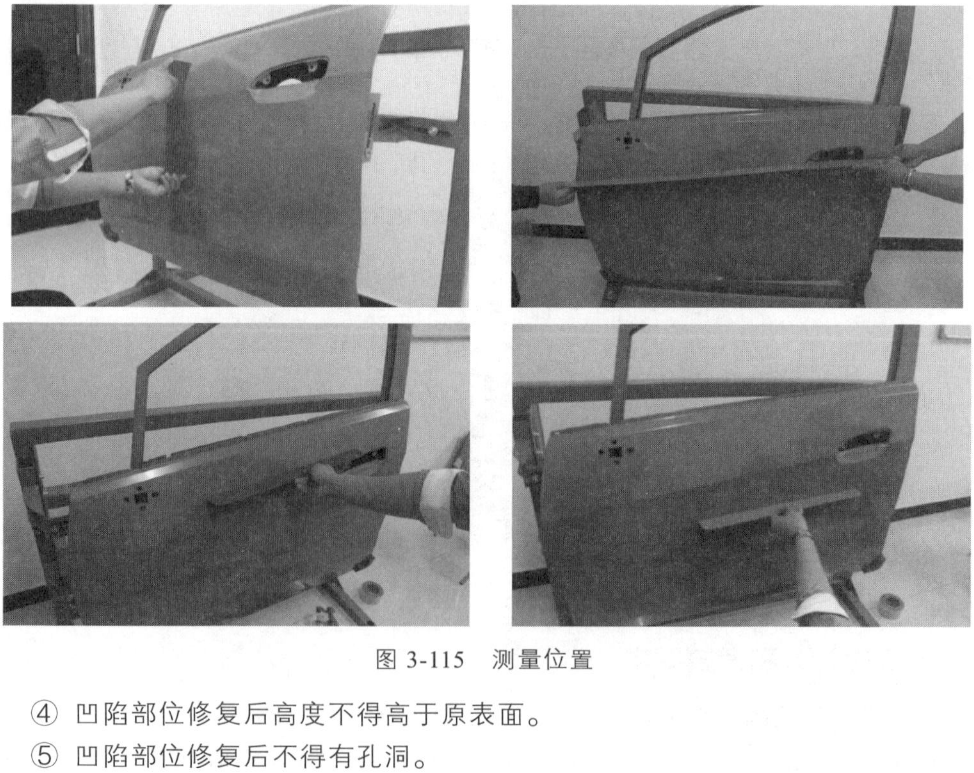

图 3-115　测量位置

④ 凹陷部位修复后高度不得高于原表面。

⑤ 凹陷部位修复后不得有孔洞。

2. 实操比赛分值分配及评分标准（见表 3-5）

表 3-5　评分标准

项目	分值比例	评分标准
工艺流程及维修质量	70%	维修区域板面不能高于原表面，不能低于原表面 1 mm，板面不能出现孔洞，板面平整度符合规范
设备操作	20%	外形修复机焊接参数符合要求，整形工具及组合工具使用符合规范
“7S”规范	10%	符合安全操作规程；工、量具摆放整齐；遵守赛场纪律，尊重赛场工作人员，爱惜赛场的设备和器材，保持工位的整洁

3. 实训需要工量具、配件辅料和设备

现场提供表 3-6 所列器材。

表 3-6　器材清单

编号	器材名称	型号及规格	数量	备注
1	钣金快修组合工具	Bantam-B3000	4 套	
2	门板测量专用卡尺		4 套	
3	平挫	MF07A	8 把	
4	气动环带打磨机	JAS-0451（10×330 mm）	5 把	
5	轨道式自生成真空打磨机	JAS-1020-5HE（5″）	6 台	
6	6 件套汽车钣金工具组	AG010030A	4 套	
7	圆口大力钳	P32M10A	24 把	
8	直口大力钳	P30M10A	24 把	
9	砂纸	60 目、80 目	各 200 张	
10	塞尺（自制）	1 mm	2 个	
11	耳罩		4 个	
12	棉纱手套		20 副	
13	防尘口罩		120 副	
14	护目镜	无色透明	30 个	
15	气管（配公母快速接头）	内径 8 mm（公制）	8 根	
16	门板支架		4 个	
17	电源插座	220 V 配 10 m 线	5 个	
18	抹布		200 块	
19	工作服		120 件	
20	工作帽		120 顶	

4. 项目评分表（见表 3-7）

表 3-7 项目评分表

满分：100 分 时间：40 min 完成用时：________

<table>
<tr><th colspan="2">评分项目</th><th>扣分情况</th><th>扣分</th></tr>
<tr><td colspan="2" rowspan="6">1. 安全防护用品的使用情况（3 分）（未穿戴防护用品一项扣 0.5 分，扣完为止）（选手佩戴近视镜不扣分）</td><td>操作时不戴手套扣 0.5 分</td><td></td></tr>
<tr><td>操作时不戴护目镜扣 0.5 分</td><td></td></tr>
<tr><td>操作时不戴防尘口罩扣 0.5 分</td><td></td></tr>
<tr><td>操作时不戴工作帽扣 0.5 分</td><td></td></tr>
<tr><td>操作时不戴耳罩扣 0.5 分</td><td></td></tr>
<tr><td>操作时不穿安全鞋扣 0.5 分</td><td></td></tr>
<tr><td colspan="2" rowspan="2">2. 焊接电流的调整情况（3 分）（超出规定范围不得分）（焊接使用焊接挡，量程 30～60，焊接时间，量程 1～6；收火使用收火挡，量程 20～40，超出规定值不得此项分）</td><td>焊接时电流（1 分）
焊接时时间（1 分）</td><td></td></tr>
<tr><td>收火时电流（1 分）</td><td></td></tr>
<tr><td colspan="3">3. 每次打磨后要用吹洗枪吹，并用抹布擦拭，一次未做扣 1 分，扣完为止（2 分）</td><td></td></tr>
<tr><td colspan="3">4. 操作中搭铁、焊片、工具等掉落一次扣 1 分，扣完为止（2 分）</td><td></td></tr>
<tr><td colspan="3">5. 未规范使用工具（如使用三角片收火）扣 5 分（5 分）</td><td></td></tr>
<tr><td colspan="3">6. 未使用炭棒进行消除修复区域应力作业的扣 2 分，修复后仍有弹性变形区域（应力未消除）扣 3 分（3 分）</td><td></td></tr>
<tr><td colspan="2">7. 打磨区裸金属长轴 240 mm，短轴 160 mm，长度每小于 5 mm 为一挡，每挡 2 分，扣完为止（3 分）</td><td>长轴________mm
短轴________mm</td><td></td></tr>
<tr><td colspan="2">8. 打磨区边缘圆滑过渡，一处不规整扣 1 分，扣完为止（2 分）</td><td>有________处
应扣________分</td><td></td></tr>
<tr><td colspan="2">9. 修复区域有未打磨的油漆、收火氧化点一处扣 1 分；拉伸后凸起三个扣 1 分，扣完为止（3 分）</td><td>有________处
应扣________分</td><td></td></tr>
<tr><td colspan="3">10. 修复质量评分：按以下 A、B、C、D、E 不合格项扣分（70 分）</td><td rowspan="9"></td></tr>
<tr><td colspan="2">A. 车身线上、下部位横向测量，应分别与对应专用卡尺吻合。低点≥1 mm 一处扣 1 分；高点一处扣 2 分（长度≤5 mm 为一处，长度≤10 mm 为 2 处，长度≤15 mm 为 3 处，以此类推，共 20 分，扣完为止）</td><td>有______处
应扣______分</td></tr>
<tr><td colspan="2">B. 车身线用卡尺测量，高点一处扣 4 分，低点一处扣 2 分。（长度≤5 mm 为一处，长度≤10 mm 为 2 处，长度≤15 mm 为 3 处，以此类推，共 10 分，扣完为止）</td><td>有______处
应扣______分</td></tr>
<tr><td colspan="2">C. 修复后，原压痕位置有明显未修复痕迹一处扣 2 分（长度每 5 mm 为一处，共 10 分，扣完为止）</td><td>有______处
应扣______分</td></tr>
<tr><td colspan="2">D. 修复部位出现孔洞一处扣 10 分（长度≤5 mm 为一处，长度≤10 mm 为 2 处，以此类推，共 10 分，扣完为止）</td><td>有______处
应扣______分</td></tr>
<tr><td rowspan="2">E. 平整度检查</td><td>颜色过深每 10 mm 为一处，扣 1 分</td><td>有______处
应扣______分</td></tr>
<tr><td>光亮痕迹每 10 mm 为一处，扣 1 分</td><td>有______处
应扣______分</td></tr>
<tr><td rowspan="2">F. 车身线上下 10 mm 的平整度</td><td>颜色过深每 10 mm 为一处，扣 5 分</td><td>有______处
应扣______分</td></tr>
<tr><td>光亮痕迹每 10 mm 为一处，扣 5 分</td><td>有______处
应扣______分</td></tr>
<tr><td colspan="3">11. 操作完成后要把设备、工具放回原处，摆放整齐（在比赛 40 min 内，一件工具未摆放原处或未摆放整齐扣 1 分，扣完为止）（3 分）</td></tr>
<tr><td colspan="2"></td><td>得分：</td><td></td></tr>
</table>

任务六　B 柱的更换

任务描述

车辆使用过程中，难免会发生碰撞、剐擦等事故，致使车身出现不同程度的变形，这样就需要进行车身维修作业。车身维修作业中，又有相当多的事故需要对车身构件进行分离更换修理，本项目针对车身修理中的B柱模拟件分离工艺进行阐述。

学习目标

【知识目标】

（1）掌握汽车钣金焊接工艺；

（2）掌握电阻点焊、气体保护焊焊接原理和使用技巧；

（3）掌握板件测量划线原理；

（4）掌握金属板件切割原理；

（5）掌握电阻点焊技巧；

（6）掌握连续焊及塞焊技巧；

（7）掌握汽车修理国家质量检查评定标准。

【能力目标】

（1）根据B柱的变形程度，能对B柱进行正确更换；

（2）能根据维修要求，进行点焊、塞焊焊接。

【素质目标】

（1）严格执行安全操作规范（佩戴安全防护）；

（2）严格按照修复工艺标准操作；

（3）施工完后一定要对场地进行整理、整顿（工具归位、设备断电）；

（4）施工完后一定要对场地进行彻底的清扫、清洁。

建议学时：8 学时

知识准备

一、手工分离工具

金属板料的手工分离下料作业，稍厚板料有时需用扁錾、剪切设备外，大都使用钣金剪下料，如遇较厚钢材，则需使用钢锯、气割等分离设备进行下料。

1. 手工剪

（1）铁皮剪：用于剪切薄钢板的剪刀称为铁皮剪，如图 3-116 所示，适用于厚度为 0.5 ~ 1.6 mm，最大宽度为 2 500 mm 的板材裁剪。

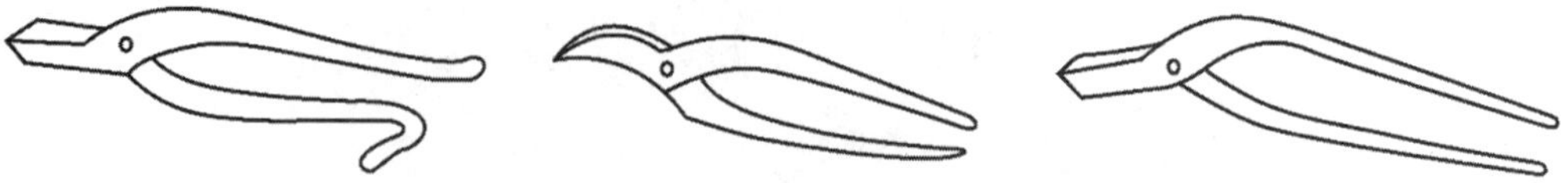

（a）直剪刀　　（b）弯剪刀　　（c）直弯剪刀

图 3-116　铁皮剪

（2）钣金剪：用于剪切不锈钢等硬度较高的薄合金钢材，如图 3-117 所示，适用于厚度不大于 2 mm，最大宽度为 2 500 mm 的板材裁剪。

（a）直钣金剪　　（b）左弯钣金剪　　（c）右弯钣金剪

图 3-117　钣金剪

2. 手工锯

1）手工锯的构造

锯主要由锯弓和锯条两部分组成，锯弓是用来夹持和拉紧锯条的工具，有固定式和可调式两种，如图 3-118 所示。

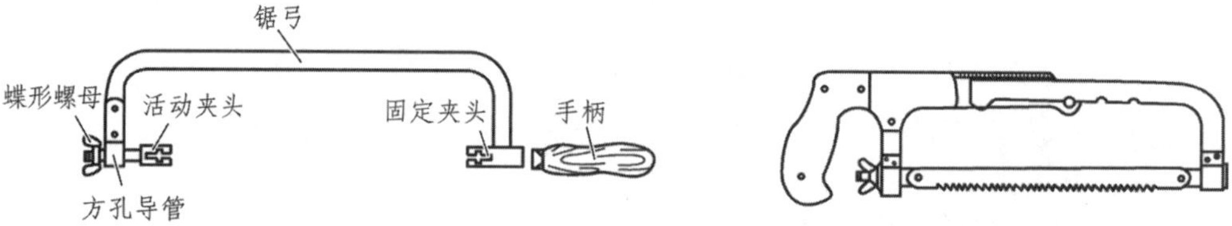

（a）固定式　　（b）可调式

图 3-118　手工锯构造

2）手工锯的使用

起锯时，锯条与工件锯割面相交斜角α要小（约为 15°），如图 3-119 所示，根据材料的性质、截面大小，所使用的压力要适当。一般来说，对硬金属的压力要大些，而推拉锯的速度相应要慢些，锯条的行程要尽量长，使锯齿能充分利用，推拉锯的往返速度适宜为 40 ~ 60 次/min。

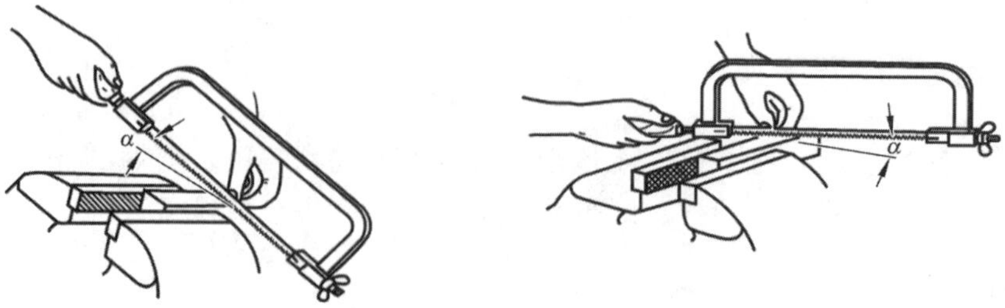

（a）　　（b）

图 3-119　手工锯的使用

二、电动分离工具

钣金金属板料分离作业中，仅靠手工分离工具是不够的，还会用到很多电动工具。汽车钣金维修中常见的电动工具有手电钻、砂轮研磨机等。

1. 手电钻

手电钻是以电为动力的手持式钻孔工具，电源电压一般为 220 V 和 36 V 两种，其尺寸规格有 3.6 ~ 13 mm 若干种。手提式手电钻可钻厚度较大的金属板料，而手枪式电钻常钻较薄的板料，钣金维修中常用手枪式电钻。手电钻主要由电动机、控制开关、钻夹头和钻头几部分组成。

1）手电钻的类型

手电钻主要用于金属钻孔工作，汽车钣金维修中主要用于电阻点焊焊点的去除工作，手电钻便于携带但加工精度不高，在汽车维修中使用得非常广泛。根据钻头安装方式不同，手电钻可分为扳手式钻夹头和自紧式钻夹头两类，如图 3-120 所示。

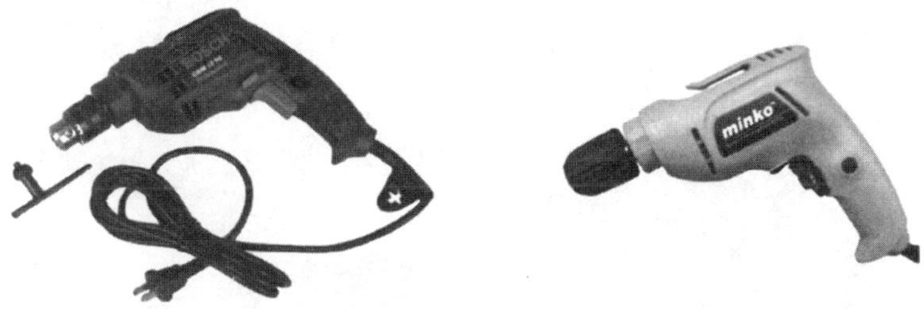

（a）扳手式钻夹头　　（b）自紧式钻夹头

图 3-120　手电钻

2）钻头

钻头用于在实体材料上钻削出通孔或盲孔，并能对已有的孔扩孔。根据功用的不同，通常有麻花钻、扁钻、中心钻、深孔钻、套料钻、锪钻等。钣金维修中，钻头主要用于钻削电阻点焊焊点，这种钻头是基于锪孔钻头与铣刀之间，通过钻削需求自行研磨而成，我们通常称其为去点焊专用钻或定心平底钻，如图 3-121 所示。

（a）麻花钻　　（b）去点焊专用钻（安心平底钻）

图 3-121　钻头

3）手电钻的使用

使用手电钻必须要注意安全，操作时要戴上绝缘手套。如图 3-122 所示，钻削开始前要用力压紧，且用力不得过猛，发现电钻转速降低时，应立即减轻压力，否则会造成刃口退火或损坏手电钻。

（a）戴绝缘手套操作

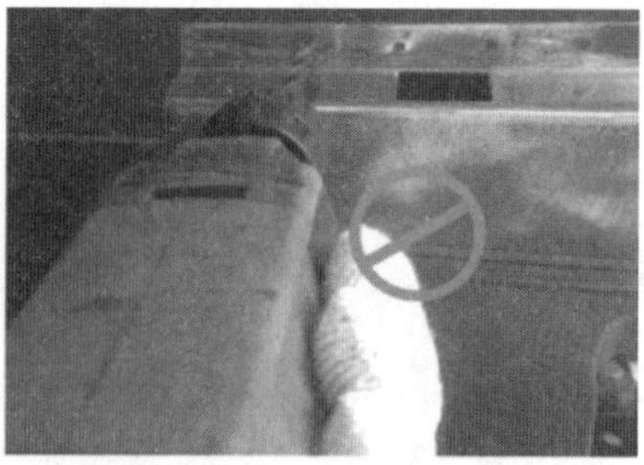

（b）戴棉丝手套操作

图 3-122　手电钻的使用

2. 砂轮机

砂轮机是一种以高速旋转的砂轮来磨削或切割工件的机具。为适合各种操作场合的加工作业，砂轮机有固定式砂轮机和手提式砂轮机两种。

1）手提式砂轮机

手提式砂轮机（见图 3-123），主要用来磨削不易在固定砂轮机上磨削的构件，如发动机罩、驾驶室、翼子板及车身面板等经过焊接修理的焊缝，可用砂轮机磨削平整。

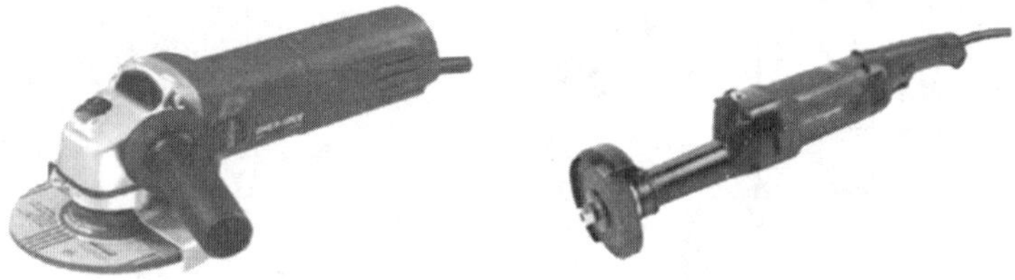

图 3-123　手提式砂轮机

2）砂轮片

砂轮片（见图 3-124）是磨削加工中最主要的一类磨具。砂轮片是在磨料中加入结合剂，经压坯、干燥和焙烧而制成的多孔体。

（a）普通砂轮片（b）百叶砂轮片（c）钢丝砂轮片（d）金石砂轮片

图 3-124　各种砂轮片

三、气动分离工具

钣金分离作业中，除了手动分离工具、电动分离工具外，还有气动分离工具，特别是现代钣金工艺作业，由于气动工具具有各种优点，得到越来越广泛的运用。

1. 气动剪

气动剪常用于分离车身上腐蚀或损坏的金属板件，按其工作形式分为振动式气动剪和直列式气动剪，如图 3-125 所示。

（a）振动式气动剪　　（b）直列式气动剪

图 3-125　气动剪

1）气动剪的特点

气动剪简称风剪，其特点是体积小，质量轻，操作灵活、轻便，主要用于体积大或外形粗笨，而又不便于使用固定剪切设备的金属构件，尤其对于预先成型的工件，剪切孔洞特别便利，其功率为 0.21 kW，使用气压为 490 kPa。最大剪切厚度：普通热轧钢板为 2 mm，铝板为 2.5 mm，最小剪切曲率半径为 50 mm。

2）气动剪的使用

气动剪工作前，要将工件略微垫起，使气动剪剪切前进时不受阻碍即可。气动剪一般应用在精度要求高或较细小的切割作业中，剪切后的切口清洁、准确，容易焊接。

2. 气动锯

现代钣金维修作业中，最常用的切割分离工具为气动锯，其切割速度不快，但切割面平滑，用在车身闭合断面的车柱及梁等焊接部位的切割作业。

1）气动锯的特点

气动锯（见图 3-126）的运动速度高达 1 200 次/s，行程在 45 mm 以上，具有切割效率高、质量好、操作方便等优点。

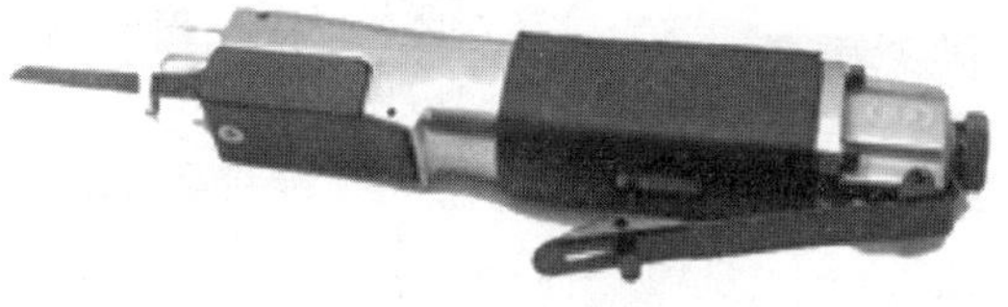

图 3-126　气动锯

2）气动锯条

气动锯条主要用于汽车维修、金属加工，切割铁板、铸铁及其他金属板件等，尤其在切割汽车金属板件方面优势明显，用量很大。气动锯条的材质大多数为双金属，也有硬质合金的，齿形有波浪齿和侧切齿，根据切割金属材料的不同，可分为 T24（1 英寸长度范围中有 24 个齿）和 T32（1 英寸长度范围中有 32 个齿）两种类型，如图 3-127 所示。

（a）32T　　（b）24T

图 3-127　气动锯条

3）气动锯的使用

工作前，应确保工件稳定固定，定位符合吃刀方向，以免造成异常切入，起刀时，缓慢按下起动开关，将刀刃慢慢切入工件，并要使刀刃与工件保持 15°～45°的夹角，如图 3-128 所示。

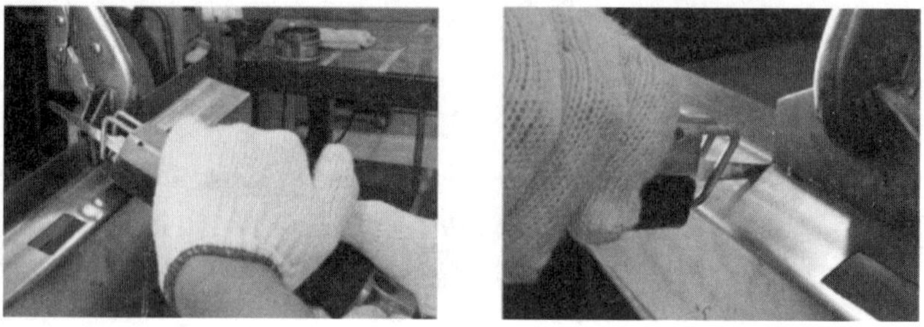

（a）　（b）

图 3-128　气动锯的使用

3. 气动钻

气动钻（见图 3-129）和电动钻在汽车钣金维修作业中的作用是一致的，都是将损伤金属板件从车身上分离开来，然后进行修复或是为更换件钻预埋孔，其工作方式也基本一致，区别在于电动钻利用电力驱动，而气动钻利用压缩空气作为动力源。

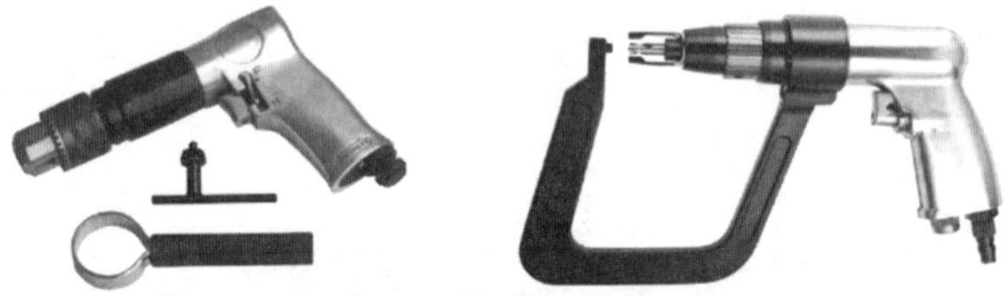

（a）普通气动钻　　（b）专用去除点焊气动钻

图 3-129　气动钻

1）手提式气动钻

手提式气动钻配以专用钻头，可去除车身构件间的电阻点焊点。

2）钻头

专用钻头有钻头型和孔锯型两种，如图 3-130 所示，钻头型专用钻头的端部较平，使用中要切割掉焊点但注意不要损伤下层的钢板。孔锯型专用钻头在使用时，其钻削深度可以调整，所以不会损伤下层钢板，但需要磨削掉残余的焊点。

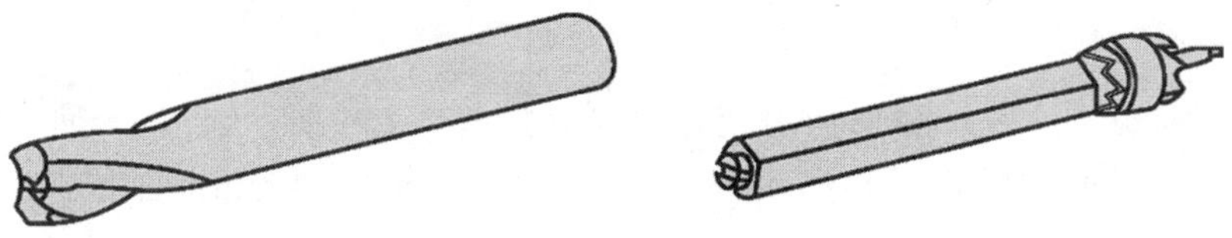

（a）钻头型　　（b）孔锯型

图 3-130　钻头

4. 气动錾

气动錾是钣金修理作业中较为常用的一种工具，也是以压缩空气作为冲击动力，可产生 1 800 次/min 的击打频率，自身质量仅为 1～2 kg。

1）手提式气动錾

手提式气动錾的特点是体积小、质量轻、效率高、切割性能好，在不受限制的情况下，可进行直线、曲线和型线的切割，如图 3-131 所示。

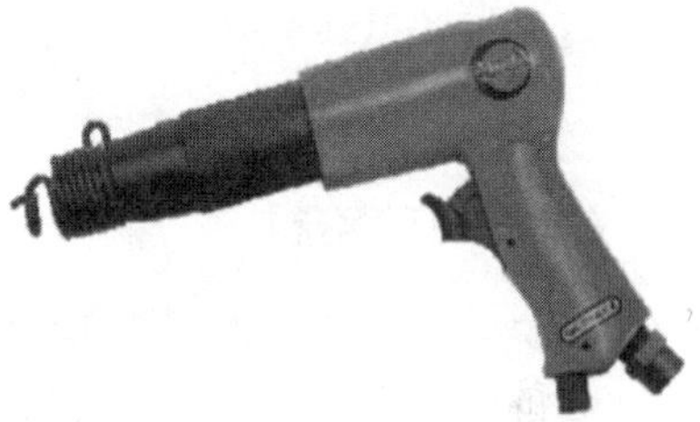

图 3-131　气动錾

2）錾头

錾头由万向接头、连接杆和不同形状的头部组成，如图 3-132 所示，錾头的形状不同，其用途也不同。

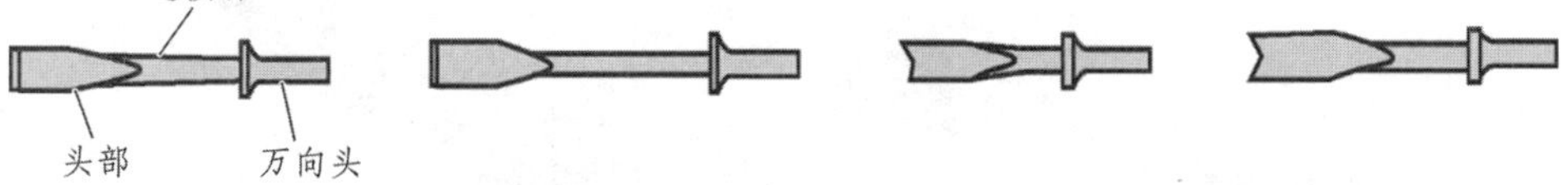

（a）铆钉切断器　（b）平錾　（c）钣金切割器　（d）焊点去除器

图 3-132　气动錾头

5. 气动打磨机

气动打磨机是从气动砂轮机演化而来的，利用研磨作用使车身表面光洁，通常用于研磨旧漆膜。

1）气动打磨机的分类

打磨机的垫板上可以装用不同粗细的砂纸，粗砂纸去除材料较快，细砂纸能打磨出较光洁的表面。气动打磨机是车身修理中最常用的气动工具之一，如图 3-133 所示。

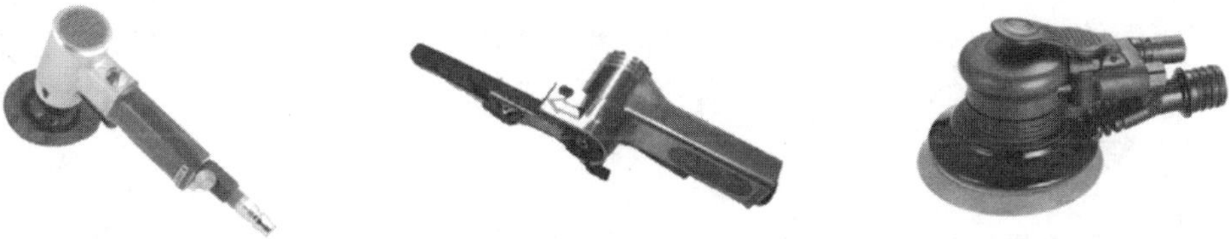

（a）单作用打磨机　（b）带式打磨机　（c）双作用打磨机

图 3-133　气动打磨机

2）砂纸

砂纸俗称砂皮，是一种供研磨用的材料，如图 3-134 所示， 用于研磨金属、漆膜等表面，使其光洁平滑。根据每平方英寸（1 英寸 = 25.4 mm）面积上的筛孔数，确定砂纸的粗细。

（a）粗砂纸　　（b）继砂纸　　（c）带式砂纸

图 3-134　砂纸

6. 气动砂轮机

气动砂轮机用于快速去除金属材料等，通常用于磨削焊接的金属焊点，也可用作打磨机清除油漆和底漆，砂轮机有不同的尺寸和形状。

1）气动砂轮机的类型

钣金维修作业中，最常用的便携式砂轮机和圆盘砂轮机，如图 3-135 所示，它与单作用盘式打磨机的操作方法类似。

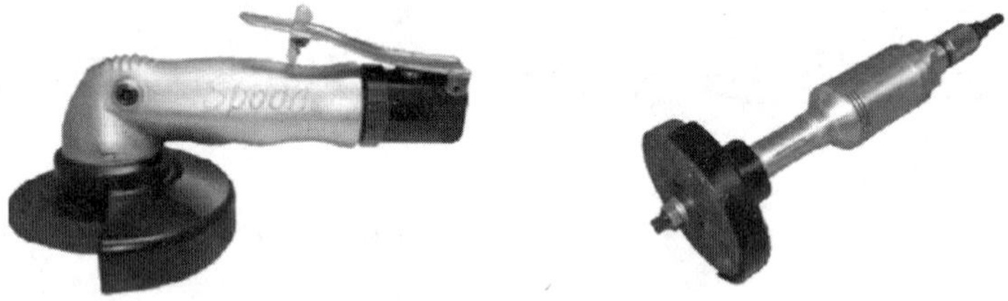

（a）垂直式气动砂轮机　　（b）水平式气动砂轮机

图 3-135　气动砂轮机

2）气动砂轮机的使用

使用前，应检查砂轮片有无裂纹及防护罩是否完好，确认无问题后再使用。使用时，砂轮片与工件接触面和受力都要适当，砂轮片端面与工件表面倾斜应在 15°～25°范围内。作业时，禁止采用不正确的操作方法（碰、撞）来磨削工件，作业中应经常检查风带与砂轮机的接头是否有松动，若发现松动应及时拧紧。砂轮机不得在高压力下空转，不得乱扔或碰撞其他物体，以防损坏砂轮机或砂轮片。工作结束后，首先关闭管路气阀，再启动一下砂轮机，进行泄压，然后再拆卸砂轮机。

四、焊接方法

每种类型的焊缝都可用几种不同的方法进行焊接，主要取决于焊接条件：金属件的厚薄、金属的状态、两个工件间缝隙的大小、焊接位置等。

1. 定位焊

这种方法实际上是一种临时点焊，如图 3-136 所示，就是在进行永久性焊接前，用很小的点焊来取代定位装置或薄板金属螺钉。

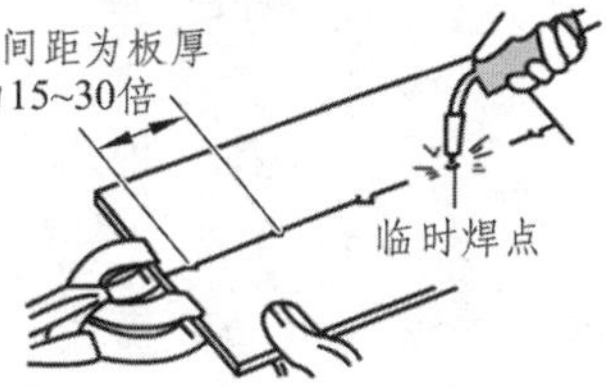

图 3-136　定位焊

2. 连续焊

焊枪缓慢、稳定地按所需运动轨迹运动，形成连续焊缝的焊接方法即为连接焊，如图 3-137 所示。

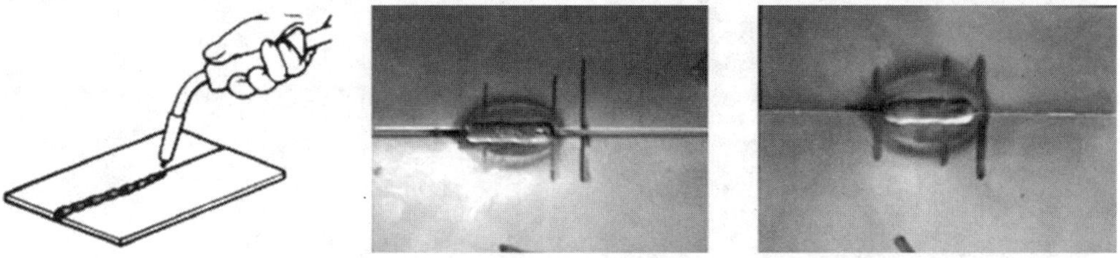
（a）　（b）　（c）

图 3-137　连续焊

3. 塞焊

进行塞焊时，应将放于上面的一个或若干个板件上打孔，电弧穿过孔进入底板，并将这个孔熔化使熔融金属填满，板件即可被焊接在一起，如图 3-138 所示。

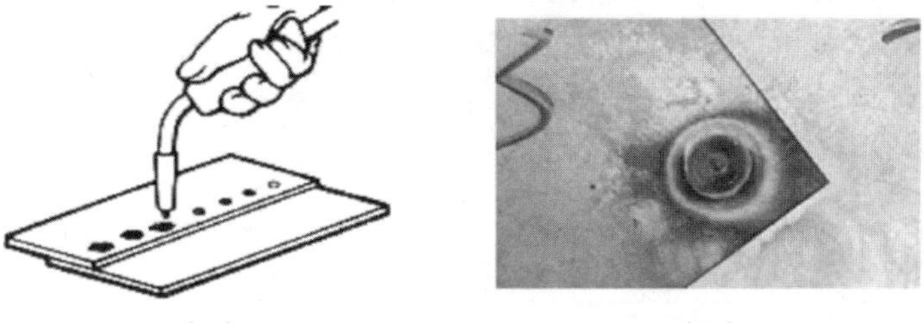
（a）　（b）

图 3-138　塞焊

4. 点焊

点焊是指当送丝定时脉冲被触发时，将两层金属板熔化熔合焊接在一起的焊接方法，也可通过控制焊枪触发开关进行手动控制，如图 3-139 所示。

（a）单点点焊　（b）连续点焊　（c）点焊应用

图 3-139　点焊

五、电阻点焊

电阻点焊是一种高速、经济的连接方法。它适用于制造接头不要求密闭，厚度小于 3 mm，冲压、轧制的薄板搭接构件，广泛应用于汽车、摩托车、航空航天、家具等行业产品的生产，是现代汽车制造厂在流水线上对整体式车身进行焊接时最常用的一种方法，在各汽车制造厂对整体式车身进行的焊接中，有 90%～95%都采用电阻点焊，如图 3-140 所示。

（a）半自动电阻点焊机械臂的应用　　（b）全自动电阻点焊机械臂的应用

图 3-140　电阻点焊的应用

1. 电阻点焊原理

电阻点焊是将被焊工件压紧于两电极之间，并通过电流利用电流流经工件接触面及邻近区域产生的电阻热将其加热到熔化或塑性状态，使之形成金属结合的一种方法。电阻点焊由五个基本阶段组成，如图 3-141 所示。

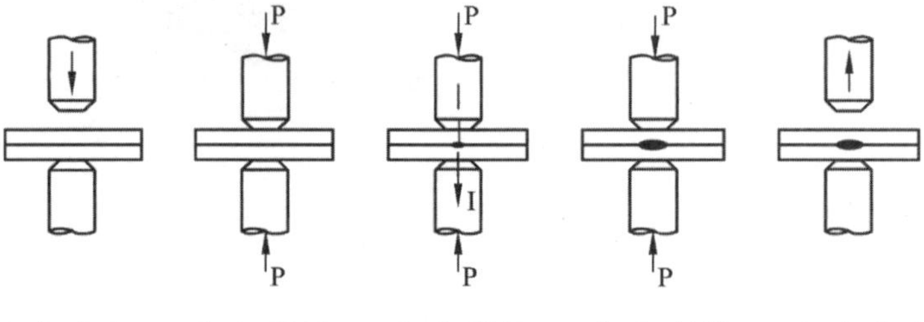

（a）准备　（b）预压　（c）焊接　（d）保持　（e）停止

图 3-141　电阻点焊的原理

2. 电阻点焊设备

电阻点焊设备一般由三个主要部分组成，如图 3-142 所示，以电阻焊变压器为主，包括电极与二次回路组成的焊接回路，由机架和有关夹持工件以及施加焊接压力的传动机构组成的机械装置，能按要求接通电源，并可控制焊接程序中各个阶段时间及调节焊接电流的控制电路。

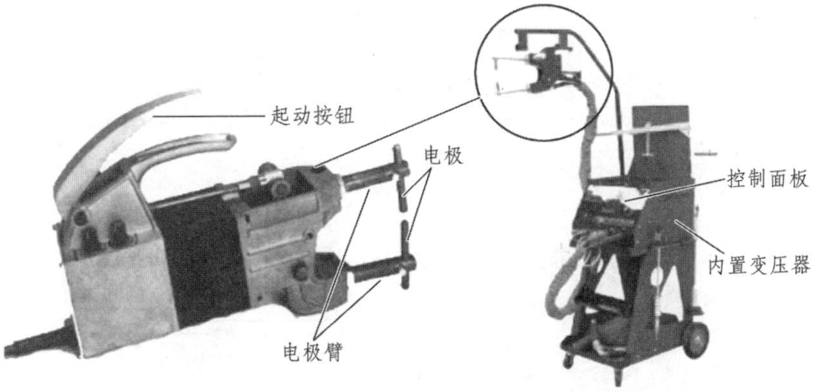

（a）电阻点焊焊枪　　（b）电阻点焊主机

图 3-142　电阻点焊设备

3. 电阻点焊参数调整

1）电极压力

两个金属板件焊接的机械强度与焊枪电极施加在金属板上的压力有直接的关系，可通过焊机上的气压表调节焊接压力的大小，一般电阻点焊焊接压力应在 0.5～0.8 MPa，如图 3-143 所示。

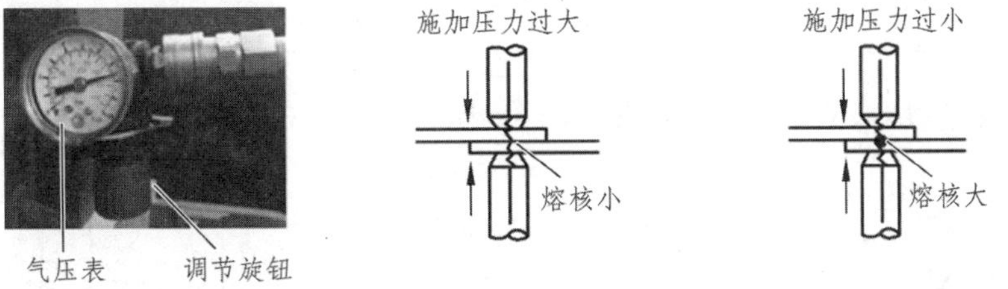

（a）气压调节表　（b）压力过大对焊点的影响　（c）压力过小对焊点的影响

图 3-143　电阻点焊电极压力

2）焊接电流

给金属板加压后，一股很强的电流流过焊枪电极，然后流入两个金属板件，金属板的接合处电阻值最大，电阻热使温度迅速上升，如果电流不断流过，金属便熔化并熔合在一起。焊接电流的大小可通过控制面板上的电流调节旋钮进行调节，如图 3-144 所示。

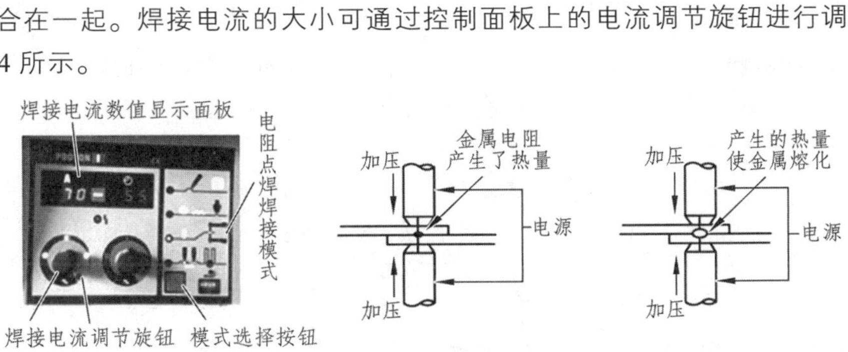

（a）控制面板焊接电流调整　（b）焊接初期电流的影响　（c）焊接末期电流的影响

图 3-144　电阻点焊焊接电流

3）焊接时间

电流停止后，焊接部位熔化的金属开始冷却，凝固的金属形成了圆而平的焊点，焊点施加的压力合适会使焊点的结构非常紧密，有很高的机械强度。焊接时间可通过控制面板上的调节旋钮进行调节，如图 3-145 所示。

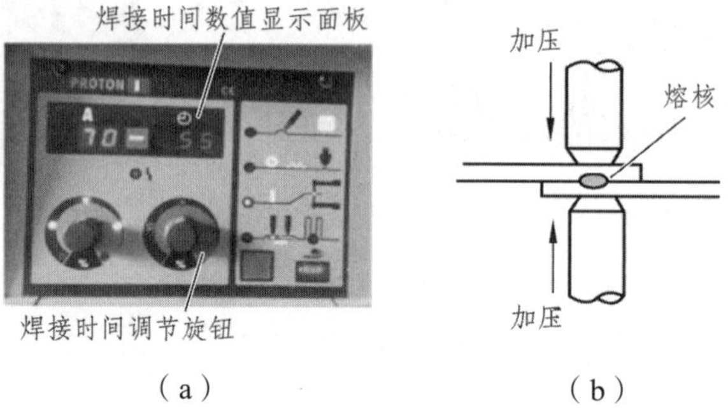

图 3-145　电阻点焊焊接时间

4. 电阻点焊的使用

1）工件焊接表面处理

两个焊接表面之间的任何间隙都会影响电流的通过，焊接前应将两个金属表面整平，以消除间隙。必要时也可用夹紧装置将两者夹紧，需要焊接的金属板表面上的油漆层、锈斑、灰尘或其他任何污染物都会减小电流强度而使焊接质量降低，所以要将这些物质从焊接的表面上清除掉，如图 3-146 所示。

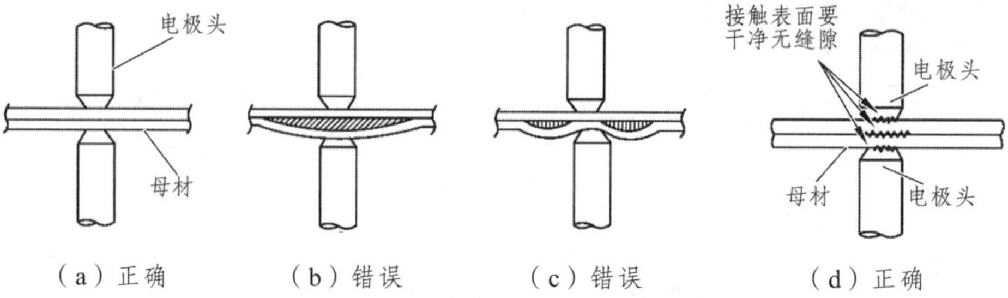

图 3-146　电阻点焊表面处理

2）焊点数量

修理用的电阻点焊机功率一般小于制造厂的点焊机功率，因此，与制造厂的点焊相比，修理中进行点焊时，应将焊点数量增加 30%，如图 3-147 所示。

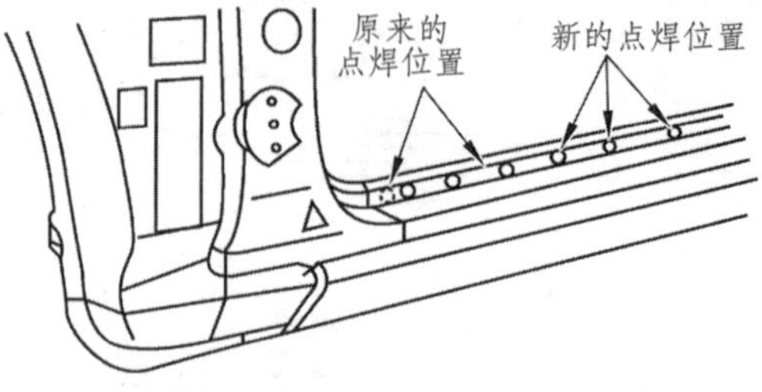

图 3-147　电阻点焊焊点数量

3）点焊的顺序

焊接操作时，不要只沿着一个方向连续地进行焊接操作，这种方法会使电流产生分流而降低焊接质量，需要进行跳焊，如图 3-148 所示。当电极头发热并改变颜色时，应停止焊接，待其冷却后继续操作。

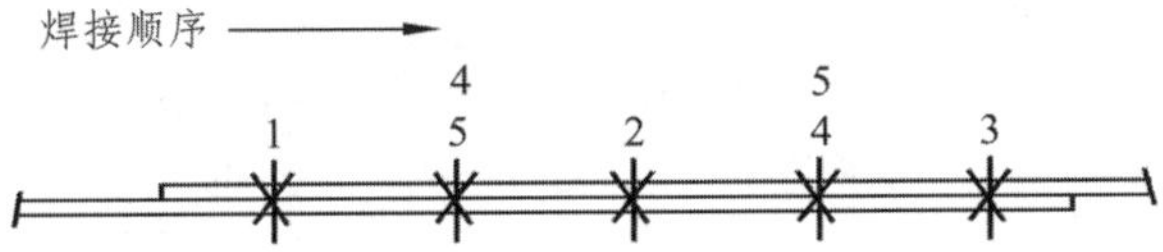

（a）正确

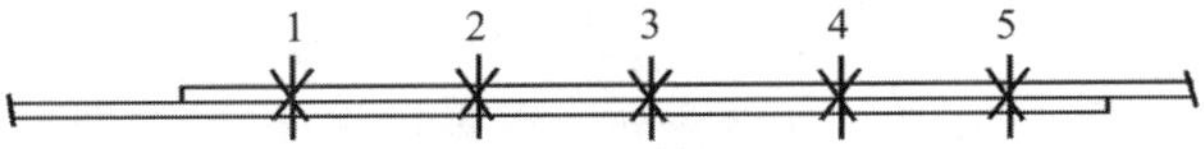

（b）错误

图 3-148　电阻点焊顺序

5. 电阻点焊焊接质量检验

焊点质量可采用外观检验（目测）和破坏性试验检验两项内容进行检验：破坏性试验用于检验焊接的强度，而外观检验是判断焊接的外观质量。

1）外观检验

除用肉眼看和手摸来检验焊接处的表面粗糙度外，还有下列项目需要检验：

（1）焊接位置：应处于板件边缘的中心，不得产生电极头孔，不得小于最小焊接间距，不可超过规定边缘距离，不能在规定的转角内焊接，还要避免在原有的焊接过的焊点位置进行焊接。

（2）焊点的数量：焊点的数量应大于汽车制造厂焊点数量的 30%。

（3）压痕（即电极头压痕）：焊接表面的压痕深度不能超过金属板厚度的一半。

2）破坏性试验

（1）扭曲实验：扭曲后在其中一片焊片上留下一个与焊点直径相同的孔，如果孔过小或根本就没有孔，说明焊点的焊接强度太低，需要重新调整焊接参数。

（2）撕裂实验：撕裂后在其中一个焊片上留有一个大于焊点直径的孔，如果留下的孔过小或根本没有孔，说明焊点的焊接太低，需要重新调整焊接参数，如图 3-149 所示。

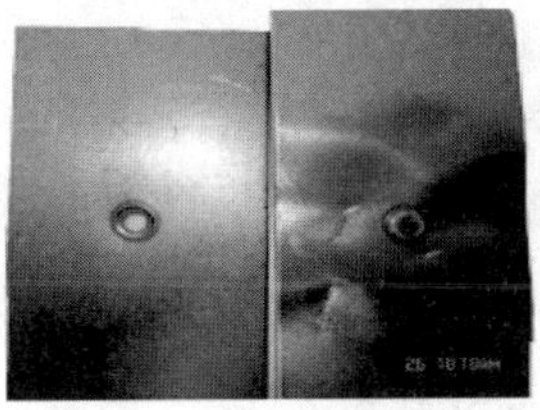

（a）扭曲试验后的效果

（b）撕裂试验后的效果

图 3-149　电阻点焊焊接质量检验

操作指引

1. 课前准备

（1）场地设施：钣金实训场地。

（2）设备设施：二氧化碳气体保护焊机、电阻点焊机、工作台 1 张、配备台虎钳夹紧固定装置、圆头锤、錾子套装、焊接工作台、U 形大力钳 2 把、G 型大力钳 3 把。

（3）工量具：常用拆装工具（1 套），车辆防护工具等。

（4）耗材：已分离的板件组合 1 套，模拟 A 立柱、B 立柱、C 立柱损坏。

（5）学生组织：教师指导、分组实训、过程评价。

2. 注意事项

（1）穿戴干净整洁的工作服。

（2）遵守场地安全规定，注意用电安全。

（3）正确使用焊机、切割锯等工具。

任务实施

（1）穿戴防护用品。

（2）清洁板件，用干净的除尘布擦拭钢板，保证焊接面没有灰尘和油水。

（3）新板件电阻点焊定点作业：在板件上划线，使用直尺和划线笔对新板件焊接位置进行标注，如图 3-150 所示。

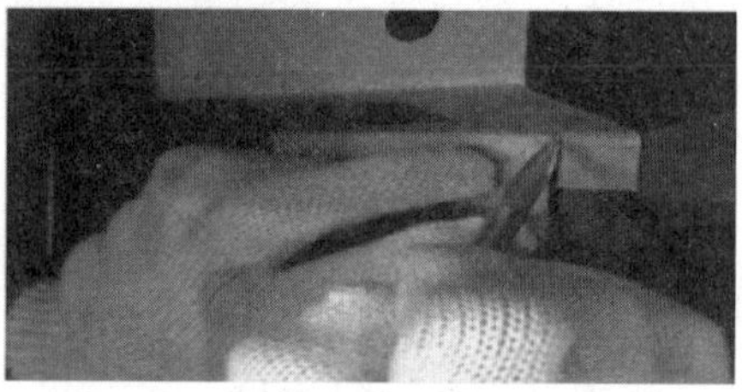

图 3-150　划线

（4）电阻点焊焊接作业：

① 电阻点焊焊接前要进行试焊，焊接时要注意电极头与板件垂直，保证焊接质量，如图 3-151 所示。

② 焊接时不能连续焊接，需进行跳焊。

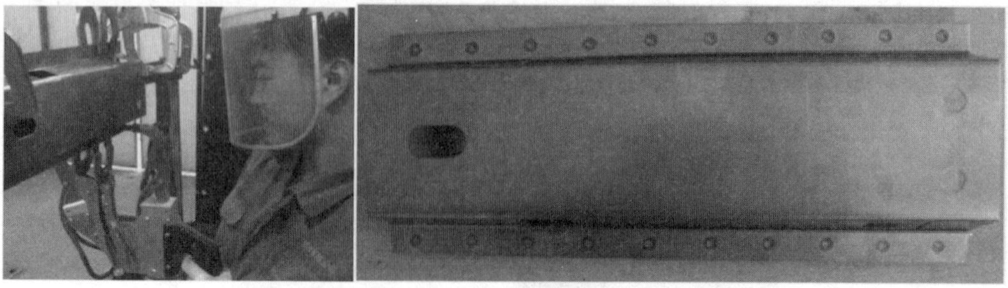

图 3-151　电阻点焊焊接作业

（5）去除点焊焊点中心孔定位作业：

① 钣金锤和錾子（定位孔錾头），将电阻点焊焊点进行中心孔定位，如图 3-152

所示。

② 錾子与板件保持垂直，不能偏斜，确保定位孔处于电阻点焊中心。防止钻削时产生偏斜，影响板件分离效果。

（6）板件固定（见图 3-153）：

① 将板件夹持于工作台的台虎钳中，固定牢固。

② 夹持板件时注意力度的掌握，防止板件因夹持而导致二次变形。

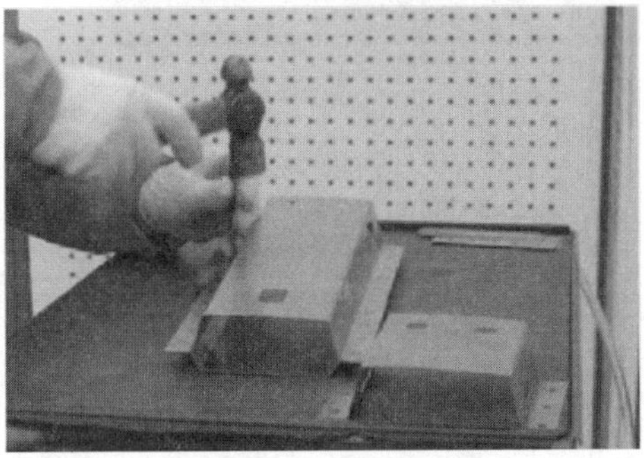

图 3-152　打中心点

图 3-153　板件固定

（7）去除电阻点焊焊点作业（见图 3-154）：

① 双手握紧专用去点焊钻，并用身体的重力压紧专用去点焊钻，并使用专用去点焊钻钻削电阻点焊焊点。

② 专用去点焊钻钻削前要使钻头与板件保持垂直，不能偏斜，确保中心点处于电阻点焊中心。

（8）气动切割锯分离板件作业（见图 3-155）：

① 气动锯切割时，锯片与板件保持垂直，切削过程中，应使用锯片的中间部位进行切割，延长锯片的使用寿命。

② 锯削板件边缘时，可使用相应的防护措施，防止损伤底板。

图 3-154　去除电阻点焊焊点

图 3-155　气动切割锯分离板件

（9）錾子分离板件作业（见图 3-156）：

① 使用钣金锤和錾子（扁头錾），将剩余的未钻削断的电阻点焊焊渣錾断。

② 錾削时需注意位置和力度，防止损伤底板。

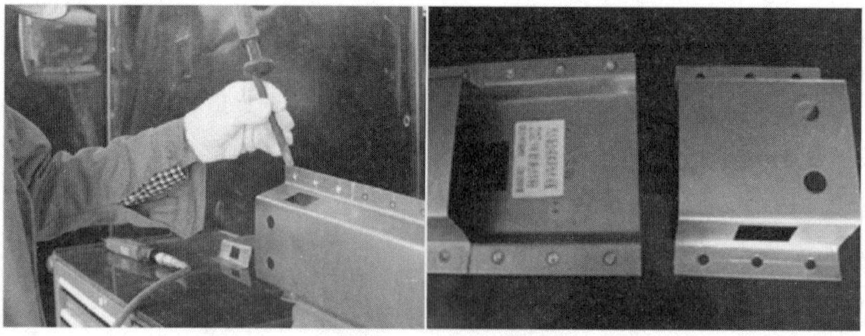

图 3-156　錾子分离板件

（10）焊接前底板打磨作业（见图 3-157）：

① 使用带式打磨机对分离的电阻点焊焊点和切割边缘进行打磨。

② 打磨时注意打磨机的角度，尽量保持与打磨平面平行，防止因角度过大而将底板打薄。

（11）新板件与旧板件匹配作业（见图 3-158）：

① 将经过精切割的新件与焊接位置进行匹配，如不符合，再进一步进行修整切割。

② 观察切割线的位置间隙保证在 0.5 ~ 1 mm，且各边缘不能超出底板尺寸。

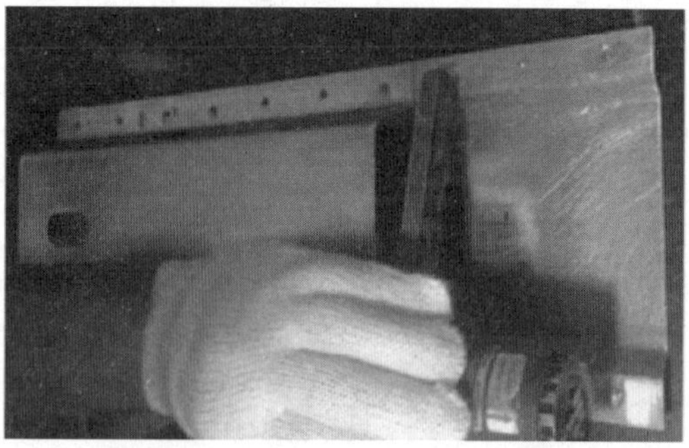

图 3-157　底板打磨

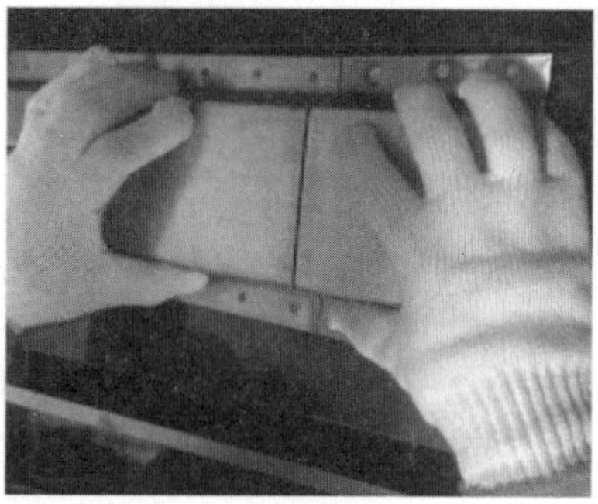

图 3-158　新板件与旧板件匹配

（12）板件固定作业（见图 3-159）：

① 用 C 形大力钳把新板件与底板固定在一起。

② C 形大力钳的夹紧力度要合适，不能过紧也不能过松，过紧会对底板和新板件产生二次变形，过松板件固定不牢固，影响焊接质量。

（13）边缘尺寸及对接焊焊接间隙调整与检查：对接焊间隙标准为 0.5 ~ 1 mm，边缘标准尺寸与底板尺寸应保证在±1 mm，如图 3-160 所示。

（14）二氧化碳气体保护焊定位焊作业：定位焊时间要短，只要把新板件和底板连接固定即可，如图 3-161 所示。

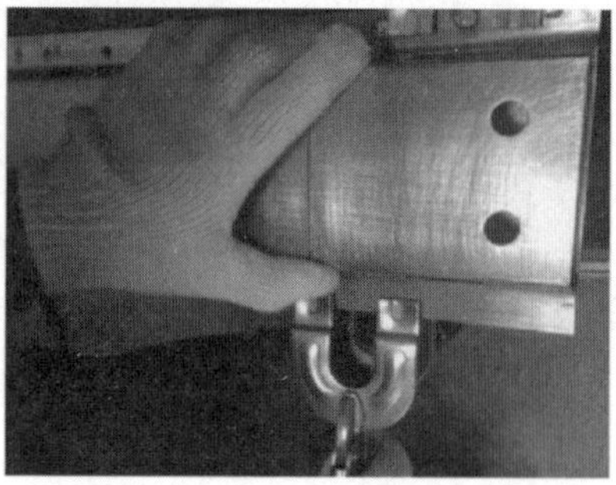

图 3-159　板件固定

图 3-160　间隙调整

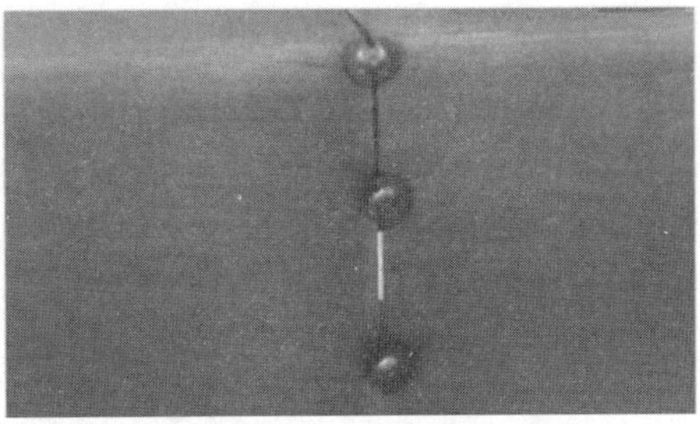

图 3-161　定位焊

（15）打磨定位焊焊点作业：打磨定位焊焊点要注意带式打磨机的角度，防止将焊点完全打掉，也要注意不能对新板和底板造成二次损伤，如图 3-162 所示。

（16）二氧化碳气体保护焊塞焊作业（见图 3-163）：

① 焊接前需进行试焊，焊接时要注意焊枪角度，保证焊接质量。

② 焊接时不能连续焊接，需进行跳焊，防止板件因热量过于集中而退火，降低强度。

③ 电阻点焊和二氧化碳气体保护焊应错位焊接。

图 3-162　打磨定位焊焊点

图 3-163　二氧化碳气体保护焊塞焊

（17）二氧化碳气体保护焊对接焊作业：对接焊时，应参照相关知识，焊接长度及焊接位置都有严格规定，如图 3-164 所示。

（18）焊渣清理作业：清理焊渣时注意不能对板件产生二次损伤，如图 3-165 所示。

图 3-164　二氧化碳气体保护焊对接焊

图 3-165　焊渣清理

（19）按照“7S”管理标准整理操作工位及场地。

任务小结

（1）切割作业应选择没有加强梁、定位孔、安装点的位置进行操作，切割至底板相连部位应采取相应的防护措施，防止损伤底板。

（2）钻削作业应保持钻头刀刃的切削性，有夹紧调整装置的应对其进行相应的调整，钻削操作也应保证适当的深度，确保底板不受损伤。

（3）分离作业要符合维修手册的规定，也要考虑相对好分离和便于焊接操作的部位进行分离作业。

（4）操作时必须做好相应的车身防护，避免损伤不需修理的部件。

（5）操作人员根据操作内容不同，做好相应的防护才能进行维修作业。

（6）焊接操作前要对新板件进行检查，粗切割、精切割应保证余量，要求与更换的部位相匹配，在拆卸相关部件时要对所有装饰物进行保护，防止损坏其他正常部件。

（7）如果待焊接区域的总厚度为 3 mm 或更大，应使用二氧化碳气体保护焊机进行塞焊，对于塞焊的区域，应冲孔或钻孔。

（8）电阻点焊的焊接位置应严格遵守相关规定，如焊接间距、转角位置焊接等，焊接头的数量也应符合技术手册规定。

（9）电阻点焊和二氧化碳气体保护焊进行之前要用与车身材料相同的材料进行试焊，以此来检验焊接强度，检验方法参考理论知识准备中的二氧化碳气体保护焊和电阻点焊质量检验法。

实训项目

姓名：________________ 班级：________________ 日期：____________

实训项目二　板件更换

训练内容：车身修复由单人完成，此项目主要进行板件更换操作（满分：100 分），板件更换操作时间为 40 min。

板件更换项目的工件为模拟结构件套装成型板件，工件形状如图 3-166 所示。

A 板件：镀锌钢板，厚度为 0.7 mm；

B 板件：低碳钢钢板，厚度为 1.2 mm；

C 板件：镀锌钢板，厚度为 1 mm；

D 板件：镀锌钢板，厚度为 0.7 mm，已加工好 4 个 Φ9 mm 孔，4 个 Φ6 mm 孔；

E 板件：低碳钢钢板，厚度为 1.2 mm，已加工好 4 个 Φ8 mm 孔。

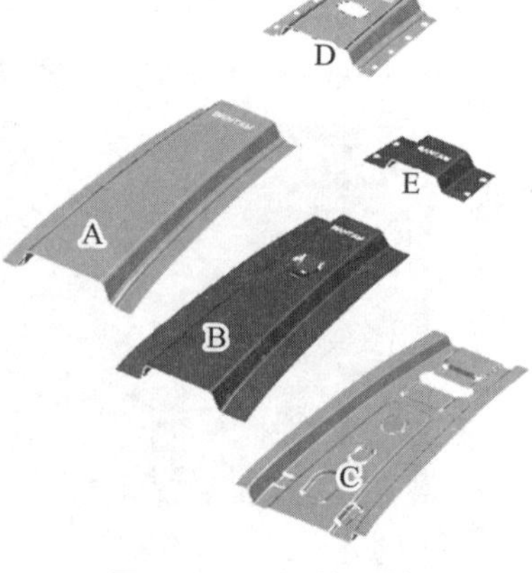

图 3-166　工件形状

1. 实操比赛计分和考核要求

（1）作业要求：在 40 min 内对提供的板件（A、B、C 板件）进行电阻点焊、测量、画线、切割、定位、保护焊等操作。

① A、B、C 板件结合。

a. 按照图 3-167 所示尺寸，在 A 板件上测量、划线，确定焊点位置。

b. A、B、C 板件定位：使用电阻点焊焊接在一起，每边 10 个焊点，如图 3-168 所示。

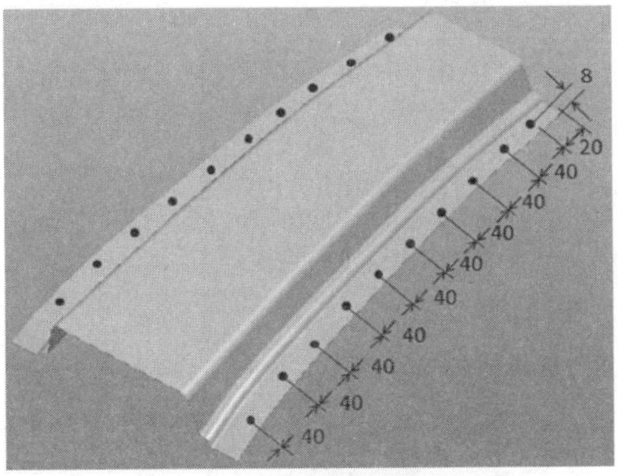

图 3-167　确定焊点位置

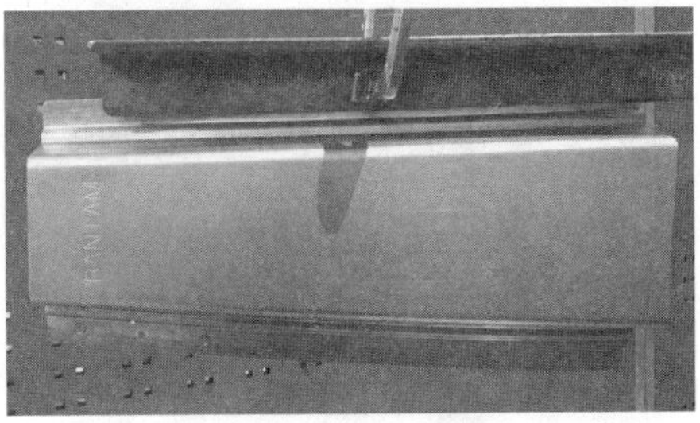
图 3-168　定位

② 板件钻孔、切割分离，如图 3-169 所示。

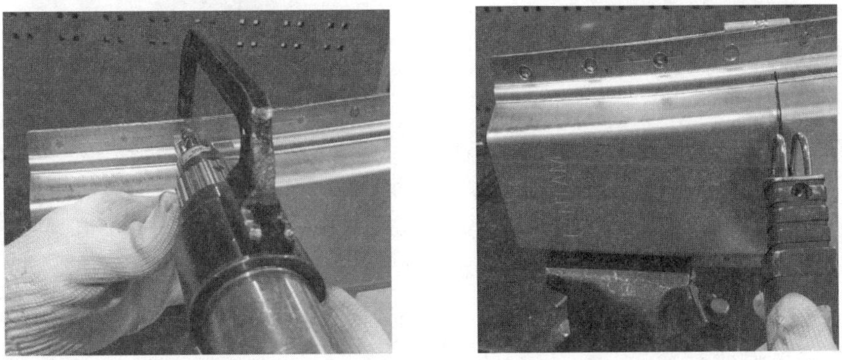
图 3-169　板件钻孔、切割分离

a. 根据 D 板的长度尺寸，切割分离 A 板件，如图 3-170 所示。

b. 根据 E 板件的长度尺寸，切割分离 B 板件，如图 3-171 所示。

图 3-170　分离 A 板件

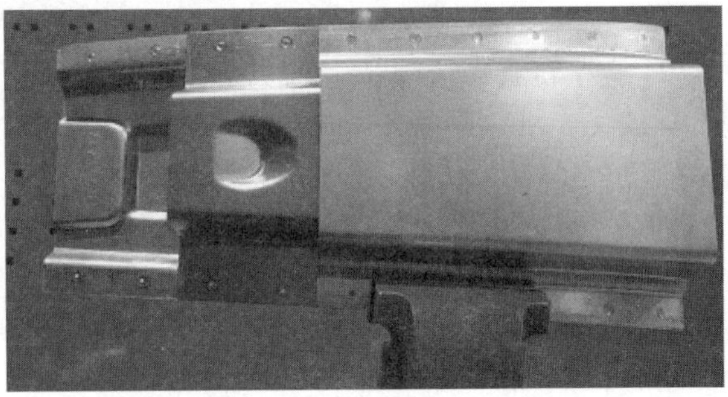
图 3-171　分离 B 板件

c. 对 E 板件进行定位、焊接。

把 E 板件安装在 B 板上，进行对接焊（连续焊）。注：两端接口不需要整条焊接，只焊接 B 板平面部位即可。焊接时要求采取横焊姿势，焊接过程中不可翻转，如图 3-172 所示。

d. 对 D 板件进行定位、焊接。

把 D 板件安装在 A 板上，进行对接焊（连续点焊）和塞孔焊。焊接时要求采取横焊姿势，焊接过程中不可翻转，如图 3-173 所示。

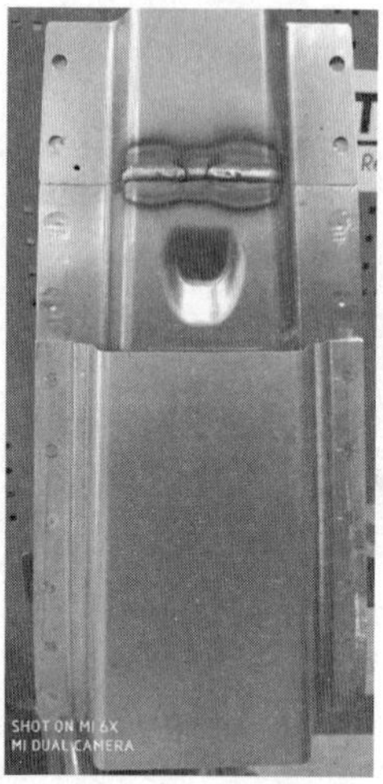

图 3-172　对 E 板件进行定位、焊接

图 3-173　对 D 板件进行定位、焊接

（2）操作程序：

① 选手按照工作人员指示进入比赛场地。

② 裁判确认选手号码是否与比赛程序相符。

③ 裁判给选手提供 A、B、C、D、E 板件和试焊片（保护焊和电阻点焊）。

④ 选手 1 min 准备，裁判计时比赛开始。

⑤ 选手穿戴个人防护用品。选手未穿戴好防护用品便开始操作，裁判要制止并要求选手穿戴好防护用品。

⑥ 选手将 A、B、C 板件进行组合、夹持、定位。

⑦ 选手调整电阻点焊设备，然后把 A、B、C 板件焊接起来。

⑧ 根据 D、E 板件长度尺寸，分别剥离 A 板和 B 板件。注：板件分离后，选手暂停操作，裁判停表，进行部分项目评分，经裁判示意后选手方可继续操作；去除后的板件要给裁判评分。

⑨ 选手分别将 E 板、D 板安装在组合件上，定位、夹紧，使用气体保护焊按照要求进行焊接。

⑩ 选手把操作完毕的工件交给裁判，裁判在工件上标注选手的号码。

⑪ 比赛时间到，选手未完成操作，裁判要停止选手比赛，收回工件，在工件上标注选手的号码。

⑫ 选手焊接结束后关闭焊接设备，清洁、清理场地，按照裁判指示退场，由工作人员引导选手返回休息区。

⑬ 裁判对选手的操作进行评分，重新调整设备、整理场地，等待下一位选手比赛。

⑭ 当日比赛结束后，要进行工件的测量评分。每个选手的工件评判后要单独包装封存，以便复查。

⑮ 比赛中由于设备故障问题导致比赛中断，裁判要停表，待设备调整好后补足剩余比赛时间。

（3）考核要点：安全防护、设备调整及操作、切割尺寸、定位准确性、焊接缺陷、焊点大小、焊点间距、焊点与边缘距离、焊接质量、“7S”等。

（4）技术要求：

① 电阻点焊焊接技术要求：

a. 焊点失圆、外圈不连续、出现熔敷物等缺陷，判定此焊点不合格。

b. 焊点直径：≥4 mm。

② 气体保护焊焊接技术要求：

a. 连续对接焊：

焊疤宽度：5～8 mm；焊疤高度：≤2 mm。

b. 连续点焊：

焊疤宽度：3～6 mm；焊疤高度：≤2 mm。

c. 塞孔焊（9 mm）：

焊点直径：10～13 mm；焊点高度：≤2 mm；背面焊疤最小直径：≥9 mm。

d. 塞孔焊（6 mm）：

焊点直径：7～9 mm；焊点高度：≤2 mm。

2. 训练需要工量具、配件辅料和设备

现场提供表 3-8 所列器材。

表 3-8 器材清单

编号	器材名称	型号及规格	数量	备注
1	电阻点焊机	Bantam-Fan-I	2 台	训练提供
2	气体保护焊机	Bantam Fan- V1500	2 台	训练提供
3	移动式焊接烟雾抽排系统	BANTAM	2 台	训练提供
4	7 抽工具车	C-7DA2	2 台	训练提供
5	工具车钳工台	C-A9	2 台	训练提供
6	台虎钳	C-A8（4″）	2 台	训练提供
7	C 形大力钳	P37M11A	4 把	训练提供
8	大力钳	P32M10A	4 把	训练提供
9	焊接大力钳	P38M11A 11′	4 把	训练提供
10	斜嘴钳	P106A	4 把	训练提供
11	划针	MTC155	4 支	训练提供
12	气动环带打磨机	JAS-0451（10×330 mm）	3 把	训练提供
13	气动焊点去除钻	JAG-1015	3 把	训练提供
14	钻头（平头钻）	Φ8 mm	10 个	训练提供
15	气动切割锯	JAT-1011	2 台	训练提供
16	气动切割锯条	JAT-10T24	60 件	训练提供

续表

编号	器材名称	型号及规格	数量	备注
17	可互换钣金维修快拆组（护手錾子套装）	AG-010141	2 套	训练提供
18	样冲	M64105S	2 把	训练提供
19	玻璃纤维柄圆头锤	M0416	2 把	训练提供
20	AR 减压器		2 个	训练提供
21	气保焊喷嘴	V1500 专用	6 个	训练提供
22	气保焊导电嘴	Φ0.6 mm	30 个	训练提供
23	砂带	10×330 mm	若干	训练提供
24	钢板尺	500 mm	4 把	训练提供
25	垫块（自制）	用于冲中心点	2 块	训练提供
26	板件固定夹具	用于横焊	2 个	训练提供
27	焊接铁桌	65 cm×47 cm×80 cm	2 张	训练提供
28	试焊片 A	125 mm×35 mm×0.7 mm，镀锌	若干	训练提供
29	试焊片 B	125 mm×35 mm×1.2 mm	若干	训练提供
30	试焊片 C	125 mm×35 mm×1 mm，镀锌	若干	训练提供
31	试焊片 D	125 mm×70 mm×1 mm，镀锌	若干	训练提供
32	试焊片 E	125 mm×70 mm×0.7 mm（有 15 个 Φ6 mm 孔）	若干	训练提供
33	试焊片 F	125 mm×70 mm×1.2 mm（有 15 个 Φ8 mm 孔）	若干	训练提供
34	试焊片 G	125 mm×70 mm×0.7 mm（有 15 个 Φ9 mm 孔）	若干	训练提供
35	划规	20 cm	2 个	训练提供
36	焊接防粘膏		若干	训练提供
37	焊丝	Φ0.6 mm	若干	训练提供
38	游标卡尺	MTC1200	1 把	训练提供
39	自变色焊接面罩	保护焊用	4 个	训练提供
40	面罩外保护片		若干	训练提供
41	透明面罩	电阻点焊用	4 个	训练提供
42	工作帽	米白色	若干	训练提供
43	防噪声耳罩		2 个	训练提供
44	棉纱手套		10 副	训练提供
45	焊接手套		4 副	训练提供
46	焊接护腿		2 副	训练提供
47	焊接工作服		2 套	训练提供
48	防尘口罩		若干	训练提供
49	焊接口罩		若干	选手自带
50	瓶装保护气	二氧化碳 25%+氩气 75%(混合气)	3 瓶	训练提供
51	黑、白记号笔		各 10 支	训练提供

3. 项目评分表（见表 3-9）

表 3-9　项目评分表

满分：100 分　时间：40 min　　完成用时：________

评分项目	扣分情况	扣分
1. 安全防护用品的使用情况（3 分）（未穿戴防护用品一项扣 0.5 分，扣完为止）（选手佩戴近视镜不扣分）	操作时不戴手套、焊接手套扣 0.5 分	
	切割时不戴护目镜扣 0.5 分	
	焊接时不戴焊接面罩扣 0.5 分	
	焊接时不戴焊接头盔扣 0.5 分	
	切割时不戴耳罩扣 0.5 分	
	操作时不穿安全鞋扣 0.5 分	
2. 焊接电流的调整情况（8 分）（超出规定范围不得分）	保护焊电流（3～4 挡）（5 分）	
	保护焊送丝速度（5～12 挡）（1 分）	
	电阻点焊电流（60～90）（1 分）	
	电阻点焊焊接时间（30～60）（1 分）	
3. 划线前要用抹布擦拭板件及试焊片，一件未擦拭扣 0.5 分（共 2 分，扣完为止）		
4. 电阻点焊焊接时焊钳虚焊，扣 4 分（共 4 分，扣完为止）		
5. 切割后锯条严重弯曲变形、断裂扣 2 分（共 2 分，扣完为止）		
6. A、B 板分离后，切割、钻伤到下层板件，一处扣 1 分（共 2 分，扣完为止）		
7. 对接焊未进行定位焊，扣 2 分（共 2 分，扣完为止）		
8. 操作中工具、工件等掉落，一次扣 1 分，操作完成后要把设备、工具放回原处，摆放整齐（在比赛 40 min 内，一件工具未摆放原处或未摆放整齐扣 1 分，扣完为止）（共 3 分）		
9. A、B 板焊接后更换板件评分：（共 4 分，扣完为止）		
（1）钻孔偏斜（孔一侧有焊点变色痕迹>1 mm），一处扣 1 分		
（2）孔内有残留>1 mm，一处扣 1 分		
（3）板件四个角变形可插入 1 mm 板件，一处扣 1 分		
（4）切割线有明显弯曲或偏斜，一处扣 1 分		
10. 组合件焊接完成后评分：（共 70 分，扣完为止）		
11. 板件对齐	组合件边缘未对齐>1 mm，一处扣 1 分	
12. 电阻点焊（共 10 分，扣完为止）	（1）电阻点焊焊点不符合评分标准要求，每个扣 2 分	
	（2）电阻点焊焊点偏离>1 mm，每处扣 0.5 分	
	（3）电阻点焊失圆>1 mm，每个扣 0.5 分	
13. 6 mm 塞焊（共 8 分，扣完为止）	（1）6 mm 塞焊焊点未焊接或不符合评分标准要求，每个扣 3 分	
	（2）塞焊圆度失圆>0.5 mm，每个扣 1 分	
	（3）塞焊高度≥1.5 mm，每个扣 1 分	
13. 6 mm 塞焊（共 8 分，扣完为止）	（4）每 4 个塞焊大小要一致，直径最大与最小≥1 mm，每个扣 1 分	
	（5）塞焊有气孔，每个扣 1 分	

续表

评分项目		扣分情况	扣分
14. 9 mm 塞焊（共 12 分，扣完为止）	（1）9 mm 塞焊焊点未焊接或不符合评分标准要求，每个扣 4 分		
	（2）9 mm 塞焊背面穿透<9 mm，每个扣 2 分		
	（3）塞焊圆度失圆>0.5 mm，每个扣 1 分		
	（4）塞焊高度≥1.5 mm，每个扣 1 分		
	（5）每 4 个塞焊点大小要一致，直径最大与最小≥1 mm，每个扣 1 分		
	（6）塞焊有气孔，每个扣 1 分		
	（7）塞焊出现严重流挂，每个扣 1 分		
15. 连续焊对接焊（共 15 分，扣完为止）	（1）未采取分段或未焊接完成，扣 20 分		
	（2）对接焊接头偏斜，一处扣 2 分		
	（3）对接焊宽窄不齐≥0.5 mm，一处扣 1 分，接头不齐扣 2 分		
	（4）对接焊高低不齐≥0.5 mm，一处扣 1 分，接头不齐扣 2 分		
	（5）焊缝宽度或高度超评分标准要求，长度每 5 mm 为一处，每处扣 3 分		
	（6）焊缝高度超≥1.5 mm，每 5 mm 为一处，每处扣 1 分		
	（7）焊缝弯曲≥1 mm，每段扣 2 分		
	（8）焊接接头正面被遮盖无法评分，一个接头扣 5 分		
	（9）对接焊出现熔穿，一处扣 3 分		
	（10）板接缝间隙超出技术要求，每侧扣 2 分		
	（11）焊缝背面接头部位未熔穿，每个扣 3 分		
16. 连续点焊对接焊（共 25 分，扣完为止）	（1）未采取分段或未焊接完成扣 25 分		
	（2）对接焊宽窄不一致一处≥0.5 mm 扣 1 分，接头宽窄不齐扣 2 分		
	（3）对接焊高低不一致一处≥0.5 mm 扣 1 分，接头高低不齐扣 2 分		
	（4）焊缝宽度或高度超评分标准要求，长度每 5 mm 为一处，每处扣 5 分（如果焊缝打磨，按照超标扣分）		
	（5）焊缝高度超≥1.5 mm，每 5 mm 为一处，每处扣 1 分		
	（6）焊缝弯曲≥1 mm，每段扣 2 分		
	（7）连续点焊对接焊焊点不均匀，一处扣 1 分		
	（8）连续点焊对接焊两侧出现阶差变形，深度≥0.5 mm，一处扣 2 分		
	（9）对接焊出现熔穿，一处扣 5 分，补焊一处扣 3 分		
	（10）对接焊两侧变缘部位填充金属超出长度≥1.0 mm，每侧扣 2 分		
	（11）对接焊两侧边缘部位击穿长度≥1.0 mm，每侧扣 2 分		
	（12）对接焊焊缝有气孔，一个扣 1 分		
	（13）对接焊飞溅≥5 个扣 1 分，≥10 个扣 2 分		
		得分：	

任务七　车身测量校正

任务描述

车身尺寸直接影响汽车的总体性能，车身维修人员必须足够重视车身变形的测量。通过亲自动手实践车身重要控制尺寸的测量作业，运用车身测量方法，选取合适的测量工具及设备，掌握常用车身测量设备的安装、调试、日常维护、常见故障的处理和正确测量，按照技术规范完成作业内容，掌握车身校正作业工艺和方法，形成一定的车身校正技能，培养安全作业的意识。

学习目标

【知识目标】

（1）掌握车身三维测量基准的确定；

（2）识读车身测量数据图；

（3）掌握常见的车身测量方法；

（4）掌握校正操作的安全与防护；

（5）掌握安全、高效的拉拔技术；

（6）能利用校正平台对大梁进行校正；

（7）掌握汽车修理国家质量检查评定标准。

【能力目标】

根据车辆损伤程度能对事故车辆进行测量校正。

【素质目标】

（1）严格执行安全操作规范（佩戴安全防护）；

（2）严格按照校正工艺标准操作；

（3）施工完后，一定要对场地进行整理、整顿（工具归位、设备断电）；

（4）施工完后要对场地进行彻底的清扫、清洁。

建议学时：8 学时

知识准备

一、车身测量的必要性

对于局部变形或损伤，可以比较直观地作出判断，但对整体变形的诊断就显得不那么容易了。对于车身的整体变形，没有正确的测量结果作为依据，便无法完成修复。车身整体定位参数如果发生变化，对行驶性、稳定性、平顺性、安全性、使用性等都有至关重要的影响。所谓整体定位参数，是指那些对汽车发动机、底盘、车身主要构件的装配位置有着直接影响的基础数据。如汽车的前轮定位、轴距误差和各总成的装配位置精度等。而这些可以定量测得的表征车身外观、装配尺寸和使用性能的参数值，恰恰又是原厂技术文件中作了重要规定的技术数据。

二、车身测量的重要性

测量在车身维修中占据着极其重要的地位，并且也是影响车身维修质量的关键。一方面用于对车身技术状况的诊断，另一方面用于指导车身维修。车身维修的测量，一般分为作业前、作业中和作业后三个步骤。作业前的检测，旨在确认车身损伤状态和把握变形程度的大小；维修作业过程中的检测，有助于对修复过程的质量进行有效控制；修复后的检测，为验收和质量评估提供可靠的数据。车身整体变形的认定，主要依赖于对关键要素的测量结果。它不仅有助于对变形作出正确的技术诊断，同时也为合理地制定维修方案提供了依据。其中，属于单一构件变形时，可以通过更换或修复相应的构件来解决；属于关联部件变形时，可从变形较大的构件入手，逐一进行校正和修复；而对于车身的整体变形，则应以基础构件为基准，综合、全面地对整体定位参数值进行校对和修理。简而言之，以测量结果为依据制定的维修方案，不仅可行而且可靠，是实现正确诊断和高质量维修的基础。

三、车身尺寸图的读取

各汽车公司的汽车都有车身数据，有些车身测量维修设备公司也通过测量来获得数据。不同的维修设备公司和厂家提供的数据格式可能不同，但要表达的基本内容是一致的，都要提供出车身主要结构件、板件（车门、发动机罩、行李厢盖、翼子板等）的安装位置，机械部件（发动机、悬架、转向系统等）的安装尺寸。不同公司提供的车身尺寸图在形式上可能有所不同，但是基本的数据信息是相同的，一般都注明了车身上特定的测量点，而且都要反映出车身上测量点的长、宽、高的三维数据，以此为基准对车身的定位尺寸进行测量，可以准确地评估变形及其损伤的程度，是比较可靠也是较为流行的方法。图 3-174 所示为车身尺寸。图的上半部分是俯视图，下半部分是侧视图，用一条虚线隔开。图的左侧部分代表车身的前方，右侧部分代表车身的后方。要读取数据，首先要找到图中长、宽、高的三个基准。

1. 宽度数据

在俯视图中间位置有一条贯穿左右的线，这条线就是中心面，又称为中心线，它把车身一分为二。在俯视图上的黑点表示车身的测量点，一般的测量点是左右对称的。两个黑点之间的距离有数据显示，单位是毫米（有些数据图还会在括号内标出英制数据，单位是英寸），每个测量点到中心线的宽度数据是图上标出的数据值的一半。

2. 高度数据

在侧视图的下方有一条较粗的黑线，这条线就是车身高度的基准线（面）。线的下方有从 A 至 R 的字母，表示车身测量点的名称，每个字母表示的测量点一般在俯视图上部显示两个左右对称的测量点。俯视图上每个点到高度基准线都有数据表示，这些数据就是测量点的高度值。

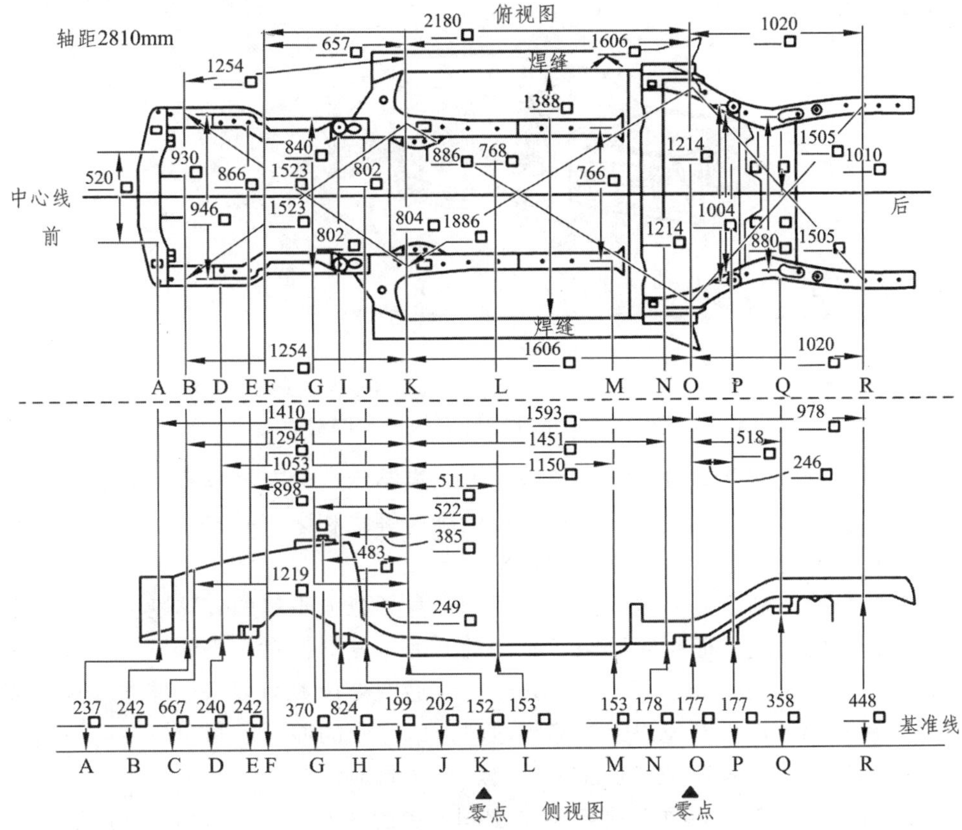

图 3-174　车身尺寸

3. 长度数据

在高度基准线的字母 K 和 O 的下方各有一个小黑三角，表示 K 和 O 是长度方向的零点。从 K 点向上有一条线延伸至俯视图，在虚线的下方位置可以看出汽车前部每个测量点到 K 点的长度数据显示。从 O 点向上有一条线延伸至俯视图，在虚线的下方位置可以看出汽车后部每个测量点到 O 点的长度数据显示。长度基准点有两个，K 点是车身前部测量点的长度基准，O 点是车身后部测量点的长度基准。

四、车身尺寸测量的基本要素

正确的车身检测与测量是车身维修的基础，而掌握车身测量的点、线、面三个要素，又是高质量完成车身测量任务的关键。

1. 控制点

（1）车身测量的控制点用于检测车身损伤与变形的程度。车身设计与制造中设有多个控制点，检测时可以技术要求测量车身上各个控制点之间的尺寸，如果误差超过规定的极限尺寸时，应设法修复使之达到技术标准规定的范围。车身上的控制点并非无规律可循。承载式车身的控制点如图 3-175 所示，车身一般常用 4 个控制点，其中，①④位于汽车的前后端，体现了车身的总体尺寸；②③位于中间车身处，体现了安全空间要求。

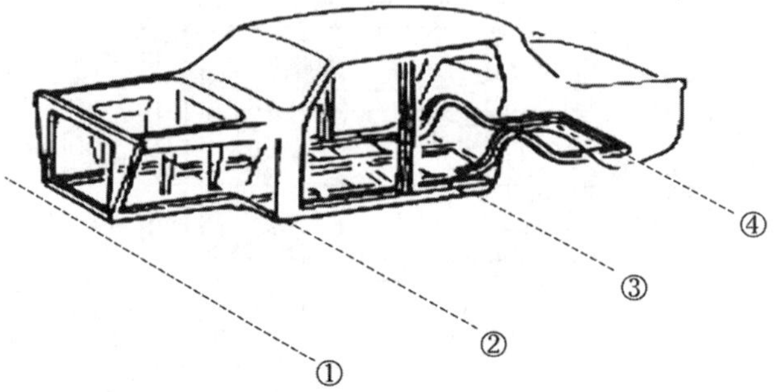

①—车身前横梁；②—前围板区域；③—后车门区域；④—车身后横梁。

图 3-175 车身控制点的基本位置

（2）对车身进行整体校正时，可根据上述控制点的分布将车身分为前、中、后三部分。这种划分方法主要基于车身壳体的刚度等级和区别损伤程度，分析不同控制点及其在车身测量基准中的作用和意义。

（3）车身壳体刚度分级的概念是：同一车身划分成不等的壳体刚度。乘客室尽可能具有最大的刚度，而相对于乘客室的前、后（发动机室、行李厢）则应具有较大的韧性。如图 3-176（b）所示，分别于前、后两处设置可以吸收冲击能量的安全结构。当汽车发生正面碰撞或追尾等事故时，所产生的冲击能量可以在车身前部 A 段或后部 C 段得以迅速吸收，以前车身或后车身局部首先变形成 A'或 C'，来保证中部乘客室 B 段有足够的活动范围与安全空间。由图 3-176 不难看出，这种有意预留在车身前、后的“薄弱环节”，起着良好吸收冲击能量的作用。而车身中部的乘客室及其周围，一般要比前、后车身坚固且有良好的整体性。这样，当冲撞事故发生时，预计的局部变形反倒能为乘员留有一定的生存空间。

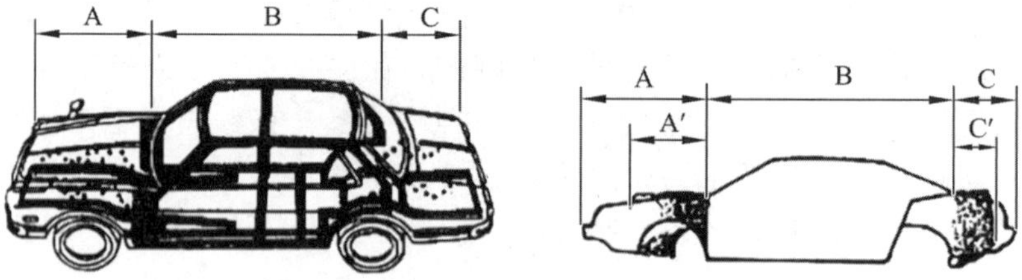

（a）车身壳体的强度等级　　（b）车身受冲击时的变形状况

图 3-176　车身上吸收冲击能量的分段

（4）由于车身设计和制造是以几个控制点作为组焊与加工定位基准的，这些由生产工艺上留下来的基准孔，同样可以作为车身测量时的定位基准。除此之外，汽车各主要总成在车身上的装配位置，也必须作为控制点来对待。实际上，对控制点的测量就是对关键参数的检查与控制，并且这些参数又是有据可查的，一些车身测量设备就是根据控制点原则研制而成的，它是目前车身维修中比较实用和流行的测量原则。

2. 基准平面

车身设计时往往是先选定一根基准线，将该基准线沿水平方向平移到一水平平面，由车身上各个对称平行点所形成的线或面与之平行。那么，车身图纸上所标注的沿高度方向上的尺寸，为车身各部分与基准平面间的距离，如图 3-177 所示。

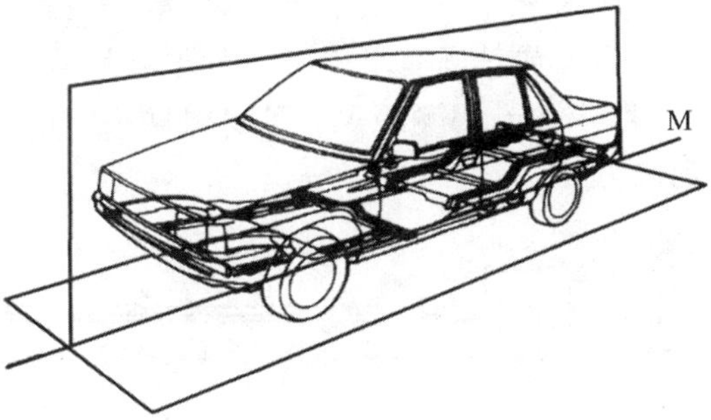

图 3-177　汽车基准面

3. 中心线及中心面

（1）中心线及其沿垂直方向平移获得的中心面，实际上是一个假想的具有空间概念的直线和平面，该平面将车身沿长度方向截为对称的两半，如图 3-178 所示。车身的各个点通常是沿这一平面对称分布的，因此所有宽度方向的尺寸参数及测量，都是以该中心线或中心面为基准。

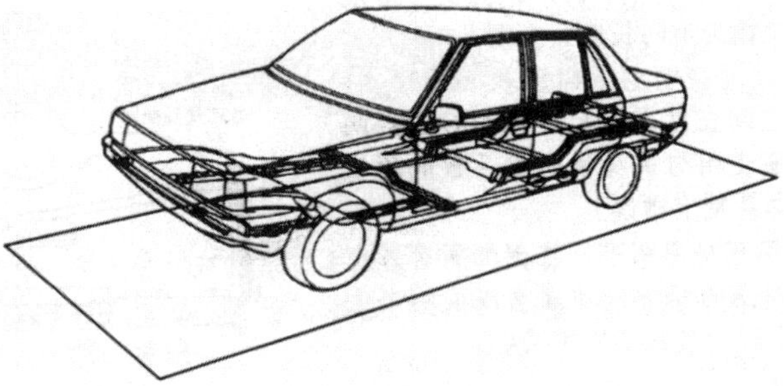

图 3-178　汽车车身尺寸测量中心平面

（2）根据车身壳体的变形特点和损伤规律，测量时可以将前、中、后三部分或左右对称部分的界面称为零平面，如图 3-179 所示。零平面的变形可以理解为最小。

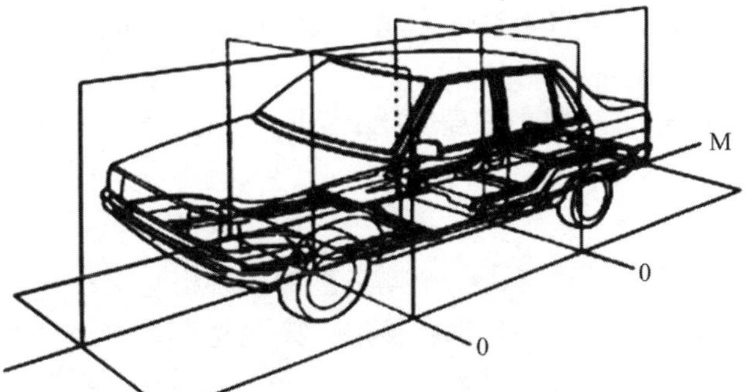

图 3-179　汽车车身尺寸测量零平面

五、利用杆规、钢卷尺测量车身重要控制尺寸

1. 测距法

钢卷尺、专用测距尺等是常用的测量工具。钢卷尺的使用方法简便、易行，但测量精度低、误差大，仅适用于那些要求不高的场合，如图 3-180（a）所示。尤其是当测量点之间不在同一平面或其间有障碍时，就很难用钢卷尺测量两点间的直线距离。使用图 3-180（b）所示的专用测距尺，可以根据不同位置将端头探入测量点，应用起来显得十分灵活、方便。

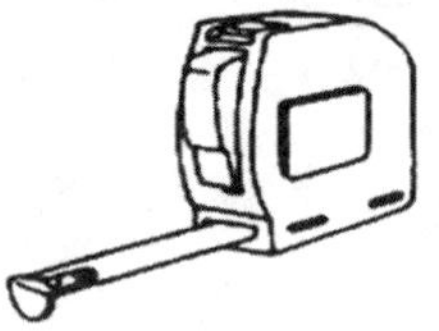

（a）钢卷尺

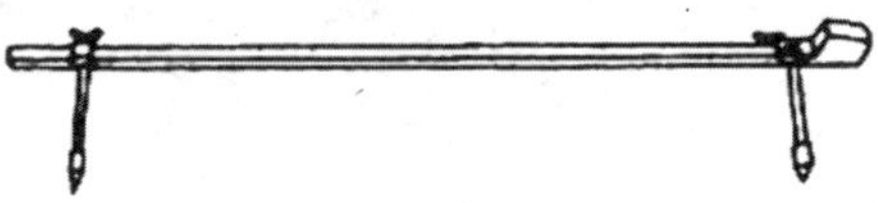

（b）专用测距尺

图 3-180　测距法常用量具

2. 对比法

对比法是以相同汽车车身的位置参数或根据汽车对称性，以相对应位置参数作为基准目标。当然，所选择的车身应完全符合技术文件规定要求的状况，必要时还可以通过增选台数、多测量几次来提高目标基准的精确性。

1）数据的选取

对比法在选择测量点和数据链时应遵循的原则是：

（1）利用车身壳体或车架上已有的基准孔，找出所需的定位参数值。

（2）以基础零件和主要总成在车身上的正确装配位置为依据。

（3）比照其他同类型车身图中的标示方法，来确定基准参数的量取方案。

2）误差的控制

限制测量误差的对策措施是：

（1）选择便于使用的测量器具（如测距尺）。

（2）不能以损伤的基准孔作为测量依据。

（3）同一参数值应尽量避免接续，最好是一次性量得。

六、利用定中规法测量车身底部变形

1. 测量工具

定中规都是一个自定心单元，每个测量腿的端部上各有一个可滑动的销子，这样可以很方便地与车架边梁的内外侧相接触，无论边梁是箱形结构还是槽形结构。在某些类型的车架上，可以采用磁性体固定仪器，因为有些孔和卷边是不能接触到的。有时为提高观察的精确度和方便性需要使用外接附件。

2. 测量方法

车身的许多变形尤其是综合性变形，用测距法测量往往体现得不十分明显，所反映出的问题也不够直观。如图 3-181 所示，当车身或车架与汽车纵轴线的对称度发生变化时，就很难用测距法对变形作出准确的诊断。

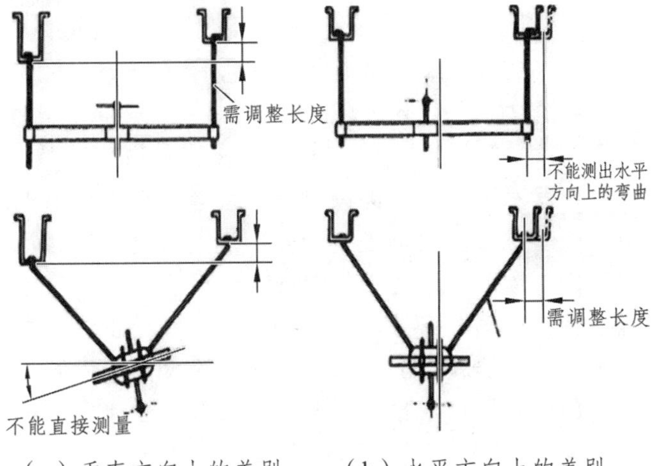

图 3-181　定中规悬挂点的对称性调整

七、利用米桥式机械测量系统测量车身尺寸

米桥式测量系统适用于对车身壳体表面的测量。桥式测量架由导轨、移动式测量柱、测量杆和测量针等组成，如图 3-182 所示。

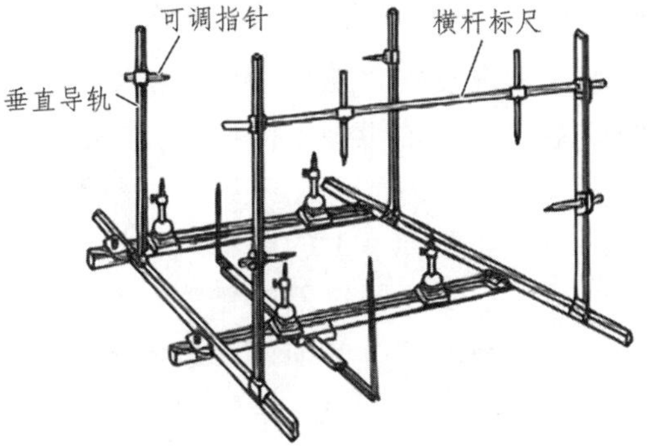

图 3-182　米桥式测量架

八、利用麦弗逊撑杆式测量仪测量车身前部变形

1. 测量工具

许多车辆均采用麦弗逊式悬架。为了检查车辆前部零部件的中心线和位置，通常采用撑杆式自定心测量仪，它能够非常精确地测量滑柱座的位置和其他前部零部件的位置，如图 3-183 所示。

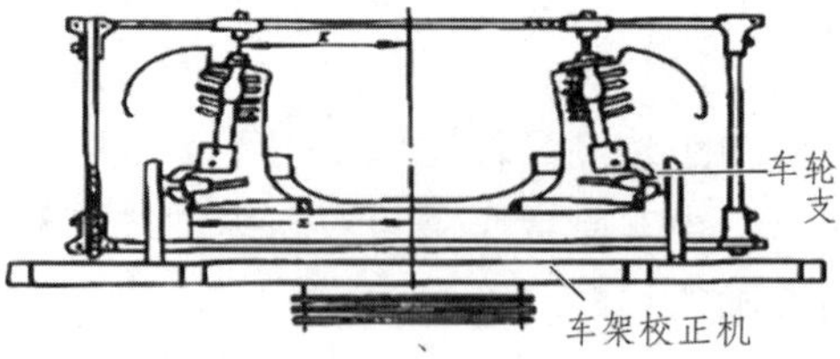

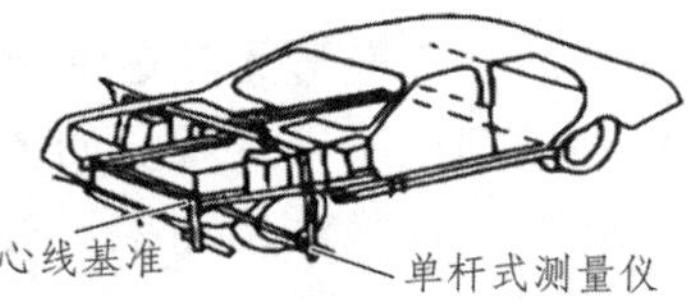

图 3-183　麦弗逊撑杆式测量仪

2. 测量方法

用两种方法读取仪器水平尺寸，即通过将上表盘横杆与前围板区域瞄准进行读数和将下横臂与第二个基准仪器瞄准进行读数。测量宽度尺寸时，将仪器安装在上横臂和轨道上，将下横臂中心线的瞄准销瞄准第二号和第三号仪器的中心瞄准销。如果这些所有的瞄准销都在同一条线上，说明柱杆座间距正确，中心位置也正确，如果基准测量设置正确，仪器就会显示出柱杆座是否太高或太低。该测量仪还可以用来测量检查其他零部件。撑杆式自定心测量仪安装在麦弗逊滑柱座上，仪器的上横臂上有两个活动卡箍。卡箍上装有指针。下横臂上有一条中心线，通过吊规来调整水平高度和基准高度。当设定基准线时，需要将参考点到横杆的距离加到给定的尺寸上。

九、利用电子测量系统测量车身底部尺寸

1. 测量设备

1）激光测量系统

激光测量系统是先进的测量设备，测量准确，精度高，并能够智能调整，以补偿测量误差。其系统组成主要包括主机柜（即控制计算机）、激光扫描仪及其支架、不同标号的靶牌、靶牌连接件等。激光测量系统工作原理是激光测距原理，激光扫描仪所发出的激光束扫到悬挂在基准点上的靶牌上，控制计算机便可计算出各个基准点的实际尺寸，控制计算机识别不同位置的靶牌，并将测量结果与系统数据库中车身技术尺寸进行比较，从而判断车身的损伤变形情况。激光测量系统提供直接瞬时的尺寸读数，在拉伸和校正作业过程中，车辆的损伤区域和未损伤区域中的基准点都可被持续监测。

2）超声波测量系统

采用超声波测量技术，计算机根据每个接收器的接收情况自动计算出每个测量点的三维数据。超声波测量系统主要包括用于产生超声波的发射器、用于检测发射器发出的超声波的接收装置、用于操作系统和储存修理数据的个人计算机以及用来把超声波发射器连接到车身上的各种转接适配器，如图 3-184 所示。

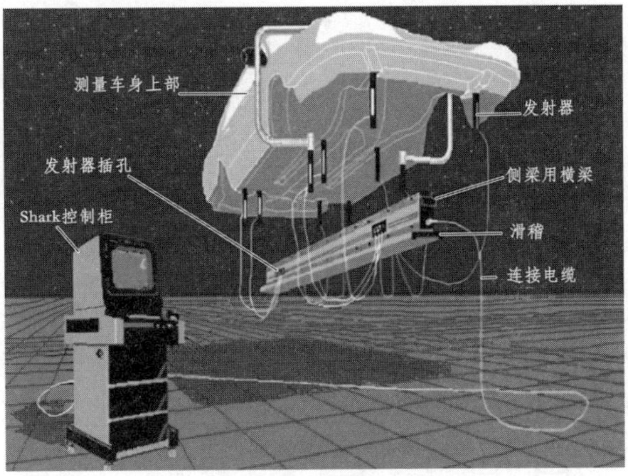

图 3-184　超声波测量系统的组成

3）Car-O-Tronic Vision 2 电子测量系统

Car-O-Tronic Vision 2 电子测量系统主要用于测量和检查车辆底盘的尺寸准确性。系统由 Car-O-Tronic、Vision 2 软件以及 Car-O-Data 构成。测量系统的 5 个主要配件包括装有测量适配器和测量管的 Car-O-Tronic 测量滑板、测量电桥、计算机、机柜、蓝牙。

（1）Car-O-Tronic 测量滑板。

测量滑板托架构成了测量臂的底部。托架上安装了轮子，可以在测量电桥的不同位置间轻松移动。测量臂是实际的测量部件。它由三个臂组成：中心臂可在水平面移动，安装在测量滑板托架的垂直轴线上；中间臂安装在中心臂的垂直轴线上；外臂配有平行移动臂，安装在中间臂底部的水平轴线上。平行移动臂的另一端装有适合各种测量管的测量管夹座，它可固定住数据表中指定的测量适配器。

（2）测量电桥。

需要根据校正平台的类型选择合适的测量电桥。测量电桥上配有一根纵向测量导轨。由于测量滑板要放在测量电桥的表面（作为轨道），测量电桥也应放置在平面上。测量电桥上的纵向测量导轨和测量滑板托架下方的长度测量头共同构成纵向测量系统，该系统可记录测量滑板在测量电桥上的具体位置。纵向测量系统应放置在车辆的左侧，确保垂直距离维持在特定限度内以达到最佳范围，电桥上的箭头应指向车辆前部。纵向测量系统提供了增量（脉冲）式和绝对式读数。绝对式读数意味着，一旦测量系统处于活动状态并放置在车辆的中间位置，可抬升测量滑板使其接触或离开测量电桥，不影响所在的中心位置，但相对车辆而言，测量电桥并未离开其原始位置。

（3）机柜和计算机。

机柜用于存放计算机、测量滑板、一套测量管和适配器。建议在不使用测量滑板时，将其放在机柜中。计算机处理所有测量数据、数据表和测量报告等。除了计算机外，还需要准备打印机、键盘和鼠标。

（4）测量滑板充电器和点击式电池。

Car-O-Tronic 使用的是锂离子电池。电池充满电后可持续使用 6 ~ 8 h。但是，由于 Car-O-Tronic 会在设定的时间后自动关闭，电池实际上可持续使用更长时间。

注意：电池充电前，必须将其从测量滑板上取下。充电过程中，电池应远离高温环境，否则会影响其充电性能。尤其是一旦放空电池电量，电池需要充电 2～3 h 才能达到 80%的电量，6 h 才能完全充满。

（5）测量零件 M62。

测量管和适配器（见图 3-185）存放在机柜右侧的抽屉里。

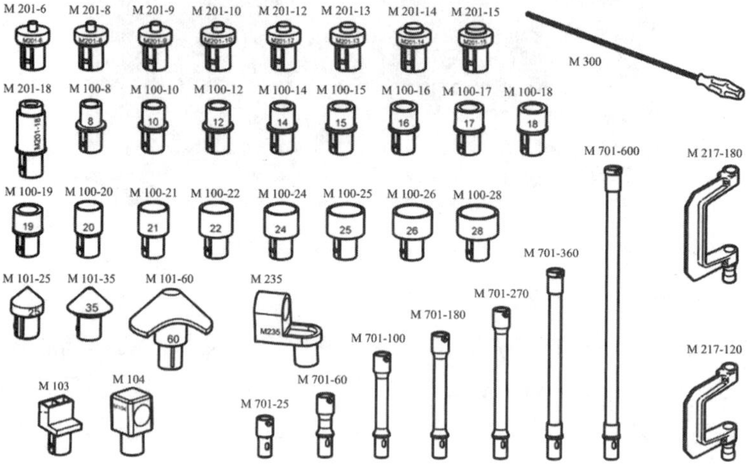

图 3-185　测量管和适配器

2. 测量方法

1）超声波测量系统的操作方法和流程

超声波测量系统的操作相对简单，使用方便，可用快捷键来操作。

（1）进入系统界面，选择语言的种类。

（2）记录用户信息。

（3）根据事故车的类型选择汽车公司、汽车品牌、生产年代，从系统内调出符合的车型数据，如图 3-186 所示。

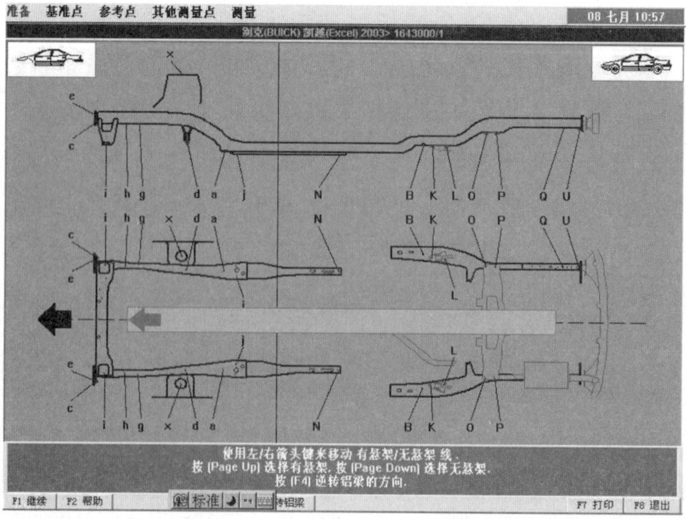

图 3-186　测量用车身的车型数据

（4）超声波测量系统的使用大大简化了操作过程，由于每个超声波发射器有两个发射器，接收装置也有多个，系统可以自动计算出宽度和高度的基准，不用人工调整。根据车辆的损坏情况选择长度基准，汽车前端发生碰撞则选择后面的基准点作为长度基准，若汽车的后端发生碰撞则选择前面的基准点作为长度基准。如果中部发生碰撞，则要对中部进行整修，直到中部四个基准点有三个尺寸恢复。图 3-187 和图 3-188 所示为测量基准点及参考点的选取。

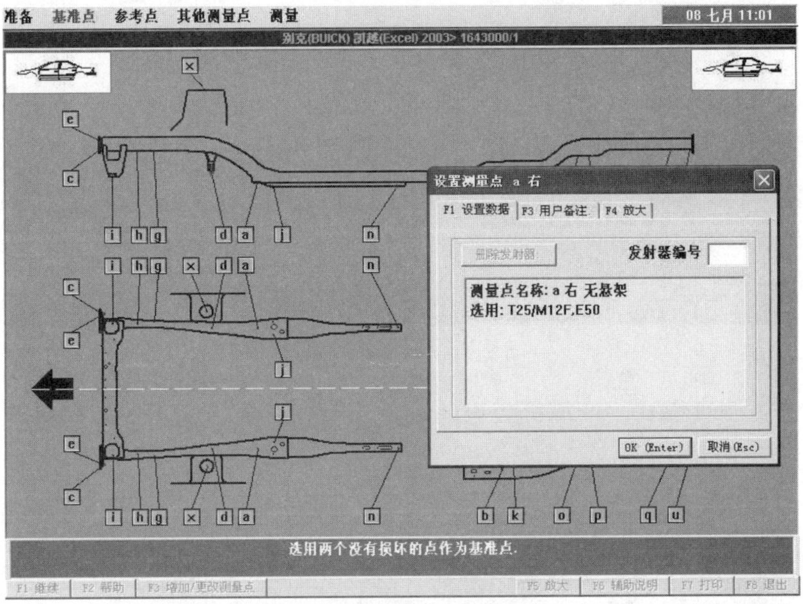

图 3-187　测量基准点的选择

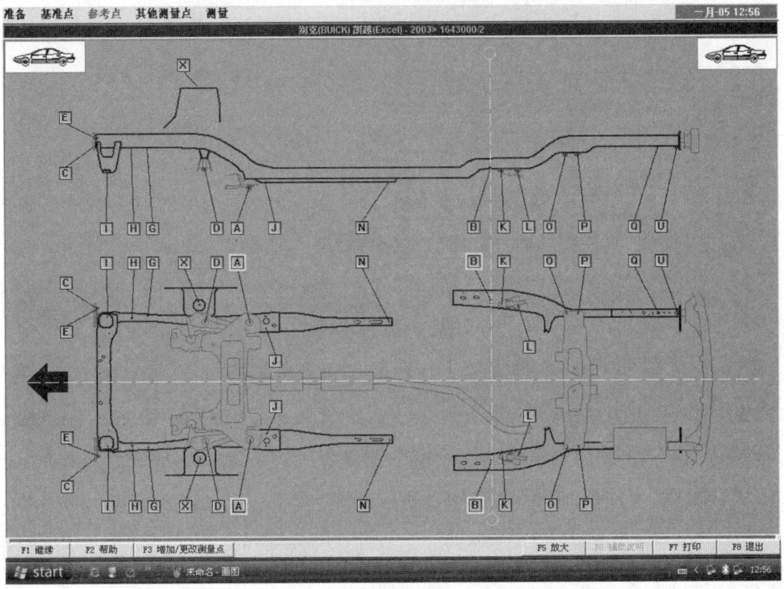

图 3-188　测量参考点的选择

（5）根据车身的损坏情况，选择车身上需要测量的点。按照计算机的提示选择合适的传感器连接杆和适配器，如图 3-189 所示。

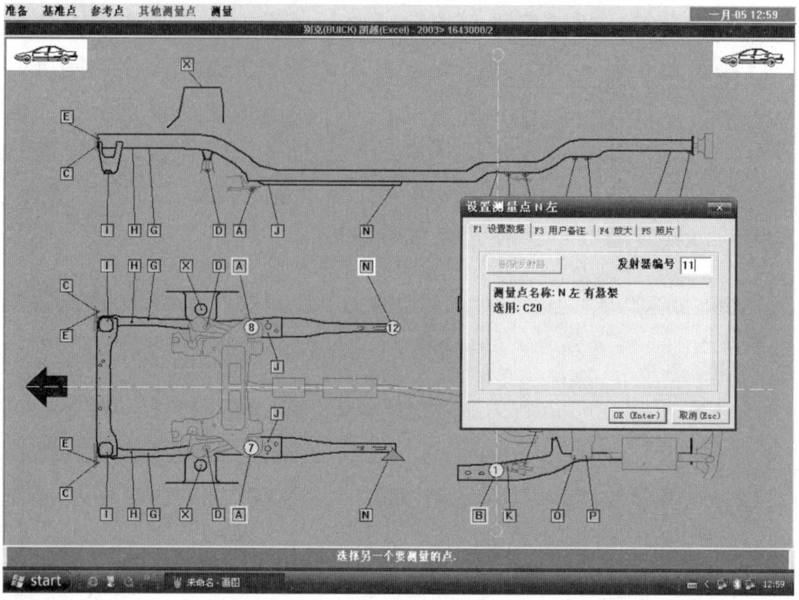

图 3-189 测量点选择

（6）选择测量模式，计算机会自动地把测量的结果、标准数值和两者差值显示出来，如图 3-190 所示。

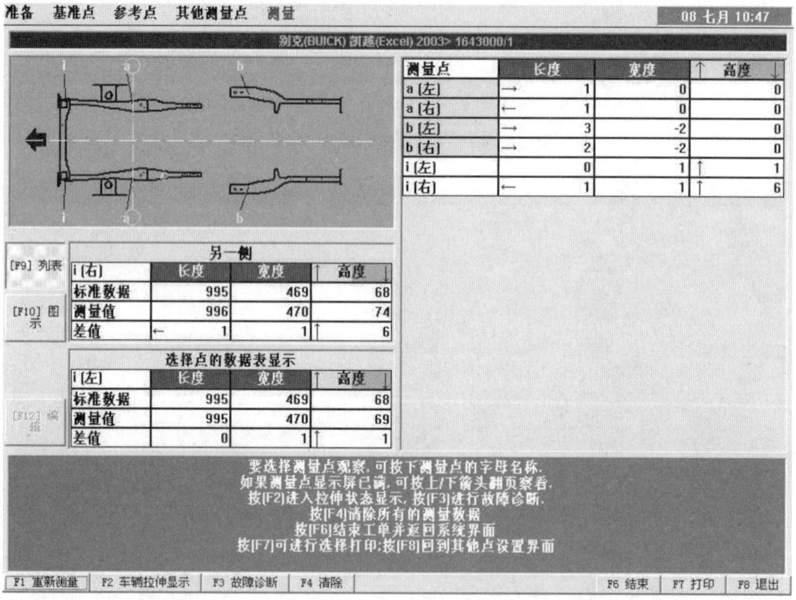

图 3-190 测量结果

（7）在拉伸校正过程中，一次可以测量多个测量点，可对几个点同时进行监控。可以选择持续测量实时监控模式，系统会自动每隔很短时间发射一次超声波进行测量，会把最新的测量结果在显示器上实时刷新，在校正过程中，修理工能很直观地注意到车身尺寸的变化情况。

（8）它可以同时监控多达 12 个测量控制点，可以实时监控测量数据的变化，测量过程中测量传感器不会相互干扰，系统每隔 1 ~ 2 s 会自动重新测量一次，把环境对它的影响减小到最小。操作中不用进行调节水平等操作，计算机可以自动找正，而且不会因为发射器接收器的位置移动而改变数据，可以实现车辆碰撞修理前的预检测量、修理中的测量监控、修复后的数据存储打印等工作。

2）Car-O-TronicVision2 电子测量系统的操作方法和流程

（1）Car-O-Tronic 测量滑板的安装：在将车辆置于中心前，必须先在测量电桥上锁定测量滑板。在安装测量滑板前，应先打开 Vision2 软件。注意：无论何时测量滑板移出测量电桥，测量滑板臂都必须锁定。

① 安放测量电桥，如图 3-191 所示，测量电桥应处于平台中间位置，一端标有蓝色箭头，必须要安装在车辆前部。用黄色固定器（两个）安装在测量电桥前、后部两端，并拧紧，以确保测量电桥可靠地固定在校正平台上。

图 3-191　放置测量电桥

② 从机柜中取下测量滑板；

③ 将测量滑板放在测量电桥上。滑臂方向应向车辆右侧放置，因为滑板底部有两个槽，如果方向不对，滑板装不到位，将会导致无法测量。在电桥上放置测量滑板时，用左手抓住测量滑板的外臂，右手抓住中心臂。

④ 将测量滑板推入电桥上的位置，安装电池；无论何时测量滑板移出测量电桥，测量滑板臂都必须锁定。因此，一旦将滑板安装到电桥上，就必须给滑板臂解锁。

⑤ 90°旋转闭锁柄，以解开测量滑板臂。

⑥ 按下测量滑板远程控制器上的目标按钮，启动测量滑板；一旦启动测量滑板，SmartLED 将显示测量滑板处于活动状态。使用测量滑板之前，滑板必须做置零调整。如果测量滑板未做置零调整，计算机屏幕上也会显示重置符号。

⑦ 按照图 3-192 所示程序移动滑板，以激活测量滑板，并做置零调整。根据长度刻度，记录滑板臂所指的方向。要从测量电桥前部蓝色箭头位置附近激活测量滑板，开始上下左右旋转摆臂，并且推动测量滑板前后移动 2～3 次，将蓝牙插入 USB 接口。

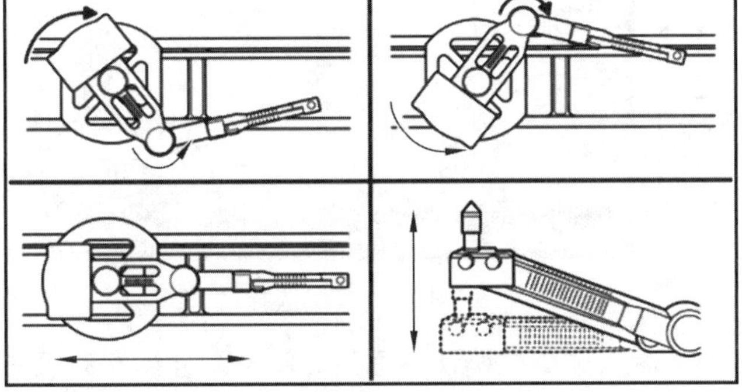

图 3-192　激活测量滑板

（2）弹簧加载测量滑板臂：90°旋转弹簧加载手柄，以便加载测量滑板臂。拉动过程中测量时，应拧紧弹簧加载手柄，以便测量滑板臂能更容易地设置到位。

（3）进入测量系统，开始测量操作。系统界面及注释如图 3-193 所示。

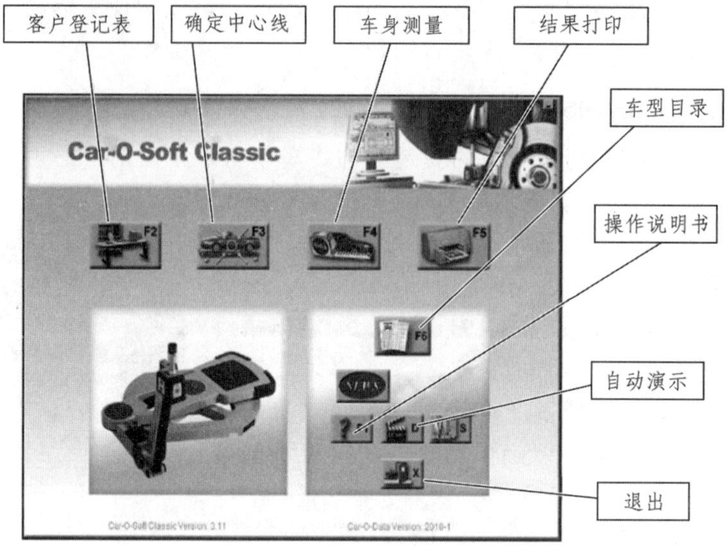

图 3-193　系统界面注释

（4）进入测量系统，操作步骤如下：

① 建立工单：按 F2 键进入客户登记表，建立工单，填写客户信息。

② 车型选择按照提示，如图 3-194 所示。根据车辆制造商、车辆名称、车身型号及其他型号的信息，选择相应的车身数据。

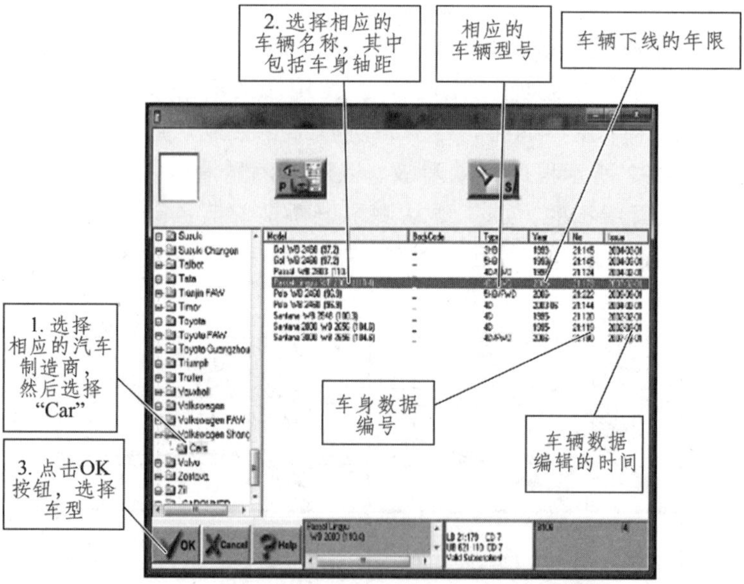

图 3-194　车型选择

③ 确定中心线：进入中心线确认界面后，首先要选择发动机的拆卸状态，如图 3-195 所示；在驾乘室内选择 3～5 个测量点，根据提示，选用合适的测量头型号并依次测量被选定的测量点。

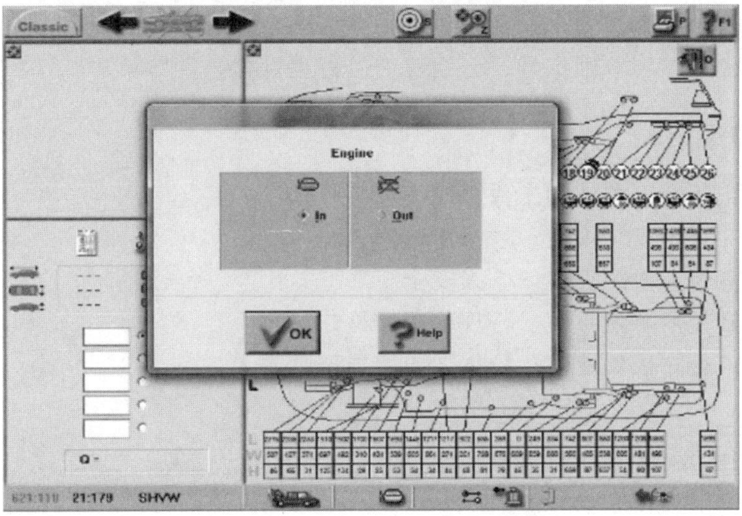

图 3-195　选择发动机拆卸状态

④ 车身测量：根据车身受损情况对车辆进行测量。拉伸修复完成后，再使用电子测量对车身进行确认测量。测量界面如图 3-196 所示。

⑤ 结果打印：打印测量结果，以备需要。

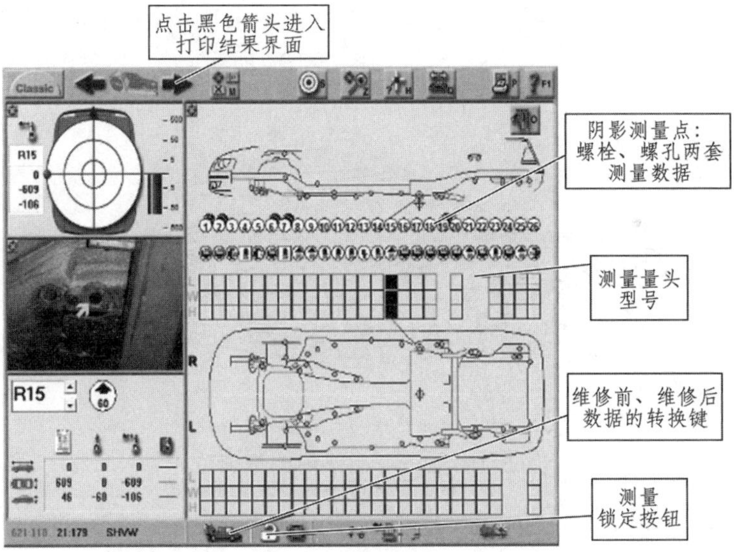

图 3-196　车身测量

操作指引

1. 课前准备

（1）场地设施：宽敞、明亮，具有消防设施的场地。

（2）设备设施：超声波测量仪 1 台，电子测量系统 1 台，杆规 1 套，拉拔设备 1 套。

（3）工量具：常用拆卸工具（1 套），卷尺，安全帽等。

（4）耗材：手套。
（5）学生组织：教师指导、分组实训、过程评价。

2. 注意事项

（1）穿戴干净、整洁的工作服。
（2）遵守场地安全规定，注意用电安全。
（3）注意设备设施安全、个人安全。
（4）正确使用测量系统、杆规等工量具。
（5）在进行拉拔作业时，拉拔方向后端严禁站人。

任务实施

一、利用杆规、钢卷尺测量

1. 车身上部尺寸测量

1）测量任务实施程序

查阅车身上部尺寸图→选取测量基准点位置→读取原始数据→测量→读取测量数据→记录数据。车身上部需测量部位如图 3-197 所示。

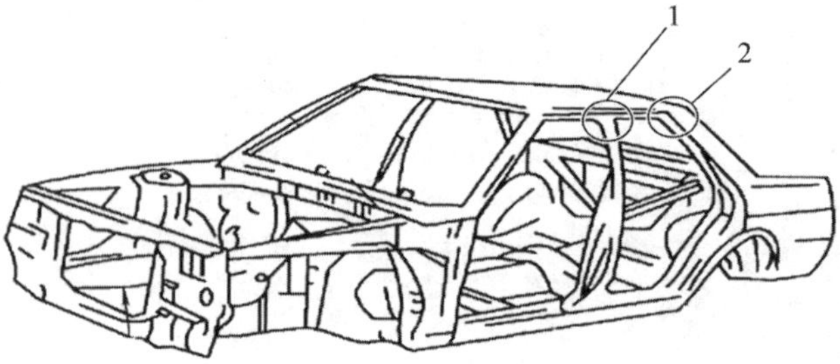

1—零部件之间的连接点；2—棱角和边缘。

图 3-197　车身上部需测量部位

2）测量前的准备

（1）车辆准备；
（2）测量工具；
（3）注意事项。

3）测量操作

根据车身上部尺寸图（其上列有许多车身上部基准点的位置尺寸），选取如图 3-198 所示的车身上部基准点，使用钢卷尺和杆规进行测量，读取并记录测量数据，测量数据结果应包含一位估计值，各小组分别、反复测量后，统计各组的测量数据，分析误差产生原因。

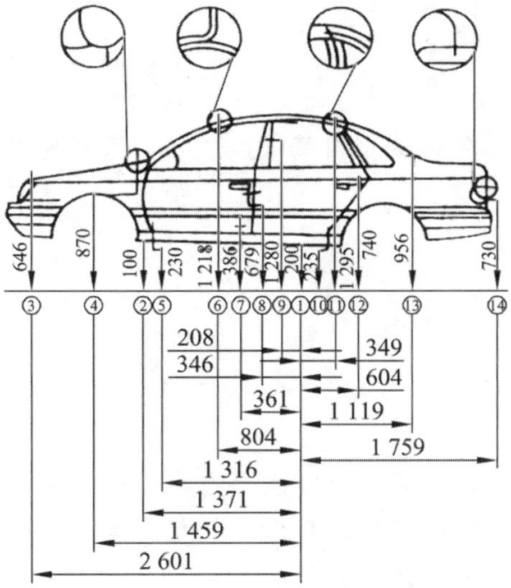

图 3-198　某车身上部尺寸的测量

2. 车身前段尺寸测量

1）测量任务实施程序

查阅车身前段尺寸图→选取测量基准点位置→读取原始数据→测量→读取测量数据→记录数据。图 3-199 所示为某承载式前车身定位参数。

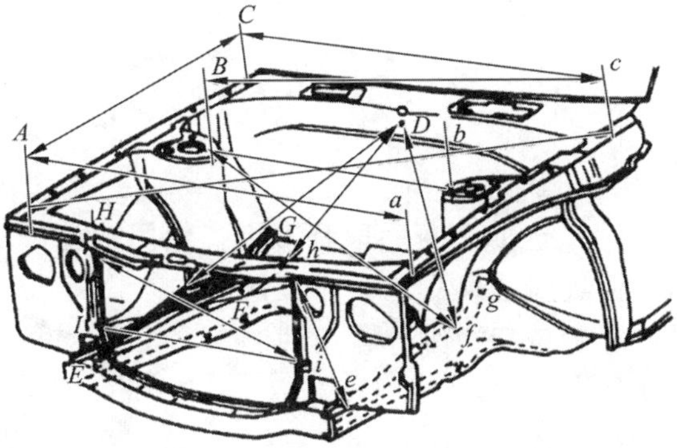

图 3-199　某承载式前车身定位参数

2）测量前的准备

（1）车辆准备；

（2）测量工具。

3）测量操作

根据车身前段尺寸图（其上列有许多车身前段基准点的位置尺寸），选取如图 3-200 所示的车身前段基准点，使用钢卷尺和杆规进行测量，读取并记录测量数据，测量数据结果应包含一位估计值，各小组分别反复测量后，统计各组的测量数据，分析误差产生原因。

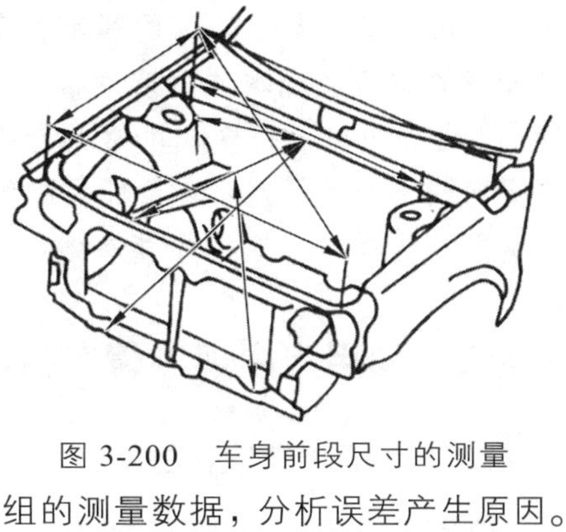

图 3-200　车身前段尺寸的测量

3. 车身侧围尺寸测量

1）测量任务实施程序

查阅车身侧围尺寸图→选取测量基准点位置→读取原始数据→测量→读取测量数据→记录数据。

2）测量前的准备

（1）车辆准备；

（2）测量工具。

3）测量操作

根据车身侧围尺寸图，选取车身侧围基准点，使用钢卷尺和杆规进行测量，读取并记录测量数据，测量数据结果应包含一位估计值，各小组分别、反复测量后，统计各组的测量数据，分析误差产生原因。

4. 车身后段尺寸测量

1）测量任务实施程序

查阅车身后段尺寸图→选取测量基准点位置→读取原始数据→测量→读取测量数据→记录数据。

2）测量前的准备

（1）车辆准备；

（2）测量工具。

3）测量操作

根据车身后段尺寸图，选取车身后段基准点，使用钢卷尺和杆规进行测量，读取并记录测量数据，测量数据结果应包含一位估计值，各小组分别、反复测量后，统计各组的测量数据，分析误差产生原因。

车身后段尺寸的测量如图 3-201 所示。通过观察行李厢盖在打开和关闭时的外观及不正常现象，可以初步判断车身后段是否变形。考虑到其变形的位置及漏水的可能性，所以必须进行准确的测量。此外，行李厢地板的起皱往往是由后纵梁弯曲造成的，因而车身后段的测量应与车底的测量结合进行，这样才能有效地进行校正。

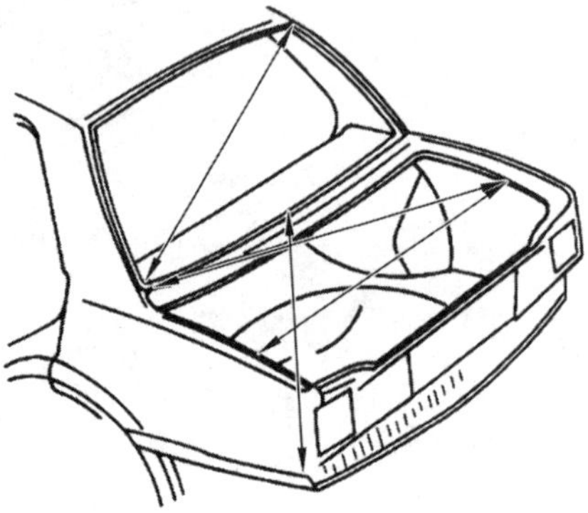

图 3-201　车身后段尺寸测量

二、利用定中规测量车身底部变形

1. 测量任务实施程序

查阅车身尺寸图→确定测量的控制点位置→选择测量工具并安装调试→测量→

观察并分析测量结果。

2. 测量前的准备

（1）车辆准备；
（2）测量工具。

3. 测量操作

使用定中规诊断车身变形，自有其规律可循。例如：当定中销发生左右方向的偏离时，可以判断为水平方向上的弯曲；当定中规的尺面出现不平行时，可以判断为扭曲变形；当尺面的高低位置发生错落时，则可以诊断为垂直方向上的弯曲，如图 3-202 所示。

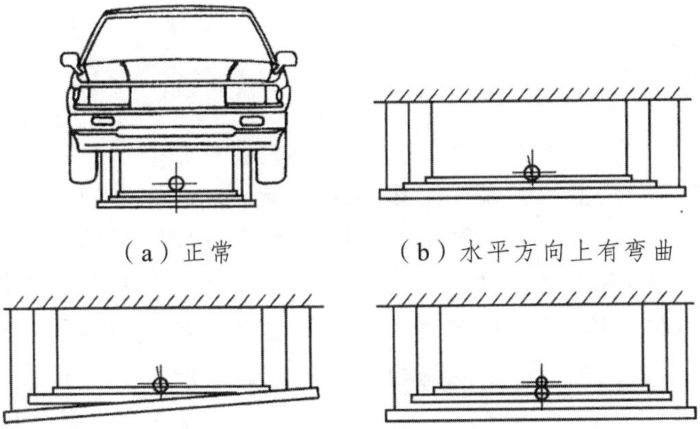

图 3-202　变形的评价方法

三、利用米桥式机械通用测量系统测量车身壳体表面尺寸

1. 测量任务实施程序

查阅车身尺寸图→确定测量的基准点位置→安装调试测量系统→测量→读取并记录测量数据。

2. 测量前的准备

（1）车辆准备；
（2）测量工具。

3. 测量操作

在车身校正维修平台上进行测量操作。安装米桥式测量架时，应根据车身尺寸图，确定车身中心线，保证系统导轨中心线与车身中心线完全重合。测量时，根据车身尺寸图，选取车身对称位置的基准点，移动测量杆、测量针，当一侧测量杆上的测量针轻轻接触到车身表面即可，此时应停止移动测量针，否则会划伤车漆。读取测量结果，并记录。再测量另外一侧对应位置的尺寸数据。各小组分别进行测量，并测量车身前、中、后壳体表面尺寸，记录测量数据。全部结束后，比较、分析测量数据，找出产生误差的原因。

四、利用麦弗逊撑杆式测量仪测量滑柱座位置尺寸

1. 测量任务实施程序

查阅车身尺寸图→确定测量的控制点位置→选择测量工具并安装调试→测量→观察并分析测量结果。

2. 测量前的准备

（1）车辆准备；
（2）测量工具。

3. 测量操作

将撑杆式自定心测量仪安装在麦弗逊滑柱座上，通过吊规来调整水平高度和基准高度。通过将上表盘横杆与前围板区域瞄准和将下横臂与第二个基准仪器瞄准读取仪器水平尺寸。测量宽度尺寸时，将仪器安装在上横臂和轨道上，将下横臂中心线的瞄准销瞄准第二号和第三号仪器的中心瞄准销。各小组分别测量，并记录测量结果。全部结束后，比较、分析测量数据，找出误差原因。

五、利用超声波电子测量系统测量车身底盘尺寸

1. 测量任务实施程序

确定待测量车辆信息并举升车辆→安放测量横梁→系统连接→进入主程序→选择测量模式→测量操作→观察记录测量结果。

2. 测量前的准备

（1）车辆准备；
（2）测量工具。

3. 测量操作

车辆举升后，安放好超声波接收器，打开控制计算机，进入系统程序，选择所测量车型的相关信息。进入程序主页面，首先选择测量基准点，根据基准点信息，选择相应的发射器适配器，通过系统提供的位置图片信息，在车身底盘上找到基准点位置，安装超声波发射器；选取参考点并安装超声波发射器；选取测量点并安装超声波发射器；开始测量，如果基准点及参考点位置不符合要求，应先进行修复，而后再进行下一步测量。选取某一轿车，对相同测量点，各小组分别、反复测量，并记录测量结果。全部结束后，比较、分析测量数据，找出产生误差的原因。

六、利用 Car-O-TronicVision2 电子测量系统测量车身尺寸

1. 测量任务实施程序

确定待测量车辆信息并在校正平台上固定车辆→安放并锁定测量电桥→安放并锁定测量滑板→系统启动→进入主程序→建立工单→车型选择→确定中心线→测量操作→结果打印。

2. 测量前的准备

（1）车辆准备；
（2）测量工具。

3. 测量操作

设备安装完毕后，打开控制计算机，进入系统程序，选择所测量车型的相关信息，进入程序主页面，建立工单，填入模拟客户信息；根据提示信息，结合车辆实际完成车型选择；确定中心线时，首先要选择发动机的拆卸状态，然后在驾乘室内选择 3 ~ 5 个测量点，根据提示，选用合适的测量头型号并依次测量被选定的测量点，最终确定中心线；根据需要，选择车身相应测量点进行测量操作；分析测量结果并可对结果进行打印。选取某一轿车，对相同测量点，各小组分别、反复测量，并记录测量结果。全部结束后，比较、分析测量数据，找出产生误差的原因。

七、校正前的准备

1. 事故车辆上校正仪

（1）降下平台，将事故车辆移上校正台；
（2）升起平台。

安全提示：

① 平台式车身底盘校正平台的举升能力为 3.5 t，不要超过其最大举升能力。

② 为避免人身伤害和设备损坏，当平台在升起状态时一定要锁定活动支腿。

③ 推拉车辆上架时，应尽量保持车辆的纵向中心线和工作台架的纵向中心线重合，左右偏差不允许超过 100 mm。

④ 车辆上架后尽量保证车辆的重心位于工作台架的中间部位，重心偏离中间部位不许超过 500 mm。

⑤ 如果上架车辆车长大于 5 200 mm，应根据车辆损坏的部位（前部损坏或后部损坏），将车辆沿工作台纵向移动，使损坏部位放置在工作台面内，以便于校正操作。

2. 车身固定

为使拉伸校正时的车身更加稳固，防止车身变形，并保护焊接点，有时需要另外再找出几处车身固定点，如图 3-203 所示，这些固定位置的选择要有一定的依据。

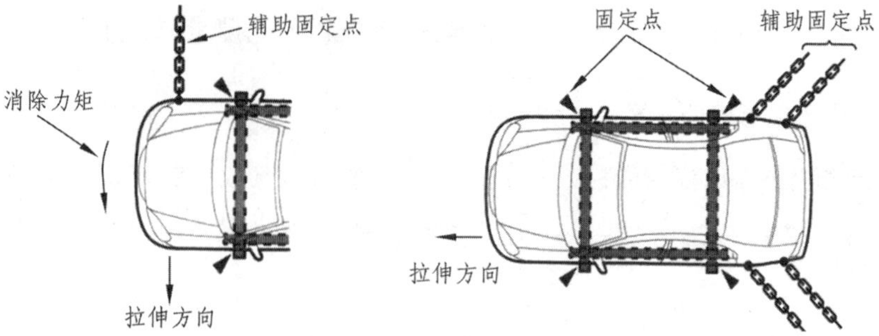

（a）多点辅助固定　　（b）单点辅助固定

图 3-203　车身校正的辅助固定

（1）车辆前端或后端损坏时的夹紧；

（2）车辆一侧损坏时的夹紧；

（3）对于没有裙边车辆的夹紧。

3. 校正作业

对于微小的碰撞损伤，一般采用单纯一个方向的牵拉即能达到校正的目的，而对于较大的碰撞，多采用复合牵拉的方法。有些碰撞损伤需要在多个方向上同时牵拉才能使车身恢复原状，这是复合牵拉最常见的用途，但有时为了对需要拉伸的部位周围进行固定，或是对主要拉伸方向加以辅助等情况，也要用到复合牵拉。

1）夹钳

拉伸校正用的夹钳（见图 3-204），其主要作用是夹持住车身的拉拔点，使链条的拉力作用于需要进行拉伸的部位。夹钳的不同设计用途主要体现在钳口的宽度和钳身的厚度上，但使用的部位基本上都是车身具有焊接翻边等天然的可供夹持的部位。

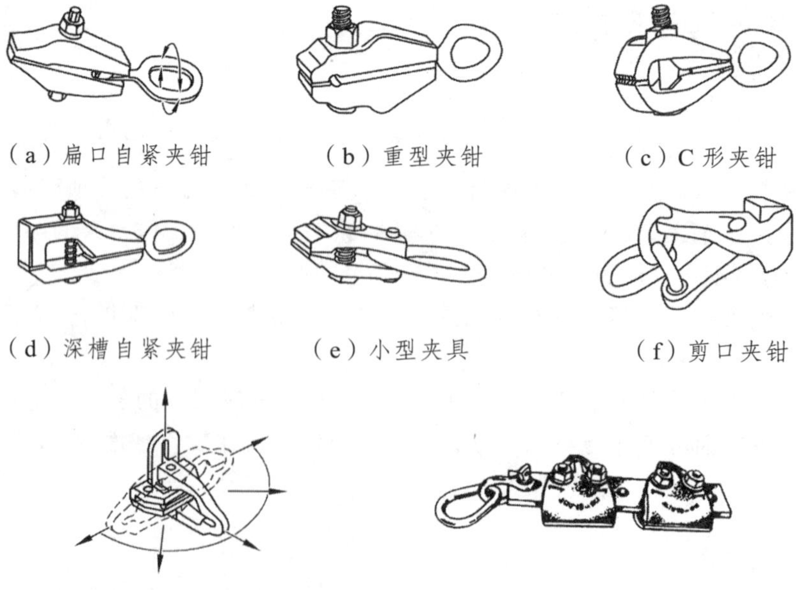

（a）扁口自紧夹钳　　（b）重型夹钳　　（c）C 形夹钳

（d）深槽自紧夹钳　　（e）小型夹具　　（f）剪口夹钳

（g）多向拉伸夹具　　（h）车身裙边夹具

图 3-204　拉伸校正常用的夹钳

2）拉钩和拉带

车身的某些部位不适合使用夹钳等夹持工具进行固定和拉伸，此时可以采用拉钩和拉带（见图 3-205）等进行拉伸操作。拉钩无须夹紧操作，只要挂在需要拉伸的部位就能进行拉拔，使用简便。

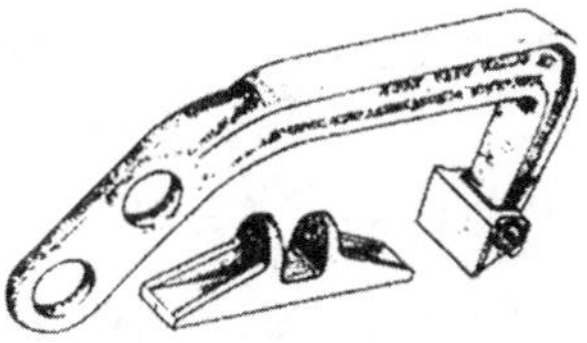
（a）大力深拉钩

（b）大力直角拉钩

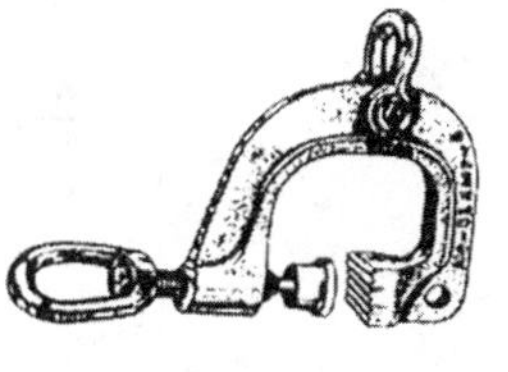
（c）多向可加紧拉钩

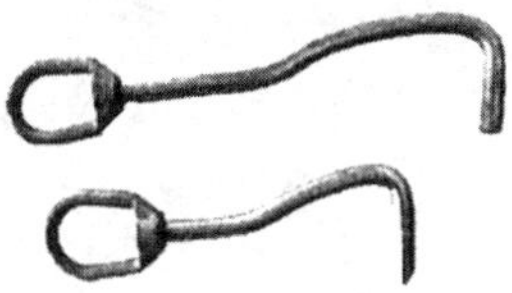
（d）轻型拉钩

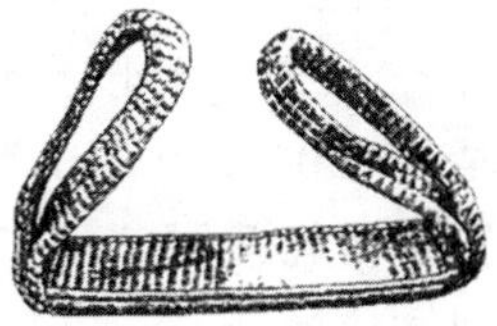
（e）尼龙拉带

图 3-205　常用的拉钩和拉带

3）链条和链条连接工具

拉伸用的链条是专用的链条，其最大承载能力为 80 kN，一般普通的链条不能用于车身的拉伸矫正。为了更方便地将链条与夹具固定或调整链条的长度，在车身校正工具设备中还专门制造了链条连接拉钩、链条连接器等专用工具（见图 3-206）。

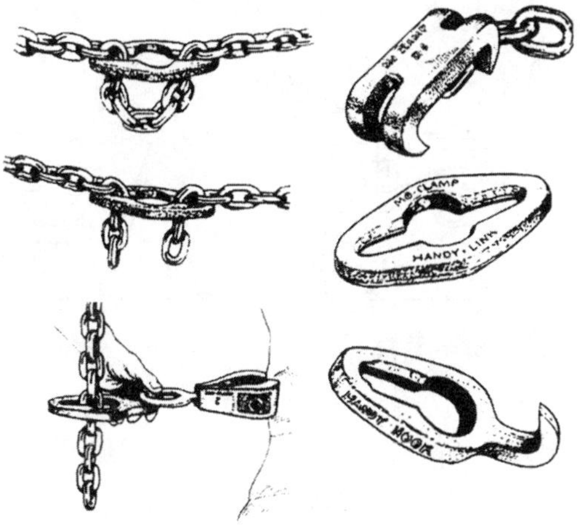

图 3-206　链条固定和连接工具及其应用

4）链条与顶杆的位置关系

为了防止在牵拉过程中固定链与地面锚固点过载和控制拉伸的方向，拉伸工作要伴随校正部位的测量一点一点地进行，并不断调整固定的位置和拉伸的方向。在安装拉伸装置时，要掌握好链条和液压撑杆的角度，两链条被撑杆顶起所成的角度必须是钝角，这样才能保证顶杆机构的稳定（见图 3-207）。

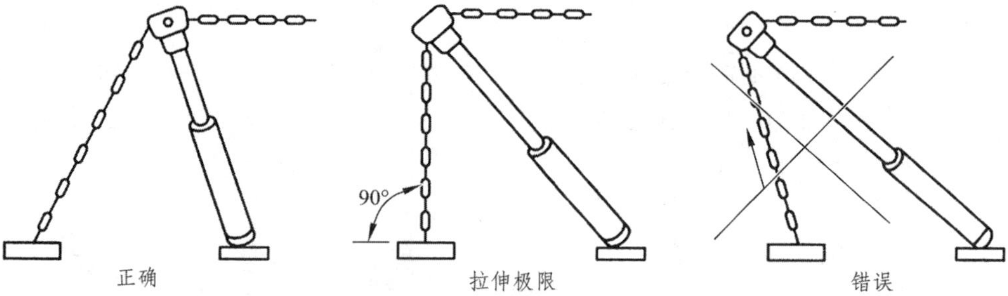

图 3-207　三点式液压顶杆系统的位置

5）合理搭配顶杆附件

顶杆系统对车身拉伸的动力源自液压缸，常用的顶杆系统液压缸可以提供 50 ~ 100 kN 的力量，行程有 150 ~ 250 mm 等多种。在固定链的锚固点安装滑轮可以使链条的调整更加方便，为了实现高位的拉伸，常在顶杆上加接长套管等（见图 3-208）。这些都是液压顶杆系统的附件，充分利用这些附件可以更好地完成拉伸操作。

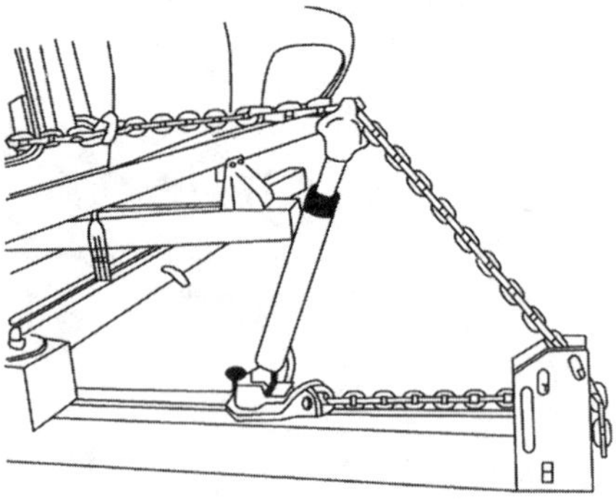

图 3-208　固定链脚安装滑轮有利于调整链条长度

6）用三点式顶杆系统做单向拉伸

使用三点式顶杆系统几乎可以实现车身各个方向的牵拉工作，有时还可以利用顶杆的推力实现车身某些部位的顶压操作，使用非常方便。

（1）水平牵拉（见图 3-209）。

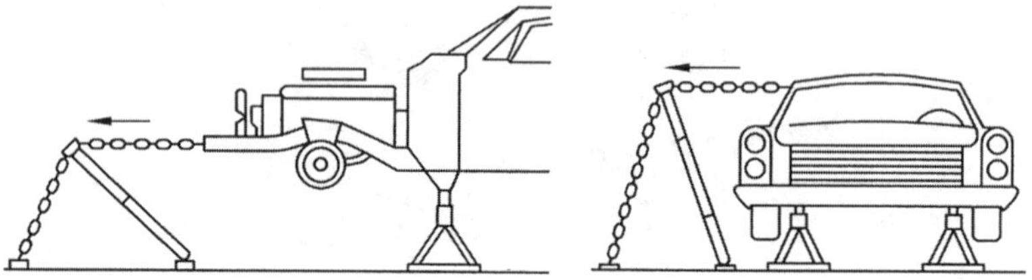

（a）低位水平牵拉　　（b）高位水平牵拉

图 3-209　水平牵拉

（2）向下牵拉（见图 3-210）。

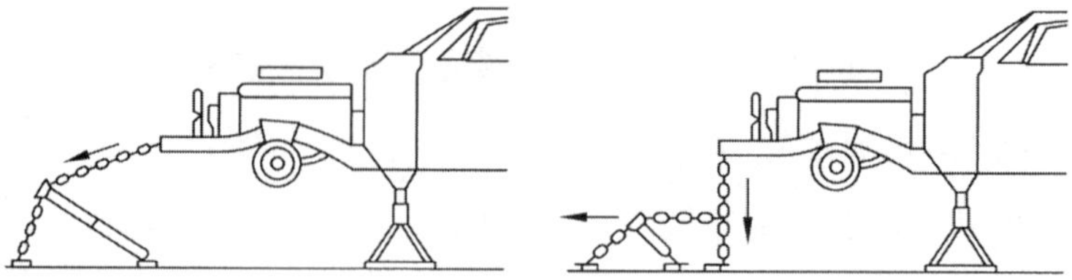

（a）向斜下拉伸　　（b）垂直向下拉伸

图 3-210 向下拉伸

（3）向上牵拉（见图 3-211）。

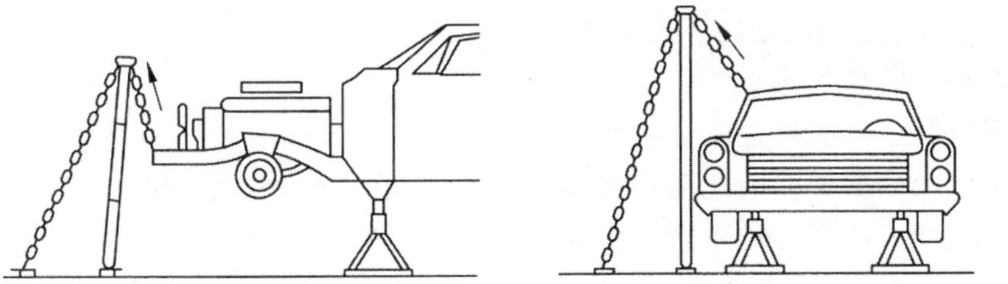

（a）低位向上牵拉　　（b）高位向上牵拉

图 3-211　向上牵拉

4. 前部车身严重损伤时的拉伸校正

前部碰撞的车辆对车身前部可以造成非常严重的损坏，但对车身乘客室的影响相对要小得多，因此前部碰撞的拉伸校正工作主要集中在对前部侧梁、翼子板内板等主要结构件的校正，外部覆盖件和散热器支架等如损伤严重可以采取更换的方法。

由于前侧梁不但是车辆前部的主要承力骨架，更主要的是发动机、前悬架和转向系统等都以前侧梁为安装基础，所以必须将前侧梁校正到位。前翼子板内板主要是前悬架的安装支座，一旦损坏会直接影响到车辆的使用性能，因此也必须要得到很好的修复，尤其是重要的安装尺寸。有时由于损伤过于严重，修理时多采用更换的方法，但即使更换也必须是在对整体进行校正之后方可进行，因为损坏得到校正之后，新件的安装才有了准确的测量定位基准，另外拉伸已经确定需要更换的构件，不必考虑构件的损坏和过度拉伸等问题，需要更换的构件已经成为拉伸的工具了，而且可以方便地进行测量，使拉伸的精度更高。若先更换新件，然后再进行拉伸校正，拉伸操作中会有许多禁忌，限制了操作的进行，影响修理质量。

如图 3-212 所示，前翼子板内板和前侧梁两者中仅一侧发生损伤，而另一侧的定位尺寸基本没有变化时，校正的重点是损伤一侧的长度拉伸，所涉及的尺寸主要是长度和对角。先将损伤一侧的长度拉伸到位，再校正宽窄（对角）和高低方向的尺寸，这也是拉伸校正时普遍遵循的顺序。由于侧梁和前翼子板内板上部加强梁的刚度都很大，因此在图示的两处同时施加拉伸力会使校正效果更好。拉伸时要注意，除车身底部前方的两侧要加以固定外，另一侧的侧梁头部也要加以限制性的固定，防止拉伸时散热器支架将未损坏的一半也拉变形。

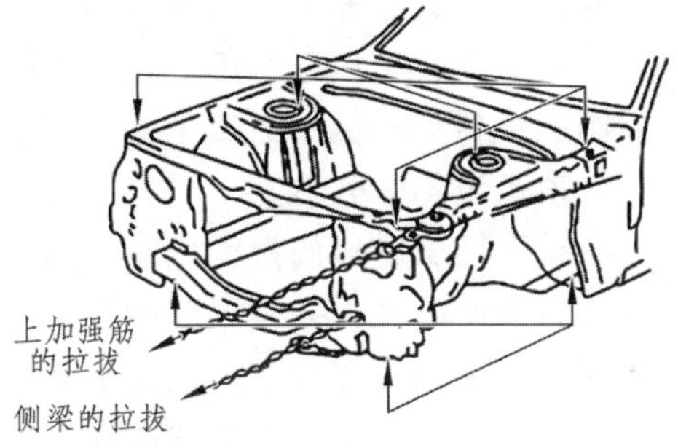

图 3-212　车身前部的拉伸

5. 车身侧面损坏的校正

车身侧面遭受撞击会造成车身整体的弯曲变形，车身的轴线呈弧状。对于车身侧面的撞击一般将车辆分成底盘部位的校正和车身上部的校正两部分同时来进行。由于车身梁和车身地板等都具有非常高的刚度，凹陷一面用单点或多点拉拔，凸起一面采用单点或多点的推挤，同时配合凹陷一侧沿车身轴线方向拉伸。最好采用台架式校正设备。如图 3-213 所示，受力最大的拉拔点是 *B* 点，必须保证夹紧。如果 *C* 点未夹紧，*A* 点也不能拉拔。

对于车身上部的校正以 B 柱为主，牵拉一侧的 B 柱可以使整个车身的乘客舱部分都发生较大的变形，因此要注意对不需要改变位置部分的固定，此时就可以采用施加反向拉伸力的方法对无须校正的部分进行限制性的牵拉固定。由于 B 柱一般都采用车身上强度最高的钢材制造，拉伸 B 柱主要是将整个车身的整体尺寸进行校正，当车身上绝大部分的定位尺寸到位后，采用板件单独整形校正的方法，逐一加以校正，需要更换的构件必须采取更换的方法来修复，以保证车身的整体刚度。拉伸 B 柱最好采用尼龙拉带等柔软的拉伸工具，防止对车身造成进一步的损坏。

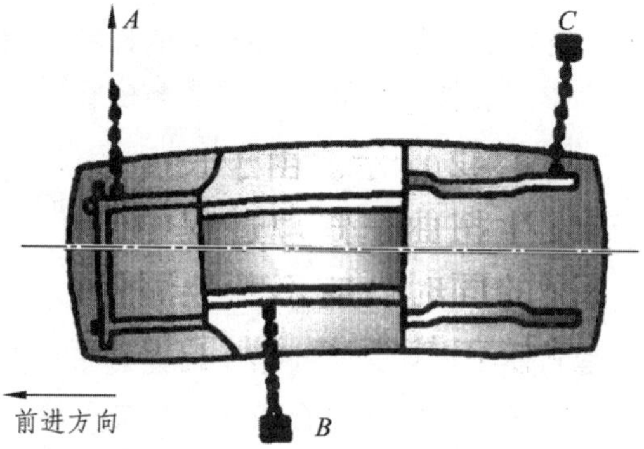

图 3-213　前侧围的校正修复

6. 车身后部损坏的校正

从碰撞力在车身后部板件的传递分析，正面的碰撞会造成后保险杠和后备厢后围板的弯曲，拉伸力使两侧的后翼子板向中间拉拢，后地板弯曲，后备厢盖损坏，严重的碰撞会造成后侧梁上弯，影响后悬架的定位。碰撞力作用在后部两个角上时，后围板会将另一侧的后翼子板向受损一侧拉，碰撞侧的后翼子板变形，力量会传递到车顶甚至影响到 B 柱，造成车顶与车门的间隙变大等。

对于后部碰撞的拉伸校正，后侧梁和后地板基本上与前部碰撞的拉伸相类似，以大力拉伸为主，并辅以辅助校正。而对于后翼子板、车顶等薄壁箱形构件，则最好采用焊接钢片等方法，制造出较多的拉伸点，进行多点拉伸，拉伸时还要从变形部位的最末端开始，逐渐向碰撞部位过渡，切忌急躁。需要注意的是，焊接钢片时箱形结构的内板和外板都要焊接，拉伸的方向也要尽量一致，防止薄板被撕裂。

任务小结

车身校正通过一系列单向拉力，通常就可以将车架式汽车整平校直。但对于整体式车身而言，要求有多重拉力才能奏效，这就意味着在一次整平和校正过程中，有 4 个甚至更多的拉力点同时牵拉。必须提供专业的夹具，以防止牵拉过程中车身结构发生进一步的损伤，同时要遵循合理的校正程序，要了解设备的性能及安全使用措施，对车身损伤作出分析判断，确定牵拉方，确定基准点。

车身校正操作流程注意事项：

（1）在使用前应确保气源到位，各连动运转机构确保润滑、灵活、安全、牢固可靠。

（2）定期对校正仪各活动机件加注润滑脂/液压油，附件进行清理检查。

（3）使用前应确保校正仪前后各 2 m、左右各 1 m 内没有障碍物。

（4）在进行牵拉校正之前，应对车身内部和外部进行内部部件保护，如座位、仪表、车垫等。

（5）拉爪处于校正作业状态时，作业人员不得站在拉爪正立面，需保持一定的安全工作距离。

（6）拆除车身外面部件，并用棉布或保护好车身，防止擦伤。如果油漆表面擦破，必须修复好，防止锈蚀。

（7）一定要用推荐型号和级别的拉伸链条和钣金工具进行操作，避免将链条缠在尖锐器物上，以防断裂。

（8）用安全绳将拉链、拉伸工具（或夹具）和车身三者进行联固，防止滑脱后飞出伤人。

（9）进行拉伸操作时要经常观察拉伸工具和设备的夹持位置有无变化，避免产生滑脱。

（10）控制拉伸力的大小，勿使其超过拉伸工具和设备的承载能力。

课后练习

一、判断题

1. 车身校正工作的好坏直接影响到汽车的安全性。（　　）
2. 车身校正仪是通过液压力量进行修复操作的。（　　）
3. 车身所有部件的损坏都可以校正。（　　）
4. 拉伸校正的重点是恢复变形部件的尺寸。（　　）
5. 车身修理人员有责任把基本结构全部修好。（　　）
6. 在校正中是通过塔柱来监控整个校正过程。（　　）
7. 整体式车身的薄板结构，反复拉伸会使板件破裂。（　　）
8. 对车身需要更换的板件，在校正前要拆下，以免妨碍校正工作的进行。（　　）
9. 对车身所有板件变形，都可以使用按输入力相反的方向拉伸进行。（　　）
10. 在校正拉伸时，要同时在损坏区域不同的点上施加拉力。（　　）

二、选择题

1. 拉伸时在什么时候停止拉伸放松应力？（　　）

A. 当链条拉紧时　　B. 当出现一定的变形量时　　C. 当拉到标准尺寸时

2. 在车身拉伸校正过程中，其修复程度由什么决定？（　　）

A. 板件变形量　　B. 板件尺寸测量　　C. 板件配合间隙

3. 下面哪个操作可能会产生过度拉伸？（　　）

A. 拉力过大　　B. 没有测量　　C. 用两个钣金夹具一起拉

4. 拉伸时，操作人员要站在塔柱的哪个位置？（　　）

A. 前面　　B. 后面　　C. 侧面

5. 在使用链条和液压顶杆进行拉伸时，链条的角度不能小于多少度？(　　)

A. 60°　　　B. 90°　　　C. 120°

6. 对车身进行校正时要遵循什么原则？(　　)

A. 先里后外　　B. 先外后里　　C. 里外同时

7. 该怎么处理过度拉伸的板件？(　　)

A. 用力顶回去　B. 更换新件　　C. 用热收缩处理

8. 两个前纵梁都发生了变形，应该怎样校正？(　　)

A. 不拆水箱框架，先校正严重损伤的纵梁

B. 不拆水箱框架，先校正轻微损伤的纵梁

C. 拆开水箱框架，分开校正

9. 纵梁向右弯曲时，校正时要在哪个部位夹紧拉伸？(　　)

A. 夹紧纵梁右侧的板件　　B. 夹紧纵梁左侧的板件　　C. 以上两种都行

10. 一辆前端严重碰撞的汽车时，要先校正哪个部分？(　　)

A. 水箱框架部位　　　　B. 车身中部　　　　　　C. 前纵梁

参考答案:

判断题: √√××√　×√××√

选择题: BBBCB　ABCAB

项目四 前翼子板小凹陷涂装

项目描述

车身涂装通常有两类：一类是在汽车生产企业进行涂装，包括汽车生产厂及汽车零部件生产厂，根据车身或零部件是金属件或塑料件来选择使用高温漆或低温漆；另一类是对发生事故或车身漆面受损的汽车在汽车维修企业使用低温修补漆进行涂装。

汽车生产厂和零部件生产厂基本上都是采用机器人喷涂，只有在漆膜表面有缺陷或受损时，才会人工修复。

汽车维修企业维修的受损车辆，受损位置各式各样、情况千差万别，修复用材料各不相同，面对的汽车颜色也多种多样，所以汽车维修企业必须是由喷涂技师修复受损车辆，对喷涂技师提出了更高的要求。如图 4-1 所示，本项目以前翼子板小凹陷喷漆为例，依据车身修补涂装流程规范，完成整个修复过程，并交付给客户。

图 4-1 有小凹陷损伤的前翼子板

主要学习任务

- 前翼子板涂层鉴别
- 前翼子板前处理
- 前翼子板中涂处理
- 前翼子板调色处理
- 前翼子板面漆处理
- 前翼子板瑕疵处理

任务一　前翼子板涂层鉴别

任务描述

客户李先生驾驶的车型为新赛欧白色轿车，在一次交通事故中，右前翼子板撞了一个小凹陷，经保险公司理赔员定损后，开到钣喷车间进行维修。现在请你完成右前翼子板漆膜的涂层鉴别工作，安全、环保地完成此项工作任务。

学习目标

【知识目标】

（1）能叙述涂装的定义、作用及涂装三要素；

（2）能叙述涂装对人体的危害和防护用品的正确使用；

（3）能叙述涂装材料存储和工具设备的使用要求。

【能力目标】

（1）能正确穿戴防护用品；

（2）能使用多种方法完成维修涂层的鉴别；

（3）能规范地做好现场“7S”工作。

【素质目标】

（1）具备良好的沟通能力和表达能力；

（2）能够按照企业“7S”要求和安全生产规范进行操作；

（3）具有与同学密切合作，规范安全地完成学习活动的能力。

建议学时：2 学时

知识准备

一、汽车涂装认识

1. 涂装的定义

涂装是指将涂料涂覆于物面（基底表面）上，经干燥成膜的工艺。已经固化了的涂料膜称为涂膜（俗称“漆膜”）。由两层以上的涂膜组成的复合层称为涂层。汽车表面涂装是典型的多涂层涂装。

2. 涂装的功能

汽车经过涂装后，不但可使车身具有优良的外观，而且还可使车身耐腐蚀，从而提高汽车的商品价值和使用价值。汽车涂装具有保护、装饰、特殊标识等作用。

1）保护作用

汽车运行环境复杂，经常会受到水分、微生物、紫外线和其他酸碱气体、液体等的侵蚀，有时会被磨、刮而造成损伤。如果在它的表面涂上涂料，就能保护汽车免受损坏，延长使用寿命。这是因为，车身表面经涂装后，使零件的基本材料与大气环境隔绝，起到一种“屏蔽”作用而防止锈蚀。有些涂料对金属来讲还能起到缓蚀作用，比如磷化底漆可以借助涂料内部的化学组分与金属反应，使金属表面钝化，这种钝化膜加强了涂膜的防腐蚀效果。

2）装饰作用

现代汽车不但是实用的交通运输工具，而且更像是一种艺术品。车身颜色与车内颜色相匹配，与环境颜色相协调，与人们的爱好以及时代感相适应。绚丽的色彩与优美的线型融为一体，构成了汽车的造型艺术，协调的色彩烘托了汽车的造型，使汽车具有更佳的艺术美。

3）特殊标识作用

涂装的标识作用是由涂料的颜色体现的。在汽车上涂装不同的颜色和图案区别不同用途的汽车。例如，消防车涂成大红色；邮政车涂成橄榄绿色，文字、车号为白色；救护车为白色并做红十字标记；工程车涂成黄色与黑色相间的条纹，文字、车号用黑色等。另外，颜色在指示、警告、禁令、指路等标志中的含义作用也非常明显。

4）达到某种特定的目的

应用涂料的特殊性能，使汽车具有特殊功用来完成特种作业或适应特定的使用条件。例如，化工物品运输车辆要在车体表面或货箱、罐仓内部涂耐酸碱、耐油、耐热、绝缘等涂料，以防止化学品的腐蚀、渗漏等；军用汽车采用保护色达到隐蔽的作用；涂在船底上的防污漆，漆中的毒剂缓慢渗出，可杀死寄生在船底上的海洋生物，从而延长船舶的使用寿命，并保证其航行速度；为使导弹、航天器等在飞行过程中不被大气摩擦产生高温而烧毁，在其表面涂覆一种既耐高温又耐摩擦的涂料；还有用于消音等方面的涂料。不胜枚举的各种特殊要求，必须由各种各样的涂料去适应。

3. 汽车涂装的特点

汽车涂装的目的是使汽车具有优良的耐蚀性和高装饰性外观，以延长其使用寿命，提高其商品价值。

1）汽车涂装属于高级保护性涂装

汽车涂层必须具备极优良的耐蚀性、耐候性和耐沥青、油污、酸碱、鸟粪等物质的侵蚀作用。汽车属于户外用品，因而要求汽车涂层适应寒冷地区、工业地区、沙漠戈壁、湿热带和沿海等各种气候条件。在国际上具有竞争能力的汽车以及汽车涂料都能很好地适应世界各地的气候条件。

2）汽车涂装（以车身涂装为主）属于中、高级装饰性涂装

车身（尤其是轿车的车身）必须进行精心的涂装设计，在具有良好的涂装设备条件和环境下，才能使涂层具有优良的装饰性。

汽车的装饰性除车型设计外，主要靠涂装，因此汽车涂层的装饰性直接影响汽车的商品价值。汽车涂层的装饰性主要取决于色彩、光泽、鲜映性、丰满度和涂层外观等。汽车的色彩一般根据汽车类型、汽车外形设计和时代流行色来选择。除特殊用途的汽车（如军用汽车）外，一般都希望汽车涂层具有极好的色彩、光泽和鲜映性。例如，运动型跑车的色彩多采用明快的大红色、明黄色等，给人以强烈的动感；高级轿车多采用较深的色调，给人以庄重、稳健的感觉。涂层的外观优劣直接影响涂层的装饰性，涂膜的橘皮、颗粒等是影响涂层外观的主要因素。一般要求汽车外表涂层平整光滑，纹理清晰，不应有颗粒等瑕疵。

3）汽车涂装是最典型的工业涂装

汽车制造涂装流水线的生产节奏一般为几十秒至几分钟，为此必须选用高效、快速的涂装前的表面预处理方法、涂装方法、干燥方法、传送方法和工艺设备。汽车修补涂装也是如此，为恢复汽车涂层的要求，达到无痕修补的目的，汽车修补涂装也采用了与汽车制造涂装相类似的先进的涂装设备、涂料和施工工艺，因此可以达到与汽车制造相同的良好效果。

4）汽车涂装件产品一般为多涂层涂装

汽车车身涂层如果是单涂层则会失去装饰性，漆面会显得不够饱满，色彩干涩且达不到上述优良的保护性。所以汽车涂层一般都是由三层以上的涂层组成的，如轿车车身的涂层就是由底层（主要是防锈底漆层）、中间涂层（提高上下涂膜的结合能力，提供韧性和抗冲击能力）和面涂层（提供多彩的颜色）组成的，涂层的总厚度一般控制在 100 μm 左右。

4. 汽车涂装的分类

由于涂装的对象不同，涂装的目的和要求千差万别，所以采用的涂料和涂装工艺也相差甚远。按涂装对象不同，汽车涂装大体可以分为新车制造涂装和旧车修补涂装。

新车制造涂装包括车身外表涂装、车厢内部涂装、车身骨架涂装、底盘部件涂装、发动机部件涂装、电气设备部件涂装等内容。车身外表涂装是汽车制造涂装的重点，要求达到高装饰性和抗腐蚀的目的，并且与汽车用途相适应，具有优良的耐久性。

汽车修补涂装就是要恢复汽车原有的涂层技术标准，达到无痕迹修补的目的。根据需要修补的部位和修补面积的大小，可以分为重新喷涂（简称“重涂”或“全车喷漆”）、局部修补（根据修补面积又可分“点修补”和“板修补”）和零部件修补涂装。

5. 涂装的三要素

为使涂层满足底材、被涂物要求的技术条件和使用环境所需要的功能，保证涂

装质量，获得最佳的涂层和最大限度的经济效益，必须精心设计涂装工艺，掌握涂装各要素。无论是汽车制造涂装还是汽车修补涂装工程，其关键是涂装材料、涂装工艺和涂装管理这三个要素。

1）涂装材料

涂装材料的质量和作业配套性是获得优质涂层的基本保障。汽车修补涂料和汽车制造涂料是不同的。因此，在选用涂料时要根据实际情况，从涂膜性能、作业性能和经济效益等方面综合衡量，汲取他人经验或通过实验确定。如果忽视涂膜的性能，单纯考虑涂料的价格，有时会明显影响涂膜质量，缩短涂层的使用寿命，从而造成更大的经济损失。如果涂料选用不当，即使精心施工，所得涂层也不可能获得良好的效果，如内用涂料用作面漆，就会早期失光、变色和粉化。在硝基旧漆层上喷涂双组分面漆会出现咬底、开裂等现象。又如含铁颜料的涂料涂在黑色金属表面是好的防锈涂料，而涂在铝制品表面上反而会促进铝的腐蚀。

2）涂装工艺

涂装工艺是充分发挥涂装材料的性能、获得优质涂层、降低生产成本的必要条件。涂装工艺包括涂装技术的合理性和先进性，涂装设备的先进性和可靠性，涂装环境条件和工作人员的技能、素质等。如果涂装工艺与设备选择和配套不当，即使采用优质涂料，要获得优质涂膜也是困难的。若设备生产效率低则势必造成涂装工程的成本增高，使经济效益下降。涂装环境的好坏会直接影响涂膜的质量，高级装饰性的汽车车身涂装必须在除尘、通风、照明良好的环境下操作。涂装操作人员的技能熟练程度和责任心是影响涂装质量的人为因素，加强操作人员的培训、提高人员的素质是非常必要的。

3）涂装管理

涂装管理是确保所制定的工艺的实施，确保涂装质量的稳定，达到涂装目的和最佳经济效益的重要条件。涂装管理包括工艺管理、设备管理、工艺纪律管理、质量管理、现场环境管理、人员管理等。

二、汽车涂装作业的安全与防护

在汽车涂装的整个过程中，会产生许多影响作业环境和人体健康的不利因素，如涂装过程使用的除锈剂、除油剂、除漆剂、喷砂尘雾、打磨粉尘、涂料、溶剂、稀释剂、固化剂或各种添加剂等，有的具有较强的腐蚀性，有的则会产生有害气体或粉尘，直接侵害涂装操作人员的身体健康或对自然环境造成污染。这就要求涂装技术人员及其相关的参与者要做好防护工作，并注意改善工作环境，避免有害物质危害职工的身体健康和破坏周围的环境。

1. 环境保护

在汽车涂装作业过程中，总要排出有害气体、污染液体或固体废渣。这些排出物如不经处理，将严重污染环境，同时也危害施工作业人员，为此务必牢记以下几点。

1）通风

通风系统是喷漆作业环境保护最重要的环节。在汽车涂装过程中，需要使用稀释剂、清洁剂等，在打磨及喷涂作业时，会排出有毒气体或颗粒。这不仅对人身体有害，且对喷漆质量也有影响。为此，常采用换气系统进行地面抽气，抽吸作业场地灰尘。良好的通风系统，可以将涂料、填料和稀料所挥发的有害气体排除出作业区，也可以将作业区内汽车尾气及各种灰尘抽离出去。

通风系统应当在其进气道设置空气过滤装置，滤去空气中的杂物，保持进入作业区的空气达到一定的纯净度；另一方面，在其排气道也应放置过滤装置，以便将作业区的污物阻挡在过滤器表面上，使排出的气体不会污染大气，实现对环境的保护。

湿过滤系统使用水作为过滤介质，喷漆区的污水排出也有相应的环保过滤措施，防止废渣、废液对环境的污染。

2）人身防护

涂料、填料和稀料的挥发气体对人体有害，施工操作者长期接触将受到伤害。除了通风条件要良好之外，在作业区内，施工操作者必须戴上呼吸保护器、安全手套，穿防护服及工作鞋。万一有人身触及此类物质，应及时用肥皂水冲洗干净。

2. 工具设备的安全使用

汽车涂装作业中使用工具和设备基本的安全要求如下：

（1）手动工具要保持清洁和完好。应经常清洁沾有油污和其他杂物的工具，检查其是否有破损，以免使用时发生机械事故，伤及人身。

（2）使用锐利或有尖角的工具时应当小心操作。不要将锐利工具或物品放在口袋中，以免伤及本人或划伤汽车表面。

（3）专用工具只能用于专门的操作，不能移作他用。

（4）使用电动工具之前应检查是否搭铁，检查导线的绝缘是否良好。操作时，应站在绝缘橡胶地板上进行（或穿有绝缘靴）。无保护装置的电动设备不要使用。

（5）用气动或电动工具从事打磨、修整、喷沙或类似作业时，必须戴安全眼镜。在小零件上钻孔时，禁止用手握持，必须用台钳夹住。

（6）必须确认电动工具上的电路开关处于断开位置后，才允许接通电源。电动工具使用完毕，应切断电路，并从电源上拔下来。

（7）清理电动工具在工作时所产生的切屑或碎片时，必须让电动工具停止转动，切勿在转动过程中用手或刷子去清理。

（8）气动工具必须在规定的压力下工作。

（9）使用液压机具时，应保持液压处于安全值以下，操作时应戴安全眼镜，并站立在液压机具的侧面。

3. 个人安全防护

（1）呼吸系统的安全与保护。磨料的粉尘、腐蚀性溶液和溶剂所蒸发的气体、喷漆时的漆雾都会给呼吸系统带来危害。即使在通风良好的环境下，操作者仍需要戴呼吸保护器。呼吸保护器有 3 种：防尘口罩、供气式全面罩和活性炭过滤面罩。

① 防尘口罩：可以防止灰尘、漆雾、烟雾等空气中浮游微粒被吸入，保护肺、预防哮喘、避免中枢神经受损害。有简单一次性的和带可更换过滤器芯的两类，如图 4-2 和图 4-3 所示。在原子灰施工和打磨、除尘等操作时使用。

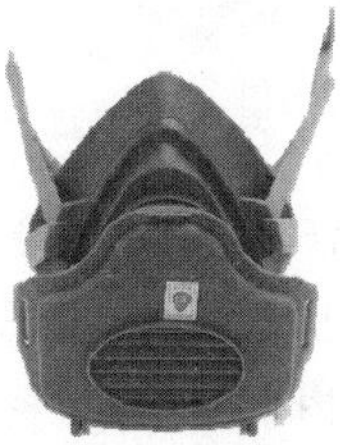

图 4-2　带可更换过滤器芯的防尘口罩

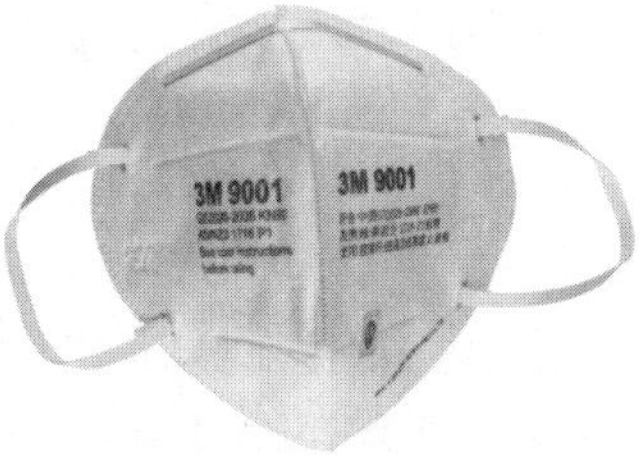

图 4-3　一次性防尘口罩

② 供气式面罩：它可以防止混有有机溶剂的空气通过口鼻吸入人体，可分为全面罩式和半面罩式两种。它利用压缩空气供气系统，通过供气软管向面罩内供应新鲜空气，也可选用单独小型空气压缩机提供新鲜空气。新鲜空气的入口必须置于清洁、远离喷漆的区域，并且须加装可滤油、滤水的空气过滤器及冷冻干燥机，以确保空气品质。

主要在如下喷漆情况和环境下使用：大量和长时间喷漆；在封闭或不通风环境，如烤漆房、油罐等。

供气式全面罩如图 4-4 所示。其优点是不仅能保护操作者的呼吸系统，而且能保护整个头部，特别是眼睛，但视觉上没有半面罩式清楚。

供气式半面罩如图 4-5 所示。它能够给操作者提供新鲜空气及良好的视线，但缺少保护眼睛及脸部的作用。

③ 活性炭过滤面罩。喷涂磁漆、硝基漆以及其他非氰化物的油漆和喷涂量较少时，操作者可以戴活性炭过滤面罩，如图 4-6 所示。这种面罩由一个适应人的脸形并具有密封作用的橡皮面具构成。它包括可拆卸的前置活性炭滤芯，可以滤去空气中的溶剂或喷雾。呼吸器还有进气和排气阀门，以保证呼吸顺畅。

图 4-4　供气式全面罩

图 4-5　供气式半面罩

图 4-6　活性炭过滤面罩

（2）人体其他部位的保护。

① 眼睛和脸部的保护。佩戴护目镜（见图 4-7）或防护面具，防止眼睛受到打磨粉尘、溶剂蒸气、飞行物、油漆及溶剂溅出等的损伤。

② 耳朵的保护。敲打钢板或打磨、喷漆时所发出的噪声，对人的听觉有不利的

影响，重者会损伤耳膜。在喷漆施工作业时应戴耳塞，如图 4-8 所示。

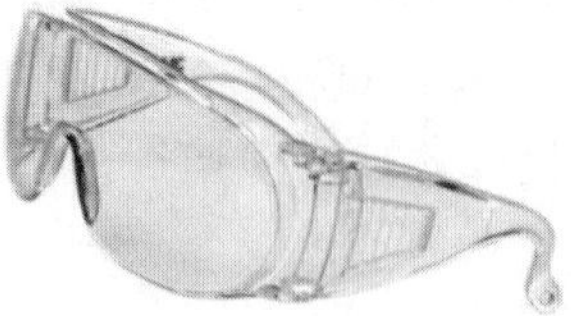

图 4-7　护目镜

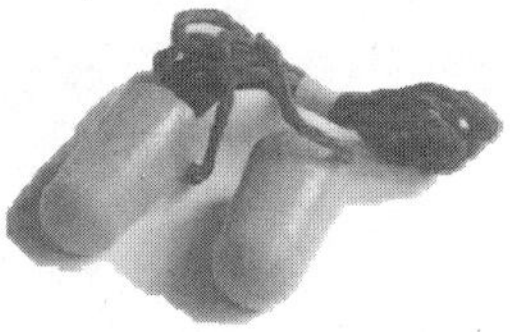

图 4-8　耳塞

③ 手的保护。手部可能受到外部物体的刮伤、划伤和液体的接触侵蚀。因此，在汽车喷漆作业中，依据工作属性和所接触物质的不同，需佩戴棉质手套和防溶剂手套。棉质手套主要用于防止在打磨或者处理汽车零件时手部受到伤害，如图 4-9 所示。防溶剂手套主要用于防护在操作过程中稀释剂、清洁剂、油漆和原子灰所含溶剂对手部皮肤的腐蚀，如图 4-10 所示。

如果皮肤沾染上了汽车涂料，千万不要用布沾溶剂、稀释剂擦拭皮肤，溶剂会通过人体皮肤的毛孔和汗隙进入人体，危害健康，正确方法是使用专门用于清洁皮肤上沾染涂料的洗手膏清洁。

图 4-9　棉质手套

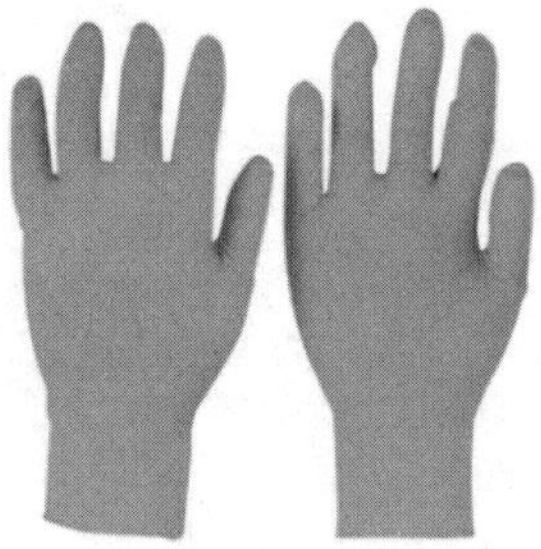

图 4-10　防溶剂手套

④ 身体防护。在汽车喷漆过程中，除了防护在板件的搬运和工具的使用过程中对身体的刮伤和划伤外，还要防护干磨环境产生的粉尘和喷漆环节产生的漆雾附着在身体表面，因此需要根据操作环节的不同穿戴棉质工作服和防静电工作服。

棉质工作服主要用于保护身体，防止划伤，以隔离漂浮粉尘附着在身体皮肤表面，同时具有反光层，预防在车间工作过程中出现生产事故，如图 4-11 所示。

防静电工作服不会产生静电，室外赃物不会附着在衣服上，从而能够为喷涂创造无尘环境，如图 4-12 所示。

图 4-11　棉质工作服

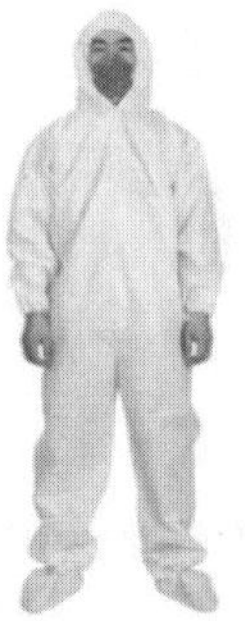

图 4-12　防静电工作服

防静电工作服一般有配套帽子，需要一起穿戴。帽子主要防止头屑或者洗发液残留，污染漆面。

⑤ 头部和脚部防护。防静电工作服一般带有连体帽子，可以在工作中不需要另外佩戴帽子。棉质工作服上通常不佩戴工作帽，需要另外专门佩戴帽子，如图 4-13 所示。佩戴帽子一方面可以防止在涂层打磨过程中产生的粉尘和汽车喷漆环节所产生的漆雾漂到操作人员头发上，另一方面可以防止在调漆和喷漆过程中头发飘落到油漆或者板件上。

安全鞋前部有拱形钢板夹层，主要用于操作人员在操作过程中抵御车辆碾压和重物的掉落对脚的损伤，保护脚的安全，一般又称为劳保鞋，如图 4-14 所示。

图 4-13　工作帽

图 4-14　安全鞋

【重要提示】

① 油漆、稀料溅入眼睛的处理：

安装紧急淋浴、洗眼设备，如图 4-15 所示。当溶剂等化学药品溅入眼睛后，切勿揉搓，立即用大量水冲洗，至少冲洗 15 min。然后送往专门医院进行检查与治疗。当溶剂或化学药品大量溅在人体上时，立即用紧急淋浴器冲洗身体。

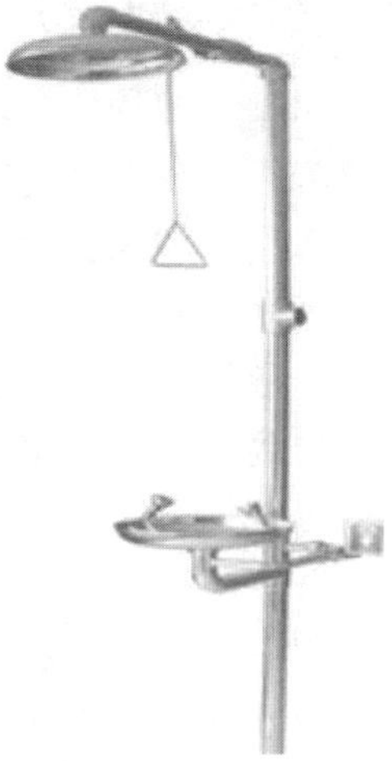

图 4-15　紧急淋浴、洗眼器

②油漆粘到皮肤上的处理：

先用布擦掉，立即用肥皂清洗或用专门的洗手膏等清洗。切勿用稀释剂、溶剂或香蕉水清洗。

对劳动安全健康来说，《化学品分类及标记全球协调制度》（GHS）是一个非常重要的规范文件，它包含按照物质和混合物对健康、环境的危害和物理危险来建立分类物质和混合物的协调的分类准则；协调、统一的危险信息表达要素，包括对标签和安全说明（SDS）的要求。

三、涂装材料的安全存放和保管

1. 存放要求

涂料绝大多数都是易燃、有毒的物质，并有一定的保存期。存放时应该采取一定的措施，做到安全、防毒，保证涂料质量，防止存放超过保存期而造成损失。涂料在存放和保管中应该注意以下几点：

（1）涂料库房必须专用，不得与其他物品（特别是易燃材料）存放在一起。库房要干燥、隔热、避免阳光直射。库房要有通风口，防止因密封使得库房内有机溶剂的浓度过高而发生爆燃。库房内的照明应该使用防爆灯，开关应该装置在库房外面，防止开或关时产生电火花而引起火灾。

（2）库房必须远离火源，库房门口应该有“严禁烟火”的醒目标志。火柴、打火机、移动电话机等不得带进库房。库房外应该放置灭火器、黄沙及其他灭火材料（工具）。

（3）库房室温不得超过 28 °C，夏季高温时应有降温措施，取料时避开中午高温，在早、晚温度较低时取料。

（4）库房内存放不同性质的涂料，应该分堆或者分层存放，以免由于牌号不明而混淆不清，造成错发而发生事故。

（5）库房内不许调配涂料，涂料桶不得有缝隙，使用过的涂料桶盖必须盖紧，不准存放敞口的涂料桶。

（6）库房内不准存放使用过的棉纱、纸屑。涂料空桶不可以存放在库房内，应该集中存放在通风好、无易燃物品的地方，并定期处理。

（7）库房进料应该登记涂料的出厂日期、进库日期和规定的保存期，做到先进先出，防止存放过期而造成涂料变质（如干化、结皮、沉淀等）。

（8）对于用量小或容易变质凝结的涂料，不宜大量进货，防止造成积压。

（9）根据经营规模，选择合适的计算机软件管理库房。

2. 防火防爆要求

喷涂施工的场所一定要注意灾难性事故的发生，所以要严格遵守操作规程，避免发生火灾、爆炸等事故。

（1）严禁烟火。施工场所严禁吸烟，不准携带火种入内；如必须动用明火，则只能在规定的安全区域内进行。

（2）通风排气。涂装施工中，将有大量的溶剂挥发与空气混合，如室内溶剂气体浓度达到一定的程度，一遇火种就会产生燃烧或爆炸，因此工作场所必须具有良好的通风。

（3）按防爆等级规定安装电气设备。凡能产生电火花的电器和仪器禁止在工作场所使用；各种电器都应符合防爆要求；在使用溶剂的工作场所禁装闸刀开关，配电盘、熔断器和普通电机等安装在室外。

（4）谨防自燃。浸有涂料、溶剂、清洁剂等的棉纱、清洁布等揩擦物，如不及时清理而长期堆积，由于化学反应会逐渐升温以致达到燃点而自燃。因此，上述物品必须放在指定的地点，定期销毁，更不许与涂料、溶剂混放在同一场所。

（5）避免积存过多的涂料。施工现场应避免积存过多的涂料和稀释剂，并不得将盛放涂料、溶剂的容器开口放置。

（6）常备灭火器材。施工现场必须备有足够的灭火器材并定期检查更换。

（7）及时报警。一旦发生火警应及时报警，并立即切断电源、关闭运转的设备和邻近车间的门窗，防止火势蔓延并组织扑救。

四、工具设备的安全使用

汽车涂装作业中使用工具和设备基本的安全要求如下：

（1）手动工具要保持清洁和完好。应经常清洁沾有油污和其他杂物的工具，检查其是否有破损，以免使用时发生机械事故，伤及人身。

（2）使用锐利或有尖角的工具时应当小心操作。不要将锐利工具或物品放在口袋中，以免伤及本人或划伤汽车表面。

（3）专用工具只能用于专门的操作，不能移作他用。

（4）使用电动工具之前应检查是否搭铁，检查导线的绝缘是否良好。操作时，应站在绝缘橡胶地板上进行（或穿有绝缘靴）。无保护装置的电动设备不要使用。

（5）用气动或电动工具从事打磨、修整、喷沙或类似作业时，必须戴安全眼镜。在小零件上钻孔时，禁止用手握持，必须用台钳夹住。

（6）必须确认电动工具上的电路开关处于断开位置后，才允许接通电源。电动工具使用完毕，应切断电路，并从电源上拔下来。

（7）清理电动工具在工作中产生的切屑或碎片时，必须让电动工具停止转动，切勿在转动过程中用手或刷子去清理。

（8）气动工具必须在规定的压力下工作。

（9）使用液压机具时，应保持液压压力处于安全值以下，操作时应戴安全眼镜，并站立在液压机具的侧面。

操作指引

1. 课前准备

（1）场地设施：干磨工位1个，装有废气抽排系统和消防设施的场地。

（2）施工主体：受损的右前翼子板。

（3）设施设备：带集尘系统的干磨机、短波红外线烤灯、打磨块等。

（4）相关耗材：安全防护用品，P80#、P800#干磨砂纸，P1200#水磨砂纸，擦拭布，硝基稀释剂等。

（5）学生组织：教师指导、分组实训、过程评价。

2. 注意事项

（1）在实训场地应穿戴对应的防护用品。

（2）听从实训指导教师的安排，严格遵守场地安全规定，注意用电安全。

（3）在操作过程中，注意不要喷洒或误食溶剂，谨慎使用。

（4）实训场地严禁烟火，禁止吸烟。

任务实施

李先生的新赛欧轿车右前翼子板受损后，送到涂装准备区进行漆前准备。涂装技术人员要检查所有要喷漆的表面有无问题、是否进行了打磨和清理。不喷漆的表面和零件须做遮蔽。原漆面如有划伤或其他问题，都要在漆前加以妥善解决。

涂漆表面的状况对漆面的寿命与外观有决定性影响。正确的漆前准备是保证喷漆质量的基础。漆前准备没做好，漆面的基础就不牢，可能出现各种问题，而且外观也不好。

涂层鉴别与损伤鉴定是漆前表面准备的重要内容。进行涂层鉴别与损伤鉴定时必须要回答下述问题：是旧漆尚好，只需打毛即可，还是旧漆已严重老化，需彻底清除露白。喷漆前，须首先确定旧漆的类型和总体的状况。在这个阶段如有缺漏，即使是很小的表面缺陷，也有可能导致整个板件都要重新打磨和重新喷漆。

鉴别车身钣金件上的涂料类别，在重涂工艺中是非常重要的。如果对涂膜没有正确鉴别，在施涂面漆时会出现严重的问题。

1. 判断车身是否经过重新喷涂

1）打磨法

（1）根据左前翼子板损坏区域裁一小块砂纸（粒度为 P80#），依次穿戴工作服、安全鞋、工作帽、护目镜、防尘口罩、耳塞、棉纱手套等防护用品。

（2）在漆膜受损区域内选一小块漆面，使用干磨机或打磨块配合 P80#干磨砂纸对漆膜进行打磨，直到露出金属，如图 4-16 所示。

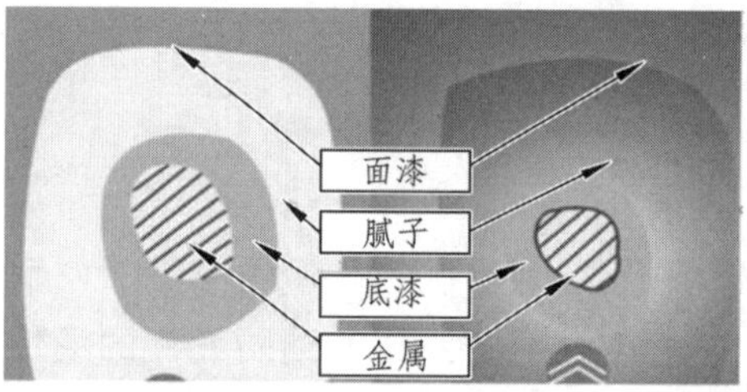

图 4-16　采用打磨的方法确定原有漆层类型

（3）通过涂层的结构可以看出这辆汽车过去是否经过重新喷涂。如图 4-16 所示，面漆单一均衡，未曾喷涂过；而右图面漆明显分层，或因曾喷涂过与原车不同的油漆，呈现不同颜色的两层面漆层，由此可以判断为过去曾重新喷涂过。

2）测量涂层厚度

（1）裁一块大小适度的砂纸（粒度为 P80#），依次穿戴工作服、安全鞋、工作帽、护目镜、防尘口罩、耳塞、棉纱手套等防护用品。

（2）在漆膜受损区域内选一小块漆面，用打磨块配合对漆膜进行打磨，直到露出底材，并尽量打磨出一个垂直的漆膜边缘。

（3）用直尺或游标卡尺上的深度尺测量涂层的厚度，如果涂层厚度大于新车涂层的标准厚度（一般为 80 ~ 140 μm），说明这辆汽车曾经进行过重新喷涂。

备注：如果有条件，可以直接使用漆膜厚度测试仪测量前翼子板油漆厚度。

2. 确定车身原有涂层的类型

1）打磨法

（1）裁一块大小适度的砂纸（粒度约为 P1200#），依次穿戴工作服、安全鞋、工作帽、护目镜、防尘口罩、耳塞、棉纱手套等防护用品。

（2）在漆膜受损区域内选一小块漆面，用打磨块配合对漆膜进行轻打磨。

（3）观察砂纸打磨面上的漆粉状况。如果布上沾有车身颜色漆迹，则说明漆膜是单工序油漆；如果没有沾上漆色（粉末为白色透明状），则说明漆膜是双工序油漆。如果漆膜表层结构粗糙，经摩擦后产生一种类似抛光的效果，则说明涂敷的是一种抛光型漆；如出现一种聚丙烯特有的光泽，则可以判定涂敷的是聚丙烯型漆；如果用砂纸打磨漆面，漆层有弹性且砂纸黏滞，则说明是未完全硬固的烤漆。

2）涂抹溶剂法

（1）依次穿戴工作服、安全鞋、工作帽、护目镜、半面式防毒口罩、防溶剂手套等防护用品，用擦拭布浸硝基稀释剂。

（2）用擦拭布在涂膜表面上摩擦，如图 4-17 所示。

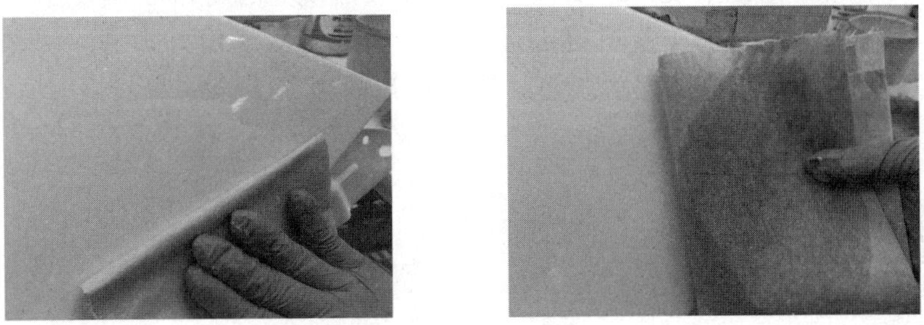

图 4-17　使用稀释剂涂抹

（3）观察擦拭布表面状况。如果擦拭布上粘有车身色漆，说明漆膜面漆为自然干燥型（硝基型），摩擦不掉色的面漆涂层是烘烤型或聚氨酯型；如果原漆膜膨胀或收缩，则为未完全硬固的烘烤漆。

虽然聚氨酯型和烘烤涂料通常不受溶剂影响，但是如果涂层固化不足或涂层变质，它们在受到摩擦时，也会有些掉色或褪色，但掉色程度会很轻。表 4-1 列出了几种类型涂料与硝基稀释剂反应的情况。

表 4-1　几种类型涂料与硝基稀释剂反应的情况

涂料类型	对硝基稀释剂的反应	涂料类型	对硝基稀释剂的反应
热固性氨基酸醇酸	不溶解	CAB 丙烯酸清漆	溶解
热固性丙聚氨酯	不溶解	NC 丙烯酸清漆	溶解
丙酸聚氨酯	不溶解		

3）加热检查法

（1）用 P800#水磨砂纸湿磨，消除原漆面光泽。

（2）用红外线灯加热打磨过的部位。

（3）观察打磨并加热的部位。如果这时漆面上的光泽重现，表明涂层是树脂型漆。一般涂层加热后会发生一定程度的变软。

经过鉴别，确定李先生的白色轿车是双工序白色素色漆，是原厂漆，未做过喷涂，鉴别结束后，将残留有溶剂的废料按照指定的位置存放，并做好现场“7S”工作。

任务小结

（1）涂装是指将涂料涂覆于物面（基底表面）上，经干燥成膜的工艺。

（2）在汽车涂装施工中产生的粉尘和挥发性有机溶剂（VOC）会严重危害身体健康，因此要做好对应的安全防护，需正确穿戴工作服、工作鞋、工作帽、耳塞、护目镜、全面式（半面式）防毒面具、防尘口罩、防溶剂手套、棉纱手套等防护用品抵御侵害。如果涂料接触到眼睛或皮肤，应按照正确的急救方法处置。

（3）涂料绝大多数都是易燃、有毒的物质，并有一定的保存期。存放时应该采取一定的措施，做到安全、防毒，保证涂料质量，防止存放超过保存期而造成损失。喷涂施工的场所一定要注意灾难性事故的发生，所以要严格遵守操作规程，避免发生火灾、爆炸等事故。

（4）汽车涂装作业中使用的工具和设备应按照规范和标准正确使用。

（5）涂层鉴别先判断车身是否经过重新喷涂，可以使用打磨法、测量涂层厚度法，然后再确定车身原有涂层的类型，可以使用打磨法、涂抹溶剂法、加热检查法，重点推荐前两种。

实训项目

姓名：________________ 班级：____________________ 日期：____________

实训项目一　损伤评估

1. 车辆信息记录

用户（车牌）：____________ VIN 码：____________ 车　型：____________

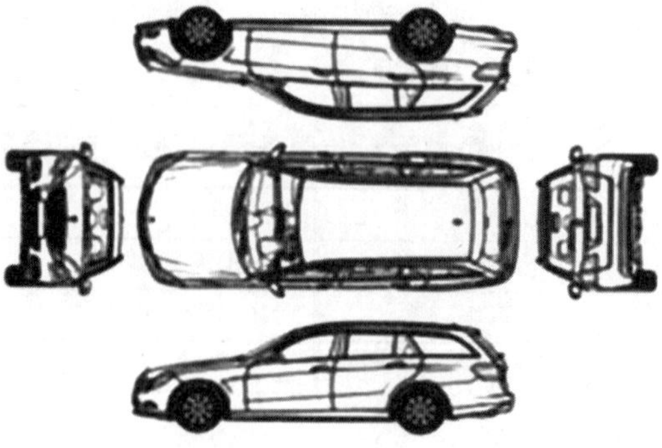

图 4-18　车辆

2. 实车勘察结果

用下列代码在车身对应区域标注损伤类型：

B =凹陷/变形；

Q =清漆层损伤；

S =色漆层及色漆层以下损伤。

3. 描述损伤

根据实际情况填写表 4-2。

表 4-2 损伤记录

序号	损伤部位	损伤情况描述	变形情况描述	漆面判断结果	维修方案
1					
2					
3					
4					
5					
6					

4. 操作评分标准（见表 4-3）

表 4-3 操作评分标准

任务描述	评分标准	分值	得分
汽车的清洗、鉴别涂层种类与评估损坏程度	安全防护： 整个操作过程中防护用品佩戴错误或未戴，一次扣 3 分； 丢失一种，扣 3 分（可继续领用）； 防护用品掉了没有发现，扣 3 分； 全程未穿安全鞋，扣 5 分； 短时间摘除防护用品检查车况或擦干净眼镜不扣分	15	
	清洗、鉴别与评估： 清洗方式与顺序不正确，一处扣 5 分； 未做适当的安全防护扣 3 分； 清洗完毕，未清除水渍或仍有残留灰尘（戴乳胶手套指触确认），整板，扣 5 分，其他情况，根据面积和程度扣 1～4 分； 不能准确鉴别涂层种类扣 5 分； 准确评估损伤程度，合理制定维修方案，方案不合理每处扣 2 分	30	
	除锈和油污过程及效果： 清除方式与顺序不正确，一处扣 5 分； 未做适当的安全防护扣 3 分； 铁锈未清除彻底，根据面积和程度扣 1～4 分； 油污未按标准清理或清理不彻底，每厘米扣 1 分（以最长边算）；	40	

续表

任务描述	评分标准	分值	得分
汽车的清洗、鉴别涂层种类与评估损坏程度	未按工序规范佩戴棉纱手套扣 4 分； 打磨时打磨机吸尘开关未开（>15 s），扣 3 分（只扣 1 次）； 未按要求使用打磨材料或打磨材料使用不规范的扣 5 分； 打磨后表面不平滑，打磨不彻底扣 3 分	40	
	“7S”操作规范： 每一种错误扣除 2 分； 防护用品放回纸袋或工作台面，或继续佩戴均可； 工作环境清洁，工具清洁，设备归位，废料统一在规定地点； 摔落工具、设备等严重失误，每次扣 5 分	15	
总得分	考核等级		

任务二　前翼子板前处理

任务描述

客户李先生的新赛欧白色轿车的右前翼子板完成了涂层鉴定，已确定原来的涂层是双工序素色漆。现在请你对左前翼子板继续施工，完成损伤凹陷的前处理工作，安全、环保地完成此项工作任务。

学习目标

【知识目标】

（1）能正确描述修补后的涂层结构；

（2）能正确叙述常用打磨机的特点及适用范围；

（3）能正确叙述常用原子灰的特点及适用范围。

【能力目标】

（1）能选用合适的磨头和砂纸正确去除旧漆膜，研磨羽状边；

（2）能根据损伤范围正确施涂环氧底漆；

（3）能正确混合原子灰并完成施涂；

（4）能正确研磨原子灰至表面平整，并完成质量检查。

【素质目标】

（1）具备良好的沟通能力和表达能力；

（2）能够按照企业“7S”要求和安全生产规范进行操作；

（3）具有与同学密切合作，规范安全地完成学习活动的能力。

建议学时：6 学时

知识准备

一、涂层结构及其特点

（1）原厂涂层。一般包括底漆层、中涂层和面漆层，如图 4-19 所示。

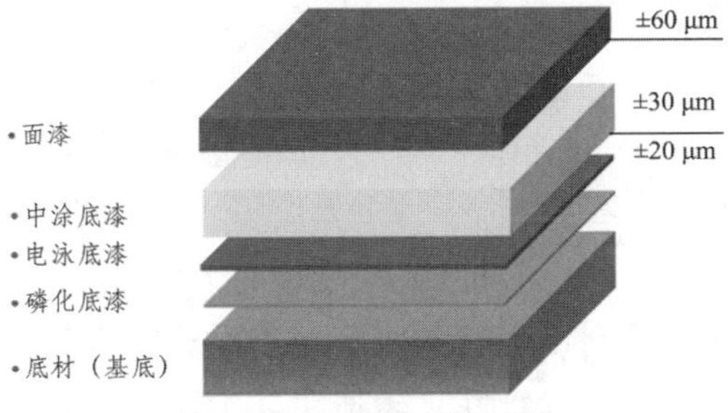

图 4-19　原厂涂层结构

（2）对于修补后的涂层结构，若采用标准的工艺，漆涂层结构如图 4-20 所示。如果修补更换新车件的工艺，其涂层结构如图 4-21 所示。

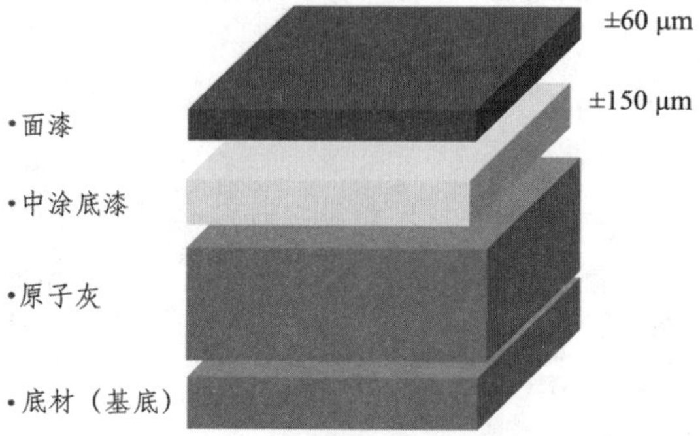

图 4-20　修补后涂层结构

图 4-21　更换新件修补后涂层结构

二、清洁材料

汽车表面有多种不利于打磨及喷漆维修的物质（如美容蜡、美容封釉、油污等），工件表面还会沾有人手表面油脂，为了防止在打磨工件时把这些物质带入砂纸痕内导致附着力不强、鱼眼等喷漆缺陷，在打磨前需要进行清洁除油。选择适合该阶段使用的清洁、除油能力较强的清洁剂，气温高时应选择慢干清洁剂，以避免清洁剂挥发过快。

清洁剂是多种有机溶剂的混合物，能够溶解车身表面的美容蜡、油脂等污染物，且挥发速度较慢，这样在清洁剂溶解了污染物后操作者就有足够时间使用干的擦拭布擦干清洁剂。不能用某种稀释剂或洗枪用香蕉水代替清洁剂清洁车身表面，因为普通的稀释剂溶解力比较弱，起不到去除各种污染物的作用，而香蕉水中含有苯、甲苯、二甲苯、异戊酯等成分对人体危害较大，且杂质多，对车漆膜破坏力强，所以不适合用于车身清洁。

三、打磨材料

1. 砂纸与砂布

（1）砂纸。在构造上是利用附着剂将磨粒黏结到一块柔性或半刚性的背衬上。车身修理人员必须选择合适的砂纸并正确使用才能获得最佳的生产效果、材料利用效率和最好的表面涂层效果。砂纸的形状有矩形和圆盘形两种。前者多用于手工打磨，后者则用于机械打磨。常用砂纸所采用的磨料有金刚砂和氧化铝颗粒，还有新开发的挫铝磨料。

砂纸有水磨砂纸和干磨砂纸之分。干磨砂纸不耐水，只能用于干法打磨，一般与打磨机配套的砂纸多为干磨砂纸。水磨砂纸由醇酸树脂、醇酸调和清漆等专用漆料将一定粒度的磨料黏着在浸过桐油的纸上而成，是汽车修理行业最常用的砂纸；主要特点是耐水，打磨时通常要蘸水或溶剂进行湿打磨；水磨砂纸的磨料无尖锐的棱角，不会在平整金属表面留下明显的打磨痕迹。水磨砂纸也可作干磨使用。

（2）砂布。由骨胶等胶黏剂将各种规格粒度的磨料黏着在粗布上而成，主要特点是质地坚硬，耐磨，耐折，寿命长。砂布的品种和型号较多，一般是以磨料的粒度数值表示，数值越小，磨料越粗。磨料粒度不同，用途不同。

砂纸和砂布的分类及规格如表 4-4 和图 4-22 所示。

表 4-4　干磨砂纸与水磨砂纸的粗细比较

分类	规　格									
干磨砂纸	P60	P80	P120	P150	P180	P240	P280	P320	P360	P400
水磨砂纸	P150～P180	P180～P220	P240～P280	P280～P320	P320～P360	P400～P500	P500～P600	P600～P800	P800～P1000	P1000～P1200

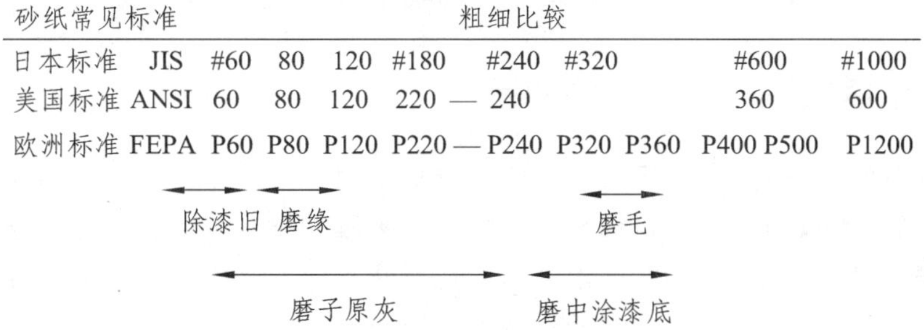

图 4-22　砂纸的标准与粗细比较

2. 金刚砂磨料

用金刚砂制成的砂纸和磨盘是用来打磨薄边或干磨各种柔软材料的，如打磨旧漆层、玻璃纤维和原子灰（腻子）等。金刚砂是一种尖锐的颗粒，适合于快速磨削，但用来打磨坚硬表面时，磨粒很容易崩脱或变钝。一般在砂纸或砂轮上标记有 SiC（或英文名 SiliceneCarbide）。

3. 氧化铝与氧化锆磨料

氧化铝的楔形磨粒非常坚固，不易被折断，也不至于很快磨钝。氧化铝磨料适用于打磨受损金属、除去旧漆层或为塑料填充剂整形。一般用作磨料的氧化铝按其自身的颜色区分用途，红褐色用于金属打磨抛光，经过处理呈白色的氧化铝用于清除旧漆。国外通常都是在砂纸或砂轮上标明 AlO 或英文名 AluminumOxide。

由氧化铝和氧化锆构成的磨料有独特的自动磨锐性能，与传统磨料相比，效率更高，寿命更长。此外，此类磨料打磨时产生的热量较少，特别适合于清除制造厂涂敷的光亮层漆面。自动磨锐性使得打磨时所需的压力较小，减轻了劳动强度，在汽车修理和重新喷漆中使用越来越广泛。

4. 磨块

磨块也称为磨垫，一般用木材或橡胶制成，一般具有平坦的表面，或根据工件的形状制成特别的形状，如图 4-23 所示。木材和硬胶制的磨块配合适当的砂纸，用于打磨平度较高的位置，而胶制磨块则用于打磨圆拱位置及漆膜表面。厂商供应的磨块一般一面为硬面，一面为软面，以满足不同的需要。

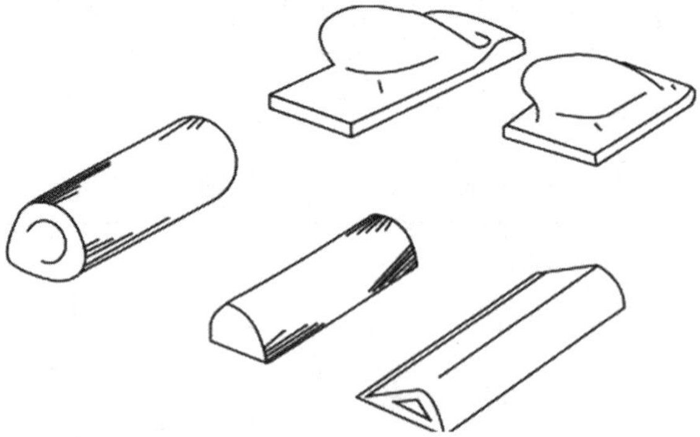

图 4-23　常用的磨块

四、漆膜去除与打磨机的使用

板件研磨主要通过双作用气动打磨机选择不同型号的打磨头，配合相应型号的砂纸，按照技术标准要求进行板件表面除锈、去膜和整平等。板件修复各环节的研磨质量直接影响两个工序之间的附着力，以及修复过后的整体质量。在喷漆维修过程中，主要包括板件预处理、旧漆膜去除、原子灰整平和中涂打磨等四处进行研磨。仔细进行预处理是一个最基本的重点，底材上应当没有任何腐蚀和油脂，必须是干燥的。如果底材表面有锈蚀，使用除锈盘（黑金刚，其结构柔软而适应性强）除锈，能够在不切削金属的同时去除表面锈蚀。需要注意的是，粗磨砂纸 P60 以下对于清除金属板上的腐蚀物而言，切削力通常太强，清洁金属底材可能会致金属板磨穿。

研磨最主要的功能有：

（1）使板件平面平滑；

（2）增强附着力；

（3）除去锈蚀和污渍；

（4）获得高品质表面。

影响研磨效果的因素主要有以下几个方面：

（1）表面的状况：原子灰刮涂表面平整度、原子灰和中涂底漆干燥程度、中涂底漆喷涂平滑度、表面清洁度和表面形状；

（2）操作者：所施加压力、磨头运动轨迹、研磨技术；

（3）打磨材料：材质种类、砂粒结构、砂粒分布和砂粒密度；

（4）设计特点：打磨衬垫盘，形状、吸尘管路，坚固程度等；

（5）机器设备：磨头型号、轨道直径、转速、驱动类型和吸尘方式。

1. 对旧漆膜清除的要求

对旧漆膜清除的要求可根据旧漆膜的损坏程度和重新涂装后的质量要求，进行全部和部分清除，原则为清除到没有损伤的涂层为止。

（1）漆面没有明显缺陷的旧涂层处理。

一般情况下，面漆的下面涂层基本没有损坏或只有很少地方需要修补时，只要将面层表面进行适当打磨，磨掉已经氧化、变差的一层，露出良好的底层即可。

（2）漆面有缺陷的旧涂层处理。

① 面积较小的缺陷处理方法。

对于小的缺陷，在缺陷部位进行打磨，直到出现没有受到损伤的涂层或裸金属。如果裸露金属部分有锈蚀或穿孔的情况，还要进行除锈或补焊，将锈蚀清除干净，防止继续产生锈蚀或结合力变差的情况，并进行磷化或钝化处理。

② 面积较大的缺陷处理方法。

可以用喷砂机进行喷砂除漆，或用化学法及打磨的方法将旧涂层脱漆，然后进行必需的清洁处理。对裸露的金属表面仍需做除锈、磷化或钝化处理。

2. 打磨机的正确使用

1）打磨机

打磨机可以利用电力驱动，也可以利用压缩空气驱动。电动打磨机与气动打磨机的外形如图 4-24 和图 4-25 所示。

图 4-24　电动打磨机

图 4-25　气动打磨机

由于喷漆车间内有大量的易燃物品，为了安全起见，应尽量避免使用电动工具，推荐使用采用压缩空气驱动的气动打磨机。气动打磨机主要有以下 4 种类型。

（1）单作用打磨机。

打磨盘垫绕一固定的点转动，砂纸只做单一的圆周运动，称为单一运动圆盘打磨机或单作用打磨机，如图 4-26 所示。这种打磨机的扭矩大。低速打磨机主要用于磨去旧涂层，镀金磨就属于这类打磨机；高速打磨机主要用于漆面的抛光，也就是抛光机。

（2）轨道式打磨机。

轨道式打磨机的砂垫外形都呈矩形，便于在工件表面上沿直线轨迹移动，整个砂垫以小圆圈振动，此类打磨机主要用于腻子的打磨，如图 4-27 所示。该类打磨机可以根据工件表面情况采用各种尺寸的砂垫，以提高工作效率，轨迹直径也可改变。

（3）双作用打磨机（偏心振动式）。

打磨盘垫本身以小圆圈振动，同时又绕自己的中心转动，因而兼有单一运动及轨道式打磨机的运动特点，如图 4-28 所示。其切削力比轨道式打磨机强。在确定打磨机用于表面平整或初步打磨时，要考虑轨道的直径，轨道直径大的打磨较粗糙，反之较细。

（4）往复直线式打磨机。

砂垫做往复直线运动的打磨机，称为直线式打磨机，主要用于车身上的特征线和凸起部位的打磨。电动打磨机的类型与气动式基本相同。

图 4-26　单作用打磨机

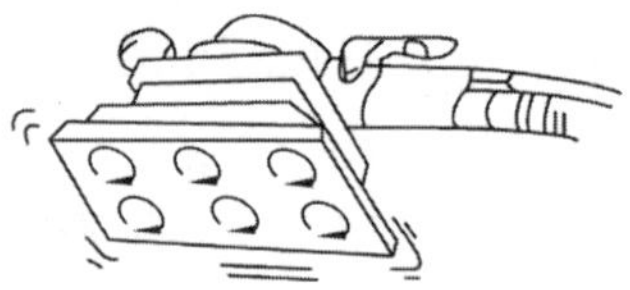
图 4-27　轨道式打磨机

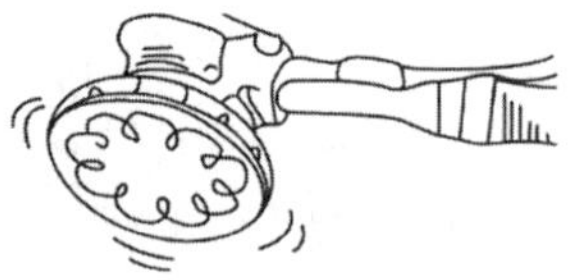
图 4-28　双作用打磨机

2）打磨机的选择

电动打磨机的主要优点是转速高，打磨力量大，使用方便。所谓使用方便，一是指只要有电源的地方就可以使用，不需专门的气源；二是指使用方法简单，故障少；三是可以通过更换打磨头，实现多用途。

选择电动打磨机时，首先应根据操作者的体格和体力，选择大小适宜的打磨机，否则，太大会很快疲劳，不能持续作业，太小则效率低。然后再选择转速稳定、输出力量大、振动小的打磨机。打磨头的形状有两种，如图 4-29 所示。其中有倒角的一种使用起来比较方便，对于板件的边角均能进行很好的打磨。

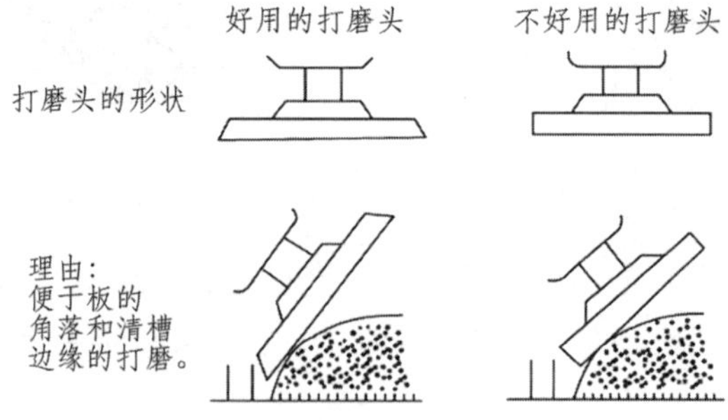

图 4-29　两种形状的打磨头的比较

打磨头尺寸的大小选择应视打磨面积来决定。如对车顶和发动机罩等大面积区域进行打磨时，可使用直径为 18 cm 的打磨头，以加快作业速度。小面积剥离时，可以使用直径为 10 ~ 12 cm 的打磨头，操作起来比较方便。

3）打磨机与砂纸的选择

常用气动干磨机打磨头的轨道直径通常有两种系列：一种系列是轨道直径分别

是 3 mm、5 mm 和 7 mm；另一种系列轨道直径分别是 3 mm、6 mm 和 9 mm。轨道直径越大，则运动范围越大、切削效率越高、打磨速度越快、研磨越粗糙。因此，轨道直径为 5 mm 和 7 mm（6 mm 和 9 mm）的打磨头与高硬质衬垫盘组合应用于原子灰粗整平和预处理时，常配合砂纸的使用范围为 P80、P120、P180、P240；轨道直径为 3 mm 和 5 mm（3 mm 和 6 mm）的打磨头与高硬质或普通硬质衬垫盘组合配合 P240、P320 砂纸用于原子灰细磨、中间过渡打磨和打磨准备喷涂填充中涂底漆的区域。

正确选择合适轨道直径的打磨头、打磨垫盘的硬度以及根据当前作业推荐的打磨材料型号，将在获得完美打磨效果的同时，效率也将随之提高。

五、防腐材料

去除损伤区域的旧漆膜之后，由于金属暴露在有一定湿度的空气中容易锈蚀，所以要及时施涂防锈底漆，进行防锈处理。常见的防锈底漆有磷化底漆（侵蚀底漆）和环氧底漆两种。

磷化底漆可以通过化学反应在金属表面产生一层不导电、多孔的磷化膜，从而起到防锈及增加附着力的作用。但是要注意磷化底漆本身呈弱酸性，原子灰不能直接刮涂在磷化底漆表面上，必须在磷化底漆上施涂中涂底漆才能刮涂原子灰。

环氧底漆是以环氧树脂为主要成膜物质制成的底漆，其附着力强，漆膜坚韧耐久，对铝镁合金、镀锌钢板、玻璃钢等都具有较好的附着力，缺点是传统的采用胺/胺加合物类固化剂和聚酰胺固化剂的环氧底漆干燥速度较慢。

有些不饱和聚酯原子灰对多种金属底材都具有较好的附着力，同时原子灰也具有一定的防锈性能，所以可以不施涂环氧底漆即可将原子灰直接刮涂在金属表面上。

因此，依据原子灰是否具有防锈能力，防锈作业可以分为两类：一种是先施涂环氧底漆，再施涂原子灰；另一种是直接施涂原子灰。具体采用哪种方式，应先根据原子灰产品说明书确定所选择的原子灰能否直接刮涂在金属底材上，如果不能则需要选择并施涂合适的环氧底漆，待完全干燥后再刮涂原子灰。从保证汽车修补后防锈性和附着力达到最佳质量的角度考虑，修补漆能在非事故、无损伤情况下达到与车体寿命一样，漆膜不会脱落并能保护车体不生锈，就应该选用先施涂环氧底漆再施涂原子灰的做法。

六、填补材料

损伤区域在去除旧漆膜之后需要填补原子灰将板件填补，经过打磨之后与周围旧漆膜平齐或在中涂喷涂过后将微小针孔或者划痕修补填充起来。腻子可分为不饱和聚酯腻子及硝基腻子。

不饱和聚酯腻子通常又称为原子灰，包括钣金原子灰、普通原子灰、纤维原子灰、柔性原子灰等几种类型。原子灰是双组分型，使用时要添加固化剂，干燥速度快，原子灰附着力强，不易开裂，硬度高，打磨性好，固化后收缩性小。

硝基原子灰俗称填眼灰，为单组分，常用于喷涂中涂底漆后，刮涂填充小的砂眼、砂纸痕迹用，但因硝基原子灰易吸收面漆所含溶剂，易收缩，故应避免大面积使用。

刮涂原子灰前底材要达到一定的要求，合格的钣金质量，其表面平整度的变形量应不超过所使用原子灰的最大刮涂厚度，底材不应有裂口或未焊接的接缝等，否则过厚的原子灰层会降低涂层的性能，裂口和缝隙会吸进潮气，原子灰中的体制颜料会吸收潮气而导致锈蚀的产生，最终会破坏原子灰和金属的结合。汽车在行驶中的振动和应变，会使过厚的原子灰层及处理不当的钣金件变形，造成原子灰层的裂纹、脱落。

不饱和聚酯原子灰由于采用的不饱和聚酯树脂、填料、颜料的种类不同，填充性、柔韧性、可刮涂厚度也不同，一般普通原子灰可刮涂厚度为 1 ~ 3 mm，但有些钣金原子灰的刮涂厚度可达 5 mm 甚至更厚，使用时须参照产品说明书使用。硝基原子灰的刮涂厚度则不能超过 0.5 mm，刮涂过厚或者使用面积过大都会导致下陷、原子灰印、失光等缺陷。

纤维原子灰是用玻璃纤维代替滑石粉作为原子灰填充剂，从而改善了原子灰的韧性、强度和防水性能。纤维原子灰适合适用于玻璃钢底材上，并且可以用来填充有小孔、裂纹的玻璃钢底材。

柔性原子灰是一种细腻而柔韧的双组分不饱和聚酯原子灰，用于塑料件表面修补，与硬质塑料和柔性塑料都有非常好的附着力。由于塑料间的柔韧性低于金属，而普通原子灰、钣金原子灰都是按照金属的柔韧性设计，如果在塑料件上使用这些原子灰，原子灰硬度会高于塑料件，在塑料件变形时原子灰就会开裂、脱落。柔性原子灰干燥后与塑料底材的塑性和韧性相当，故能保持良好的附着力，同时能够承受轻度的冲击和沙石撞击，和其他的塑料件产品一起使用，能避免车身下围以及保险杠的漆面在轻度冲击力的作用下发生损伤、开裂和脱落等缺陷。

操作指引

1. 课前准备

（1）场地设施：干磨工位 1 个，装有废气抽排系统和消防设施的场地。

（2）施工主体：受损的右前翼子板。

（3）设施设备：带集尘系统的干磨机、短波红外线烤灯、刮灰刀、调灰板等。

（4）相关耗材：安全防护用品、各种型号干磨砂纸、擦拭布、水性除油剂、油性除油剂、合金原子灰、填眼灰、红色菜瓜布等。

（5）学生组织：教师指导、分组实训、过程评价。

2. 注意事项

（1）在实训场地应穿戴对应的防护用品。

（2）听从实训指导教师的安排，严格遵守场地安全规定，注意用电安全。

（3）实训场地严禁烟火，禁止吸烟。

任务实施

李先生的新赛欧轿车右前翼子板经过涂层鉴定后，准备进行前处理施工，施工步骤如下：

1. 安全防护

进入喷漆车间需要依次穿戴好帽子、护目镜、耳塞、防尘口罩或防毒面罩、防静电工作服、安全鞋、手套，如图 4-30 所示。

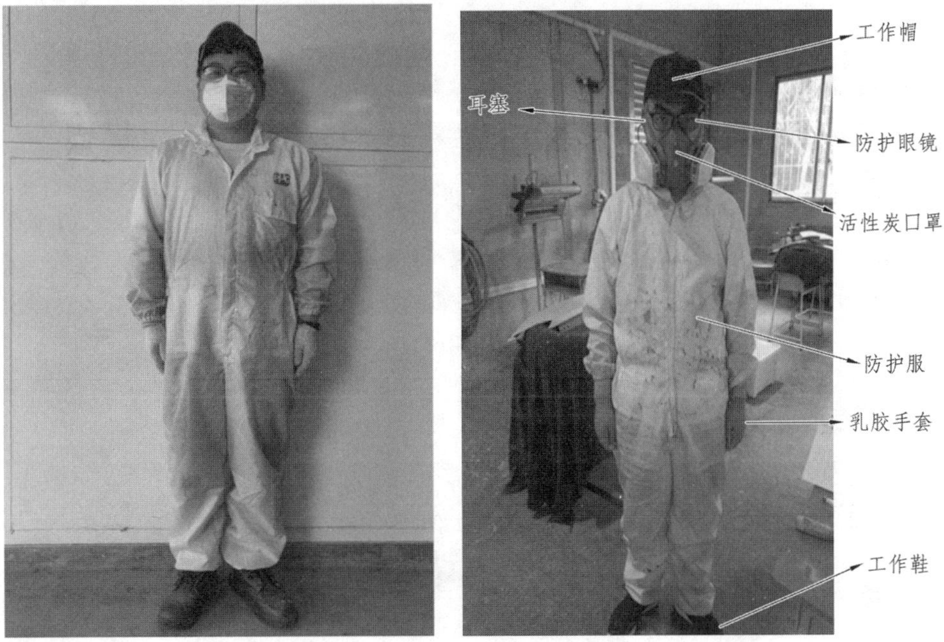

图 4-30　安全防护穿戴

2. 损伤评估

（1）板件除尘。消除板件表面灰尘、赃物，避免将污染物，带入喷漆车间。

（2）确定损伤区域范围。如图 4-31 所示，使用目视法、触摸法、直尺检测法对损伤部位进行损伤评估。

① 目测评估。

根据光照射受损板件的反射情况，以评估损坏的程度及受影响面积的大小，稍微改变人的眼睛相对于板件的位置，即可看到微小的变形，同时做好记录。

② 触摸评估。

戴上手套（最好为棉质薄手套），从各个方向触摸受损的区域，但不要用任何压力，要将注意力集中在手掌的感觉上。为了能准确地找到受影响区域的不平整部分，手的移动范围要大，要包括没有被损坏的区域，而不是只触摸损坏的部分。此外，有些损坏的区域，手在向某个方向移动时，可能比向另一个方向移动时更易感觉到。

③ 直尺评估。

将一把直尺放在车身没有被损坏的区域上，检查车身和直尺间的间隙；然后将直尺放在被损坏的车身板件上，评估被损坏的和未被损坏的车身板之间的间隙相差多少。

如果在用直尺评估时，损坏件有凸出部分，将影响评估操作，此时可用冲子或鸭嘴锤，将凸起的区域敲平或稍低于正常表面。

检查变形区域的范围和深度，确保深度在原子灰刮涂厚度范围内（小于 2 mm）。确定变形范围也是为了保证旧漆膜去除范围准确合理，避免打磨除旧漆膜范围不到位或者过小。对损伤范围评估时应使用记号笔进行标记确定。另外需检查变形区域是否有高点，如果有高点需要用合适的钣金工具重新钣金至合格。

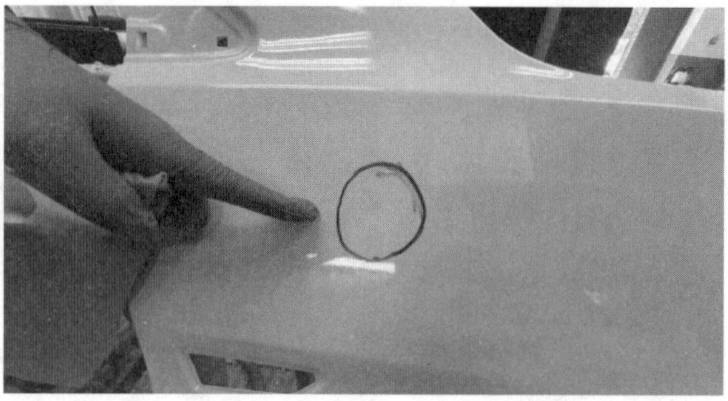

图 4-31　损伤区域评估

3. 清洁除油

穿戴好安全防护用品。特别注意，此环节要穿戴防溶剂手套和活性炭防毒面罩。使用擦拭布擦拭待修补表面灰尘，采用“一湿一干”法清洁除油，如图 4-32 所示。

图 4-32　“一湿一干”法清洁除油

“一湿一干”法分为湿擦和干擦两个动作环节，干擦前提是在除油剂在板件上没有完全挥发的情况下进行。“一湿一干”除油的擦拭方法依据操作方式的不同又可分为喷涂法和擦湿法两种。

喷涂法则为使用喷壶先将所需清洁板件或者部位整体喷涂除油剂，然后利用擦拭布依次快速擦拭板件，接着使用另外一块干擦拭布进行擦拭擦干。此方法在板件单位面积上的除油剂滞留量相对擦湿法要多，与板件污渍接触时间长，去除效果相对较好，不足之处在于容易在板件上喷涂过多除油剂，导致除油剂流出板件。

擦湿法则为使用带有除油剂的擦拭布将板件擦拭，使板件表面附着一层除油剂，在除油剂挥发完之前使用干擦拭布将板件擦拭干净，具体为一手拿着含有除油剂的湿擦拭布从一侧擦拭板件，在板件上除油剂在完全挥发之前，另一手拿着不含除油剂的干擦拭布从对侧擦拭板件，依次按照湿干交替擦拭板件的方法将板件擦拭干净。

4. 去除旧漆膜

（1）穿戴好防护用品。注意，此环节要佩戴棉质手套和防尘口罩。

（2）如图 4-33 所示，使用偏心距为 7 mm 的双动作打磨机配合 P80 干磨砂纸快速打磨，去除旧漆膜。再使用偏心距为 7 mm 的双动作打磨机配合 P120 干磨砂纸打磨羽状边，如图 4-34 所示。因打磨原子灰时会再次使用 P80 及 P120 干磨砂纸，故打磨羽状边可以不使用 P180 干磨砂纸，以减少浪费和提高效率。要求羽状边平滑过渡，宽度均匀。对于一些较厚的旧漆膜，宽度可以达到 2～3 cm，用手触摸感觉是否有明显台阶来直观判断是否平滑。损伤区域较小时可以使用偏心距为 7 mm 的双动作打磨机配合 P120 干磨砂纸去除旧漆膜。对于损伤区域中无法使用机械打磨去除的旧漆膜，可以手工折叠干磨砂纸打磨或使用铲刀彻底去除，如图 4-35 所示，确保裸露金属部位没有残留旧漆膜，但要注意不要造成金属面变形。

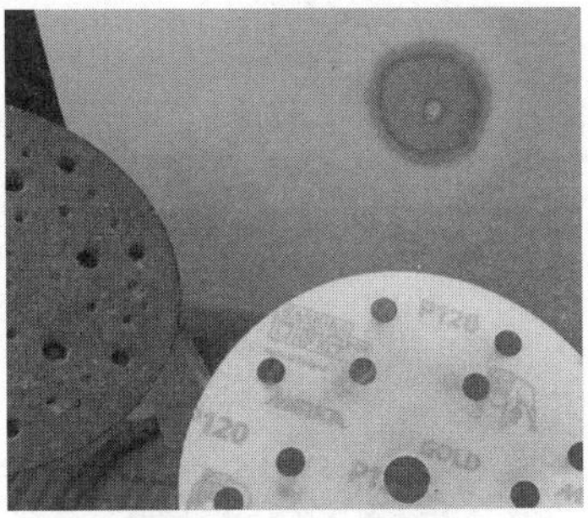

图 4-33　P80 粗磨

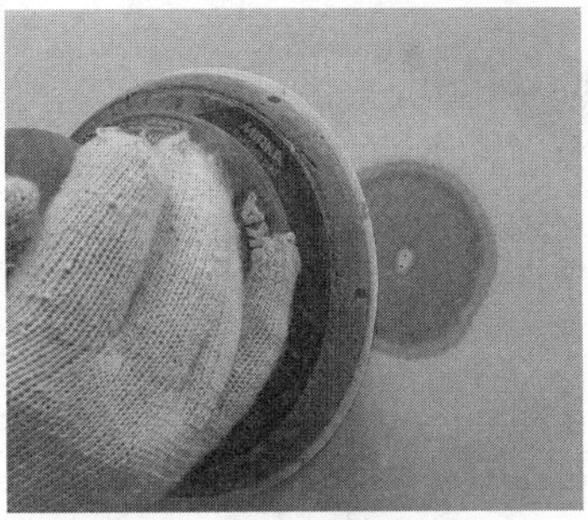

图 4-34　P120 研磨羽状边

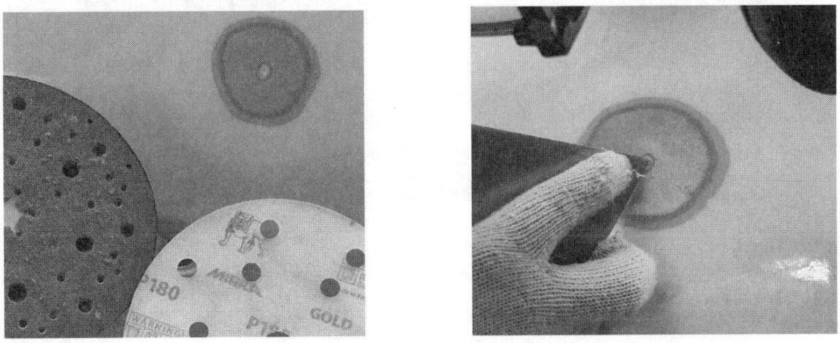

图 4-35　P180 研磨和去除裸金属区残留旧漆

（3）对于未造成金属变形，且深度在 200 μm（中涂底漆能喷涂的最大膜厚）以下的划痕，可以使用偏心距为 5 mm 的双作用打磨机配合 P240、P320 干磨砂纸将划痕磨除，打磨好羽状边，然后施涂中涂底漆填补，不需要刮涂原子灰。

（4）使用偏心距为 7 mm 的打磨机配合 P240 干磨砂纸打磨羽状边外缘 5 ~ 10 cm 宽哑光区域，具体可视需刮涂原子灰面积的大小而定，最终打磨效果如图 4-36 所示。

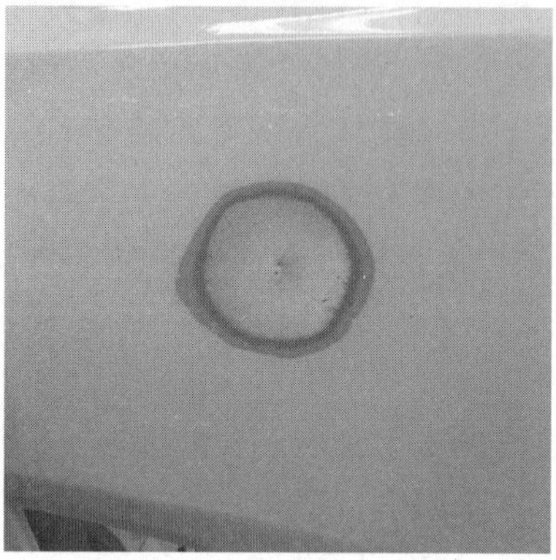

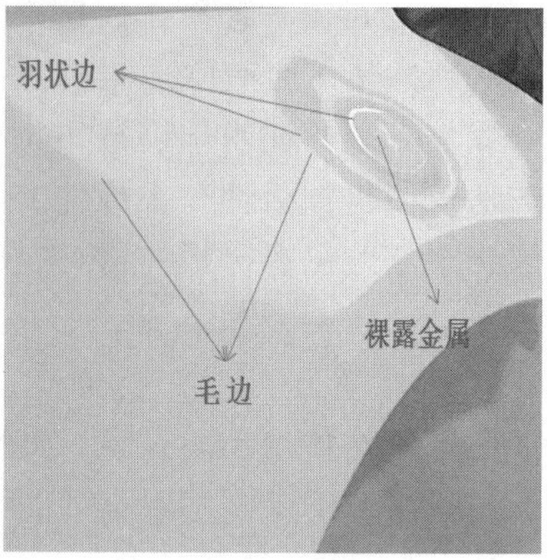

图 4-36 旧漆膜最终打磨效果

5. 施涂环氧底漆

（1）穿戴好防护用品。注意，此环节需佩戴防毒面具和防溶剂手套。

（2）采用“一湿一干”法对羽状边区域进行清洁、除油。

（3）擦涂或喷涂环氧底漆。环氧底漆只需 15 ~ 20 μm 的厚度即可起到防锈和提高附着力的作用，可采用刷涂法和喷涂法。使用毛刷或擦拭布蘸取调配好的环氧底漆均匀涂抹 2 ~ 3 遍，或过滤至面漆喷枪，喷涂 1 ~ 2 层，以刚好遮盖住裸露金属为准。环氧底漆不能施涂过厚，以刚好盖住其裸金属为宜，且环氧底漆不能施涂至其裸金属以外的地方。可采用红外线烤灯进行烘烤，以提高环氧底漆的干燥速度。环氧底漆施涂如图 4-37 所示。特别注意，如果使用合金原子灰（带防锈功能），可以不施涂环氧底漆，直接在裸金属上施涂原子灰。

图 4-37 环氧底漆施涂

6. 施涂原子灰

（1）调配、涂原子灰时应佩戴防护用品。注意，此环节需戴防毒面具、防溶剂手套。

（2）使用开罐器将原子灰罐打开，取搅拌尺充分混合罐内原子灰，如图 4-38 所示。再打开固化剂瓶盖，挤出空气，然后拧上盖子，用手掌在管外揉搓使固化剂均匀，如图 4-39 所示。

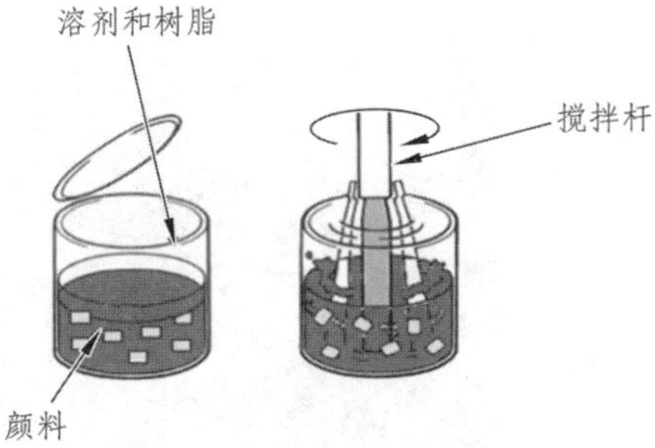

图 4-38　开罐搅拌原子灰

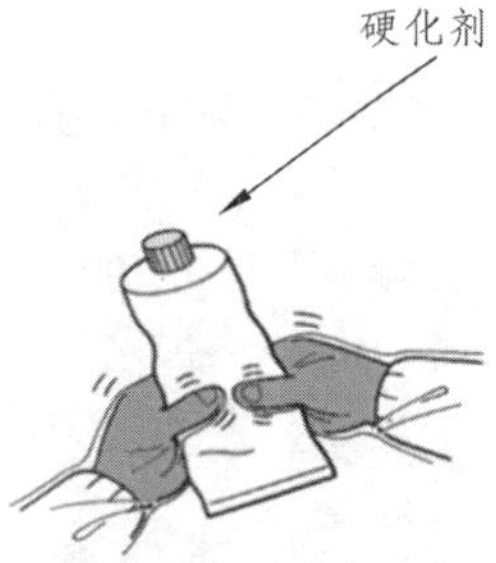

图 4-39　固化剂挤压

（3）将原子灰取至金属或纸质调和板上，如图 4-40 所示，依据当前环境气温及产品要求添加所取原子灰重量的 2%～3%（100∶3）的固化剂，用原子灰刮刀将原子灰与固化剂不断来回刮抹，直至调和均匀。

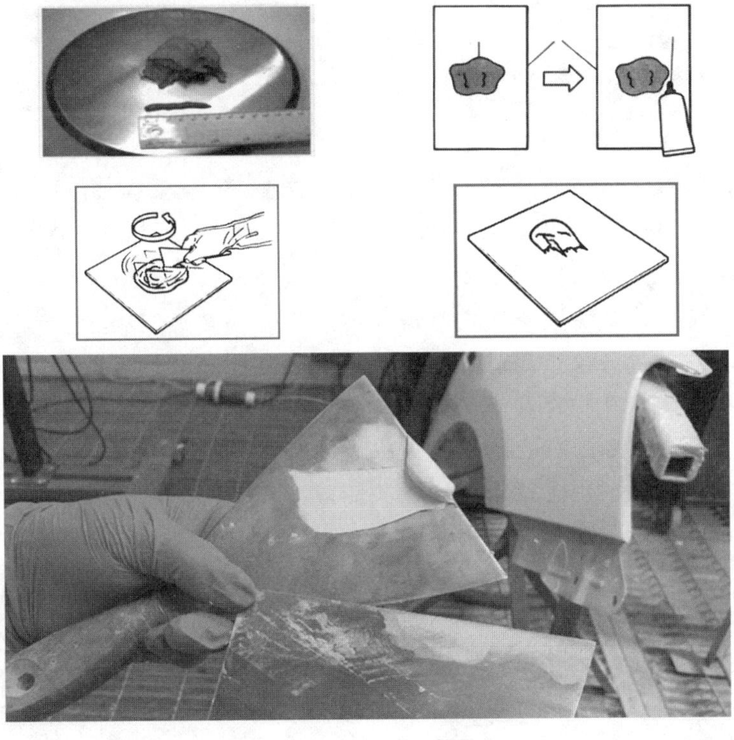
图 4-40　原子灰的调和

（4）根据工件表面受损部位形状，选择钢板、硬塑料、橡胶、胶木板等不同材质的刮板刮涂原子灰，如图 4-41 所示。对面积较大的凹陷可以选用较宽的硬刮板。采用“少刮多补”的原则，按照“三步刮”方法对原子灰进行刮涂。“少刮多补”中的“少刮”，指的是每次刮板取原子灰量要少，不宜过多进行刮涂；“多补”指的是进行多次取原子灰进行填补，最终将损伤区域修复。“三步刮”则指的是：第一步，薄刮用力挤压，使其原子灰充分填充至裸金属凹陷内，如图 4-42 所示；第二步，待其凝固未完全干透时，将损伤区域与周围旧漆膜填补平齐，如图 4-43 所示；第三步，将损伤区域原子灰表面修整与周围旧漆膜平滑过渡。有效控制原子灰刮涂区域，最终呈现“中间高、四周低”的原子灰形状，并且原子灰刮涂与周围完好区域平滑过渡，如图 4-44 所示。

图 4-41　原子灰刮板

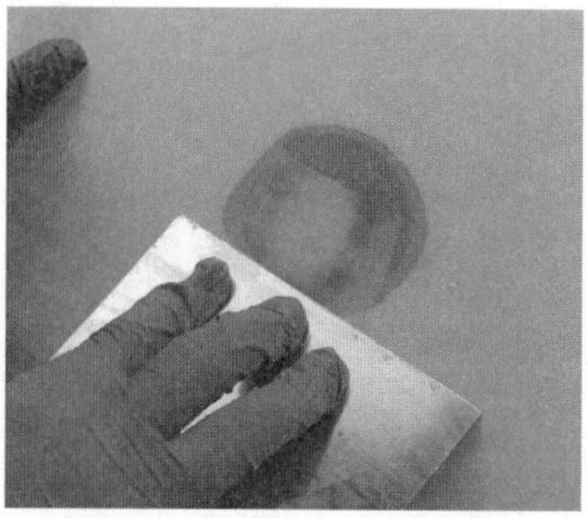

图 4-42　施涂原子灰第一遍

图 4-43　施涂原子灰第二、三遍

图 4-44　最终施涂效果

（5）检查原子灰是否彻底干燥，彻底干燥后即可打磨。原子灰干燥通常有自然干燥和烘烤干燥，具体方法参照产品说明书。干燥程度采用砂纸划痕检验和手指划痕检验两种方法来进行检查。如图 4-45 所示，砂纸检验则是手持网状砂纸划过原子灰边缘，原子灰网状孔中将会有部分划掉的原子灰。自然抖动砂纸，如果砂纸上的原子灰自然脱落，则原子灰已干燥；如果原子灰在砂纸上不掉落，则说明原子灰未干燥。手指划痕则是利用手指划过原子灰边缘，原子灰上产生的划痕呈白色，并且不发软，则说明原子灰干燥。

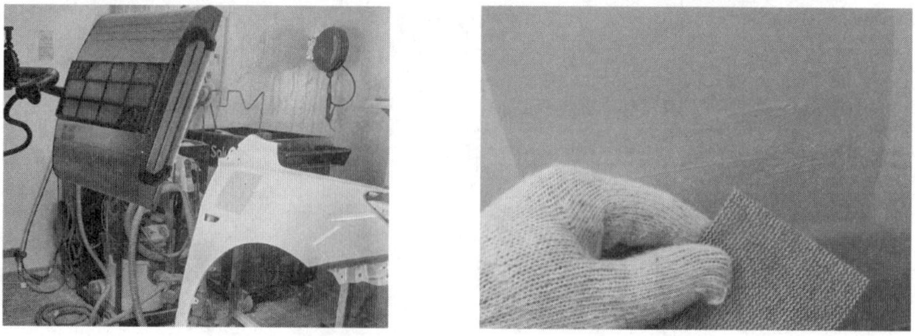

图 4-45　烤灯烘烤后检查原子灰是否干燥

7. 打磨原子灰

（1）穿戴防护用品。注意，此环节需佩戴棉质手套和防尘口罩。

（2）施涂打磨指示层。原子灰本身没有亮度，表面刮涂不平整，砂眼、砂纸痕等瑕疵肉眼不容易看出，因此可通过在原子灰上施涂打磨指示层来帮助打磨者判断表面状况，如图 4-46 所示。在每次换砂纸或者打磨过程中需要判断原子灰高低时需施涂打磨指示层。在打磨时由于较低部位及存在砂眼、砂纸痕的部位会留有炭粉而呈现黑色，这样就可以方便判断原子灰的高点和低点。

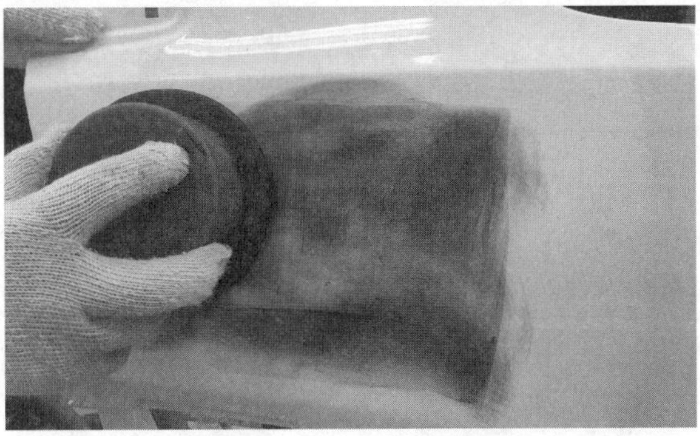

图 4-46　施涂打磨指示层

（3）手工粗磨原子灰。如图 4-47～图 4-50 所示，使用吸尘式干磨手刨板配合 P80、P120、P180、P240 干磨砂纸打磨平整原子灰。损伤面积比较小时，可以直接使用 P120、P180 干磨砂纸打磨，一边打磨，一边用手检查原子灰表面是否已经平整，如果戴手套触摸到仍有凹陷，除尘后继续刮涂原子灰，干燥后再次重复以上操作打磨。

图 4-47　P80 粗磨原子灰

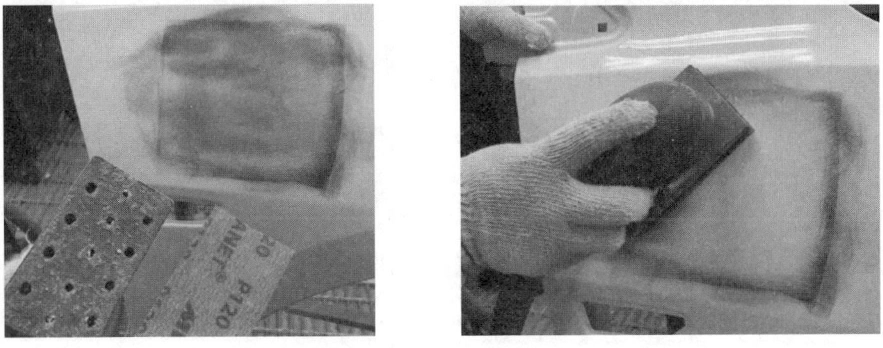

图 4-48　P120 粗磨原子灰

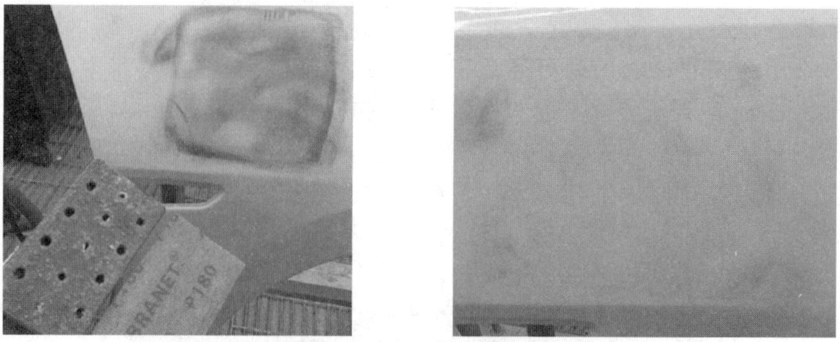

图 4-49　P180 粗磨原子灰

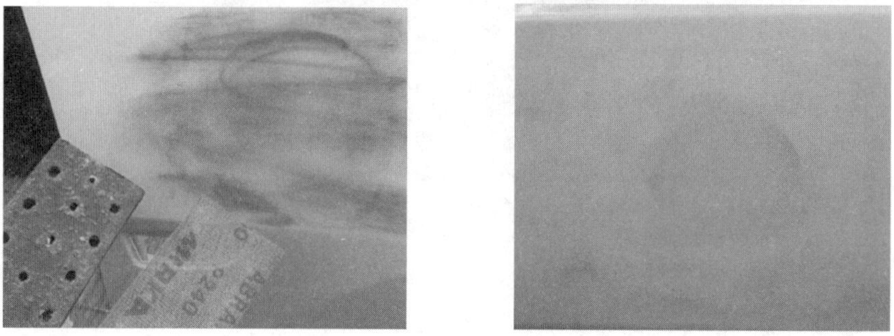

图 4-50　P240 细磨原子灰

如果原子灰表面存在填眼灰难以填充的砂眼、砂纸痕，则继续以薄刮原子灰的方式填充，干燥后打磨，以避免因这些砂眼、砂纸痕很难用填眼灰及中涂底漆填充，而造成的后续材料浪费及质量缺陷。

（4）原子灰细磨及哑光区域打磨使用偏心距为 7 mm 的双作用打磨机配合 P240 干磨砂纸打磨原子灰的边缘及周边区域，以使原子灰边缘呈现羽状边虚化效果并达到平滑。然后使用偏心距为 7 mm 的打磨机及薄软垫配合 P320 干磨砂纸，从原子灰边缘扩大打磨不少于 15 cm 的周边范围，难以打磨位置须使用红色菜瓜布彻底打磨至无光泽。原子灰打磨后如图 4-51 所示，已完全与旧漆膜表面齐平，连接处平滑自然。

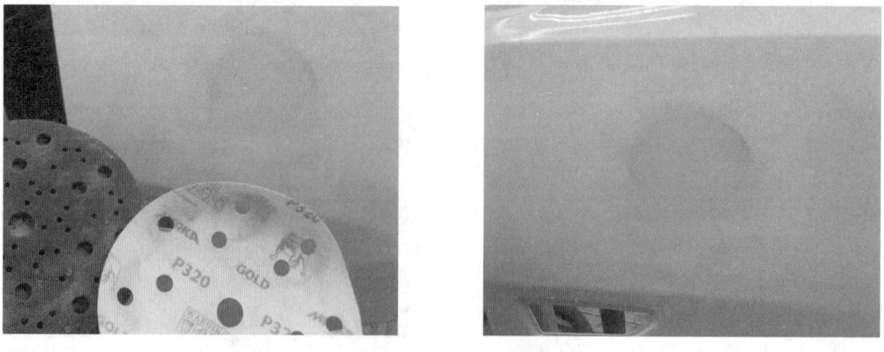

图 4-51　P320 无光泽区域研磨及最终打磨效果

8. 现场“7S”工作

（1）在操作过程中，取用过原子灰和固化剂之后，应随时将盖子盖住或拧住，并归位。

（2）前处理作业后，将操作中所用到的干磨机、打磨头、烤灯等设备和工具清洁并归位。

（3）操作过程中和操作过后要将废弃物分类丢弃，并按预先指定位置将相应的可用耗材放置到相应位置。

（4）对板件最终进行清洁除油处理。

任务小结

（1）汽车原厂涂层一般分为电泳底漆、中涂底漆、面漆层，修补涂装涂层为原子灰、中涂底漆、面漆层。

（2）修补过程中根据底材选择合适的清洁剂，常用的有水性除油剂和油性除油剂。

（3）打磨时采用干磨形式，选择直径为 7 mm 的打磨头和 P80 砂纸完成旧漆膜的去除，羽状边研磨均匀、平滑，清洁后施涂一薄层环氧底漆，完成覆盖裸露金属即可，然后使用红外线烤灯烤干。

（4）正确启用原子灰，按照规定比例快速调配原子灰，迅速施涂于损伤面，填补结束后使用红外线烤灯彻底干燥原子灰，选择合适的磨头或手磨板配合对应的砂纸研磨原子灰，直至表面平整，最后做好现场“7S”工作。

实训项目

姓名：________________ 班级：________________ 日期：____________

实训项目二　原子灰的刮涂与打磨

1. 车辆信息记录

用户（车牌）：____________ VIN 码：____________ 车型：____________

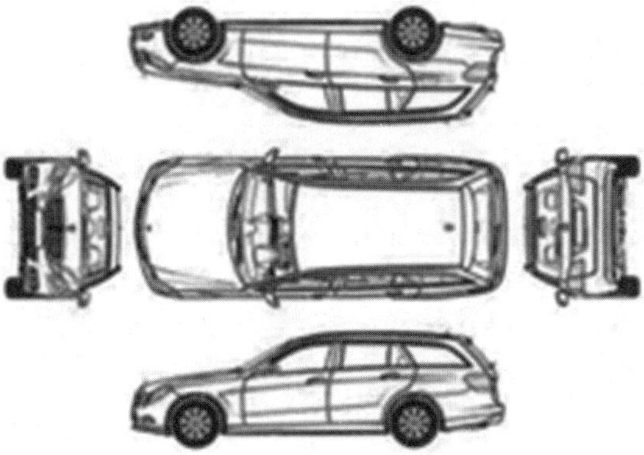

图 4-52　车辆

2. 实车勘察结果

用下列代码在车身对应区域标注损伤类型：
B =凹陷/变形；
Q =清漆层损伤；
S =色漆层及色漆层以下损伤。

3. 描述损伤

根据实际情况填写表 4-5。

表 4-5 损伤记录

序号	损伤部位	损伤情况描述	变形情况描述	漆面判断结果	维修方案
1					
2					
3					
4					
5					
6					

4. 操作评分标准

（1）操作过程评分标准见表 4-6。

表 4-6 操作过程评分标准

任务描述	评分标准	分值/	得分/
原子灰的刮涂与打磨	安全防护：整个操作过程中每次防护用品佩戴错误或未戴，一次扣 5 分；丢失一种，扣 5 分（可继续领用）； 耳塞掉了没有发现，扣 5 分； 全程未穿安全鞋，扣 5 分； 用棉纱手套涂环氧底漆，扣 2 分；红外线烤灯下操作，每次扣 2 分；使用完没有关闭红外线烤灯，每次扣 2 分，最多扣 6 分； 同时戴上活性炭防护面具及防尘口罩，扣 2 分； 允许情形（不扣分）： 1. 比赛正式开始前可佩戴好防护用品； 2. 除油后小面积快速补充打磨及除尘可以带活性炭防护面具、乳胶手套； 3. 摘除防护眼镜做检查，或清洁防护眼镜； 4. 摘除手套检查原子灰平整度（只是检查）	15	
	未除油，或使用水性清洁剂，或只擦（喷）湿不擦干，或擦拭方法却只看到使用一块布，正面扣 3 分，外侧，上边、左边、下边、轮边、右边，错误一处扣 0.3 分； 板件上除油剂喷涂过多，导致滴落，滴落后用除油布清洁，不扣分，滴落后未做清洁扣 0.5 分； 羽状边范围内，有残留旧漆长边，3 mm 以上扣 4 分；2～3 mm 扣 3 分，1～2 mm 扣 2 分，小于 1 mm 扣 1 分。粗划伤，最长边每 1 mm 扣 0.1 分；未打磨羽状边，或羽状边边缘整体不合格，扣	30	

续表

任务描述	评分标准	分值/	得分/
	10 分；3 cm<不合格长度<4 cm，扣 8 分；2 cm<不合格长度<3 cm，扣 6 分；1 cm<不合格长度<2 cm，扣 4 分；不合格长度<1 cm，扣 2 分。羽状边范围，四周 4 个区间，1 个区间损伤点到羽状边不足 3 cm 扣 3 分；只擦（喷）湿不擦干，或未除油，或使用水性清洁剂，扣 2 分		
原子灰的刮涂与打磨	完全没有使用环氧底漆，扣 10 分； 50%以上面积可见金属，扣 6 分； 30%左右面积可见金属，或周边一圈可见金属，扣 4 分； 10%左右面积可见金属，累计周边半圈 可见金属，扣 2 分； 累计周边 1/4 左右区域可见金属，扣 1 分。 非常细小点状可见金属，每点扣 0.1 分，最多 1 分； 环氧底漆未完全干燥刮涂原子灰，导致咬底，扣 10 分；刮涂时环氧底漆未完全干，可见和原子灰混合在一起，扣 5 分（难以判断的，比赛结束后判断）。 原子灰四周 4 个区间，每一个区间刮涂范围超出砂纸打磨范围扣 1 分（只是刮刀带出的少量残余不计）；1 个区间未收光扣 1 分；不足一个区间，按照占比扣分。 整体过程中，沾染的原子灰清除干净（薄到打磨砂纸 2 次即可磨除），不扣分；未清除干净，每处扣 0.5 分。 原子灰上从未使用打磨指示层，扣 6 分。 第一次涂抹过薄，打磨砂纸 2 次即可磨除，扣 2 分。 打磨时移动式打磨机吸尘开关未开（>15 s），扣 3 分，只扣 1 次； 未用水性清洁剂和溶剂型除油剂除油，或只擦（喷）湿不擦干，每错误一项扣 5 分；先用水性清洁剂，后用溶剂型除油剂，顺序错误（最后一遍水性），扣 2.5 分；板件上除油剂喷涂过多，导致有滴落，滴落后未用除油布清洁，每次扣 0.5 分。 除油后补充打磨区域，没有再次用水性清洁剂或溶剂型除油剂清洁，少使用一种扣 0.5 分	40	
	原子灰、固化剂、填眼灰用完后未及时将盖子盖上，每一种产品一次扣 1 分； 碰洒包装罐中油漆类物料，扣 10 分； 打气过量导致喷壶损坏，包括除油剂溢出，扣 5 分。 整体过程中，最后一次工件除尘及原子灰再次刮涂前吹原子灰部位（吹尘前用清洁布清洁或吸掉明显灰尘），不扣分；其余步骤吹尘，每次扣 2 分。 每种工具、防护用品放置于地面上（包括碰掉在地面上），或每种工具、耗材、防护用品未恢复原状（放回纸袋、放在工作台或继续佩戴均可），每种扣 1 分（磨头、保护垫、软垫、手刨为一种～a，磨头打磨管、手刨打磨管为一种～b；不锈钢盆、耐溶剂手套为一种～c，各类防护用品为一种～d）；砂纸、菜瓜布未回收，扣 1 分～e；废弃物（除油布）未丢弃～f，包括掉落地面的原子灰未清除～g，滴到地面溶剂未擦净～h，每种扣 0.5 分。干磨机～i、红外线烤灯～j 未关掉，每种扣 1 分；高度不评分。原子灰刮刀未清洗～k，每次扣 1 分	15	
总得分	考核等级		

（2）操作效果评分标准见表 4-7。

表 4-7　操作效果评分标准

<table>
<tr><th>规范打磨效果要点</th><th colspan="4">扣分原则</th></tr>
<tr><td rowspan="6">工件清洁，正面，第一折边（距第一折边 2 mm 内计为第一折边，弯折后相邻可见窄边按照第一折边计），外侧均没有残留灰尘、炭粉。
正面无磨穿。
无研磨不足：磨除瑕疵（直径在 0.5 mm 以下，因电泳底漆起泡等缺陷，打磨后露出的点状瑕疵不计）、磨除桔皮。
桔皮的定义：
1 类桔皮，正面及 2 个侧面均可看出，连续状；行业内 100%不能接受。
2 类桔皮，正面及 2 个侧面均可看出，非连续状，残留与间隔尺寸基本一致；行业内 50%不能接受。
3 类桔皮，正面、2 个侧面中，有一个角度无法看出，但另外 2 个角度均可看出；行业内接受。
4 类桔皮，只有 1 个侧面角度 30°～45°能看出，另外两个角度看为打磨砂纸痕；行业内 100%接受。
第一折边（正面与外侧交界的边）无磨穿；
第一折边外侧有打磨痕迹即可；
工件上裸露金属在中涂底漆之前施涂环氧底漆或侵蚀底漆；
磨穿部位是否施涂环氧底漆或侵蚀底漆由中涂环节评分，不在此工位评分</td><td></td><td>正面（a）</td><td>第一折边（b）</td><td>外侧（c）</td></tr>
<tr><td>1. 工件清洁度</td><td>整体清洁不够，残留灰尘、炭粉，扣 10 分，其他根据程度、面积扣分</td><td>不评分</td><td>每部位最多 1 分，根据程度、面积扣分</td></tr>
<tr><td>2. 磨穿至金属（原子灰周边裸露金属不扣分；未漏金属的磨穿不扣分）</td><td>最长边 1 cm 扣 0.5 分</td><td>1 cm 扣 0.2 分
第一折边 1 mm 之内属于第一折边</td><td>不扣分</td></tr>
<tr><td>3. 瑕疵未磨除，包括残留原子灰等</td><td>每个点扣 2 分，最长边每 1 cm 一处扣 4 分</td><td>每个点扣 1 分，每 1 cm 一处扣 2 分（不包括底漆喷涂粗糙桔皮）</td><td>不扣分</td></tr>
<tr><td>4. 未磨除桔皮</td><td>1 类桔皮，每 1 cm（最长边）扣 1 分；2 类桔皮，每 1 cm（最长边）扣 0.5 分；3 类桔皮，4 类桔皮，不扣分，筋线上桔皮按照高 1 类扣分</td><td>指触粗糙或完全未打磨：
上边：5 分
左边：5 分
下边：5 分
轮边：5 分
右边：3 分
三角饰板：3 分
灯孔：2 分
未完全打磨，按照占此边长度比例扣分</td><td>不扣分</td></tr>
<tr><td>5. 未打磨（无打磨痕迹）</td><td>在上面 3、4 项中评分</td><td>在上面 3、4 项评分</td><td>上部：3 分
左部：5 分
下部：1 分
轮弧：2 分
右侧：3 分
三角饰板：1 分
灯孔：1 分
未完全打磨按照占此侧面积比例扣分，死角位置不评分</td></tr>
<tr><td colspan="2">满分：100 分</td><td>得分：</td><td>考核等级</td><td></td></tr>
</table>

任务三　前翼子板中涂处理

任务描述

客户李先生的新赛欧白色轿车的右前翼子板完成了前处理施工，原子灰已经研磨平整。现在请你对右前翼子板继续施工，完成中涂底漆的喷涂和打磨工作，请安全、环保地完成此项工作任务。

学习目标

【知识目标】

（1）能正确叙述涂料的组成；

（2）能正确叙述涂膜的干燥方式及注意事项；

（3）能正确描述喷枪的结构及喷涂四要素；

（4）能正确叙述烤漆房和红外线烤灯的原理及使用注意事项。

【能力目标】

（1）能正确完成待喷涂区域遮蔽贴护；

（2）能正确喷涂中涂底漆；

（3）能正确打磨中涂底漆，并完成质量检查。

【素质目标】

（1）具备良好的沟通能力和表达能力；

（2）能够按照企业“7S”要求和安全生产规范进行操作；

（3）具有与同学密切合作，规范安全地完成学习活动的能力。

建议学时：6 学时

知识准备

一、涂料的组成、分类及命名

1．涂料的组成

涂料是由主要成膜物质、次要成膜物质及辅助成膜物质组成。主要成膜物质指的是黏结剂（各种类型的树脂），也称其为基料、漆料或漆基。次要成膜物质是指颜料（填料、色料等）。辅助成膜物质是指溶剂和助剂等。涂料的具体组成如表 4-8 所示。

表 4-8 涂料的组成

<table>
<tr><td rowspan="17">涂料</td><td rowspan="6">主要成膜物质</td><td rowspan="3">油脂</td><td>干性油</td><td rowspan="6"></td></tr>
<tr><td>半干性油</td></tr>
<tr><td>不干性油</td></tr>
<tr><td rowspan="3">树脂</td><td>天然树脂</td></tr>
<tr><td>人造树脂</td></tr>
<tr><td>合成树脂</td></tr>
<tr><td rowspan="3">次要成膜物质</td><td rowspan="3">颜料</td><td>着色颜料</td><td rowspan="3"></td></tr>
<tr><td>体质颜料</td></tr>
<tr><td>防锈颜料</td></tr>
<tr><td rowspan="8">辅助成膜物质</td><td rowspan="2">溶剂</td><td>稀释剂</td><td></td></tr>
<tr><td>助溶剂</td><td rowspan="2"></td></tr>
<tr><td rowspan="6">助剂</td><td>催干剂</td></tr>
<tr><td rowspan="5">其他助剂</td><td>悬浮剂</td></tr>
<tr><td>固化剂</td></tr>
<tr><td>润湿剂</td></tr>
<tr><td>防皱剂</td></tr>
<tr><td>乳化剂</td></tr>
</table>

涂料是由不挥发物和挥发物组成。不挥发物又称固体物，在涂料涂布和干燥过程中并不挥发逸出，留在被涂物面上形成涂膜的部分。挥发物主要是指稀释剂、溶剂及个别的助剂。挥发物在成膜过程中挥发逸出，不参与涂膜的组成。但这种说法只针对溶剂型涂料或高固体分含量的涂料，对粉末涂料则不适应。

涂料组分是指涂料中各组成部分的含量及名称。由于组分的不同才有了不同品质的涂料。涂料中各组分的作用是：

（1）主要成膜物质。

油料、树脂是涂料的基础，是主要成膜物质，起固着或黏结作用。它能将颜料等其他成膜物质黏结在一起而形成涂膜；与被涂物体表面形成很强的附着力，从而对产品起到保护、装饰、标识及特殊作用等。

① 油料即油脂，通常在常温下为液体的称为油，为固体的称为脂。油料来源于植物种子的植物油和动物脂肪的动物油，而用于涂料的主要是植物油。油料的化学成分是脂肪酸甘油酯，具有共轭双键的分子结构，容易与空气中的氧结合而干固成膜，其含量的多少直接影响到涂料的干燥速度。

② 树脂是多种有机高分子化合物互溶而成的非晶体固体或黏稠体。树脂的相对分子量都很大，因此把所有高分子化合物通称为树脂。纯树脂多呈透明状或半透明状，没有固定的熔点，但在受热后会软化，并逐渐溶化。多数树脂溶于有机溶剂，但不溶于水。树脂具有良好的机械性能和电绝缘性。将树脂的有机溶液涂布在物体

表面上，待溶剂挥发后能形成一层连续的薄膜，故树脂是涂料中的主要成膜物质。

涂料中的树脂能将颜料及其他成膜物质粘在一起而形成涂膜，并与被涂物面形成很强的附着力，从而对产品起到保护、装饰、标识及特殊作用等。因此，树脂的性能直接影响着涂膜的各项性能指标。树脂主要有天然树脂和合成树脂两大类，为了改善涂料性能，经常采用几种树脂相互拼用，以利于相互改性，提高涂膜质量。

（2）次要成膜物质。

颜料是涂料中的主要组成部分，是具有一定颜色的矿物质或有机物。它既不溶于水，也不溶于其他介质，但其细小固体颗粒能均匀地分布在介质中。其除可使涂料具有一定的色彩外，还能增加涂膜厚度和遮盖力，使涂膜色彩艳丽、光亮丰满；可使涂膜的结构更加致密，提高涂膜的耐候性、耐磨性和耐腐蚀性；有的颜料本身还具有防腐蚀作用。

按颜料在涂料中的作用分为着色颜料、体质颜料及防锈颜料；按其化学成分可分为有机颜料和无机颜料；若按其来源可分为天然颜料和合成颜料。

（3）溶剂、稀释剂、助溶剂等是涂料中的辅助成膜物质。如果将涂料与颜料相混合，只能形成膏状或粉状物，无法作为涂料使用。其主要作用是溶解、稀释树脂，调节涂料的黏度。除此之外，还能调整涂料的干燥类型，提高涂膜的表面平整度，改善涂料的施工性能等。

采用挥发性有机化合物（VOC）作为溶剂的涂料称为有机溶剂涂料，对环境污染严重，且易燃。采用水作为溶剂的涂料称为水性涂料，属环保型涂料，不易燃，将成为 21 世纪汽车用涂料的主流。

助剂是涂料中必不可少的材料，用于提高或增强涂料的某一性能。如催干剂能促进涂料的干燥速度，改善涂布性能；防潮剂可防止因空气湿度大而产生的“白化”缺陷。另外还有固化剂、抗老化剂、流平剂、颜料分散剂等。

2. 涂料的分类

1）涂料的分类

世界各国的涂料产品没有一个统一的分类、命名和型号标准，按不同的分类方法涂料可以分为多种类型，表 4-9 列出了与汽车修补涂装关系密切的涂料分类方法。

表 4-9　常用涂料分类方法

分类方法	类型
按功能分	底漆、中涂、面漆，罩光清漆
按干燥（固化）成膜机理分	溶剂挥发干燥型、氧化聚合干燥型、热固化型、双组分室温交联型
按漆基分	醇酸树脂漆、硝基漆、氨基漆、丙烯酸树脂漆、聚氨酯漆
按涂料固体分的高低分	超高固体分、高固体分、中固体分、低固体分和无溶剂涂料
按所用溶剂分	有机溶剂型涂料、高固体含量涂料、粉末涂料、水性涂料

我国对涂料产品的分类是按照主要成膜物质进行的。若主要成膜物质为混合物，则按照在涂料中起主要作用的树脂为基础。涂料中的树脂最能反映涂料产品的性质、用途、作用及所能形成的涂膜外观等，因此是一种合理的、科学的分类方法。

另外，涂料还有以下几种分类方法：

（1）按涂料的应用场合分类，可分为生产线专用涂料（OEM）和修补用涂料。

生产线专用涂料（OEM）如阴极电泳涂料（阴极电泳涂装）作为底漆涂层，粉末中涂涂料（静电喷涂），面漆大多采用烤漆。汽车修补涂料的特点是自干型或低温烘烤型，如喷漆类、自干型油性和合成树脂漆及双组分涂料等。

（2）按涂料的成膜方式分类，可分为溶剂挥发型、氧化固化型、烘烤型、催化固化型及双组分型。

（3）按涂料的功能分类，可分为防锈涂料、防腐涂料、绝缘涂料、耐热涂料、荧光涂料、防火涂料、隔音减振涂料等。

（4）按涂料中所含颜料的多少分类，可分为清油、清漆、色漆、厚漆、油灰、腻子等。

（5）按成膜后涂层的表面形状分类，可分为普通漆、罩光清漆、美术漆（锤纹漆、裂纹漆、皱纹漆等）。

（6）按涂料的施工方法分类，可分为刷漆、喷漆、阳极电泳涂料、阴极电泳涂料等。

2）水性涂料

传统的汽车涂料是溶剂型涂料，其中的 VOC（挥发性有机化合物：在通常压力条件下，挥发并参与大气光化学反应的有机化合物）挥发到大气中会危害人类健康、污染环境。随着人类环保意识的增强，各国相继制定了保护环境的法规，限制 VOC 排入大气。

水性涂料就是指可用水配制的涂料或其挥发的溶剂部分主要是水（或大部分是水）。在工业涂装领域中采用的水性涂料就有水性防锈涂料、电泳涂料、水性中涂料等。水性涂料是环保型绿色涂料，采用水性涂料代替现用的溶剂型涂料是工业涂装降低 VOC 的主流措施。

自 20 世纪 90 年代起，欧美汽车涂装已进入水性化、高固体分化和粉末化。这些汽车工业较为发达的国家基本上都已实现水性涂料替代传统溶剂型涂料的更新换代。进入 21 世纪以来，汽车用涂料和涂装领域的要求是：省资源、节能、保护环境和在高质量的基础上降低涂装成本，从防止大气污染，要求削减 VOC 的排出量，提高水的循环利用率。随着国内外汽车市场竞争越来越激烈，汽车涂料利润空间大幅度变小，必须在保证高质量的基础上优化工艺、降低成本。

目前，水性涂料在日本、欧美国家的市场占有率已在 60%以上，而我国这一比例则明显偏低。

水性涂料是环保型绿色涂料，采用水性涂料替代现用的溶剂型涂料是工业涂装低 VOC 的主流措施。如仅用水性底色漆（WBBC）替代溶剂型底色漆（SBBC）就可削减 VOC 排放量达 80%以上，采用水性涂装体系（水性中涂漆/水性底色漆/溶剂型清漆）替代现行溶剂型涂装体系后，削减 VOC 的效果显著。

水性涂料是以水为溶剂或分散介质的涂料，由于水的特性与有机溶剂有很大不同，所以水性涂料相对于溶剂型涂料也有很大差异。在使用水性涂料时，熟知这些差异非常重要。

（1）表面张力大：水的表面张力比有机溶剂的表面张力大得多，水的表面张力为 72 mN/m，有机溶剂类约为 25 mN/m。由于表面张力的差异原因，在平整的钢板上滴落一滴水成圆形，假如是溶剂，则扩散开。

（2）难润湿、不易溶：与有机溶剂相比，水对颜料难润湿，与树脂不易混溶。

（3）汽化温度高：水的汽化温度高，会导致涂料喷涂时不易挥发、涂料雾化时不易蒸发、蒸发易受环境（湿度）影响。溶剂的挥发受温度影响大，溶剂的沸点可控制其挥发速度；水的蒸发受湿度影响大，很难控制。

（4）易流挂：水性涂料与溶剂型涂料相比，更易发生流挂弊病。为控制流挂，需要注意以下两点：第一，控制涂装室的温、湿度；第二，控制好涂料的黏度，赋予涂料触变性，保证喷涂时残留水分较多时也不会产生流挂。

（5）触变性：触变性是指在施加外力作用时黏度发生变化的现象。水性涂料的黏度随着搅拌力的增强而降低。

（6）气泡：如果水性涂料采用与溶剂型涂料相同的烘烤工序，则会导致漆膜中水分的残留（产生气泡），因此在水性涂料中导入了预热（P/H）工艺。导入 P/H 工艺能使漆膜里的水分得到充分的蒸发，从而防止烘烤时出现气泡、控制因体积收缩造成的流挂以及以热风使漆膜表面流平。

3. 涂料的命名

涂料的名称由颜色或颜料的名称、成膜物质的名称和基本名称三部分组成，用简单的公式表达为：

涂料全名称=颜色或颜料的名称+成膜物质的名称+基本名称

涂料的颜色位于名称的最前面，如红醇酸磁漆。若颜料名称对漆膜性能起显著作用，则可用颜料的名称代替颜色的名称，仍置于涂料名称的最前边，如锌黄酚醛防锈漆等。

如果基料中含有多种成膜物质时，选取起主要作用的一种成膜物质命名，如松香改性酚醛树脂占树脂总量的 50%以上，则划入酚醛类，小于 50%的则划入天然树脂类。必要时可以选取两种成膜物质命名，主要成膜物质在前，次要成膜物质在后，例如环氧硝基磁漆。

凡是烘烤干燥的漆，名称中都有“烘干”或“烘”字样。如果没有，即表明该漆是常温干燥或烘烤干燥均可。

基本名称仍采用我国已经广泛使用的名称，如清漆、磁漆等。涂料的基本名称见表 4-10。

表 4-10　涂料的基本名称及代号

代号	基本名称	代号	基本名称	代号	基本名称	代号	基本名称
00	清油	17	皱纹漆	38	半导体漆	62	示温漆
01	清漆	18	裂纹漆	40	防污漆 防蛆漆	63	涂布漆
02	厚漆	19	晶纹漆	41	水线漆	64	可剥漆
03	调和漆	20	铅笔漆	42	甲板漆 甲板防滑漆	66	感光涂料
04	磁漆	22	木器漆			67	隔热涂料
05	粉末涂料	23	罐头漆	43	船壳漆	80	地板漆
06	底漆	30	（浸渍） 绝缘漆	44	船底漆	81	渔网漆
08	腻子	31	（覆盖） 绝缘漆	50	耐酸漆	82	锅炉漆
09	大漆	32	（绝缘）磁漆	51	耐碱漆	83	烟囱漆
11	电泳漆	33	（黏合） 绝缘漆	52	耐腐	84	黑板漆
12	乳胶漆	34	漆包线漆	53	防锈漆	85	调色漆
13	其他水溶性漆	35	硅钢片漆	54	耐油漆	86	标志漆/马路 划线漆
14	透明漆	36	电容器漆	55	耐水漆		
15	斑纹漆	37	电阻器 电位器漆	60	耐火漆	98	胶漆
16	锤纹漆			61	耐热漆	99	其他

基本名称代号用 00～99 两位数表示，在成膜物质和基本名称之间，必要时可在成膜物质后边。划分代号的原则是：

00～13 表示涂料的基本名称；

14～19 表示美术漆；

20～29 表示轻工用漆；

30～39 表示绝缘漆；

40～49 表示船舶漆；

50～59 表示防腐蚀漆；

60～79 表示特种漆；

80～89 表示其他用途漆。

二、涂料的干燥

涂料的干燥成膜是指涂料施工后，由液态或黏稠状涂膜转变成固态漆膜的化学和物理变化过程。为了达到预期的涂装目的，除了合理地选用涂料、正确地进行表面处理和施工外，充分而适宜的干燥过程也是重要的环节。涂料的干燥方式主要有自然干燥、加速干燥和高温烘烤干燥三种。

1. 自然干燥

自然干燥也称空气干燥，是指涂膜可以在室温条件下干燥，其干燥条件是温度为 15～20 °C，相对湿度不大于 80%。可自然干燥的涂料包括溶剂挥发型、氧化聚合型和双组分型涂料等。自然干燥型涂料由于在自然环境下就可以固化，对促进涂膜固化的设备要求不高或不要求，因此应用广泛。

2. 加速干燥

为了缩短涂装的施工周期，加快生产速度和效率，常常在自然干燥型涂料中加入适量的催干剂以促进固化。另一种加速干燥的方法是将自然干燥型涂料在一定的温度下（50～80 °C）低温烘烤。例如醇酸瓷漆在常温下完全干燥需要 24 h，而在 70～80 °C 时仅需 3～4 h。适于低温烘烤加速干燥的涂料与一般自然干燥型涂料有一定的区别。由于涂料的主要成膜物质不同，有些树脂具有热塑性，即在常温下是固体性状，而加温到一定程度时会变软，恢复或部分恢复其可塑性。以这类树脂为主要成膜物的涂料，要加速干燥只能加入催干剂，而不能采用低温烘烤的方法。

3. 高温烘烤干燥

有许多涂料在常温下是不能干燥结膜的，一定要在比较高的温度下（120～180 °C），涂料中的树脂才会在高温的作用下引起化学反应而交联固化成膜，这一类涂料称为热聚合型涂料。热聚合型涂料经烘烤干燥后的涂层在硬度、附着力、耐久性、耐腐蚀、抗氧化、保光、保色以及涂料的鲜映性等方面都要比自然干燥型和加速干燥型涂料好得多，许多高品质、高装饰性的原厂涂层多用这种涂料。

自然干燥型和加速干燥型涂料由于干燥温度比较低，所以又称为低温涂料。在汽车修补涂装中由于车身上许多部件不耐高温的烘烤，所以通常采用低温涂料。而大型的汽车制造厂家在新车制造的自动喷涂流水线上通常使用高温烘烤型涂料。

三、中涂底漆

中涂底漆涂层在面漆之下，主要起到增强涂层间的附着力，对底层提供封闭和填充细微痕迹的作用，因此中涂底漆要有一定的附着力、耐溶剂性及填充性，以保证为面漆提供一个完美的施工基础。作为面漆层与底漆层、原子灰层、旧涂层之间的媒介层，中涂底漆还应具有对底漆层、原子灰层、旧涂层、面漆层的良好配套性。

中涂底漆根据树脂种类可分为硝基、丙烯酸、环氧或双组分丙烯酸聚氨酯等种类，其中采用硝基、丙烯酸树脂的为单组分，采用环氧、丙烯酸聚氨酯的为双组分；根据中涂底漆的颜色有补贴灰度值的可调灰度中涂底漆。

单组分中涂底漆自然干燥速度快于双组分中涂底漆，但是其隔离性、填充性、附着力、耐候性都较双组分中涂底漆差，通常只适合于小面积修补喷涂，且由于无法添加柔软剂降低柔韧性，所以不能喷涂在塑料保险杠上，否则容易造成涂膜开裂、剥落。双组分中涂底漆在 20 °C 常温情况下自然干燥时间一般为 1～2 h，为了加快干燥速度，可以采用短波红外线烤灯烘烤 15 min 左右，这样既可以缩短其干燥时间，又保证了维修作业效率。

每种颜色都有一定的灰度值，当一个面漆颜色的灰度值和中涂底漆颜色的灰度值最接近时，面漆最容易遮盖住中涂底漆，这时面漆的用量最节省，施工时间自然也就较短，所以采用和面漆相同灰度值的中涂底漆是一个降低成本和提高效率的非常好的方法。

目前有的涂料厂商开发了 3 种补贴灰度值的中涂底漆和免磨中涂底漆，通过一定比例调配 3 种中涂底漆成品，还可以调配出其他 4 种灰度的中涂底漆或免磨中涂底漆。涂料厂商在面漆颜色配方系统中提供该颜色的灰度值，如图 4-53 所示，方便用户根据面漆灰度值选择使用合适灰度的中涂底漆。

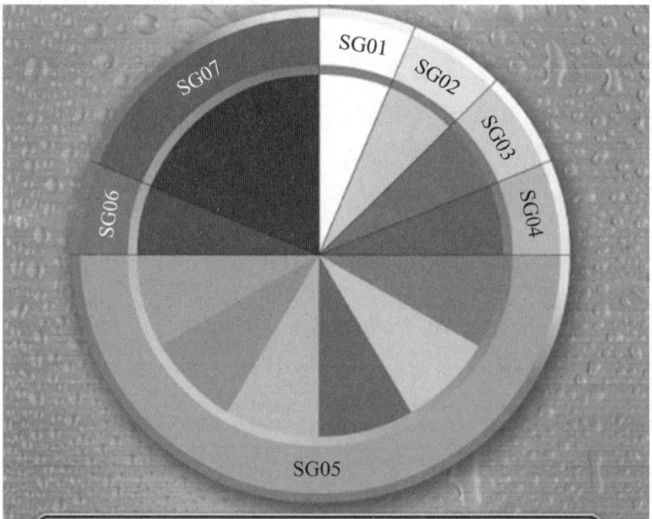

	SG01	SG02	SG03	SG04	SG05	SG06	SG07
P565-511	100	95	80	50	0	0	0
P565-510	0	5	20	50	100	99	92
P170-5670	0	0	0	0	0	1	8

图 4-53　色彩对应灰度底漆

四、遮蔽贴护

施工时，如果有必要，需要对不喷涂的部位做遮蔽。需要的设备包括遮蔽纸或者遮蔽薄膜、遮蔽胶带（不同宽度）、遮蔽薄膜割具（小刀片）、门缝胶条、修饰遮蔽胶带、遮蔽纸分配架等，如图 4-54 所示。

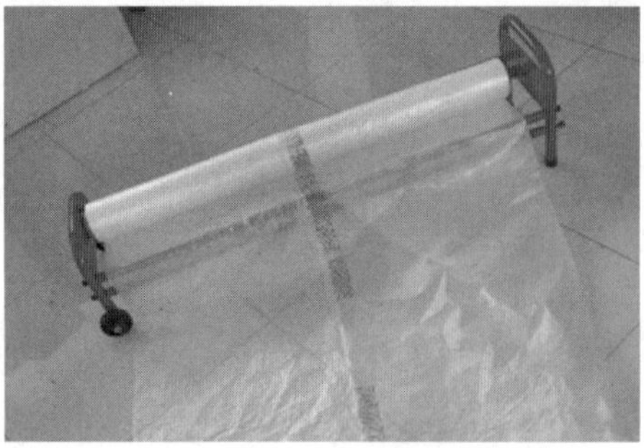

图 4-54　遮蔽贴护的工具和材料

遮蔽的目的：保护临近的汽车板块，防止灰尘和飞溅的漆尘。

遮蔽前车辆必须清洗干净并干燥，参考工作清单确定修补工作的范围。遮蔽车辆有不同的方法，最常用的方法是使用遮蔽纸。遮蔽纸有不同的宽度，纸的密度也有不同，如 40 g/m^2 或 50 g/m^2。一般情况下 40 g/m^2 的纸就足够好了，因为它可以防止油漆产品渗过遮蔽纸。

从车辆内部开始遮蔽。门缝胶条非常适合这一工作，既可以节约时间，也可以节约胶带。遮蔽纸要平滑地盖在车辆上，不要褶皱或者折叠。带有平滑涂层的面朝外，以免油漆穿透遮蔽纸。

如图 4-55 所示，使用遮蔽膜是遮蔽车辆最高效和最经济的方法。

图 4-55　遮蔽膜遮蔽

优势：① 处理简单，一个人就能完成该工作；② 紧贴车辆；③ 最多可节约 2/3 的时间；④ 更低的垃圾处理成本。

应用：① 做好准备工作后，将遮蔽膜分配器置于车辆的一边，接着将膜拉出，覆盖在车辆上，展开遮蔽膜，将其拉平整（注意，遮蔽膜上印有字的一面必须朝上，否则油漆将不会附着在薄膜上）；② 使用割具切开遮蔽膜，露出需要维修的车辆表面，用遮蔽胶带将遮蔽膜粘贴在邻居的表面（注意，覆盖遮蔽膜前，要确保车辆干燥，留在遮蔽膜下的水将会导致很难去除的钙点）；③ 特殊用途的遮蔽玻璃边缘橡胶，还有适用的产品，特殊的下插式胶带，有不同深度的型号，使用时用剪刀剪下 10 ~ 15 cm 长的小段，插入橡胶条下的缝隙，并反贴在橡胶条上（如在圆角区域使用，可根据角度剪成 1 ~ 2 cm 的更小的段）。

在遮蔽一些无法拆卸部位时，粘贴胶带时，胶带须与油漆表面留一点缝隙，防止喷涂后胶带和漆面连接在一起。遮蔽时胶带要压实贴牢、没有缝隙。未喷涂部位要全部遮蔽到位，如果是车体，要使用遮蔽薄膜遮蔽全车。在一些驳口连接位置，需要用到反向遮蔽，即将胶带纸粘贴到遮蔽纸上，贴在驳口位置，将遮蔽纸反向弯折成一弧形，便于喷涂时接口部位不会形成台阶高处。不同车辆遮蔽方法不同，不同的部位应选用合适的遮蔽纸和胶带。遮蔽纸不能采用报纸，报纸的密度低，油漆会渗透报纸。

在使用水性漆喷涂时，要使用有防水功能的黏合剂的遮蔽胶带，否则在使用水性底色漆时，遮蔽胶带可能会从车辆滑落；在烘烤过程中，不要把未用完的胶带留在喷漆房内，这将导致黏合剂干固，从遮蔽带拉出时将变得很困难；在车辆尚热时，就要去除所有的遮蔽物，因为这种时候遮蔽胶带更容易被揭下，而不会在车辆上留下残留物。

五、喷　枪

喷枪是汽车涂装实操训练中最重要的设备之一。喷枪的主要功能是将涂料（油漆）均匀地喷涂在车身表面上，得到良好的防腐与漆装效果。利用压缩空气对进入喷枪的涂料进行雾化并对车身表面涂敷（简称“空气喷涂”），是车身表面装饰最重要的工艺过程。

按照涂料供给方式的不同，空气喷涂可分为吸力式（虹吸式）进给喷涂、压力式进给喷涂和重力式进给喷涂三种形式，相应的喷枪分别称为吸力式喷枪、压力式喷枪和重力式喷枪。汽车修补常使用重力式喷枪。

空气喷涂系统主要由喷枪、涂料杯（罐）及输送涂料和气流的软管组成。其中，喷枪是整个系统的核心。只有充分了解喷枪的工作原理，掌握正确的操作方法，才能在喷涂中取得良好的效果。在三种不同形式的喷涂方式中，所使用的喷枪略有不同，但其基本原理相似。

1. 喷枪的功能

喷枪的功能是利用压缩空气的压力将液体雾化，形成雾状射流。雾状化的涂料在喷流中分裂成微小而且均匀的液滴喷在汽车表面上，形成薄厚均匀、具有光泽的薄膜。涂料的雾化过程可分成三个阶段：第一阶段，涂料被高速气流通过小管从罐中吸到喷嘴处，并立即又被环行空气流所包围，促使涂料液体开始分裂；第二阶段，在后续气流的冲击下，使涂料加速分裂；第三阶段，涂料被来自喇叭筒的空气喷流冲击，使之成为扇形的雾状喷流。

2. 喷枪的主要零件

典型喷枪的主要零件包括气帽、喷嘴、针阀、扳机、气流控制钮、气阀、扇形调节钮（模式控制钮）和手柄等。它们的相互装配关系如图 4-56 所示。

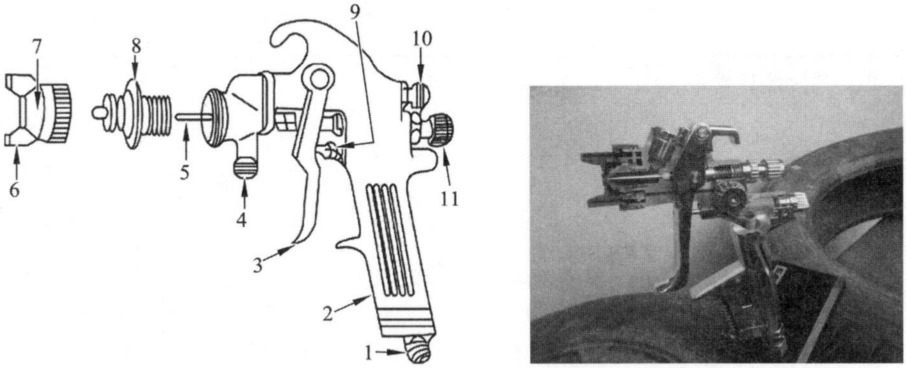

1—进气口；2—枪身（或手柄）；3—扳机；4—流体入口；5—针阀；6—喇叭筒；
7—气帽；8—流体针阀；9—气阀；10—模式控制钮；11—流体控制钮。

图 4-56　典型空气喷枪的组成

气帽把压缩空气流吸上来的涂料使其雾化并形成一定形状。空气喷口有三个：中央喷口、侧喷口和辅助喷口，如图 4-57 所示。

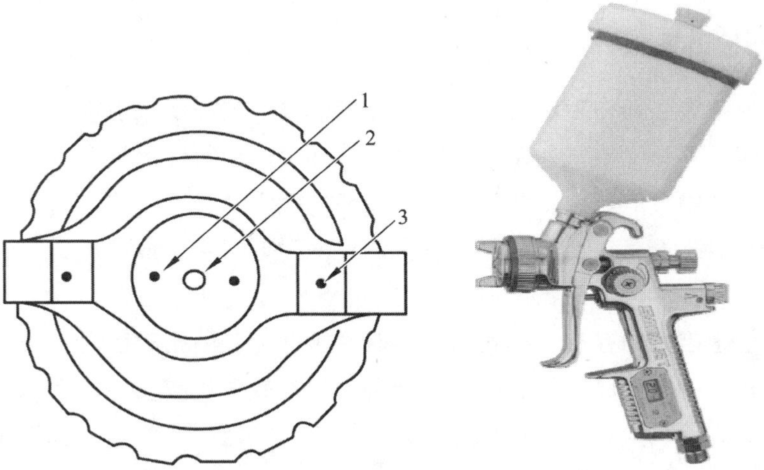

1—辅助喷口；2—中央喷口；3—侧喷口。

图 4-57　喷枪空气喷口

中央喷口位于喷嘴尖上，用来产生真空，以排出涂料；侧喷口在压力空气作用之下，形成喷射形状；辅助喷口则促进涂料的雾化。辅助喷口喷出空气量的多少与涂料雾化的好坏有关。压缩空气从气帽喇叭筒的两个侧口流过，形成一定的喷射形状。如果关闭扇形调节钮（模式控制钮），喷出的涂料呈圆形；打开调节钮，喷出的涂料则呈椭圆形。针阀直接控制着涂料的吸入量，调节针阀可以改变喷嘴开口的大小，继而可以改变从喷枪前端喷出涂料的实际数量。不同的涂料应选用不同规格的喷嘴。扳动扳机时，流体控制钮即可调节喷嘴的实际开度。

气阀是在扳机扳动时开启的，随后针阀也随之开启。

3. 空气喷枪的类型

常见空气喷枪供给涂料的方式有 3 种类型，见表 4-11。

表 4-11　空气喷枪供给涂料类型

类型	涂料进给方式	优点	缺点
吸力进给式	涂料罐安装在喷嘴下方，仅用吸力供应涂料	喷枪工作稳定，便于向涂料罐加涂料或变换颜色	喷涂水平表面困难，黏度变动导致排量变化，涂料罐比重力进给式大，因而涂料人员较易疲劳
压力进给式	用压缩空气罐或泵给涂料加压	喷涂大型表面时不必停下来向涂料罐加涂料，也可使用高黏度涂料	不适合小面积喷漆，变换颜色及清洗喷枪需要较多时间
重力进给式	涂料杯安装在喷嘴上方，用重力及喷嘴尖的吸力供应涂料	涂料黏度不变，所以喷量不会老化；涂料杯的位置可按喷漆件的形状变更	由于涂料杯安装在喷嘴上方，反过来会影响喷枪的稳定性；涂料杯容量小，适合喷射较大的表面

4. 喷枪检查调整

喷枪的检查调整，在喷涂底漆、中涂漆和面漆之前都要按规定进行。

（1）检查。喷杯上的气孔无污垢堵塞；喷杯上的密封圈无渗漏。

（2）调整。喷枪的调整主要包括压力调整、喷幅调整和漆流量调整。

① 压力调整。严格按照涂料厂商提供的产品说明书中相应的施工参数调整喷枪的压力。

由于有管道阻力的存在，空气从干燥器调压阀流到喷枪时压力有所损失，其差别取决于输气管的长度和直径。解决措施之一是在软管接头和喷枪之间接一个带压力表的调压阀，用来检查和控制喷枪压力。也可以使用带内置数字显示式压力表的喷枪。

最佳压力是指获得适当雾化、挥发率和喷雾扇形宽度所需的最低压力。压力过高会因飞漆而浪费大量涂料，抵达涂装表面前溶剂挥发过快，导致涂料流平性差，容易产生“橘皮”等缺陷；而压力过低会因保留的过多而造成干燥性能差，漆膜容易起泡和流挂。

② 喷幅调整。把喷幅调整旋钮拧到底可得到最小的圆形喷幅。逐渐拧出，则喷幅逐渐加大成椭圆形状，旋钮全拧出得到最大喷幅。

③ 漆流量调整。通过漆流量调整旋钮选定雾形调整漆流量。将调整旋钮拧出时漆流量增大，调整旋钮拧入时漆流量减小。

④ 涂料分布测试。通过雾形测试，看流挂情况，检查喷枪调整是否正确。

将空气帽的喇叭口转成竖直位置，使喷涂的椭圆形状呈水平方向。垂直对准试喷板保持大约 20 cm 的喷射距离，按下扳机进行喷涂，直到涂料出现流挂现象，结果如图 4-58 所示。

（a）合适的喷涂形状　（b）分离的喷涂　（c）中间过重的喷涂图形

图 4-58　雾形测试

如果各项调整正确，各段流挂的长度应近似相等，如图 4-58（a）所示；如果流挂呈分离形状，如图 4-58（b）所示，则说明喷幅过宽、气压太低或涂料黏度过低。把喷幅调整旋钮拧入半圈，或把气压提高一些，交替进行此两项调整，直到流挂均匀；如果流挂中间长、两边短，如图 4-58（c）所示，则说明漆流量过大或涂料黏度过高，调节漆流量调整旋钮，直至流挂均匀。

5. 喷涂四要素

1）喷枪与喷涂表面的角度

在喷涂过程中，喷枪无论是在竖直方向还是在水平方向移动时，都必须与喷涂表面始终保持垂直。施工人员双脚分开，比肩稍宽，一般右手持枪，左手抓住空气软管，并使软管从右肩上部通过，持枪手臂应处于待喷区域（或一次喷涂区域）水平方向的中间位置，喷涂过程中必须左右移动整个身体，但不能跨步，也不允许由手腕或肘部做弧形摆动。

2）喷枪与喷涂表面的距离

正常的喷涂距离应与喷枪的气压、喷幅大小以及涂料种类相配合。一般的喷涂距离为 20 cm 左右（按涂料生产厂商提供的工艺条件操作）。如果喷涂距离过短，喷涂气流速度就较高，会使涂层出现波纹；如果距离过长，就会有过多的溶剂在到达涂装表面前被蒸发，导致涂层出现“橘皮”或发干，并影响颜色效果。

3）喷枪的移动速度

喷枪的移动速度与涂料的干燥速度、涂料黏度以及环境温度有关，一般以 60～120 cm/s 的速度匀速移动。速度过快，会导致涂层过薄；速度过慢，会导致涂层过厚，易出现流挂。而如果速度不均匀，忽快忽慢，会导致涂层厚薄不均。

4）喷枪的喷雾图形重叠

喷枪在喷涂时，为了使喷涂均匀，喷雾图形的厚度也必须一致。重叠量约为喷涂图形的 1/2～2/3，其中重叠量以 3/4 为最佳。

六、喷烤漆房

喷烤漆房是汽车涂装修补重要的设备，常用喷烤漆房来解决喷涂时常见的下列问题：灰尘、污染、安全（由于与钣金等其他车间在一起，易引起明火）、喷涂完成后的干燥。车身修理车间难免由于敲打金属，研磨焊缝、原子灰，打砂和其他的类似的产生粉尘的工作而粉尘不断，而这种环境不利于车身的喷涂工作，这些粉尘大多数非常细微，很难控制。喷烤漆房能够提供一个清洁、安全、明亮、有利于健康的工作场地。它可以使喷涂场地没有飞扬的粉尘，并能限制和安全排放掉进行车身喷涂工作时产生的挥发性气体。现代喷烤漆房的设计非常科学，它能提供合适的空气环境、必要的照明，保证喷涂工作的安全。

1. 喷烤漆房的分类

按干燥设备的外形结构，烘干设备分为室式、箱式和通过式三种。修理厂常用的喷烤漆房就属于室式烘干设备；箱式烘干设备适用于小批量，间歇式生产；通过式主要用于汽车生产厂大批量、机器化生产。

按生产操作方式分，烘干设备分为连续式和周期式两种。前者适合于批量生产，后者适合于大批量流水作业。

按加热和传热方式分，烘干设备分为对流式、辐射式和感应式三种。对流式是指用蒸汽、电热和炉火加热空气，使热空气在房内对流加热；辐射式是指将热能转变为各种波长的电磁波，对物体加热（利用红外线作辐射源的称为红外线辐射干燥设备）；感应式是指用电磁感应加热的设备。

2. 烤漆房的工作原理

喷漆时工作原理如图 4-59 所示：外部空气经初级过滤网（纸、棉、玻璃纤维、聚酯纤维等材料）过滤后（冬季生产时空气需加热）由风机送到烤房顶部，再经过顶部过滤网二次过滤净化后，进入房内，房内空气采用全降式，以一定的速度向下流动，使喷漆后的漆雾微粒不能在空气中停留，而直接进入底层出口过滤装置，从而滤去喷漆过程中产生的过喷漆雾、有害气体，经处理的废气直接从排气口排出房外。多级过滤保证室内空气绝对清新，从而达到安全卫生的工作环境。

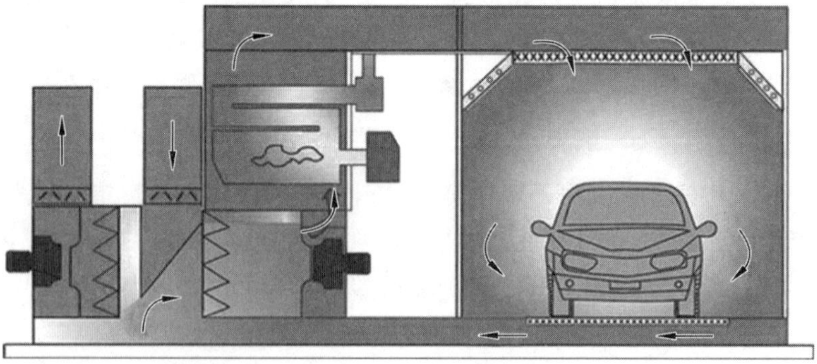

图 4-59　喷漆时的工作原理

烤漆时的工作原理（见图 4-60），静止加热，关闭风机，打开加热开关加热，远红外线加热器就像微波炉一样由里及外地固化漆涂层。因此避免了对流和传导式烤漆房由外及里地固化漆涂层造成内里水分及溶剂通过已固化的涂层表面挥发引起的气孔、气泡等缺陷。红外辐射几乎对空气不加温，因此加热初期空气基本静止，避免了因热气流动造成漆面二次污染。温度达到预定温度时停止加热，当温度下降到设定温度以下 1 ~ 2 °C 时，远红外加热器自动开机，使烤房内温度保持恒定。最后当烤漆时间达到设定的时间时，烤房自动关机，烤漆结束。烤漆时具有自动升温、恒温定时、定时关机等功能。

图 4-60　烤漆时的工作原理

3. 喷烤漆房的设备构成

如图 4-61 所示，喷烤漆房具有喷漆和烤漆功能，喷漆时，具有自动恒温喷漆、喷雾处理等功能。

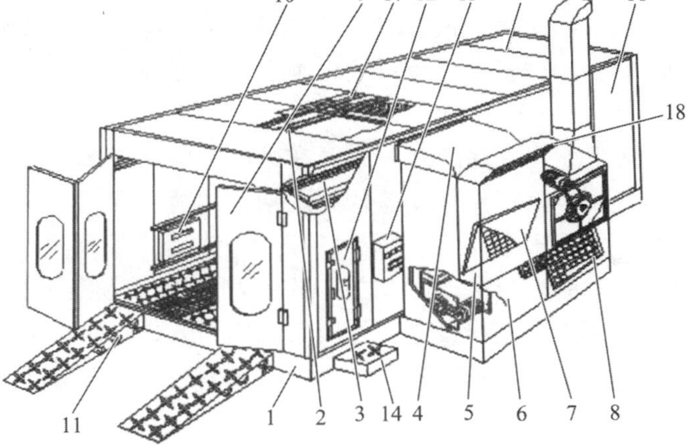

1—底座总成；2—顶上件总成；3—照明总成；4—进风口总成；5—热风墙板总成；6—送风机座总成；7—进风过滤网总成；8—排风系统总成；9—大门总成；10—辐射器总成；11—踏坡台；12—侧门总成；13—控制柜总成；14—脚踏台；15—顶板总成；16—墙板总成；17—顶支架总成；18—遮雨罩。

(a) 喷烤漆房的设备构成

(b) 喷烤漆房实物图

图 4-61　喷烤漆房

4. 喷烤漆房涉及治污减霾的主要技术参数

（1）空气过滤效率：大于 98%；

（2）噪声：不大于 75 dB；

（3）照明：顶侧灯每组配备 4 个功率 36 W LED 节能灯管，两侧供配备 8～10 组，照度大于 800 lx；

（4）最高工作温度：80 °C；

（5）雾气处理方式：干式处理（多级过滤+活性炭吸附）。

5. 喷烤漆房材料的选用

（1）房体系统：

① 喷房房体采用彩涂隔热夹芯板，中间填充保温材料，PU 发泡连续成型，内外板与保温材料整体压制而成一体。

② 烤漆房外在室体侧面设置一套安全门，在大门及工作门上安装有玻璃观察窗。安全侧门安全防压，装天地锁，能保证烤漆房内压力过高时，侧门可自动打开泄压，确保工作人员安全。

（2）净化系统：采用具有精粗双重过滤结构，粗效过滤层能有效地捕捉直径大于 10 μm 的尘粒，精密级亚高效过滤层为特厚过滤棉，具有多层结构，能有效地捕捉直径大于 4 μm 的尘粒，整个过滤系统尘量大，阻力小，寿命长，过滤效率可达 98%以上。

（3）干式漆雾环保处理：烤漆房内必须在进风、出风位置设置过滤棉，在出风口必须完整设置活性炭吸附板完全覆盖，并定期对其进行更换，只有这样才能最大可能吸附有机气体，过滤粉尘，减少对空气的污染。过滤系统采用立体胶过滤棉（平面胶是面上有黏性而里面无黏性，立体胶是都有黏性，包裹侧面和上下面之间），寿命是平面胶的 2 倍，采用先进科技达到片向气流排列方式，能将空气中尘粒等杂物滤去，喷漆表面无尘埃杂物，空气流量大大提高，确保空气洁净，过滤效率高达 98%以上。

出口采用活性炭吸附过滤装置和两道玻璃纤维过滤毡进行漆雾处理，环保型活性炭过滤系统中的两道玻璃纤维过滤毡先对漆雾进行一次过滤和二次过滤，后由活性炭层有效地吸附废气中的苯、甲苯、二甲苯等有害物质。活性炭具有强大的吸附力，易于过滤漆雾，易于维护更换，确保通风效果，由于漆雾的空气经过活性炭时与表面产生强烈的混合，形成多级净化过程，提高了净化效果，从而达到去除漆雾、保证环境不受污染的目的，从而保证废气排放符合国家有关标准。

（4）其他零部件为烤房专用（红外线烤灯、风机、过滤棉、彩钢板、钢格栅、爬车台等零部件）。

6. 喷烤漆房安全操作要求

为使烤漆房能够可行地工作并具有长使用寿命，相关作业人员必须严格执行以下规程：

（1）严禁在烤漆房内吸烟或使用明火。

（2）烤漆房周边及内部的环境应保持清洁，需喷漆的车辆应在外满清洗完车身和底盘后方可进入烤漆房。

（3）进气过滤棉一般在使用 100 h 左右时进行吸尘清理或更换。烤漆房内的地棉应在使用 100 h 左右进行更换。

（4）烤漆房顶部过滤棉一般在使用 2 年或 400 h 左右进行吸尘清理；如发现喷漆时漆雾不能顺利排出，应及时更换顶部过滤棉。

（5）每周检查红外线加热装置，如发现灯管损坏，应及时更换。

（6）为保证电器设备的安全，车辆升温烤漆时应关闭烤漆房内的照明设备。

（7）烤漆房一般情况设定的烤漆温度为 60 °C，时间设定为 30 min；温度大于 85 °C 时不得进行喷漆作业。

（8）烤漆房由专人使用，其他人员不得使用烤漆房及其附属设备。每天有专人进行清洁和检查，发现问题及时关闭电源并通知设备管理员。

（9）如烤漆房出现故障或不能正常使用，设备使用人应及时报告设备管理员，并在设备状况登记卡上进行记录，不得带病作业。

（10）烤漆房应在使用 100 h 左右或 1 年左右时对活性炭进行维护，视情更换，如在喷漆过程中发现漆雾不能顺利排出时，可提前进行维护。

（11）喷、烤漆工作结束后，操作人员必须关掉喷烤开关和电源开关。

（12）如烤漆房需要维修，在维修完毕后应填写《维修记录表》。

从保护喷漆技师的健康与安全的角度出发，喷烤漆房最重要的部件是其空气滤清系统。目前有各种配置和过滤材料，如纸、棉、玻璃纤维、聚酯纤维等。有湿式（或称水洗式）和干式两种过滤系统，一般多采用干式系统，它的工作原理类似于筛网，空气通过滤清器时，可将其中的涂料颗粒和其他污物分离掉，有些系统还有一些黏性物质层，可以将各种小纤维粘到纤维的表面。大多数过滤系统几乎可以过滤掉全部能导致产生肉眼可见的涂层缺陷的小颗粒。任何大于 14 μm 的颗粒都会使涂层产生显著的缺陷，过滤系统能滤掉 10 μm 的颗粒。而且房内压力要求大于房外压力 0.3 bar（1 bar = 0.1 MPa）左右，形成正压状态，这样可以有效地防止房外颗粒物的进入。

七、红外线烤灯

红外线烤灯是一种可移动式的、方便的小工件烤干设备，依靠被照物吸收光能转换成热能，而使物体升温，它适用于所有可加热固化的涂料的烘干和干燥工序。红外线辐射加热与热风对流加热相比，具有以下特点：热能靠光波传导，被涂膜和物体吸收，升温速度快；基于涂膜和物体吸收红外线而升温，热量从物体和涂膜内向外传，与涂膜干燥过程中溶剂的蒸发方向一致，这样就不易产生由于有溶剂封在涂膜内部而生成针孔的缺陷；设备简单，生产效率高；由于红外线辐射有方向性，可以进行局部加热。红外线干燥设备如图 4-62 所示。

图 4-62　红外线烤灯

红外线分为三类：长、中和短波红外线。长、中波长的红外线常常被归为一类。长波红外线烤灯，烘烤强度低，干燥时间长；中波红外线烤灯，烘烤强度中高等，干燥时间较短；短波红外线烤灯，烘烤强度高，加热快。使用红外线烤灯与使用烤漆房烘烤相比快 30%，加速油漆及物料干燥时间，提高生产效率，但是需注意烘烤的平均距离为 0.8 ~ 1.2 m，在使用时要多加小心，防止因过热而导致烘烤漆面起泡。

当喷涂的板件是塑料材质时，空气干燥效果最好，如果使用红外线烤灯烘烤，需格外小心，因为红外线可将板材加热至 110 ~ 120 °C，高温会导致塑料件变形、软化、熔融，可以使用铝箔覆盖反射红外线，避免塑料达到高温。

操作指引

1. 课前准备

（1）场地设施：干磨工位 1 个，喷烤漆房 1 台，装有废气抽排系统和消防设施的场地。

（2）施工主体：已完成前处理施工的右前翼子板。

（3）设施设备：切纸架、中涂底漆喷枪、电子秤、搅拌尺等。

（4）相关耗材：安全防护用品、中涂底漆和配套固化剂稀释剂，擦拭布、量杯、调漆杯等。

（5）学生组织：教师指导、分组实训、过程评价。

2. 注意事项

（1）在实训场地应穿戴对应的防护用品。

（2）听从实训指导教师的安排，严格遵守场地安全规定，注意安全。

（3）实训场地严禁烟火，禁止吸烟。

任务实施

李先生的新赛欧轿车的右前翼子板经过前处理施工，开始准备进行中涂底漆的施涂和打磨，具体实施步骤如下：

1. 安全防护

佩戴合适的防护用具（见图 4-63）：安全帽、护目镜、耳塞、供气式防护面罩（喷涂双组分中涂底漆时）或活性炭防护口罩、防静电喷漆服、防溶剂手套、工作鞋；按照所使用涂料产品中涂底漆的调配要求，添加合适的固化剂及稀释剂。

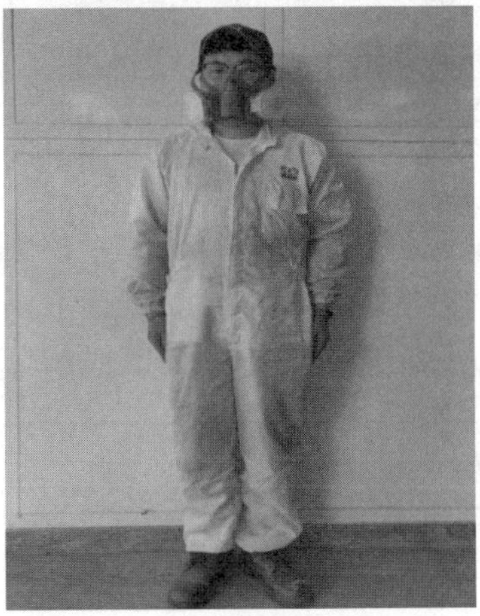

图 4-63　穿戴防护用品

2. 遮蔽贴护

对喷涂区域进行遮蔽贴护，如图 4-64 所示，将板件从打磨区域搬运到喷漆房内固定好，仔细检查板件，如发现板件上有明显的孔洞或者缺口，使用遮蔽胶带和遮蔽纸对这些部位做好遮蔽，防止中涂底漆穿过孔洞或缺口喷涂到板件的内部。

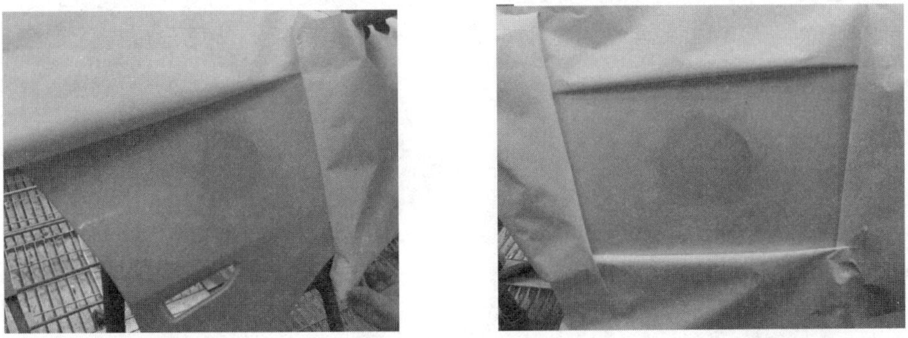

图 4-64　遮蔽贴护

3. 清洁除油

使用清洁剂对工件表面进行除油清洁，再将粘尘布展开，重新折叠后完成板件的粘尘工作。

4. 喷涂中涂底漆

按照涂料产品要求正确调配中涂底漆，如图 4-65 所示。

图 4-65　调配中涂底漆

中涂底漆需使用喷枪口径为 1.6 ~ 2.0 mm 的底漆喷枪，喷枪气压（枪尾气压）与中涂底漆喷涂面积有关，一般设置如表 4-12 所示。

表 4-12　中涂底漆喷涂枪尾气压设置

序号	喷枪	枪尾气压/bar
1	传统喷枪	2.0 ~ 3.0
2	低流量中气压喷枪	1.5 ~ 2.0
3	高流量低气压喷枪	1.0 ~ 1.5

注：面积较大（如整喷）时设置为上限，面积较小时设置为下限。

具体喷枪设定参数需参照涂料厂商产品资料及喷枪厂商产品使用资料。

喷涂前依次调整喷枪：出漆量、扇面、枪尾气压，切记一定要最后调整气压，因为如果先调整气压，后调整出漆量、扇面，会导致调整好的气压发生变化。然后在遮蔽纸上试喷涂，检查喷枪是否正常，喷涂效果是否有异常。喷涂时由内向外或由外向内喷涂均可，建议第一遍雾喷，喷涂时避开遮蔽纸，避免形成中涂底漆硬边，如图 4-66 所示。

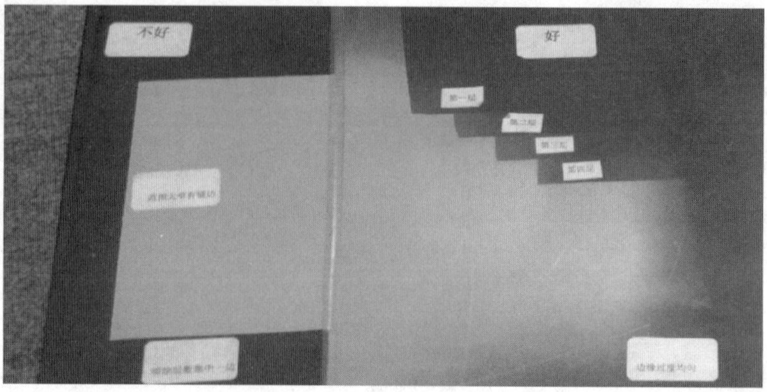

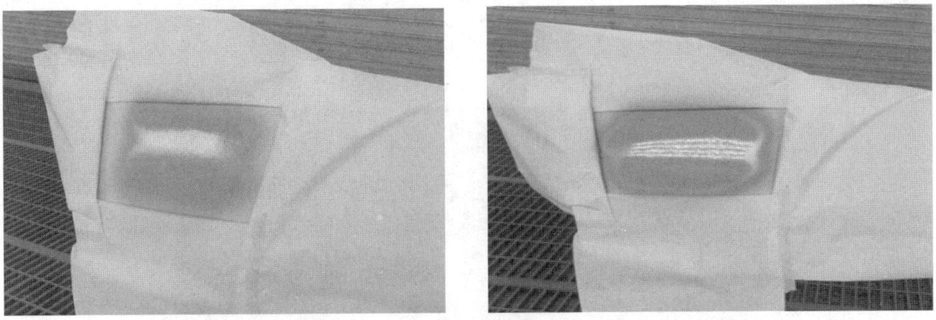

图 4-66　由内向外喷涂及中涂硬边

喷涂 2 ~ 3 层中涂底漆，每层之间闪干 5 min 左右。如果是局部修补而不是整板喷涂，按照从大到小的原则喷涂中涂底漆，如图 4-67 所示，以最大限度地减少周围虚漆，减少后续打磨工作量。

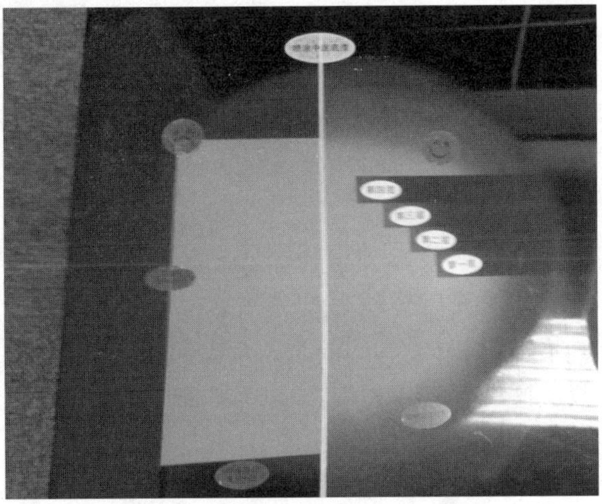

图 4-67　由外向内喷涂中涂底漆

如果是喷涂免磨中涂底漆，需使用喷枪口径为 1.4 mm 的底漆喷枪，通常湿喷一层或喷涂一个双层即可，喷涂气压略高于喷涂中涂底漆，如表 4-13 所示，喷涂结束，清洗喷枪，收好喷漆房内软管，做好喷漆房现场“7S”工作。

表 4-13　免磨中涂底漆喷涂枪尾气压设置

序号	喷枪	枪尾气压/bar
1	传统喷枪	3.0 ~ 3.7
2	低流量中气压喷枪	2.0 ~ 2.5
3	高流量低气压喷枪	1.5 ~ 2.0

注：具体喷枪设定参数需参照涂料制造商的产品资料。

5. 干燥中涂底漆

待板件闪干 5 ~ 10min 后，戴棉布手套将板件搬运到打磨工位，如图 4-68 所示，使用短波红外线烤灯烘烤 15 min 左右，烘烤距离为 70 ~ 90 cm。也可以将板件留在喷漆房内，将温度升高到 60 °C，烘烤 20 min，烤干中涂底漆后将板件移至打磨工位。

图 4-68　短波红外线烤灯干燥中涂底漆

待板件冷却后，使用 P500 砂纸轻蹭中涂底漆，检查中涂底漆是否完全干燥，未干则会黏附砂纸。确认完全干燥后，更换防尘口罩、棉布手套，准备打磨中涂底漆。

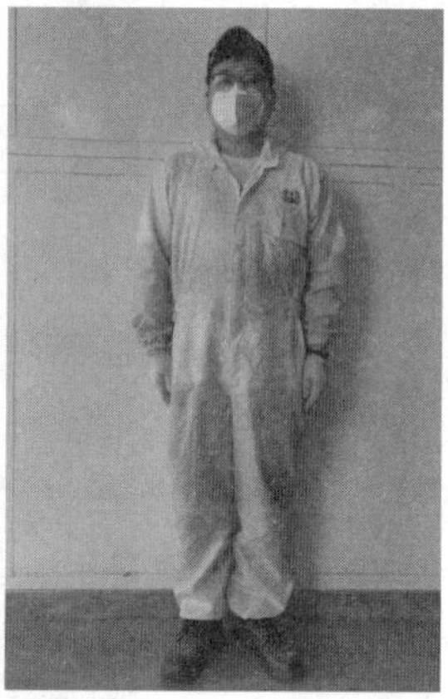

图 4-69　打磨中涂底漆时的穿戴防护

6. 打磨中涂底漆

作为面漆的基础，中涂底漆起到增强涂层间的附着力，对底层提供封闭和填充细微痕迹的作用。除非是对新换不久的采用免磨中涂底漆，否则中涂底漆干燥后一定要做好打磨工作，以保证附着力，保证为面漆提供一个平滑的基础。

（1）如图 4-69 所示，打磨中涂底漆时，应佩戴棉纱手套、防尘口罩、护目镜、耳塞、工作服、安全鞋。

（2）如图 4-70 所示，在中涂底漆上涂抹一层打磨指示层，以便在打磨时能更好、更快地找出潜在缺陷。

图 4-70　打磨中涂底漆之前施涂打磨指示剂

（3）对于中涂底漆纹理较粗的区域、填充原子灰区域，如图 4-71 所示，先使用干磨手刨进行局部手工干磨。使用干磨手刨配合 P400 干磨砂纸，对原来施涂原子灰的区域进行整平，打磨消除缺陷，如中涂底漆表面比较平整光滑，可直接使用 P400 干磨砂纸打磨。

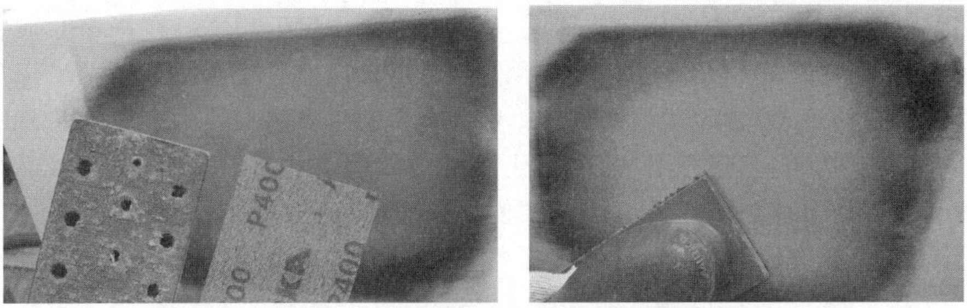

图 4-71　打磨中涂底漆之前施涂打磨指示剂

（4）如图 4-72～图 4-74 所示，使用偏心距为 3 mm 的双作用干磨机，在托盘上加装中间软垫，使用 P400 或 P500 干磨砂纸（如喷涂单工序面漆或双工序纯色漆则使用 P400 干磨砂纸，倘若是喷涂双工序金属漆则使用 P500 干磨砂纸）进行打磨，使用 P600～P1000 精磨砂棉或灰色菜瓜布打磨板件难以打磨区域，确保对将要喷涂色漆的区域全部打磨至没有光泽。

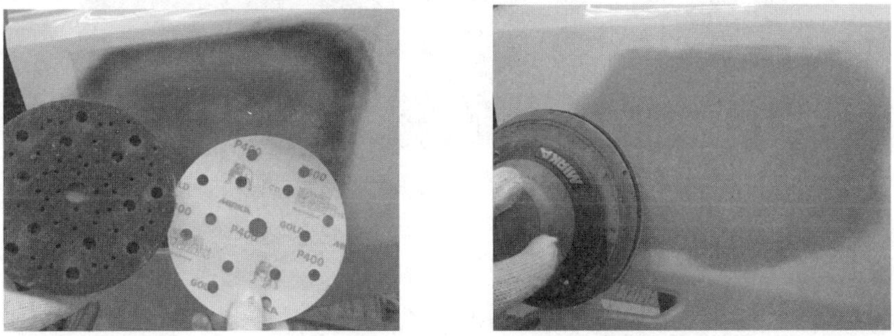

图 4-72　P400 机磨中涂底漆

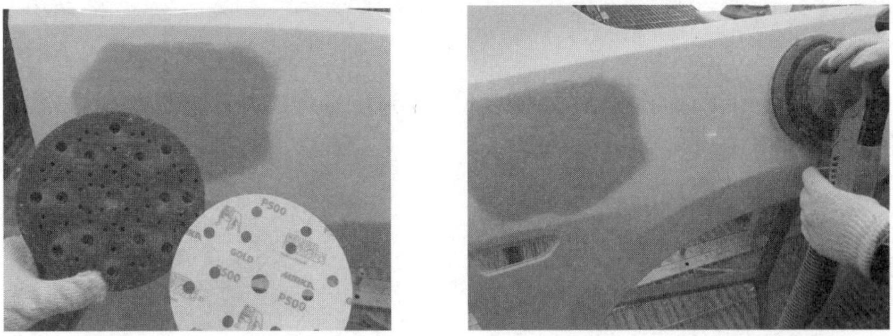

图 4-73　P500 机磨其他区域

图 4-74　灰色菜瓜布打磨边角部位

（5）只喷涂清漆区域使用偏心距为 3 mm 的双作用干磨机，在托盘上加装中间软垫配合 P800～P1000 精磨砂棉或使用灰色菜瓜布打磨，也要打磨至无光泽。将灰色菜瓜布装在打磨机上打磨的好处是：可以清除工件表面上的打磨灰尘，并能安全地将所有打磨区域打磨至没有光泽。对于B柱或其他清漆不能整喷只能驳口的区域，为了确保驳口区域涂层的附着力，需要使用精磨砂棉 P2000 或使用灰色菜瓜布加水性研磨膏打磨清漆驳口区域，最终整板打磨效果如图 4-75 所示。

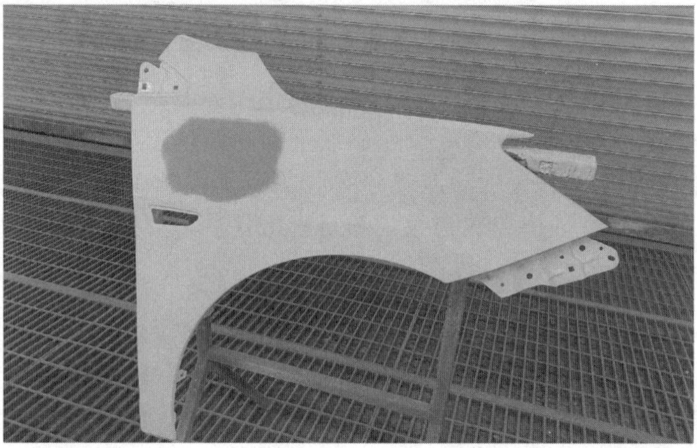

图 4-75　中涂底漆最终打磨效果

7. 现场“7S”工作

（1）在操作过程中，取用中涂底漆相关涂料之后，应将盖子随时盖住或者拧住，并归位。

（2）中涂打磨结束后，将操作中所用到的干磨机、打磨头等设备和工具清洁并归位。

（3）操作过程中和操作过后要将废弃物分类丢弃，并按预先指定位置将相应的可用耗材放置到相应位置。

（4）对板件最终进行清洁除油处理。

任务小结

（1）佩戴护目镜、全面式供气面罩（半面式防毒面具也可）、帽子、防静电喷漆服、防溶剂手套、安全鞋。依据产品说明书，按照正确的体积比或者重量比调配中涂底漆，搅拌均匀，静置 1～3 min 将油漆过滤至口径为 1.7～1.9 mm 萨塔中涂底漆喷枪内。将板件放置固定在喷漆房或者专门喷涂中涂底漆的工位内，如果需要遮蔽，则遮蔽贴护相关部位。

（2）清洁除油除尘，检查打磨表面部位是否有打磨至裸露金属的位置，如果有需要使用自喷罐底漆喷涂裸露金属部位，喷涂要求完全遮盖住裸露的金属；使用自喷罐底漆时要在试色板上进行试喷涂；调节喷枪，气压为 2 bar，扇面打开 2 圈，扇幅全开或者打开 3/4，并在试枪板上试喷涂，检查喷枪是否正常，扇形是否正常；喷涂时可以从大到小缩小喷涂，也可以小到大扩大喷涂；第一遍喷涂，遮盖 50%，整板雾喷，要求不能喷涂太湿，防止板件基底差而产生咬底现象，第二遍喷涂，遮盖 100%一个湿层，完全盖住原子灰部位，闪干 5 min 或者其油漆表面无光泽，喷涂下一遍，一般中涂喷涂 3～4 层即可。

（3）对整板施涂打磨指示层，打开干磨机，接上吸尘软管，配合手磨板使用 P320 干磨砂纸对其原子灰的部位打磨，消除因为打磨原子灰不平整造成的台阶，如果中涂有流挂等缺陷，也一起打磨；使用干磨机磨头（3 号）配合 P500（素色漆可使用 P400）打磨整板，边缘筋线部位使用灰色菜瓜布打磨彻底，如果中涂喷涂效果不佳，比较粗糙，使用海绵砂纸 P800 先打磨筋线，消除桔皮，再使用灰色菜瓜布打磨彻底。清洁除油，检查板件表面缺陷，并使用原子灰填补缺陷，干燥后打磨，最后清洁除油除尘等待喷涂面漆。

实训项目

姓名：________________ 班级：________________ 日期：____________

实训项目三　中涂底漆的喷涂与遮蔽

1. 车辆信息记录

用户（车牌）：__________　VIN 码：__________　车　型：__________

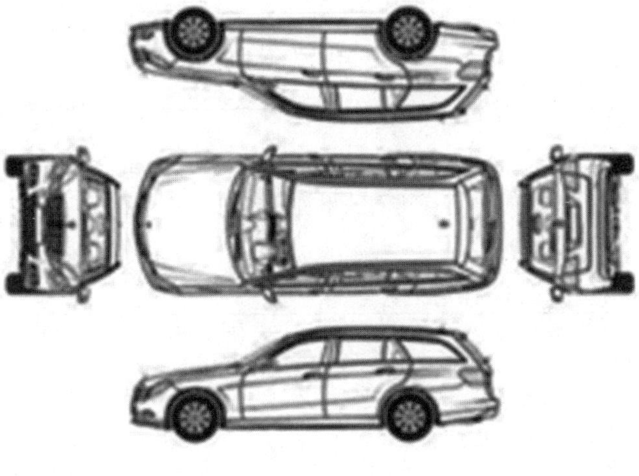

图 4-76　车辆

2. 实车勘察结果

用下列代码在车身对应区域标注损伤类型：

B =凹陷/变形；

Q =清漆层损伤；

S =色漆层及色漆层以下损伤。

3. 耗材明细（见表 4-14）

表 4-14 耗材明细

序号	耗材名称	规格型号	序号	耗材名称	规格型号
1			7		
2			8		
3			9		
4			10		
5			11		
6			12		

4. 操作评分标准

（1）操作过程评分标准见表 4-15。

表 4-15 操作过程评分标准

任务描述	评分标准		分值	得分
中涂底漆的喷涂与遮蔽	安全防护：整个操作过程中防护用品佩戴错误或未戴，一次扣 5 分； 丢失一种，扣 10 分（可继续领用）； 耳塞掉了没有发现，或开始忘带，扣 5 分；全程未戴耳塞、未穿安全鞋，扣 10 分（短时间摘除眼镜检查工件或擦干净眼镜不扣分）； 对不需要进行喷涂的部位进行有效遮蔽，遮蔽不严或未遮蔽的，每处扣 5 分； 遮蔽方式不正确的扣 5 分		15	
	喷涂前未对工件粘尘扣 5 分； 粘尘完毕，喷涂前仍有残留研磨灰尘（戴乳胶手套指触确认），整板扣 20 分，其他情况，根据面积和程度扣 1～10 分； 每一种错误扣除 3 分； 碰洒包装罐中油漆类物料，喷洒喷枪中物料，包括因不会使用免洗枪壶导致洒漆，扣 10 分		30	
	对裸露金属区域使用侵蚀底漆修补；未使用侵蚀底漆，每 1 cm 长度（按照打磨效果评分记录）裸露金属扣 1 分； 选择灰度为相邻灰度，扣 10 分； 非相邻灰度，扣 20 分； 自流平底漆添加固化剂（28.1 g）的添加量正确，超过 ± 0.2 g 扣 5 分；超过±0.5 g 扣 10 分；超过±1.0 g 扣 15 分；超过±1.5 g 扣 20 分；使用喷枪吹漆面，一次扣 5 分； 打磨或擦除等导致补喷，一次扣 5 分（没有打磨、擦除情况下的补喷不扣分）； 摔落喷枪等严重失误，扣 20 分		40	
	工具（喷枪、粘尘布）没有放在地面上：使用完毕后工具、工作位恢复原状，气管归位，粘尘布妥善保管，每一种错误扣 3 分； 碰洒包装罐中油漆类物料，喷洒喷枪中物料，包括因不会使用免洗枪壶导致洒漆，扣 10 分		15	
总得分		考核等级		

（2）中涂喷涂效果评分见表 4-16。

表 4-16　中涂喷涂效果评分

<table>
<tr><td>步骤</td><td>规范做法要点</td><td colspan="2">扣分原则</td></tr>
<tr><td rowspan="3"></td><td rowspan="3">全部范围内（含外侧）无流挂、露底、碰伤等缺陷</td><td colspan="2">一处流挂扣 10 分</td></tr>
<tr><td colspan="2">遮盖不完全，有露底现象（露底指能看出底下底漆颜色，不能以喷涂中涂底漆有部位没有喷涂到作为露底），每 5 cm 一处扣 10 分；
外侧未喷涂中涂底漆，每个外侧扣 5 分，部分喷涂的，按照未喷涂区域占比扣分</td></tr>
<tr><td colspan="2">桔皮轻重不扣分；其他缺陷，每种缺陷扣 10 分</td></tr>
<tr><td colspan="2">满分：90 分</td><td>得分：</td><td>考核等级：</td></tr>
</table>

任务四 前翼子板调色处理

任务描述

客户李先生的新赛欧白色轿车的右前翼子板完成了中涂处理施工，整板已经研磨彻底，准备喷漆。现在请你对右前翼子板继续施工，调配与原翼子板相同颜色的素色白面漆，请安全、环保地完成此项工作任务。

学习目标

【知识目标】

（1）能运用色觉形成的三要素初步分析物体成色的基本原理；

（2）能感知颜色特性三属性的差别，并能分析三属性的区别与联系；

（3）能正确叙述素色漆的调色要点；

（4）能叙述素色漆的调配流程。

【能力目标】

（1）能在不同车型上找到色号所处的位置；

（2）能安装调色软件并查寻配方；

（3）能按配方正确称量色母；

（4）能从颜色的三属性分析所配色与目标色的差别，并实施微调；

（5）能正确穿戴防护用具，并养成配色完毕进行“7S”操作的习惯。

【素质目标】

（1）具备良好的沟通能力和表达能力；

（2）具备信息查询和维修手册查阅的基本能力；

（3）能够按照企业“7S”要求和安全生产规范进行操作；

（4）具有与同学密切合作，规范安全地完成学习活动的能力。

建议学时：4 学时

知识准备

一、色觉三要素

颜色在我们的日常生活中扮演着重要的角色。每种颜色都具有其独特的意义，如“红色”代表热情，“绿色”代表平和，“蓝色”代表安静，而“橙色”代表温暖。从科学的角度来看，颜色是眼睛对光波传递的表现。因此，没有光，就没有颜色。

人们对能分辨出颜色都习以为常，很少有人驻足细究其中奥妙。作为汽车喷漆的技师，在日常工作中会经常接触到各种各样的色彩和它们的差异，工作需要我们进一步了解“人是如何感知和认识色彩的”。

人类感知外部客观世界的器官有眼、耳、鼻、舌、皮肤，它们可分别形成人们的视觉、听觉、嗅觉、味觉和触觉。其中，人们获得外界信息量最多的是视觉。物质世界的光作用于视觉系统后所形成的感觉可以分为两类：一类是形象感觉；一类是颜色感觉。根据国家标准 GB/T 5698—2001《颜色术语》，颜色被定义为：光作用于人眼引起除形象以外的视觉特性。因此，颜色是光作用于人的视觉系统后所产生的一系列复杂生理和心理反应的综合效果。

颜色视觉简称为色觉，是视觉的重要组成部分，色觉又包括色感觉和色知觉两个方面。色感觉是指眼睛接受色光刺激后产生的颜色感觉，色知觉则是指人们对于有色物体的整体反映。色感觉总是存在于色知觉之中，很少有孤立的色感觉存在。所以，平时我们提到的色觉是建立在色感觉基础上的色知觉，将二者合称为色觉。

色觉的形成有它的物理基础、生理基础和心理基础。

人类生活在五光十色、绚丽多彩的世界里。在阳光下，我们能欣赏到大自然中的红花、绿叶、蓝天、白云，能看到街上的行人身穿款式各异、五颜六色的服装，能看到书店里陈列着的琳琅满目、各色各样的书画报刊。以上种种都是人类产生的色觉。但是在没有光的时候，我们就无法看到这些赏心悦目的颜色。另外，眼睛和大脑不健全的人也无法感知这些美丽的色彩。这说明，要产生色觉，必须具备三个要素：光源、物体、观察者。图 4-77 所示为人的色觉产生的三要素关系。

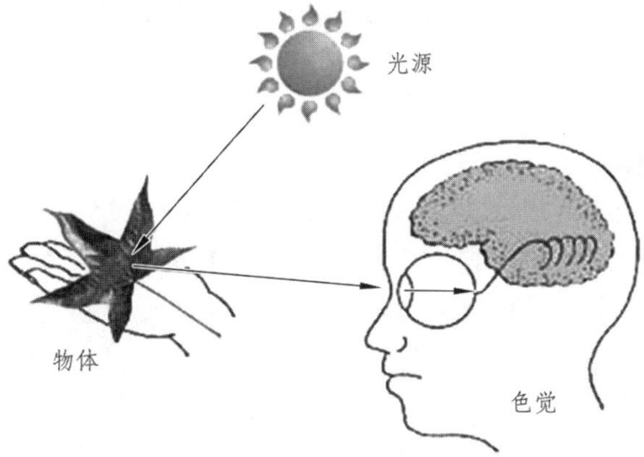

图 4-77　色觉三要素关系

光照射于彩色物体之上，经过物体对光的吸收、反射或透射之后作用于人的眼睛，再由眼睛中的视神经将信息传递给大脑，大脑得出关于颜色的判断，由此而产生色觉。在这个过程中，光是产生色觉的物理基础，也是产生色觉的第一要素。事实已经证明：只有在光的照射下，人们才能感知物体的形态和颜色，没有光就没有色，光是人们感知色彩的必要条件，色来源于光。简言之，光是色的源泉，色是光的表现。

总而言之，人们要感受到颜色，必须具备以下三个要素：光源、物体、观察者。

1. 光源

光源就是发光的物体，常见的光源有三种：白炽灯、荧光灯、太阳光。

太阳光是电磁辐射的一种形式，这种辐射有不同的波长，利用三棱镜或者光栅能分辨出许多单一的有色光带，光谱颜色从紫到红，就好像纷纷雨滴所产生的彩虹一般。人类的眼睛能看到光谱中波长在 380 ~ 780 nm 的光线，如图 4-78 所示，我们称为可见光谱。

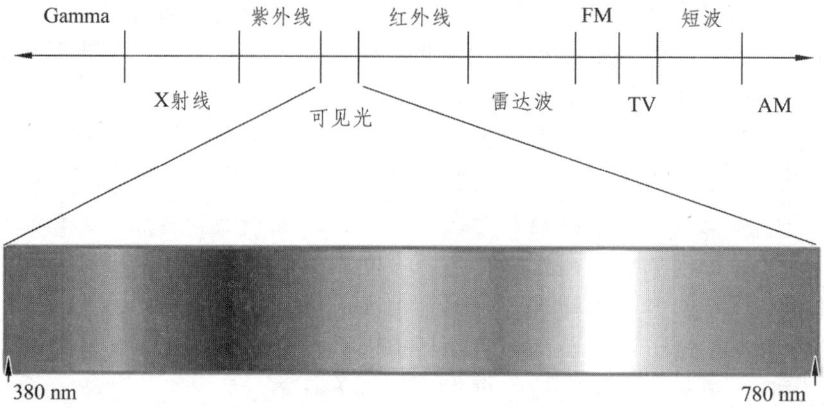

图 4-78　可见光谱

太阳光包括可见光谱中所有的颜色带，常常可以作为室外观察光源，但由于每一天、同一天不同时间光线有强弱区分，仅以它作为观察光源，会产生因时间、地点、环境等条件不同带来颜色上的差异，因此我们需要有稳定的、不受时间地域影响的标准光源。设备完善的涂装车间，应该有良好的自然光线或配备专用的配色灯箱，以便正确观察颜色。

2. 观察者

观察者即人，人的眼睛具有三种基本神经：感红、感绿、感蓝，并由此合成多种色感。光谱的不同部分能引起这三种视觉神经不同比例的兴奋，并将这些兴奋转换成信号传至大脑，而大脑将这些信号转换为色彩，于是我们就看到了颜色。

颜色视觉正常的人，可以用红、绿、蓝三原色光混合出光谱上的各种颜色色光；但每个人的眼睛对颜色的感受灵敏度有差别。即使辨色能力正常的人，有些人感受的颜色会偏红，还有些会偏蓝，随着年龄的增长，人的辨色能力还会下降。

此外，还有少数人，对颜色的辨别能力特别差，甚至无法辨别某些或所有的颜色，他们被称为色盲或色弱。据统计男性有 5%、女性有 0.8%不能正常辨别各种颜色，这种人称为异常色觉者。所以，从事汽车修补和调色的人员，应首先进行视觉检查，以确保没有视觉缺陷。

3. 物　体

物体也就是我们所看到的观察对象。它之所以能被看见，是由于光线在其表面发生了反射，被眼睛所接收，再通过视觉神经的传递，在人的大脑中“合成”出了物体的色彩。

一般而言，物体对照射到其表面的光源有三种反应，如图 4-79 所示。

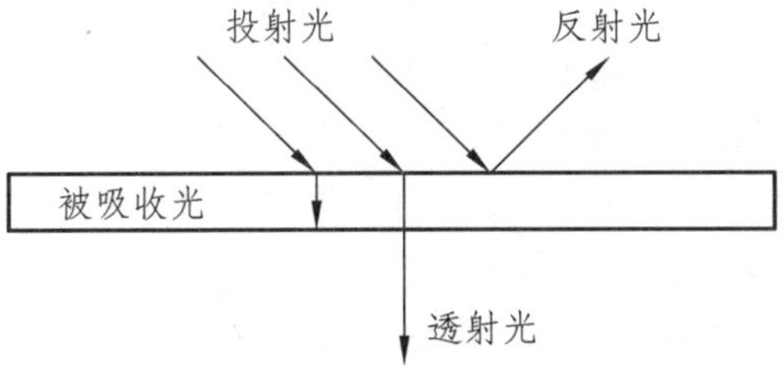

图 4-79　物体对光的吸收、反射、透射

（1）反射：被反射的光线从物体表面反射，物体的颜色往往由其反射光的颜色来决定。

（2）透射：透过物体的光线在穿过物体时有所改变。

（3）吸收：被物体吸收了，消失掉了。

当全部反射时，我们看到的是白色，全部吸收时是黑色；而部分吸收和部分反射，我们看到的则是反射光的不同波长对应的颜色；正如我们前面提到的，一个有色的表面，比如说黄色之所以看起来是黄色，那是因为它只反射光谱中的黄波长，而其他波长都被吸收了。

所以简单地说，物体的颜色就是其反射光线的颜色。

4. 三大要素之间的相互作用

我们已经知道，色彩是光源、物体、观察者三者的结合。很显然，如果这三个因素中的任何一个发生了改变，那么所产生的颜色也会随之改变。所以现在，让我们来看一看改变光源时产生的颜色差异。

常见光源有太阳光、白炽灯、荧光灯等，那么一个在正常太阳光下看起来是红色的汽车，在白炽灯下会是什么颜色呢？答案是橙色。因为白炽灯含有更多的红黄色光，它与汽车本身的红色叠加，显示橙色。因此，在调色时需要使用统一的标准光源。

二、颜色三属性

我们在日常生活中观察和讨论颜色时，最简单、最常用的方法是用一些颜色的名称来表达对颜色的认识。例如，我们在向别人描述一本书的封面颜色时，可以说“这本书的封面是蓝色的”，这是在说明封面颜色的外观相貌。为了解释得更清楚，则可以说“是一种浅蓝色的”，这是在介绍颜色的深浅程度。如果要描述得更具体、更全面，还可以说“是一种浅蓝灰色的”，这是在进一步说明封面颜色是否鲜艳。这种介绍颜色的方法，从颜色的外貌、深浅程度和鲜艳程度三方面描述了色彩，基本可以使对方想象出这种颜色，但不会太准确。对方很可能在亲眼看到这本书后认为“比我原来想象的色要深些”。这种对颜色认识上的差别在生活中是无关紧要的，但在颜色调配工作中却举足轻重。为了把人们在生活中对颜色的感性认识上升为理性认识，在生产和科研中更精确地描述颜色，国际上统一规定了鉴别颜色的三种基本特征：即色相、明度和彩度，我们称之为颜色的三属性。

1. 色　相

色相又名色调（在 GB/T 5698—2001《颜色术语》中，色相也称为色调，但它与美术界所说的色调是有区别的。在一幅图画中，色与色之间的整体关系构成色彩的调子，称为色调），是颜色最主要的特征，也是色与色之间的主要区别。

色相是指颜色的外观相貌。在可见光谱上，人的视觉能看到红、橙、黄、绿、青、蓝、紫等不同的颜色，人们对这些可以相互区别的颜色以不同的方法加以命名。当我们称呼到其中某一色的名称时，就会有一种与名称相对应的色彩印象，这就是色相的概念。色彩系统中最基本的色相就是红色、黄色、蓝色，它们也被称为“三原色”，如图 4-80 所示，几乎所有的颜色都可以用这三种颜色调配出来。

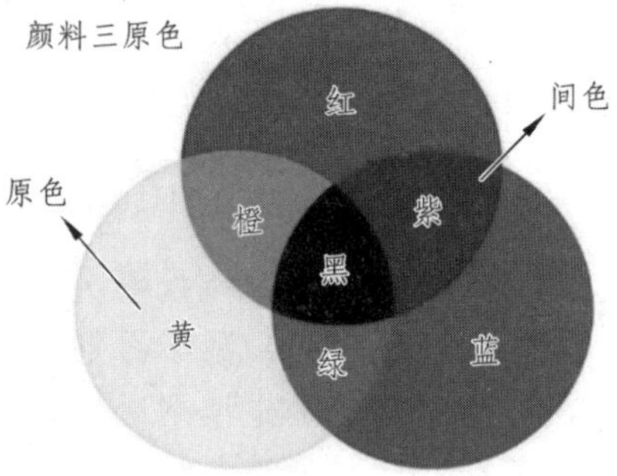

图 4-80　色料三原色

在修补漆行业我们使用的是色料减色法，其实质是：色料相加，能量减弱，越加越暗。通过颜色混合，三原色可以产生再生色（间色），再生色可以再生成次生色，当颜色成为次生色后，就变得更深、更浊。

我们可以将这些显著不同的色相排成一个圆环，沿着圆环的周边每向前一步，色相都会产生变化，如图 4-81 所示。

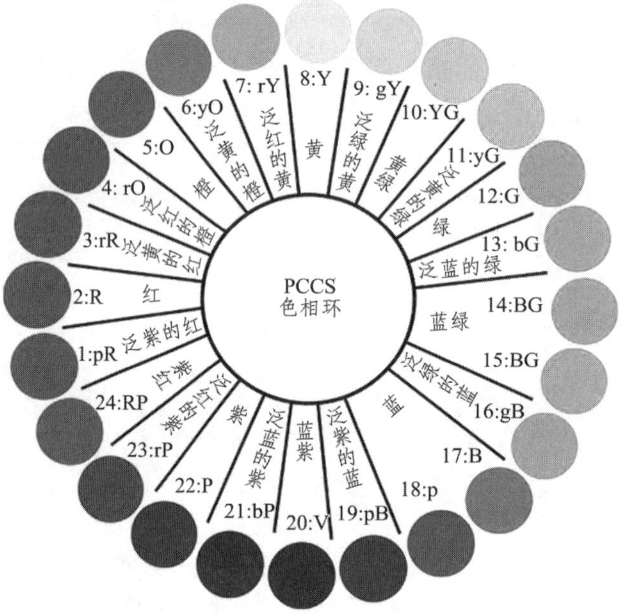

图 4-81　色相环

2. 明　度

明度是颜色的第二种属性，也被称为主观亮度或明暗度。

通常情况下，颜色的明度高低是由物体表面的光反射率大小来表示的。各种颜色明暗不同，是由于它们反射光量不同所致。反射光量大则明度高，反之明度则低。

无彩色之间的区别实质上完全在于它们光反射率的大小。明度最高的白色，光反射率接近 100%，明度最低的黑色，光反射率接近于 0。不同深浅的灰色则具有介于黑、白两色之间的数值不等的反射率。

明度从白到黑有 11 个等级，如图 4-82 所示。

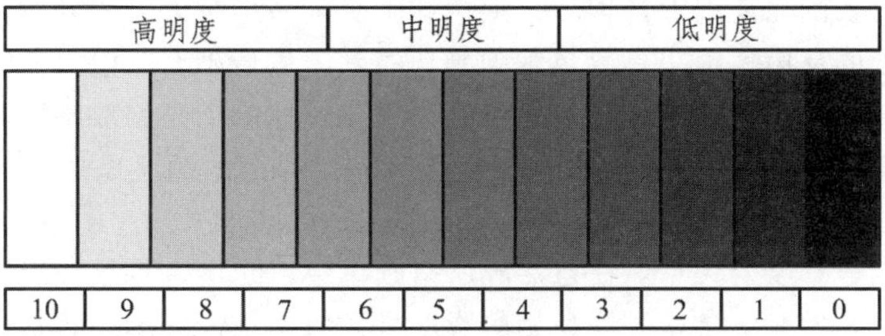

图 4-82　明度等级

3. 彩　度

彩度是颜色的第三种属性，又称为饱和度、纯度或鲜艳度。

我们的视觉能辨认出的有色相感的颜色，都具有一定的彩度。如图 4-83 所示，色彩越鲜艳，彩度就越大。光谱色是最纯净、最鲜艳的颜色，所以光谱色的彩度最大。白、灰、黑色等无彩色，只有明度特征，没有色彩倾向，它们的彩度等于零。

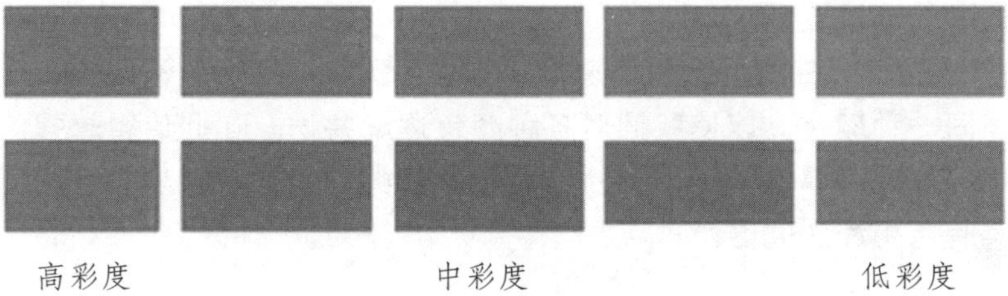

图 4-83　彩度

如果向彩度大的颜色中加入无彩色成分，就会使该色的彩度变小。比如绿色中掺入白色时，仍是绿色相，但它的鲜艳程度即彩度变小了，明度提高了，成为淡绿色；当绿色中掺入黑色时，明度降低了，彩度也同时变小了，成为暗绿色；当绿色中掺入明度接近的灰色时，它的明度基本不变，但彩度却变小了，成为灰绿色。同一种色相的颜色，即使彩度发生微小的变化，也会立即带来色彩品质的变化。如果说，明度是颜色隐秘的骨骼，色相是颜色华美的肌肤和外向的性格，那么，彩度则体现了颜色内在的品质。

4. 颜色三属性的关系

色相、明度和彩度是颜色的三属性，它们分别从三个不同侧面反映了颜色的基本特征。三者在概念上是各自独立的，但三者之间又是相互联系、相互制约的。要具体描述一种颜色，必须同时确定颜色的三个特征，即该颜色的色彩相貌——色相，该颜色的明暗程度——明度，该颜色的鲜艳程度——彩度。如果其中某种属性发生了变化，则另外两种属性也会随之发生变化。下面我们简单地分析一下三者之间的主要关系。

（1）色相与明度的关系。同一色相的明度大小决定于所含黑、白成分的比例。如果含白色成分多，则明度高；如果含黑色成分多，则明度低。

不同色相的明度大小主要是由人眼三种感色细胞受光刺激量的总和所决定的。白色对各种波长的光反射率都很高，感色细胞受刺激量最大，所以白色明度最高；黑色对各色光的反射率很小，感色细胞受到的刺激量最小，所以黑色明度最低。光谱中其他各色根据光反射率大小及三种感色细胞对相应色光的敏感性共同决定其明度大小。实验结果表明，常见色相的明度由大到小排列的顺序是：白、黄、橙、绿、青、红、蓝、紫、黑。

（2）色相与彩度的关系。在自然界所有颜色中，光谱色是最鲜艳的颜色，即彩度最大的颜色。但光谱色中不同色相的彩度最大值是不一样的。实验证明：在光谱色中，红色、蓝色和紫色彩度很大，而黄色的彩度则很小，青色、绿色彩度居中。

（3）明度与彩度的关系。对同一色相来说，明度与彩度的变化是相互关联的。一般情况下，明度的变化常会引起彩度的变化，因为二者都与光反射率有一定关系。

只有在明度适中时，颜色的彩度才最大。当我们向某一颜色中加入白色，会使其明度升高，但彩度会变小；如向同一颜色中加入黑色，会使明度降低，彩度也会减小。因此，当各种颜色由于无彩色成分的加入使明度升高或降低时，彩度都会随之减小。当颜色的明度趋于最大或最小时，此时的颜色已近似于白色或黑色，彩度也就趋近于零而难以鉴别了。

总而言之，颜色三属性既相互独立，又相互联系，分别从不同的角度来定性或定量地描述同一种颜色，以使我们对各种颜色达成共识。在此值得一提的是：颜色中的彩色类都具有三属性，无一例外，而无彩色类一般说来则只具有明度这一种特性，而不具有色相和彩度这两种属性。

5. 颜色三属性的表示方法

为了便于直观地理解颜色三属性的内在关系，人们先后设计了不同的空间几何模型来加以表示，如双锥形色立体、孟塞尔色立体等，其中最为常见的是双锥形色立体。

1）双锥形色立体

双锥形色立体又名枣核形色立体，如图 4-84 所示。在这个三维空间的双锥形色立体中，中央纵轴表示颜色的明度，上白下黑，中间是一系列中性灰色，分为不同的明度等级，称为明度轴。光谱色在水平剖面的圆周上按一定顺序排成色相环，将品红色置于红色和紫色之间。圆环的中心是无彩的灰色，各级灰色的明度同平面圆周上各种色相的明度相同。色立体中的横轴表示彩度，中央轴上彩度为 0，由中央轴向外颜色的彩度增大，距中央轴最大的圆周上的颜色是彩度最大的颜色。任一种颜色，都可根据特定的三属性，在此色立体中找到自己对应的空间位置。

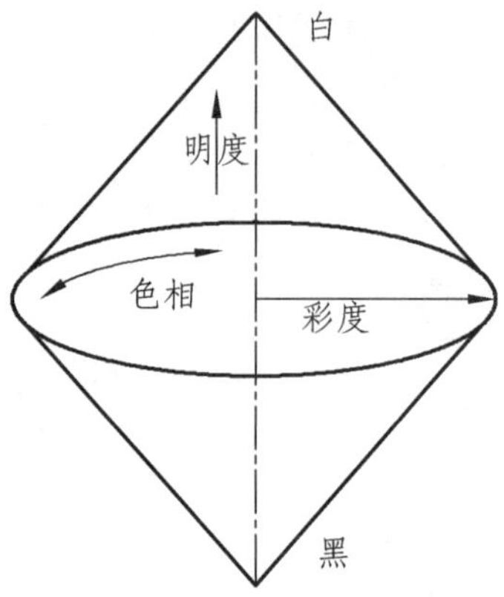

图 4-84　双锥形色立体

应该指出的是，这个双锥形色立体只是一个理想化的示意模型，目的是使人们更容易理解颜色三属性的相互关系。实际上，彩度最大的黄色和蓝色并不在最大的圆周上，黄色在中等明度偏上的地方，而蓝色则在中等明度偏下的地方。中央的色相圆环平面应略有倾斜。而且由于各光谱色彩度大小有差异，所以色相环也并非一个标准的圆环。

2）孟塞尔色立体

孟塞尔色立体是一个三维空间的、近似球体的不规则模型，它将各种能由稳定的颜料配制出来的颜色按色相、明度、彩度的一定顺序全部表示出来，并给每一特定部位的颜色以一定的标号，如图 4-85 所示，即颜色立体的每一个点都对应着一种能实现的颜色，同样，任何一种实际的颜色都能按其色相、明度、彩度的等级，在色立体中找到一个对应的位置点。在孟塞尔色立体中央有根表示明度的纵轴，它所表示的明度称为孟塞尔明度；在明度轴的周围分布着不同的色相，称为孟塞尔色相；由明度轴向外的水平距离表示颜色的彩度，距离远近表示的彩度值称为孟塞尔彩度。

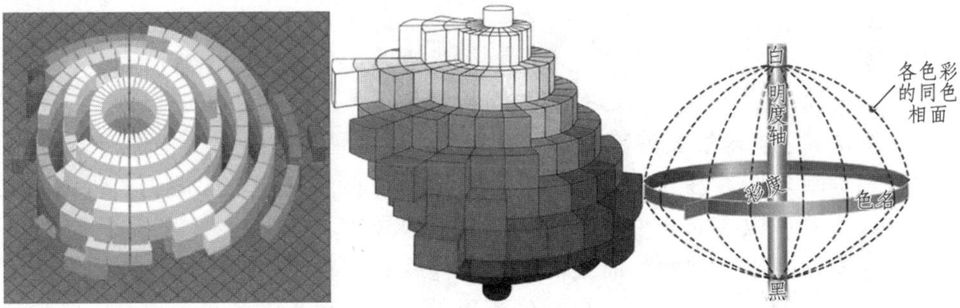

图 4-85　孟塞尔色立体

孟塞尔色立体的规律如下：

（1）颜色从色轮外圈向内移动，彩度降低。

（2）色调只可沿着色轮向左右两边移动，即红色只可能偏黄或偏蓝，而不可能偏绿。

（3）色轮上两个相对色调的颜色混合，颜色变浊、变黑。

（4）颜色越向上，亮度越高。

特别说明：由于人们对于亮度的感应并不均匀，所以，反光率 50%的灰色并不在黑、白颜色中间。只要在黑色的涂料中加少量的白色涂料，可以视黑色涂料变浅，而要使浅灰色的涂料变得更浅，则必须加大量的白色涂料。

总之，对所有颜色而言，把浅颜色调向深色是容易的，反之，则会耗费大量的涂料。

三、同色异构

同色异构又称条件等色，是调漆中一个很重要的现象。

两物体在日光下的颜色显得是一样的，但是在室内灯光照明之下却显得有差别。这种两种颜色在一种光源之下显示相同，但在另一种光源之下显出不同的现象，称为条件等色现象。对于有条件等色现象的物体，两物体颜色的光谱反射特性是不一样的，但是在某一种光源照射之下产生的三刺激值是一样的，而在另一种光源照射之下则显现差异。这一问题常常是由于使用不同的颜料或材料所形成的。

不同的颜料各有自己吸收和反射特定的波长及能量，调色的实质则是在当时的光源条件下把不同的颜料筛选组合，从而模拟出该光源下所要求得到的反射光的波长及能量。除非是使用了完全相同的颜料，否则要使两种不同的颜料涂在不同的光源下颜色相同几乎是不可能的事。由于人眼是可以在可见光的范围内做到全波长和全角度的检测，而当光源随着周围环境的改变而改变时，如果所调配的颜色存在条件等色，人眼就能分辨出来。

条件等色在颜色调配中是相当常见的现象，所造成的色差一般较小。如果出现了严重的条件等色现象，基本上都与色母选用不当有关。这时候仅在原配方基础上增减色母数量已经不能很好地解决问题了，这时一定要改变所用的色母。

四、色差及驳口技术

近年来，汽车色彩层出不穷，人们越来越青睐于色泽亮丽、质感出众的色彩。现在，全球大部分汽车颜色都已经被银粉和珍珠漆占据，素色漆的份额已经越来越小。据专家预测，未来的发展趋势为：高光泽，高金属质感的银粉和珍珠继续增多；珍珠漆会具有更多干涉性效果变化；彩色清漆通过在清漆中添加透明色母达到更炫目质感；液态金属效果；全息效果；特殊颜色效果等。

汽车色彩是层出不穷的，而我们又不可能将每一种颜色都做成涂料，存储起来备用，所以，我们就只能利用涂料制作商提供的几十种基本色母，按照一定的用量比例（颜色配方）对现有色母进行调配，以达到我们所期望的理想色彩。

所以，调色实际上是根据颜色的三个基本性质（色相、明度、彩度），将两种或者两种以上的色母混合均匀，调出所需要的颜色的过程。

调色是一种综合性的技能，它不仅要求有敏锐的眼睛（对比色彩），更重要的是，学会理解并运用所学的颜色知识，辨别颜色色差，选出正确的色母，完成调色工作。

色差就是颜色发生偏差，即常说的颜色不准。许多因素都可能导致汽车修补产生色差。

（1）原厂因素：多家油漆供应商；不同国家、不同车间使用不同的生产设备；不同生产年份；不同批次油漆；需要人工操作的部件；出厂前的修补；车身和塑料件之间的差异；同一颜色用于不同车型。

（2）修理厂/涂料制造厂的因素：油漆批号不同；色母产品部稳定；配漆偏差；缺色母，使用错误的色母，喷涂技术不标准。

（3）环境与气候的因素：车辆多次维修补漆；漆面老化变色；紫外线、酸雨、高湿度环境等；工业区停放与行驶。

解决色差的一个有效途径就是驳口技术。

汽车漆的修补，在很多情况下，只能调成非常相近的颜色，要继续微调并修补成原厂漆颜色百分之百相同是非常困难的。而使用正确的喷涂方法如驳口技术，就只需调色至某一程度，即可喷涂车身，而人们的眼睛却丝毫察觉不到它的差异。许多又经验的喷涂技师可轻易掩饰这种色差。

如果出现色差，建议采取以下步骤：

（1）过渡喷涂是解决色差问题最有效的方法。

（2）要随时做好进行过渡喷涂（驳口）的准备。

（3）在喷漆操作开始之前就处理好邻接区域，以准备过渡喷涂的可能，比喷了一半之后才做处理要省时省力。

总之，微调应当作为色差校正的最后手段。如果可以用驳口技师校正色差就不需要过渡微调。假如必须要微调，微调到可以过渡喷涂为止。

五、素色漆调色要点

素色漆的调配与金属漆不同，喷涂的因素对素色漆颜色变化的影响比较小。素色漆在喷涂后不会出现背光色调的效果，往往迎光观察颜色调得准确，背光也不会有什么差别。此外，施工条件、施工环境对素色漆颜色的影响也非常小。这些因素都使得素色漆较容易调配。所以调配好素色漆是调色的基本功。

1. 素色漆调色的基本规律

颜色有三个属性，调色就是用色母调配出的颜色在色相、明度、彩度三方面与待修补车的颜色一致。

1）素色漆的明度调整

调配素色漆时，如果颜色太暗要调亮一点，可加白色色母或减少黑色色母，而颜色太亮要调暗一点可减少白色色母或增加黑色色母。黑、白色母可以调整素色漆的明度，但它们的加入只会使油漆的彩度降低，而不会升高。

2）素色漆的色相调整

一般情况下，当主色确定后，先调深浅，再调色相。调色相时，要熟悉颜色的变化规律。添加色母时，以靠近主色的近似色为第一选择，应尽量避免使用与主色互补的色母，否则会大大降低颜色的彩度，使颜色变得混浊。

3）素色漆的彩度调整

我们的眼睛感觉越鲜艳的颜色，表示越纯，反之越不鲜艳就越浊。当颜色太清澈（彩度太高时）要变浊一点时，可加黑或加白或同时加黑、白均可。而颜色太浊时，要变清澈一点可减少黑或白色色母。

2. 调配素色漆时的注意事项

（1）色母的“沉降效果”。白色母、某些黄色母是最重的一类色母，原因是其颜料的比重大，常产生湿漆与喷涂色板之间的明显颜色差。如果湿漆中含有一定量的白色漆或某些黄色漆时，在用调漆尺搅拌湿漆并用目视比较标准板时，要求湿漆调配得比标准板的颜色浅、淡。这是因为在搅拌湿漆时，重的色母来不及沉降，油漆的颜色就较浅；而喷涂后的流平时间内则发生了沉降，轻的色母在表面聚集较多，颜色就要更纯，外观表现得“暗”一点。刚喷涂完的漆面和干固后的漆面的不同，这也是一个最主要的原因。烤干后的漆面都会显得偏暗一点。

（2）尽量选用纯度高的色母。汽车在素色选择上喜欢明快、鲜艳的色彩，以红色、蓝色、黄色为主。这些颜色调配要根据需要少用黑色母，偶尔会用相当数量的白色母调节亮度和鲜艳（纯）度，但要认识到这会造成一定程度的颜色浑浊。

（3）尽量不选用低浓度的色母作为主色，即使不得不选用时，也要尽量搭配使用高遮盖力的色母。这种情况以鲜艳的红色最为常见。

（4）白色在使用了一段时间后会变得稍黄。

（5）调配白色时尽量选用低浓度的色母，就是透明的色母。浓度高的色母，其浓度一般是低浓度色母的 6～10 倍，即使 1 L 里面只用 1 滴，在白色中也能明显地反映出来，因为人眼对白色的分辨能力比别的颜色强。所以选用低浓度色母的好处是微调时容易控制变化范围。

（6）黑色的表面光泽对判断其色差起着决定性的作用。新喷涂的黑色由于表面光泽太高而容易给人造成新修理漆面过黑的误解，可以先打蜡抛光再进行比较。甚至在喷涂前加入少量的白色母使原黑色配方稍微浑浊一点。

（7）当调配因长时间暴露而褪色的颜色时，可以添加少量的白色或黄色色母。

六、调漆设备

1. 调漆机

调漆机灵一种专用色母（溶剂型）搅拌机，操作简单，使用方便，只需按下电钮，搅拌机会自动运转。它可使色母得到充分搅拌，便于使用。水性色母不需要搅拌，使用恒温柜存储，温度保持在 5～35 °C，用时直接取用即可，如图 4-86 所示。

图 4-86　水性漆保湿柜

使用调漆机时需注意以下几点：

（1）所有色母必须搅拌均匀才可取用。

（2）每天上午、下午调漆之前必须搅拌 15 min 后才可配漆。

（3）更换任何色母，必须先搅拌均匀才能放置于搅拌机上。

（4）任何微调尽可能用配方中的色母，避免颜色不准。

（5）对于难调的油漆，可采用驳口工艺施工。

2. 电子秤

电子秤用来进行色母称量，一般精确度应达到小数点后 1 ~ 2 位。某些特殊型号的电子秤，还可以与计算机相连配套使用，如图 4-87 所示。

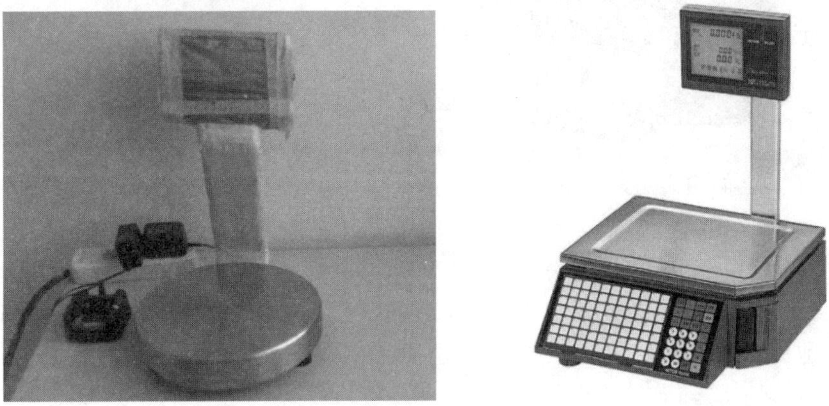

图 4-87　电子秤

使用电子秤时需注意以下几点：

（1）尽量靠近调漆机，方便称量。

（2）要放在坚实的水平桌面上，避免摇晃。

（3）避免放在风口处。

（4）不可以在电子秤上面搅拌色母。

（5）应定期校正电子秤。

3. 调色灯箱

如图 4-88 所示，专用的调色灯箱可以达到最接近自然光的效果，避免颜色的误观察。同时，它还配备了不同的光源，一般分为四种：一种是 D65 光源，它是最接近自然光的光源；一种是荧光光源；一种类似于白炽灯的红光光源；最后一种是紫外光光源。在查看颜色时，同时用不同的光源观察，可以发现和消除同色异构现象。但最终以 D65 光源为准。

图 4-88　调色灯

4. 配方计算机

如图 4-89 所示，配方计算机用于颜色配方查询、更新，联网在线查询最新配方。配方光盘由油漆供应商提供。

5. 样板烘烤箱

如图 4-90 所示，样板烘烤箱用于颜色试色板烘烤干燥，一般设置为 60 °C，烘烤 20 min。

图 4-89　配方查询计算机

图 4-90　样板烘烤箱

6. 色母系统

以涂装生产厂商提供的色母系统为准，按照涂装制造商的产品说明使用。配方查询有本地配方库查询和网络在线查询两种方式。查询方式步骤可咨询涂料提供商。

1）色卡

如图 4-91 所示，色卡分进口色卡和国产色卡。

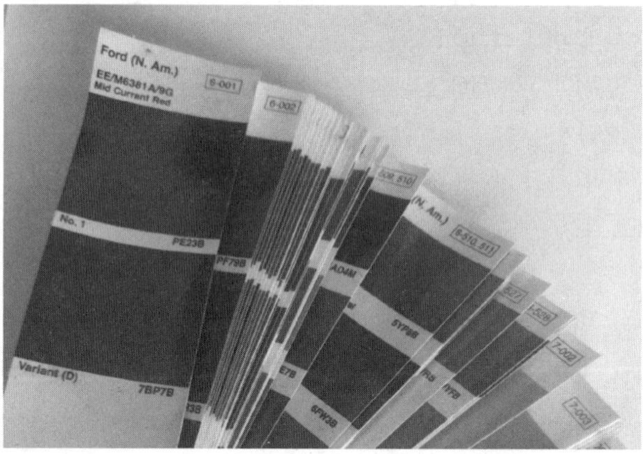

图 4-91　色卡

进口色卡：分为主色卡和差异色卡，主要针对进口车色。主色卡按原厂排列，差异色卡按色系排列；色片可以随意抽取，并保持一年两至三次的更新频率。

国产色卡：国内最流行的车色，按色系排列，每年更新一次。

2）色母挂图

如图 4-92 所示，挂图标出每个色母在色环上的位置，方便调色时选择色母。

色轮和前面讲的色环一样，分为红、橙、黄、绿、青、蓝、紫等色，除了银粉漆、珍珠漆盒白色外，其他色母都会在色轮上占据一个位置。从各个色母在色轮上的位置就可以看到越靠近色轮的中心，色母颜色就越不鲜艳、越灰黑，反之就越鲜艳、越亮。

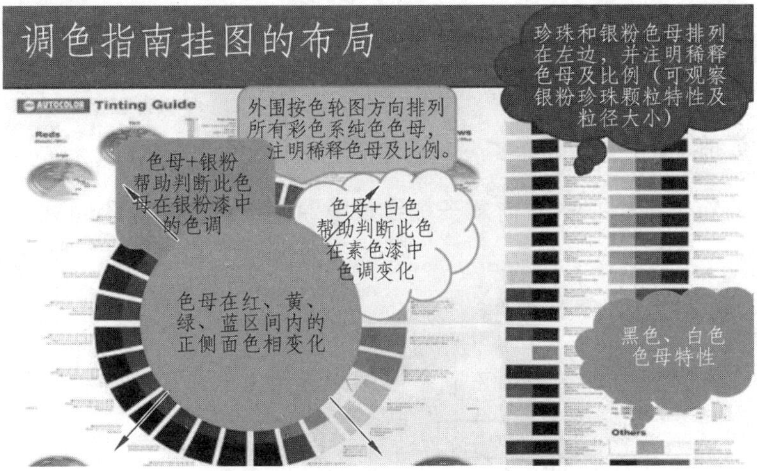

图 4-92　色母挂图

7. 测色仪

如图 4-93 所示，测色仪用于测度汽车车身颜色，可以直接测出配方、颜色的明度和彩度，但价格较昂贵。

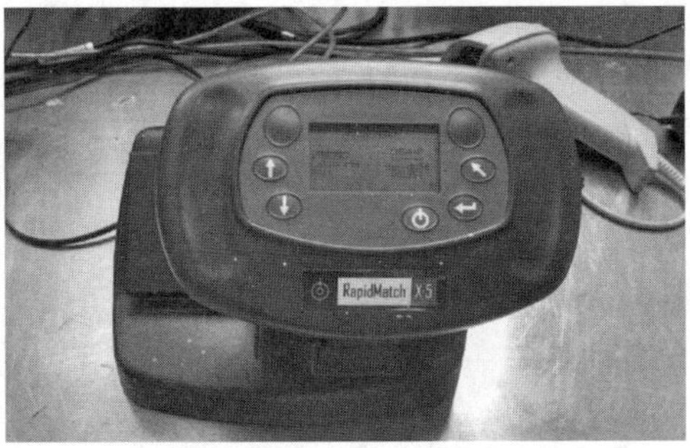

图 4-93　测色仪

操作指引

1. 课前准备

（1）场地设施：调色室 1 间，喷烤漆房 1 间，装有废气抽排系统和消防设施的场地。

（2）施工主体：待维修车辆，与右前翼子板相邻板件。

（3）设施设备：调漆机、配方查询计算机、烤箱、比色灯箱、电子秤、喷枪等。

（4）相关耗材：安全防护用品、擦拭布、试色板、调漆杯、相关漆料等。

（5）学生组织：教师指导、分组实训、过程评价。

2. 注意事项

（1）在实训场地应穿戴对应的防护用品。

（2）听从实训指导教师的安排，严格遵守场地安全规定，注意用电安全。

（3）在操作过程中，注意不要喷洒或误食溶剂，谨慎使用。

（4）实训场地严禁烟火，禁止吸烟。

任务实施

李先生的新赛欧轿车的右前翼子板经过中涂底漆打磨后，准备调漆，操作步骤如下：

1. 施工程序

在任务实施过程中，首先要正确掌握调配素色漆的施工程序，如图 4-94 所示。

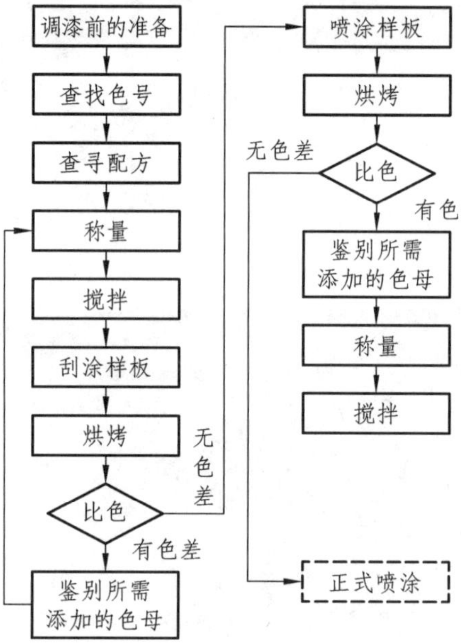

图 4-94　素色漆配色流程

2. 调漆前的准备

（1）安全防护。

每次进入调漆间前都要穿戴好防护用具，以确保我们的身体不受有机溶剂侵蚀伤害，如图 4-95 所示。

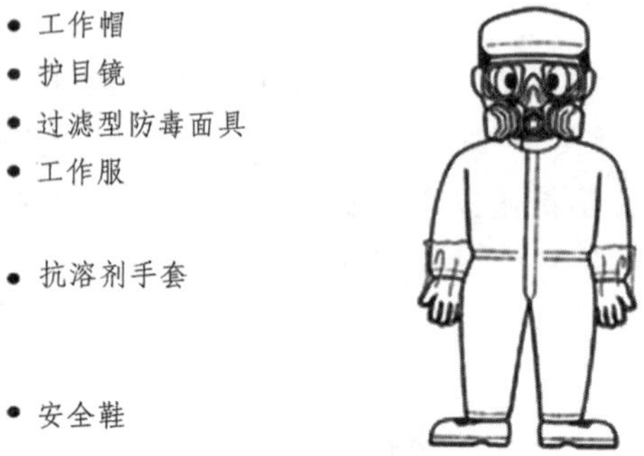

图 4-95　调色防护

（2）打开供排风系统，保证调漆间在调色过程中空气流通，在调色完毕 10 min 以后才能关闭供排风系统，以便充分排出有机溶剂。

（3）打开调漆机，让调漆机运转，确保色母搅拌均匀。

3. 查找色号

（1）查找汽车原厂颜色编号。

大部分汽车车身铭牌上都印有颜色编号，而铭牌所在位置按不同车厂及型号有所差异。国外部分汽车制造厂商车身铭牌的位置可参见图 4-96。

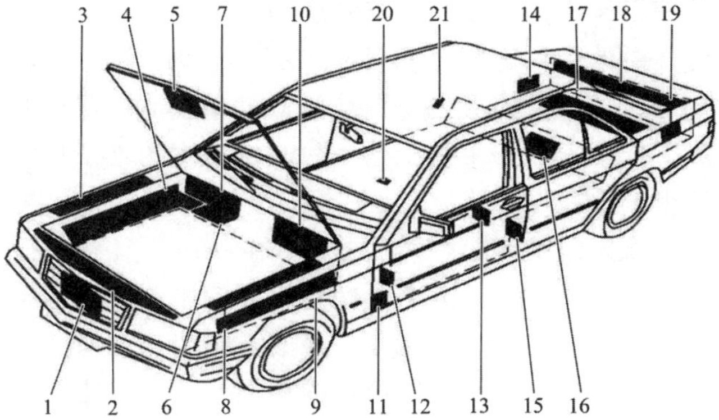

图 4-96　编号在车身上的对应位置

（2）利用色卡查找油漆供应商内部颜色编号。

有些待修补车颜色资料不全，如车身改过色，或铭牌上没有颜色编号，可以利用油漆供应商提供的色卡，从色相、明度、彩度三个方面与待修补部位附近进行比较，如图 4-97 所示，挑选出最接近的颜色，找到对应颜色编号。这里我们查到李先生的轿车的颜色代码为：300。

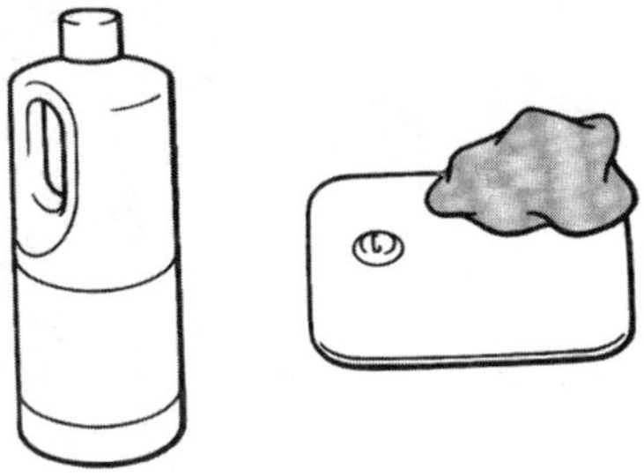

图 4-97　清洁目标板

所有知名品牌的涂料供应商除了定期为其客户提供国际市场上最新推出的汽车颜色的配方外，还会给客户提供这些汽车颜色的色卡。

即使采用最严格、科学的控制方法，生产线下来的汽车在颜色上还是会存在色差的。色差的存在给调漆工作造成一定的难度，所以涂料公司会收集在市场上出现的差异色，研制配方并制作成色卡，希望以此能帮助调色人员。

色卡是很重要的调色工具，一套完整、齐全的色卡会起到事半功倍的效果。

另外，在比色之前，应对待修补的目标板进行清洁处理，以免目标板上的污物遮盖其本来颜色面目，影响比色效果，造成将来车身上的颜色差异。

4. 查询配方

把装有调色软件的光盘放入计算机的光驱安装调色软件（油漆供应商会定期更新调色软件资料），在计算机桌面上用快捷方式打开调色软件，输入原厂颜色编号或油漆供应商内部颜色编号，这里输入颜色代码“300”，找到该颜色配方。获取到该配方中包含油漆总量、各色母用量等信息。

由于互联网日益普及，许多国际大涂料公司纷纷推出“网上配方系统”，把准确、详细的配方在最短时间内让客户知道，第一时间内了解客户的困难，并给予指导和帮助。

5. 称　量

找到颜色配方后，根据该配方中各色母的用量，利用电子秤称量相关色母的重量。电子秤作为称量色母工具，是精密的设备。它应该放置在调色架的附近，以方便称量，同时避免在工作中受振动而影响精度。

在称重色母过程中，涂料罐要轻拿轻放，避免强风吹过，引起读数不稳定。不要在电子秤上搅拌色母，以免损坏电子秤或降低其精度。按照说明书的指示，定期校正电子秤。一般工作中仅需使用到小数点后一位精度的电子秤，只有在实验室中才用到两位精度的电子秤。

在称量色母时，应先倾倒漆罐，然后逐渐拉操纵杆，让色母慢慢流出。如果先拉操纵杆，那么当漆罐倾倒时可能有大量色母立即流出，超出色母用量。视线应盯住电子秤液晶显示盘，关注读数的变化，并兼顾漆罐出口油漆流量的大小。根据色母用量的多少，可采取先快后慢，最后滴加的称量方式，以便提高效率，如图 4-98 所示。也就是说，对用量较大的色母可先让其流量大一些，当读数还差 3 g 左右时，让流量变小，当读数还差 0.5 g 左右时采取滴加方式。

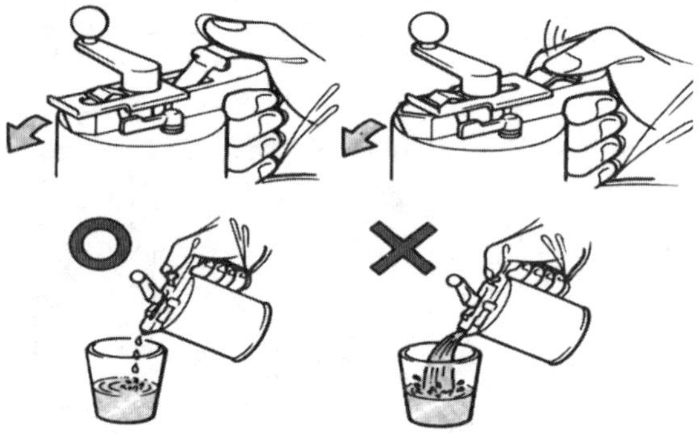

图 4-98　倾倒色母方法

6. 搅　拌

在称量完所有色母后，要用搅杆或调漆尺把容器内的各色色母搅拌均匀。在搅拌过程中，要不断地用搅杆刮容器内壁，如图 4-99 所示，使内壁上的色母与其他色母也能够充分混合。

图 4-99　搅拌色母

7. 刮涂样板

用搅杆把混合均匀的涂料刮涂在实验样板上。刮涂时要均匀用力，使涂层平整。底板的颜色透出或在样板上刮涂的面积太小，都会使后面的颜色对比不准确，造成颜色差异。因此，如果涂料遮盖力较差，应先刮涂一薄层，让其干燥，然后再涂第二层，直到遮盖底板颜色。刮涂面积的一边至少应为 30 mm，如图 4-100 所示。特别提醒，如果是水性漆，则必须喷涂试色板，喷涂清漆，不能采用刮涂样板的方法。

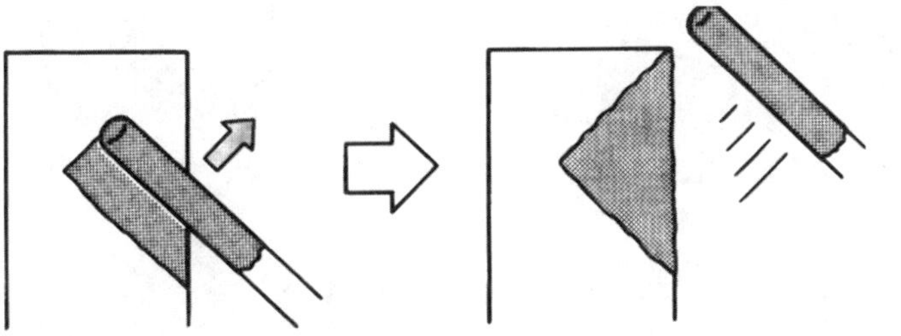

图 4-100　刮涂样板

8. 烘　烤

让刮涂好的实验样板静置 5 ~ 10 min（如果不静置，刮好样板后就立即放入烤箱烘烤，涂料表面上会产生针孔，影响后面的比色效果），倘若是水性漆，则是喷涂好色漆和清漆的样板，待涂料中的溶剂蒸发后放入烤箱烘烤，如图 4-101 所示。施涂在板件上的均匀涂层，在干燥过程中，较重的颜料会下沉，较轻的颜料会上浮，所以某些颜色在刚刚施涂完时，其颜色是相同的；但是当干燥后，可能就不同了，例如，蓝和白两种基本颜色混合在一起，由于蓝色颜料较轻，在干燥过程中，蓝颜料向上移动，结果干涂层比湿涂层要蓝一些。由此可见，让样板烘干后再比色非常必要。

图 4-101　烘烤样板

9. 比　色

把烘干的样板拿出烘箱，与待修补的目标板从色相、明度、彩度三方面进行对比。

（1）比色时要注意光线和背景色对比色的影响。在比色中，所用光的类型非常重要。通常，物体的颜色指的是在阳光下看到的颜色。因此，比色最好在阳光下进行。如果没有阳光，那么必须在配色灯下进行。对于比色来说，光的强度与光的类型同等重要。颜色不应该在暗光下比较，也不应在直射的阳光下进行比较，因为直射阳光太强。一般光的强度控制在 1 500 ~ 3 000 lx 左右。其他有色物体（如车辆、墙壁）的颜色光线有时会反射到要比较的目标板和实验样板上，使颜色看起来与其真正的颜色不同，影响比色，如图 4-102 所示。所以，颜色比较要在不受其他颜色影响的地方进行，调色间的墙壁应涂成白色或灰色。

（2）比色时，目标板与实验样板彼此放得尽可能近，它们之间不要留有间隙，如图 4-103 所示。

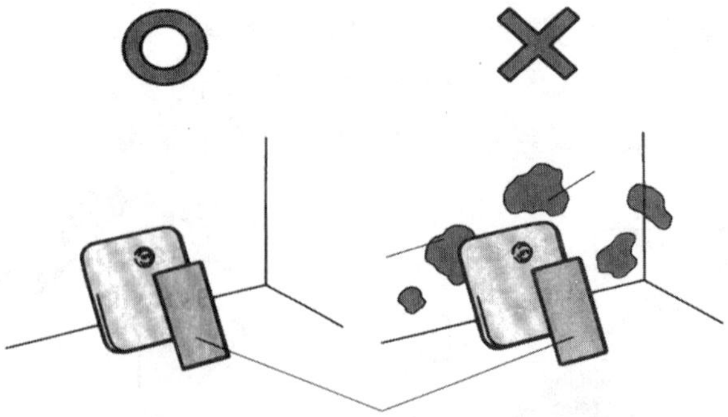

图 4-102　背景色对比色的影响

图 4-103　目标板与实验样板的放置位置

（3）观察的角度一般有两个，一个是迎着光线较强的反射光线的直接观察，也叫迎光观察，另一个是光线较弱的反射光线区域以外的间接观察，也叫背光观察，如图 4-104 所示。必须确保从两个角度观察目标板与实验样板，它们的色相、明度、彩度一致，才能说它们的颜色匹配。

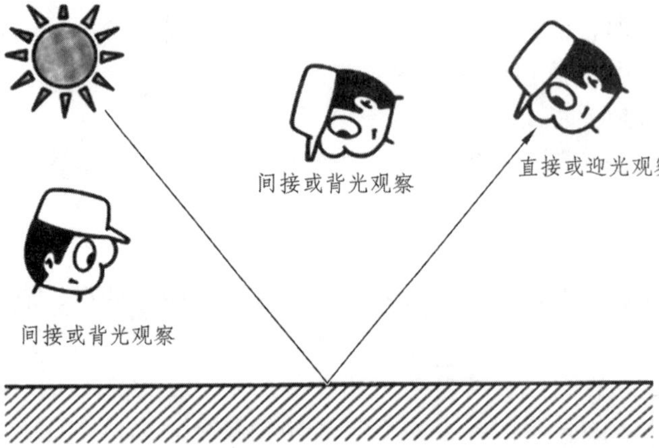

图 4-104　观察的角度

（4）观察的距离要根据被观察物体的大小而定，较小的物体一般保持 1 m 左右的距离，较大物体一般保持 3～5 m 的距离。当然，比色之前，对观察者进行色觉检查也很重要。只有具有正常的颜色辨认能力的观察者才能正确地分辨颜色差异。

10. 鉴别所需添加色母

如果颜色比较的结果表明，样板与目标板颜色不一致，那么必须鉴别需要添加哪种色母可以使样板色向目标色靠近，继而向按配方调配的混合物添加所缺色母，然后搅拌。这是一个比较、称量、搅拌、刮板、烘烤的循环过程，此循环一而再，再而三地重复，直到样板色与目标色相匹配。该循环过程叫精细配色，也叫微调。精细配色中最重要的一点是鉴定混合物中所缺的颜色。在这个过程中，第一印象最重要，这是因为，用于确定所缺颜色的时间越长，那么人的眼睛就越习惯于样板，从而使判断变得困难。

在判断所缺色母时，熟悉色母指南资料非常重要。色母指南是由汽车修补涂料供应商提供的，是表现色母特性的色卡。各家供应商所提供的色母指南有所不同，但目的都是为了让调色人员能够明了、直观地了解该品牌色母的特性，方便调色。

色母指南的色卡虽然各有不同，但设计原理都大同小异。一般会先列出纯色母的颜色，再列出该色母和白色母按一定比例混合后的颜色供调配涂料时参考，最后还列出该色母和银粉、珍珠色母按一定比例混合后的颜色，供调配金属漆和珍珠漆参考。这样，每种色母在素色漆和金属漆中的特性基本都表现出来了，另外由厂家提供的这些色母指南还会提供其他信息，如色母的遮盖力、色母在银粉漆或珍珠漆里的侧色调、银粉或珍珠的颗粒大小等。总之，涂料供应商所提供的色母指南是为了让调色人员快速、全面地掌握各种色母的性能，提高调色准确性。

还有一种比较重要的色母指南 ——色轮图。色轮和前面讲的色环一样，分为红、橙、黄、绿、蓝、紫等色。除了银粉漆、珍珠漆和白色外，其他色母都会在色轮上占据一个位置。从各个色母在色轮上的位置就可以看到越靠近色轮的中心，色母颜色就越不鲜艳、越灰黑，反之就越鲜艳、越亮。

由于初学者对颜色的敏感程度较差，可以用下面的方法来确定所缺颜色：

（1）放好几个杯子，杯子的数目与配方中色母的数目相同，如图 4-105 所示。（例如：有一个配方由 4 个色母组成，白色 90 g、黄色 5 g、绿色 4 g、黑色 1 g，则取用 4 个空杯子）。然后向这些杯子中倒入少量（5 ~ 10 mL）按配方调配的混合物。

图 4-105　向杯子中倒入按配方调配的混合物

（2）分别向 4 个杯子中滴加少量配方中的一种色母，然后搅拌均匀，如图 4-106 所示。由于混合物颜色的变化与色母在混合物中所占的百分比的变化有关，即色母在混合物中所占百分比变化越大，则对应的该色母颜色的变化就越大，因此，添加混合比较小的色母时，应特别注意不能一次性加入太多，只能逐滴滴加。比如，前一个配方中，如果向 100 g 该混合中分别添加 1 g 白色和 1 g 黑色色母，那么白色色母总量从 90 g 增加至 91 g，白色混合比由 90%变为 90.1%（91/101），变化了 0.1%，没有多大变化，则白度也就没有多大变化。黑色色母总量从 1 g 增加至 2 g，黑色混合比由 1%变为 1.98%（2/101），比率几乎变为原来的 2 倍，从而使混合物急剧变黑。

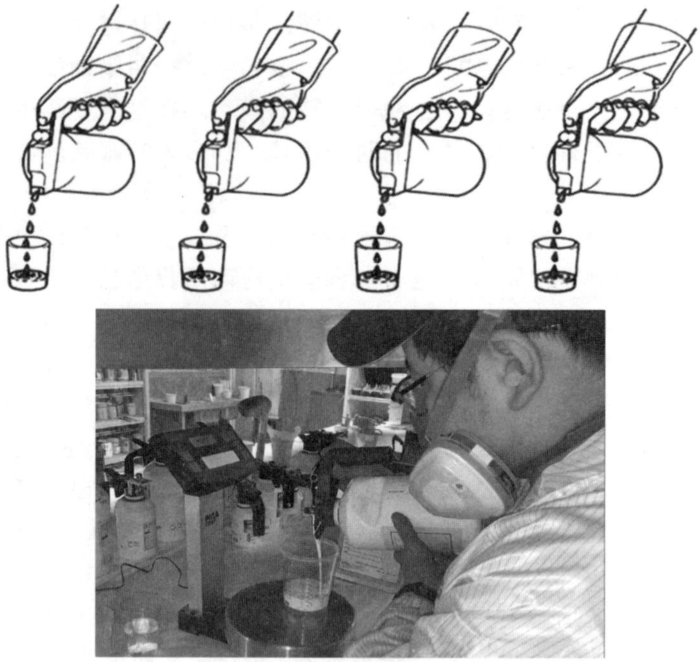

图 4-106　分别滴加色母

（3）用搅杆将这些杯子中的混合物刮涂到不同的试验样板上，然后把样板放到烤箱烘烤，最后分别与目标板对比，看哪一块板的颜色与目标板颜色最接近，则原混合物就缺哪种颜色，如图 4-107 所示。

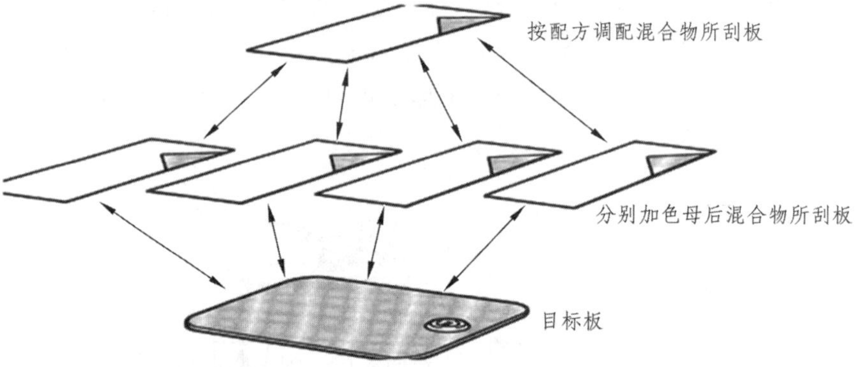

图 4-107　各种试验样板与目标板对比

11. 喷涂样板

刮涂形成的涂层与正式喷涂形成的涂层有很大的差别，那么颜色也可能有差异。因此，为了最后确认样板色与目标色是否匹配，必须喷涂样板。喷涂样板比色法比较费时，但样板上形成的涂层与实车正式喷涂形成的涂层一样，这样调配出来的颜色准确。刮涂样板比色法所花时间较短，但在样板上形成的涂层与实车喷涂形成的涂层不一样，这样调配出来的颜色可能产生差异。所以，在配色过程中，先用刮涂样板比色法迅速鉴定所缺颜色的类别，再用喷涂样板比色法确认样板色与目标色的匹配性，这样才能快速、准确调配颜色。

（1）从容器中取出适量调配好的涂料混合物，按涂料供应商指示添加固化剂和稀释剂，并混合均匀，如图 4-108 所示。

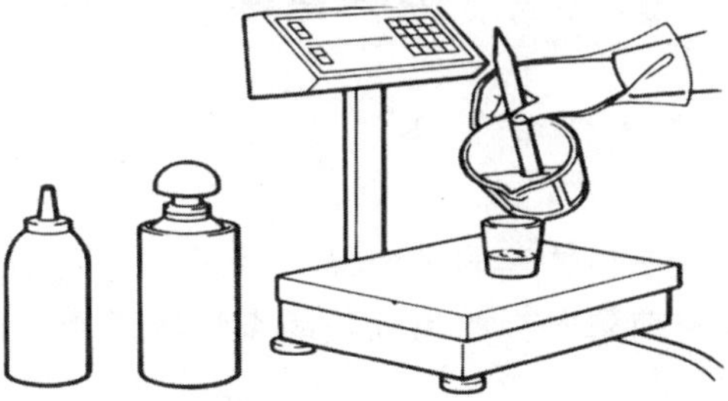

图 4-108　向调配好的涂料混合物中添加固化剂和稀释剂

（2）在与喷涂实际车辆相同条件下喷涂试验样板，即喷涂的距离、快慢、重叠程度、出漆量大小都要与实车喷涂相同。

12. 比色确定最终颜色

后面的工作与刮涂样板比色法一样，烘烤样板，比色，看有没有色差，如没有，则配色完毕，进行实车正式喷涂。如有色差，则要鉴别所缺色母，称量添加所缺色母，搅拌均匀，再次喷涂样板，这也是一个循环过程，直到没有色差。

13. “7S”工作

调色完毕，要按照“7S”要求做好收尾工作，让调色室保持干净、整齐。

任务小结

（1）色觉三要素分别是物体、光源、观察者，颜色三原色是红色、黄色、蓝色。

（2）色相、明度和彩度，我们称之为颜色的三属性，颜色相加，能量减弱，越加越暗。

（3）孟塞尔色立体的规律是：颜色从色轮外圈向内移动，彩度降低；色调只可沿着色轮向左右两边移动，即红色只可能偏黄或偏蓝，而不可能偏绿；色轮上两个相对色调的颜色混合，颜色变浊、变黑；颜色越向上，亮度越高。

（4）常用的调色设备有色母搅拌机、电子秤、比色灯箱、配方查询计算机、色卡、色母挂图、测色仪等。

（5）调配素色漆时，一般情况下，当主色确定后，先调深浅（明度），再调色相，最后调节彩度，根据观察到的颜色差异，选择正确的微调色母，并按要求喷涂试色板，最终调配结束，色板应妥善保存。

任务五　前翼板面漆处理

任务描述

客户李先生的新赛欧白色轿车的右前翼子板完成了颜色调配，现在请你对右前翼子板继续施工，完成右前翼子板的色漆和清漆喷涂工作，请安全、环保地完成此项工作任务。

学习目标

【知识目标】

（1）能正确叙述素色漆、银粉漆、珍珠漆的特点；

（2）能正确叙述水性漆的优缺点；

（3）能正确叙述喷涂水性素色漆的流程。

【能力目标】

（1）能正确地喷涂水性底色漆；

（2）能正确喷涂清漆；

（3）能独立完成喷涂后涂层的抛光打蜡。

【素质目标】

（1）具备良好的沟通能力和表达能力；

（2）能够按照企业“7S”要求和安全生产规范进行操作；

（3）具有与同学密切合作，规范安全地完成学习活动的能力。

建议学时：4 学时

知识准备

一、汽车常用涂料——面漆

1. 汽车常用面漆的分类

汽车的面漆根据溶剂一般分为有机溶剂型面漆和水性面漆。根据是否在涂料中添加金属分为素色漆和金属漆，金属漆又包括银粉漆和珍珠漆。

金属漆里掺配了金属粉末，在不同角度下由于光线的折射，会使得车色甚至轮廓有所变化。金属漆除了硬度高外，还能表现出车体的层次美。造成“金属漆”越来越普遍的另外一个原因是油漆掺配了金属粉末、有了金属成分，油漆的硬度会增高，漆面变硬，就不容易被刮伤了。素色漆不是金属漆，更加不同于防腐漆，典型的几个颜色就是白色、黑色、大红色、黄色；这些颜色的漆料不是不能添加金属粉末，而是加了金属粉末之后，它所显现出来的颜色就不是原本的正色了。白色会变成珍珠白、黑色会变成带亮光的“炭黑”、红色会变成所谓的“酒红”，而黄色则会变成闪闪动人的“金黄”。未曾添加金属粉末的素色漆，漆面硬度会比较软，不但高速行车会受到路面弹起的飞石击中，漆面也会比较容易剥落。另外，素色漆的车子在清洁时务必不可以直接用干布或湿布擦拭，绝对要用大量的清水先冲掉附着车漆表面的灰尘，这样才不会在抹布一接触车体时就让坚硬的灰沙有机会刮伤车漆。

有机溶剂面漆、水性面漆、素色漆、银粉漆、珍珠漆，它们之间的具体关系以及与底材之间的关系如图 4-109 所示。

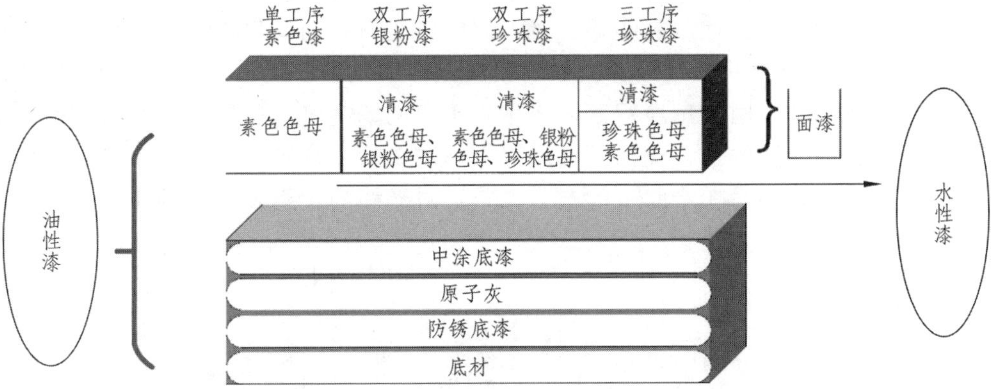

图 4-109　面漆的种类

2. 汽车常用面漆的性能及用途

1）素色漆

素色面漆，即本色面漆，实色面漆。它通常指素色（又称实色），如黑、白、红、黄、奶白、浅黄等不掺和闪光材料（如铝粉、云母等）的各色涂料。素色按其色彩又可细分为有彩色和无彩色两种。有彩色指红、黄、蓝、绿等有颜色的色彩。无彩色指黑、白、灰等不带颜色的色彩。

车身常用的素色面漆的种类很多，常用普通型自干素色面漆，如醇酸树脂漆，既可用于车身内部涂装，又可用于车身外部涂装；常用快干型素色面漆有硝基、过氯乙烯苯、丙烯酸类面漆。

自干型面漆是指涂膜在常温条件下能干燥的各种面漆，如普通型自干面漆、快干型面漆、高装饰型自干面漆等。烤漆也叫烘漆，是按涂料的成膜方式分类而得的。此类涂料属热固型，其涂膜不能自然干燥，必须经过烘烤才能固化成形。经烘烤干燥的涂膜在硬度、附着力、耐久性、耐油性、耐水性及耐化学品等方面比自然干燥的涂膜要好得多，如油性烘漆、醇酸烘漆、氨基烘漆、环氧烘漆等。

烤漆的烘干温度和烘干时间对涂膜的质量影响很大，即要确定出正确的烘烤工艺参数。如果烘烤温度过低、烘烤时间过短，则涂膜软、性能差。如果烘烤温度过高、时间过长，则涂膜发脆，甚至烤焦变色。如果没有达到烘烤温度，即使延长烘烤时间也不能使涂膜固化。

在烤漆喷涂完后，必须放置一段时间，使涂膜中的溶剂有充分的挥发时间（晾干），然后按规定的烘干温度和时间进行烘烤干燥。这样不仅可减少烘烤期间积存过多的溶剂，也可使涂膜表面比较光滑。

2）银粉漆

金属闪光漆也称多色油漆、双色效应涂料。金属闪光漆膜在阳光照射下具有闪烁的金属光泽，而且可随着观察角度的不同产生光的畸变，给人一种晶莹透彻、奇妙莫测的感觉。由于其特殊的视角效应，已被广泛应用于汽车面漆。

金属闪光漆是由主要成膜物质、颜料、金属颗粒、溶剂、分散剂等组成的。其中金属颗粒主要有片状金属颜料（以铝粉为主）和珠光颜料（云母颜料）。

表面光滑如镜的片状金属颜料，对入射的光线有定向反射作用（片状金属在涂膜中平行排列），反射的光线经涂膜中的颜料选择吸收后呈现出漆面的颜色。由于是定向反射，所以从不同的角度观察，将达到不同的明亮度。若铝粉在涂膜中呈不规则排列，将会使涂膜的正、侧面的明度差小；若铝粉在涂膜的底部，会使表面呈现较暗的颜色。金属颜料在涂膜中的布列方式及对光线的发射效应如图 4-110 所示。

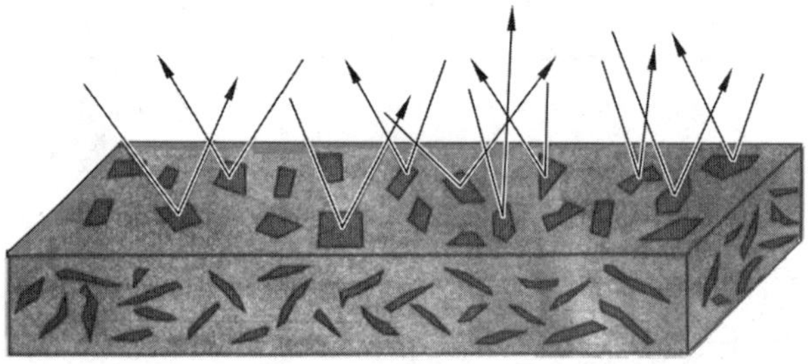

图 4-110　金属颜料在涂膜中的布列情况

3）珍珠漆

珍珠漆又叫珠光颜料，是以云母作为底材，包覆有二氧化钛或氧化铁薄膜的一种效应颜料。当其以平行于表面的方向定向排列时，由于其折射率较高的透明层次结构，使入射光多次透射和反射而产生类似于自然界存在的珍珠、贝壳、飞鸟等神秘光泽的效果，由此而得名。图 4-111 所示为珠光颜料的色彩原理。

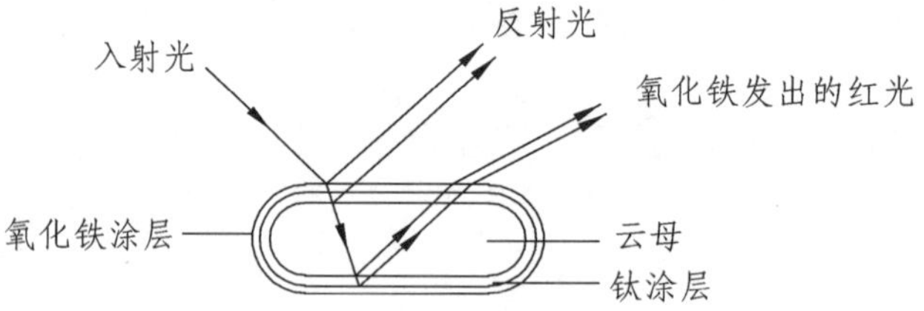

图 4-111　珠光颜料的色彩原理

金属闪光面漆除具有随角效应外，还具有耐磨、耐候、耐高温及抗腐蚀性等。汽车常用的金属闪光面漆主要是氨基和丙烯酸树脂漆。丙烯酸树脂金属闪光涂料的特点是外观优良，涂膜的附着力强，不起泡，没有针孔，金属装饰性、丰满度和清晰度极好，常作为汽车面漆使用。各色氨基烘干金属闪光漆是由两大部分组成：组分一是由氨基树脂、醇酸树脂、透明颜料、有机溶剂调配而成；组分二是闪光铝粉浆。

4）清漆

清漆又称为罩光清漆，为透明涂料，用于保护底色漆、银粉漆、珍珠漆，抗氧化，抗紫外线，以及提高漆面的光泽度，使车辆显出艳丽色泽。

清漆的使用特性及功能：

（1）清漆是车身涂层的最外层涂膜，为涂层提供保护作用，如抗酸性、抗紫外线、耐磨性；同时为涂层提供光泽性。

（2）可分为中固型、高固型、耐磨型以及纳米清漆。

（3）丙烯酸双组分清漆使用中需加入固化剂。

（4）注意个人安全防护，须配制供气式面罩、防溶剂手套。

（5）施工中通常为两道湿喷，中间需要有静置时间，品牌不同其静置时间不同，应参照涂料生产厂商的说明。喷涂中，注意使用粘尘布清洁喷涂表面的漆尘。

（6）可采用自然干燥，或使用烤房和红外线烤灯来强制干燥。在强制干燥前，通常需要静置 10 min 左右，具体要求可参照生产厂商的工艺说明。

二、水性面漆

随着人类社会经济的发展，对于环境的污染越来越严重。基于保护人类生存环境，现今汽车涂装的发展趋势变为低公害、无公害化。水性漆的最大优点是涂层质量堪与传统溶剂型漆相当，但 VOC 排放量小。其排放量约为溶剂型漆的 1/3，且是实现金属闪光漆低公害化的唯一途径。因此，采用水性漆具有重要意义。

近年来，国际上对 VOC 排放量的要求越来越严。欧美汽车工业发达国家均实现了汽车涂装水性化，汽车涂装普遍采用水性漆，汽车用水性漆及其涂装技术也已成熟，水性漆在品种配套、涂层质量方面可与传统溶剂型漆相媲美。

水性漆就是以水为稀释剂、不含有机溶剂的涂料，不含苯、甲苯、二甲苯、甲醛、游离 TDI 有毒重金属，无毒、无刺激气味，对人体无害，不污染环境，漆膜丰满、晶莹透亮、柔韧性好，并且具有耐水、耐磨、耐老化、耐黄变、干燥快、使用方便等特点。水性漆可使用在木器、金属、塑料、玻璃、建筑表面等多种材质上。

水溶性漆是以水溶性树脂为成膜物，以聚乙烯醇及其各种改性物为代表，除此之外还有水溶醇酸树脂、水溶环氧树脂及无机高分子水性树脂等。

1. 水性漆分类

凡是用水作溶剂或者作分散介质的涂料，都可称为水性漆。水性漆包括水溶型、水稀释型、水分散型（乳胶漆）3 种，目前，国内市场上主流的水性漆分为两大类：

（1）半油半水：指色母是溶剂型的铁罐包装，配合水性调整剂混合成水性漆。

优势一：相比溶剂型底色漆，水性漆的有机溶剂含量减少大约 90%。

优势二：储存方便，无须恒温装置。

色母采用溶剂型，采用与溶剂型油漆相同的调漆机；所有 66 个色母无须特殊恒温箱装置；色母常温保存即可，并有 5 年保质期；按配方调配好的油漆可保存长达 6 个月；只有混合树脂和调整剂需要在 0 °C 以上保存。

优势三：操作简单，配置不变。

采用与溶剂型油漆同样的 HVLP 喷枪；与溶剂型油漆喷涂手法也相同；无须特别的喷涂工艺；采用供溶剂型油漆使用的标准化烤房；只需要添置水性漆吹风枪。

水性油性过渡无障碍，上手可用，典型的代表就是德国巴斯夫鹦鹉水性漆。

（2）纯水性：色母为水性色母塑料罐包装，使用时轻轻摇晃两下即可调色，但是色母必须恒温保存（5 ~ 35 °C）。

优势一：油漆色母无须搅拌，随取随用。

采用特殊技术（微胶抗沉淀技术），色母在存放过程中，不会产生沉淀现象，不需要搅拌。

优势二：VOC 挥发量远远低于欧洲标准，绿色环保。

由于是纯水性，水性油性转换施工时，需要一个过渡期，大概 30 天左右，施涂方法会有细微改变。但从长远来看，纯水性是未来趋势，典型的代表就是 PPG 水性漆。

2. 水性漆的性能

水性漆中水的挥发主要是通过调节喷漆室的温度和湿度来进行控制的，而溶剂型油漆可以通过调整稀释剂的蒸发速率来调整涂着固体分。水性色漆的涂着固体分通常为 20% ~ 30%，而溶剂型色漆的涂着固体分高达 60% ~ 70%，因此水性色漆的平滑性较好，但同时需加热闪干，否则容易出现流挂、气泡等质量问题，因此涂料流变性的控制技术是水性漆的设计关键。因此，我们常见的水性漆的性能如下：

（1）颜料分散性不好；

（2）表面张力大；

（3）蒸发热和热容值高，受温度、湿度的影响大；

（4）导电性好；

（5）腐蚀性大；

（6）流变行为。

3. 水性漆的喷涂设备简介

（1）喷漆室和烘干室（电加热喷烤漆房）如图 4-112 所示。

图 4-112　电加热喷烤漆房

由于水的腐蚀性比溶剂的要大，喷漆室的循环水处理系统需采用不锈钢制成，其次，喷涂室的空气流动状况要良好，风速控制在 0.2 ~ 0.6 m/s，或者空气流动量达到 28 000 m³/h（正常烤漆房均能满足此条件），同样烘干室中由于空气中的水分含量较高也会对设备造成腐蚀，所以烘干室内壁也需采用防腐材料制造。喷涂水性漆，利用红外线辐射加热的喷烤漆房快速干燥漆面，能节省作业时间，提升效率。

（2）自动喷涂系统。

水性漆喷漆室的最佳温度为 20～26 °C，最佳相对湿度为 60%～75%。允许温度为 20～32 °C，允许相对湿度为 50%～80%。因此，喷漆室内必须有适当的调温调湿装置。国内汽车涂装喷漆室冬天都可以调温调湿，夏天却很少有调温调湿的，因为需要的制冷量太大，所以很少有送冷风的。因此，在高温高湿地区，如果使用水性漆，必须安装喷漆室中央空调，夏季也需要送冷风，这样才能保证水性漆的施工质量。

（3）其他设备。

① 三节油水分离器，如图 4-113 所示。

SATA filter 424 L
标准型单节油水分离器（用于管道）

空气流通量超过3 600 L/min；
过滤粒为5 μm；
铝合金外筒，使用温度最高可达120°C；
结构坚固，使用寿命长；
全自动排泄冷凝水。

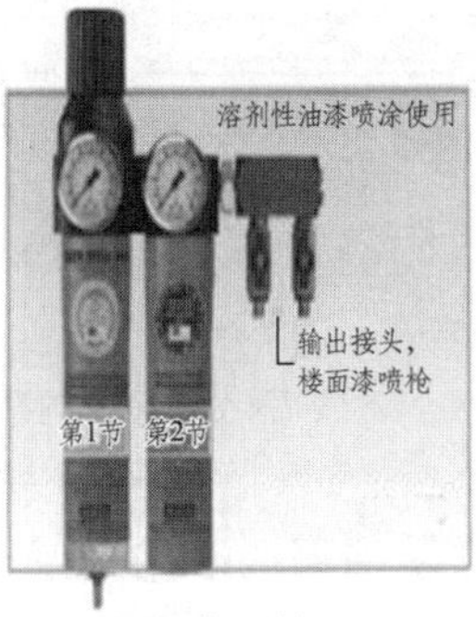

SATA filter 444
标准型双节油水分离器

空气流通量超过3600 L/min；
最大限度洁净空气；
滤芯表面接触面积大；
结构坚固，使用寿命长；
过滤颗粒为0.01 μm；
铝合金外筒，使用温度最高可达120°C；
全自动排泄冷凝水。

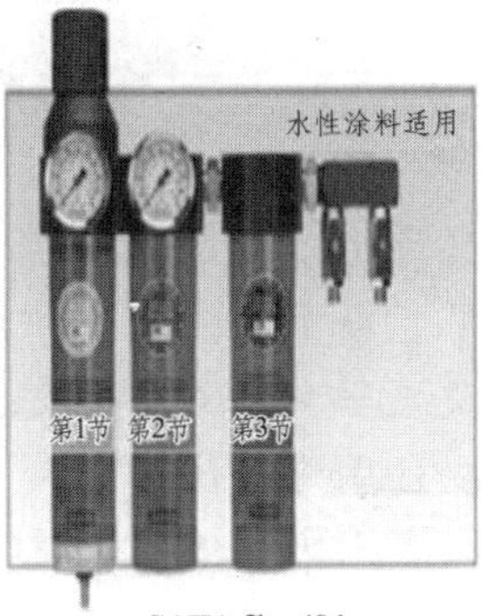

SATA filter 484
专业型三节油水分离器

空气流通量超过3 600 L/min；
过滤颗粒小于0.01 μm；
除去油蒸汽及有机异味；
铝合金外筒，使用温度最高可达60°C(瓶内温度)；
活性炭过滤组合；
带有两个输出接头
水性油漆喷涂及供气式面罩使用。

SATA filter 424
标准型单节油水分离器

空气流通量超过3 600 L/min；
过滤颗粒为5 μm；
铝合金外筒，使用温度最高可达120 °C；
结构坚固，使用寿命长；
全自动排泄冷凝水。

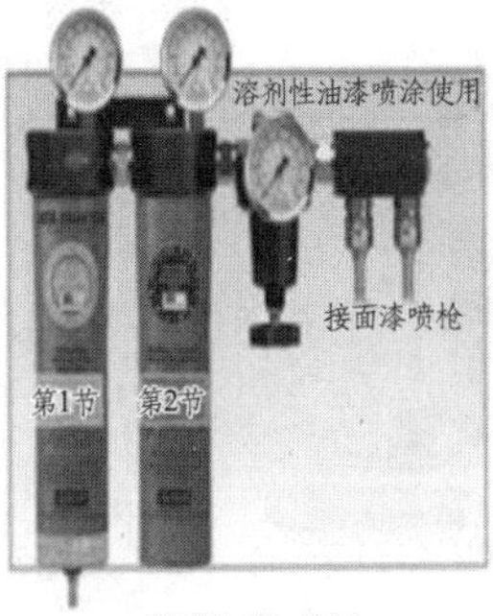

SATA filter 244
经济型双节油水分离器

空气流通量2 000 L/min；
外部压力调节旋钮；
结构坚固，使用寿命长；
过滤颗粒为0.01 μm；
铝合金外筒，使用温度最高可达120 °C；
全自动排泄冷凝水。

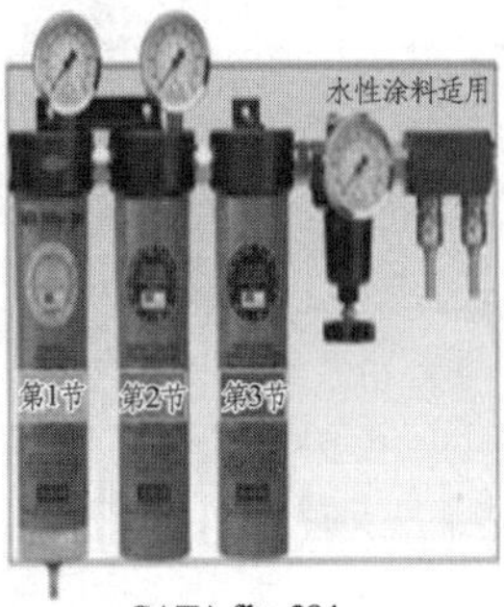

SATA filter 284
经济型三节油水分离器

空气流通量超过2 000 L/min；
过滤颗粒小于0.01 μm；
除去油蒸汽及有机异味；
铝合金外筒，使用温度最高可达60 °C(瓶内温度)；
活性炭过滤器，带有两个输出接头，两个快速接头；
水性油漆喷涂及供气式面罩使用。

图 4-113　德国 SATA 油水分离器的适用范围

水性漆在施工过程中，对压缩空气洁净要求非常高，要保证压缩空气里没有油和水或其他物质，因此，在施工的烤漆房内，需要安装三节油水分离器（油性漆安装的是两节油水分离器）。

② 文丘里吹风枪如图 4-114 所示。

图 4-114　文丘里吹风枪

文丘里效应是指，当风吹过阻挡物时，在阻挡物的背风面上方端口附近气压相对较低，从而产生吸附作用并导致空气的流动。基于文丘里效应制造的设备设施，叫作文丘里×××，如文丘里吹风枪、文丘里扩散管、文丘里收缩管、文丘里喷射泵、文丘里流量计等。

由于水性漆里溶剂是水，在喷涂时为了加速油漆中水的挥发，需要使用文丘里吹风枪加速空气流动，快速干燥油漆表面，从而提高工作效率。

③ 喷枪清洗/凝结设备如图 4-115 所示。

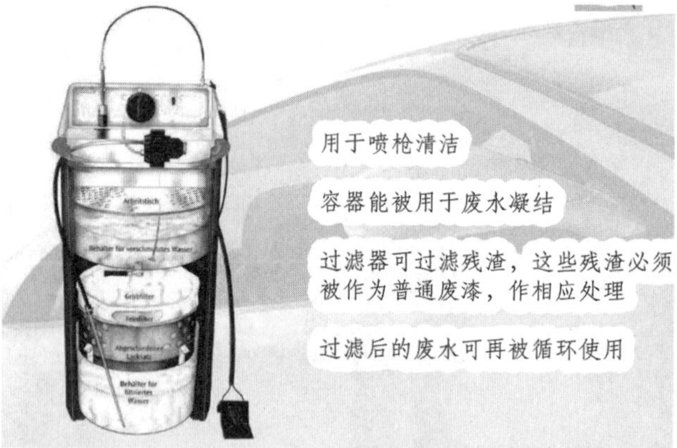

图 4-115　水性漆洗枪机

用专用的水性洗枪机，确保油性和水性油漆废物分开处理，调漆用容器和调漆棒也可以在洗枪机里清洗。自来水会腐蚀枪身，不宜用来洗枪。

注意：水性漆废物不允许排入公共排水系统。

④ 喷枪。

尽可能使用带气压表的专用喷枪，这样可以保证喷涂样板与最终修补结果保持一致，推荐使用 HVLP 水性漆型喷枪，如 SATAWSB、DevilbissHVLP、LwataHVLP，使用前要确保喷枪完全清洁并用清洁干燥的空气吹干，这个步骤对于保存用溶剂清洗过的喷枪很重要。

4. 水性漆的喷涂和闪干

1）水性漆的喷涂

使用重力式喷枪（口径为 SATAHVLP1.3 或 RP1.3 mm），使用两种喷涂方法（干喷和湿喷）。相关参数见表 4-17。

表 4-17　水性漆的喷涂参数

喷枪口径/mm	喷枪距离/cm	喷涂气压/bar	标准
1.3	15～20	2.0	50%～70%遮盖
1.3	20～25	2.0	100%遮盖
1.3	25～30	2.0	喷涂一个效果层

2）水性漆的闪干

水性色漆和罩光清漆是“湿碰湿”施工的，因此水性漆存在预烘干的问题，即将色漆涂层中的绝大部分水、助溶剂挥发掉。试验表明，水性色漆涂层的溶剂含量（主要为水）应降低到 10%以下，喷涂的罩光清漆才不至于将色漆层再溶解而产生水泡，影响外观质量。如果在通常的温度条件下闪干，水性色漆的溶剂含量不可能达到 10%以下。因此，在水性色漆上喷涂罩光清漆之前必须进行适当的强制干燥。常见的强制干燥设备是吹风枪（电加热烤房），在使用吹风抢时吹出的气流方向应与烤漆房内气流方向相同。吹风枪不能与漆面垂直，否则将会造成油漆缺陷。待色漆层充分干燥后就可以进行清漆喷涂。

操作指引

1. 课前准备

（1）场地设施：电加热喷烤漆房 1 间，装配有三节油水分离器、废气抽排系统和消防设施的场地。

（2）施工主体：已打磨好中涂底漆的右前翼子板。

（3）设施设备：环保型面漆喷枪、电子秤、水性漆洗枪机、文丘里吹风筒等。

（4）相关耗材：安全防护用品、擦拭布、粘尘布、相关水性漆、清漆涂料等。

（5）学生组织：教师指导、分组实训、过程评价。

2. 注意事项

（1）在实训场地应穿戴对应的防护用品。

（2）听从实训指导教师的安排，严格遵守场地安全规定，注意用电安全。

（3）在操作过程中，注意不要喷洒或误食溶剂，谨慎使用。

（4）实训场地严禁烟火，禁止吸烟。

任务实施

李先生的新赛欧轿车的右前翼子板调色准确后，准备进行水性素色白面漆、清漆施工，操作步骤如下：

1. 安全防护

在喷涂面漆前，如图 4-116 所示，选手需穿戴好防静电工作服、安全鞋、耳塞、全面式呼吸面罩、防溶剂手套防护用品（如使用半面式防毒面具，需佩戴护目镜）。

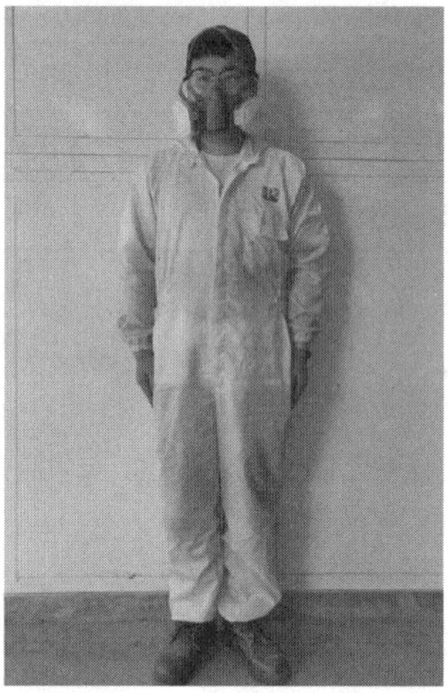

图 4-116 防护用品穿戴

2. 清洁除油

由于板件（或车辆）接下来要移入烤漆房喷涂面漆，在遮蔽之前需对板件各个部位进行清洁，如轮毂、轮胎、玻璃、各部件之间的缝隙等。为保证遮蔽胶带的黏着性能，需对喷涂工件及周围区域先进行除油清洁，如图 4-117 所示，这样可以避免遮蔽完成后进行除油清洁，破坏遮蔽部位。

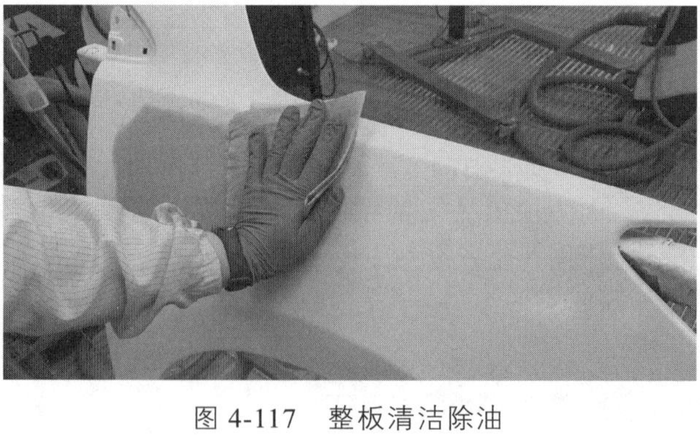

图 4-117 整板清洁除油

3. 遮蔽贴护

在喷涂面漆前，为了防止面漆喷涂到其他无须喷涂的工件、密封条、饰条表面上，需要进行必要的贴护，单个拆卸下的板件则不需要遮蔽。

当遮蔽边缘是密封条、饰条、把手等边界时，需沿这些边界贴护。遮蔽的原则应是从里向外，先边界后表面。当需要在部件内进行局部修补时，可沿分型线进行反向遮蔽，以避免面漆台阶，喷漆完成后，对漆雾进行抛光即可。反向遮蔽是指遮蔽纸由喷涂区域朝外反折，使遮蔽纸形成一个圆弧，以避免喷涂台阶，保证面漆干燥后通过抛光能够去除喷涂区域周围的雾喷虚漆，达到良好的漆面效果。为了减少面漆脏点，提高遮蔽效率，面漆前遮蔽最好的材料仍然是遮蔽膜和遮蔽纸。

遮蔽结束后，如果发现待喷涂表面有污染物，如汗液、手印、脏点，需再次对待喷涂表面进行清洁除油。

4. 涂料调配

（1）如图 4-118 所示，使用调色任务环节调配好的素色水性色漆涂料，按照涂料产品调配要求，添加适量的稀释剂。充分搅拌均匀，静置 2 min 后用专用面漆过滤漏斗过滤并倒入喷枪喷壶内。金属漆面漆一般使用口径为 1.3 mm 的上壶面漆喷枪。

图 4-118　调配素色水性色漆

（2）按照产品要求正确调整喷枪参数（见表 4-18）。通常喷枪扇面全开或者打开 3/4，喷涂距离保持在 15 ~ 20 cm，水性漆为 10 ~ 15 cm，喷枪气压（枪尾气压）一般设置如表 4-18 所示，但具体喷枪设定参数需参照涂料厂商产品资料及喷枪厂商产品使用资料。

表 4-18　面漆喷枪气压设置

序号	喷枪	枪尾气压/bar
1	传统喷枪	3.0 ~ 4.0
2	低流量中气压喷枪	2.0 ~ 2.2
3	高流量低气压喷枪（HVLP）	1.8 ~ 2.0

（3）如图 4-119 所示，喷枪参数设定好以后，需在烤漆房测试板上试喷涂，测试喷枪是否正常。如有异常，应立刻检修或更换新喷枪。

图 4-119　调试喷枪

5. 喷涂色漆

如图 4-120 所示，喷涂面漆底色漆时，可先对中涂底漆部位喷涂 1～2 层，以预先遮盖中涂底漆。一般来说，大部分单工序素色漆喷涂 2 层即可达到所需的漆膜厚度和遮盖力，但有些颜色使用的颜料较为透明，遮盖能力相对较差，可能需要喷涂 3～4 层，才能完全遮盖。层间闪干 5 min 或观察漆面完全哑光（水性漆使用文丘里吹风枪吹干或加热烤干，如图 4-121 所示）。确认完全遮盖住底色或中涂，若未遮盖，应加喷 1～2 层。

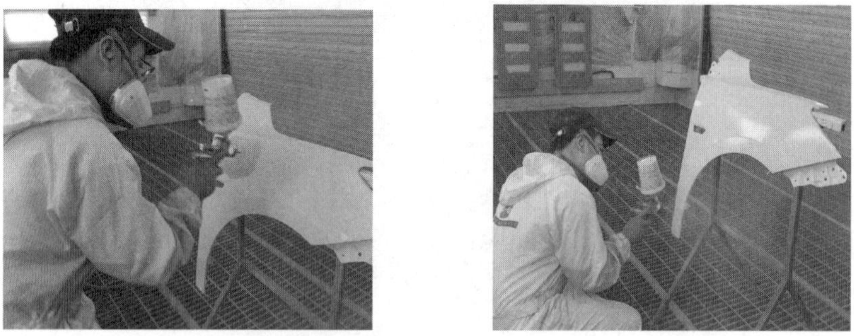

图 4-120　水性素色底色漆喷涂

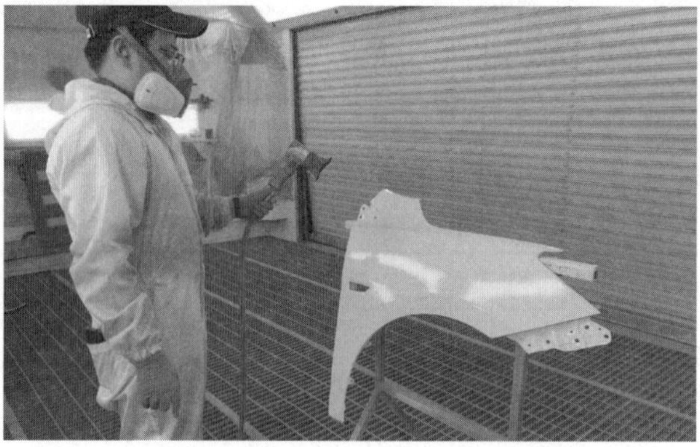

图 4-121　文丘里吹风枪吹干水性色漆

6. 喷涂清漆

如图 4-122 所示，按照产品要求调配清漆，搅拌均匀，过滤至面漆喷枪，调整喷枪参数，并试喷涂。一般情况下，如图 4-123 所示，第一遍：半湿层（50% ~ 70%）；第二遍：湿层（100%）；第三遍：湿层（100%），丰满有亮度。对于一些快干产品，喷涂方法参见涂料生产商产品手册。

图 4-122　调配清漆

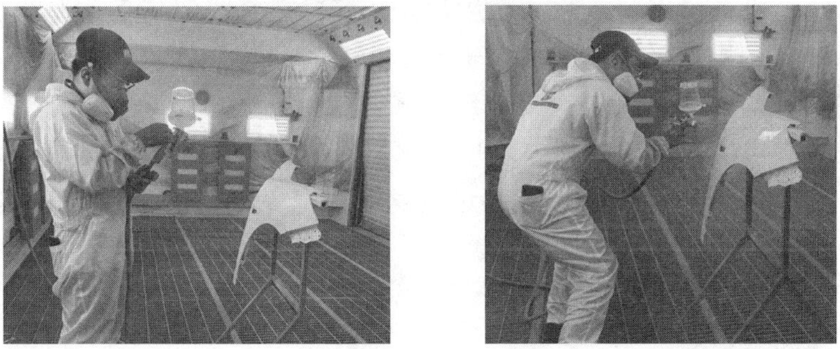

图 4-123　清漆喷涂

清漆喷涂结束后，静置 10 min，观察下漆面是否有较明显的缺陷。

7. 烘烤清漆

完成喷涂后，将喷枪等工具、材料拿出烤漆房，闪干 10 min 后开始烘烤漆面，如图 4-124 所示。烤漆房由正常气温升至烘烤所需的 60 ~ 80 °C 需要一定的时间，而通常来说，烘烤漆面需工件表面温度达到 60 °C 后保持 30 min，故设定烤漆房烘烤时间时需考虑这一因素，设定的时间应包括升温所需时间加上烘烤所需时间。

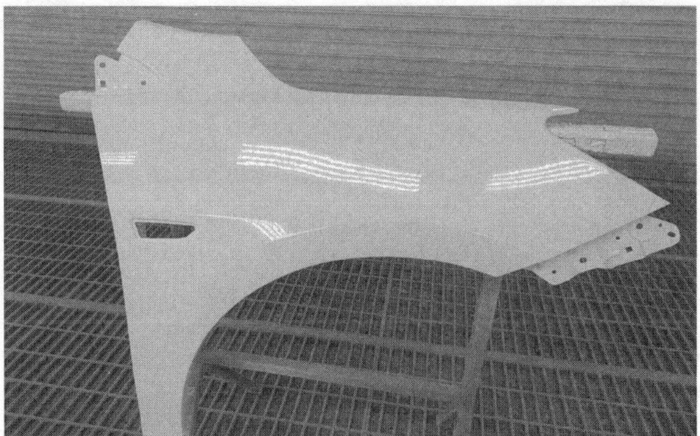

图 4-124　在烤漆房内烘烤清漆

8. 现场“7S”工作

（1）清洗喷枪。

（2）烘烤完成后，在车漆尚未冷却前去除遮蔽纸、遮蔽膜、胶带，可保留所需的遮蔽纸、遮蔽膜用于抛光时的保护，但直接与漆面相接的胶带必须趁面漆未冷却就剥除，以免面漆完全冷却后，除去胶带时车身面漆漆膜与胶带表面漆膜连在一起导致车身漆被剥落。

（3）清理烤漆房，收好气管，做好操作现场“7S”工作。

9. 抛　光

（1）抛光前遮蔽。为了防止抛光前打磨及抛光时损伤相邻工件或者其他车身部件，需要进行遮蔽保护，可以尽量利用喷涂面漆时的遮蔽，即面漆完成后除去遮蔽时，对于可以保留的遮蔽材料可以保留至抛光使用。

（2）为防止吸入抛光时产生的微细粉尘、颗粒，抛光时应佩戴防尘口罩、防护眼镜、安全鞋；如果抛光前打磨采用干磨，打磨时同样须佩戴防尘口罩。

（3）细磨缺陷部位。具体打磨砂纸型号需参照不同砂纸厂商要求。如图 4-125 所示，通常可以用半弹性垫块衬 P1000 水磨砂纸打磨缺陷部位，然后再用 P1500 号水磨砂纸和 P2000 号水磨砂纸打磨。也可以使用偏心距小于 3 mm 的双作用打磨机配合 P1000 号水磨砂纸、P2000 号水磨砂纸、P4000 号水磨砂纸打磨缺陷，把流痕、脏粒、轻微划痕打磨平整，使缺陷打磨部位达到无光，但一定要注意不能磨穿漆膜，否则就需要重新喷涂。

由于车身表面存在弧度，且缺陷部位往往面积不大，所以使用小型打磨机及抛光机进行点打磨、点抛光是一个非常高效且低成本的方法。

图 4-125　打磨漆面缺陷

（4）粗抛。清洁表面，将抛光机的转速调至 1 000 ~ 1 500 r/min。如图 4-126 所示，安装好白色羊毛轮（或海绵轮），将粗抛光剂均匀地涂于羊毛轮上，然后将抛光机的羊毛轮平放在漆面上后开动抛光机，抛光机在漆而上有规律地沿水平方向来回移动抛光，一次抛光面积不宜过大，长、宽均约为 60 cm。抛光时要特别注意棱线、棱角及高出平面的造型，这些部位抛光时触及机会较多，容易磨穿漆膜。

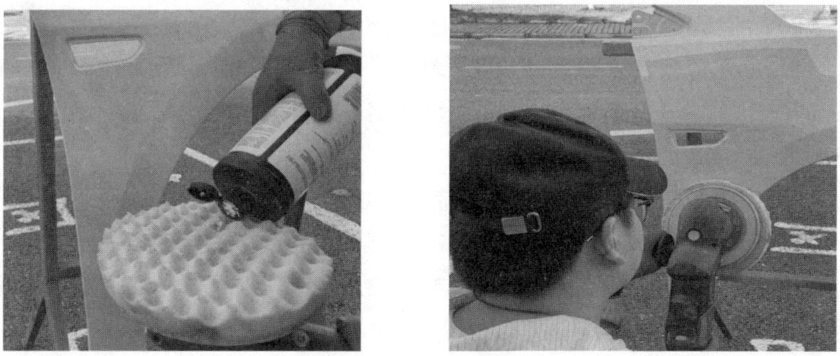

图 4-126　抛光打蜡

（5）当漆面用粗抛光剂完成抛光后，漆面的打磨砂纸痕已经去除，漆面呈现部分光泽。此时需要用细抛光剂消除粗抛光机所产生的细小痕迹，使漆面更平滑、光亮。用干净的软布擦净前道抛光残留物，摇匀细抛光剂，将其均匀涂于黄色海绵轮表面，此时应将抛光机转速调整到 1 800 r/min 左右，按照粗抛光同样的方法均匀移动抛光。对于抛光机难以进行抛光的部位，可以使用专用抛光软布进行手工抛光，直到涂面抛亮即可。完成抛光后，使用干净的软布擦净涂面，最终效果如图 4-127 所示。此时漆面外观亮度及丰满度应已经达到合格，只是对于深色漆面，还可以看出细抛光剂抛光后的抛光轮转动痕迹，所以还需要继续使用更细的抛光剂进行细抛光。

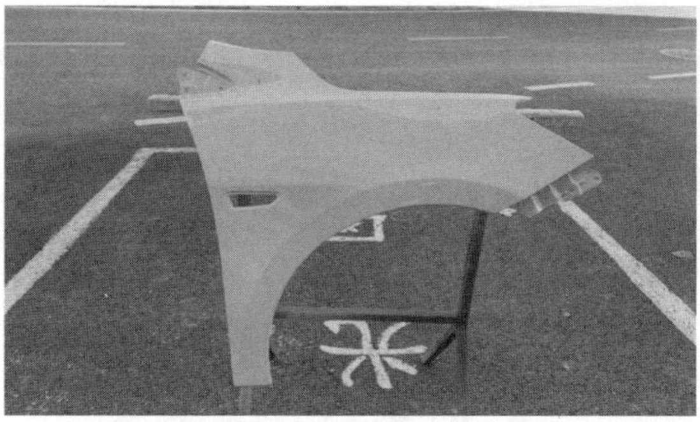

图 4-127　最终抛光效果

（6）有必要时，例如对于深色漆面，使用更细的抛光剂及黑色海绵轮对漆面继续进行抛光，以消除前一道抛光剂抛光后所造成的抛光痕迹。

对于局部修补区域，可在漆膜完全干燥后，对接口部位使用小型抛光机进行抛光。由于局部修补区域的边缘部位漆膜很薄，所以抛光需要非常小心，为了防止产生修补区域边缘产生线形痕迹，通常无须打磨，直接从细抛光剂开始抛光，抛光方向也要从新喷区域向旧漆面部位单向抛光。抛光力度不宜过大，抛光程度不宜过深。

对于较难用抛光机抛光的表面，可采用手工抛光，将少量抛光剂倒在软布上，在修补接口处，从新喷区域向旧漆面单向抛光。

任务小结

（1）汽车喷漆常用的面漆有三种类型：素色漆、银粉漆、珍珠漆。素色漆里面含有普通颜料，正侧面颜色一致；银粉漆是涂料里添加了铝片，因为铝片正侧面反射光线，所以正侧面颜色看起来会有较大的差异，表面有金属闪光效果；珍珠漆是涂料里添加了云母，云母是半透明的，且本身结构呈现多层次不规则状态，表面有彩虹般绚丽效果。

（2）涂料中的溶剂被替换成水，这就是水性漆，且油性漆转换水性漆简单，具备安全、环保等特性，随着环保法规的日益严苛，水性漆逐渐成为市场主流。

（3）喷涂水性漆常用的设备有电加热的喷烤漆房、文丘里吹风枪、水性漆洗枪机、水性面漆喷枪等。

（4）喷涂面漆底色漆时，可先对中涂底漆部位喷涂 1～2 层，以预先遮盖中涂底漆。一般来说，大部分单工序素色漆喷涂 2 层即可达到所需的漆膜厚度和遮盖力，但有些颜色使用的颜料较为透明，遮盖能力相对较差，可能需要喷涂 3～4 层，才能完全遮盖。层间闪干 5 min 或观察漆面完全哑光（水性漆使用文丘里吹风枪吹干或加热烤干）。

（5）喷涂后的漆膜抛光，应先去除漆面瑕疵，再依次使用粗蜡、细蜡完成抛光，同时注意抛光方向应是新涂层往旧涂层方面移动，能获得更好的抛光效果。

实训项目

姓名：________________ 班级：________________ 日期：____________

实训项目四　色漆（水性漆）、清漆的调配、喷涂与遮蔽

1. 车辆信息记录

用户（车牌）：____________ VIN 码：____________ 车　型：____________

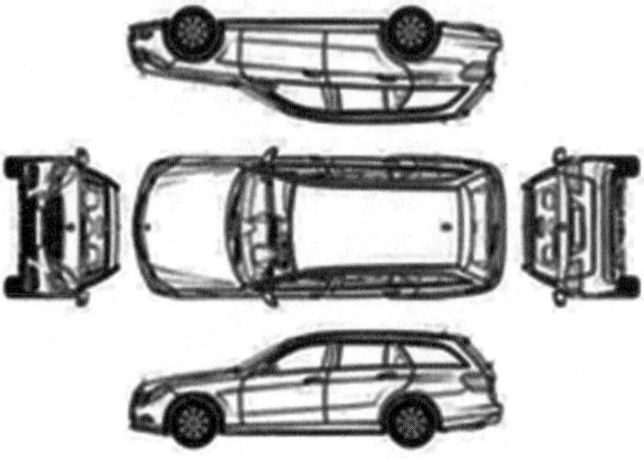

图 4-128　车辆

2. 实车勘察结果

用下列代码在车身对应区域标注损伤类型：

B =凹陷/变形；

Q =清漆层损伤；
S =色漆层及色漆层以下损伤。

3. 耗材明细（见表 4-19）

表 4-19 耗材明细

序号	耗材名称	规格型号	序号	耗材名称	规格型号
1			7		
2			8		
3			9		
4			10		
5			11		
6			12		

4. 操作评分标准

（1）操作过程评分标准见表 4-20 和表 4-21。

表 4-20 操作过程评分标准（色漆）

<table>
<tr><th>任务描述</th><th colspan="2">评分标准</th><th>分值</th><th>得分</th></tr>
<tr><td rowspan="4">色漆（水性漆）的调配、喷涂与遮蔽</td><td colspan="2">安全防护：每次防护用品佩戴错误或未戴扣 5 分；
全程未戴耳塞、未穿安全鞋，扣 10 分；
丢失一种扣 10 分（可继续领用）；
耳塞掉了没有发现，或开始忘带，扣 5 分；全程未戴耳塞、未穿安全鞋，扣 10 分（短时间摘除眼镜检查工件或擦干净眼镜不扣分）；
对不需要进行喷涂的部位进行有效遮蔽，遮蔽不严或未遮蔽的，每处扣 5 分；
遮蔽方式不正确的每处扣 5 分</td><td>15</td><td></td></tr>
<tr><td colspan="2">喷涂前对工件粘尘扣 5 分；
每一种错误扣 3 分：
碰洒包装罐中油漆类物料、喷洒喷枪中物料。
因不会使用免洗枪壶导致洒漆，扣 10 分</td><td>30</td><td></td></tr>
<tr><td colspan="2">色漆调配用量不正确，每超差 0.1 g 扣 1 分；
色漆颜色调配为相邻走向，扣 10 分；
非相邻走向，扣 20 分；
色漆添加稀释剂的选用和添加量正确，超过±0.2 g 扣 5 分；超过±0.5 g 扣 10 分；超过±1.0 g 扣 15 分；超过±1.5 g 扣 20 分；稀释剂选择错误扣 30 分；
使用喷枪吹水性漆表面，一次扣 5 分；
为了解决擦伤、碰伤、鱼眼，喷涂过程中补喷，每位置扣 10 分；
摔落喷枪等严重失误扣 20 分</td><td>40</td><td></td></tr>
<tr><td colspan="2">工具（喷枪、粘尘布）没有放在地面上；使用完毕后，工具、工作位没有恢复原状；气管没有归位；粘尘布没有妥善保管。每一种错误扣除 3 分。
碰洒包装罐中油漆类物料，喷洒喷枪中物料，包括因不会使用免洗枪壶导致洒漆，扣 10 分；
如需补充物料，在总分中扣 30 分</td><td>15</td><td></td></tr>
<tr><td>总得分</td><td></td><td>考核等级</td><td colspan="2"></td></tr>
</table>

表 4-21　操作过程评分标准（清漆）

<table>
<tr><th>任务描述</th><th colspan="2">评分标准</th><th>分值</th><th>得分</th></tr>
<tr><td rowspan="4">清漆的调配、喷涂与遮蔽</td><td colspan="2">安全防护：每次防护用品佩戴错误或未戴扣 5 分；全程未戴耳塞，未穿安全鞋，扣 10 分；
丢失一种，扣 10 分（可继续领用）；
耳塞掉了没有发现，或开始忘带，扣 5 分；全程未戴耳塞，未穿安全鞋，扣 10 分(短时间摘除眼镜检查工件或擦干净眼镜不扣分)；
对不需要进行喷涂的部位进行有效遮蔽，遮蔽不严或未遮蔽的，每处扣 5 分；
遮蔽方式不正确的每处扣 5 分</td><td>15</td><td></td></tr>
<tr><td colspan="2">喷涂前对工件粘尘扣 5 分；
每一种错误扣 3 分：碰洒包装罐中油漆类物料、喷洒喷枪中物料。
因不会使用免洗枪壶导致洒漆，扣 10 分</td><td>30</td><td></td></tr>
<tr><td colspan="2">清漆调配用量不正确，每超差 0.1 g 扣 1 分；
清漆添加的固化剂、稀释剂的选用和添加量正确，超过±0.2 g 扣 5 分；超过±0.5 g 扣 10 分；超过±1.0 g 扣 15 分；超过±1.5 g 扣 20 分；固化剂、稀释剂选择错误扣 30 分；
使用吹风枪或喷枪吹清漆表面，一次扣 5 分；
为了解决擦伤、碰伤、流挂，喷涂过程中补喷，每位置扣 10 分；
摔落喷枪等严重失误扣 20 分</td><td>40</td><td></td></tr>
<tr><td colspan="2">工具（喷枪、粘尘布）没有放在地面上；使用完毕后工具、工作位没有恢复原状；气管没有归位；粘尘布没有妥善保管。每一种错误扣 3 分。
碰洒包装罐中油漆类物料，喷洒喷枪中物料，包括因不会使用免洗枪壶导致洒漆，扣 10 分；如需补充物料，在总分中扣 30 分</td><td>15</td><td></td></tr>
<tr><td>总得分</td><td></td><td>考核等级</td><td colspan="2"></td></tr>
</table>

（2）喷涂效果评分见表 4-22 ~ 表 4-24。

表 4-22　做底效果评分表

<table>
<tr><th colspan="2">评分项目</th><th colspan="2">扣分原则</th></tr>
<tr><td colspan="2" rowspan="5">1. 打磨方法不当造成的凹凸不平（工件表面车身原有凹凸不平不计分）或凹陷；
2. 原子灰印；印痕（如手指打磨造成印痕、底漆硬边印痕等）；
3. 砂眼；
4. 咬底（咬边）；
5. 砂纸痕（工件表面原有较深划痕经裁判确认有记录不计分）等底处理痕迹。
6. 所有底处理缺陷或选手自己导致的需要底处理的操作缺陷（例如摔伤；不包含银粉漆及清漆存在缺陷；因为中涂底漆粗糙桔皮未打磨去除导致的银粉排列不均，在银粉效果中评分）</td><td colspan="2">此项满分 50 分，扣完为止。第一折边外无须评分</td></tr>
<tr><td colspan="2">评分时需要将工件置于相同高度、相同亮度的相同位置评分。三人一组共同评分，两人意见一致通过</td></tr>
<tr><td>1. 明显类：任何角度包括正面明显可见左侧描述缺陷，无法交车</td><td>除砂纸痕之外的缺陷扣 50 分；砂纸痕，原子灰上残留砂眼，按照分布范围，最长边每厘米扣 8 分，最多扣 40 分</td></tr>
<tr><td>2. 较明显类：正面不明显，但侧面较明显（参考判断尺度，在不知道位置的情况下，2 s 内即可看出），无法交车</td><td>除砂纸痕之外的缺陷扣 25 ~ 40 分，根据深度、明显程度，5 分一级；砂纸痕，最长边每厘米扣 1 分，最多扣 20 分</td></tr>
<tr><td>3. 不明显类：在知道位置的情况下，侧面角度仔细可看出（参考判断尺度，30°以下角度，变化角度仔细看方可看出），可交车</td><td>视明显程度及面积大小扣 10 ~ 20 分；程度区分，以不平整区域的面积作为参考，每 1 cm^2 扣 1 分；例如，不平整区域为 10 cm × 2 cm，5 cm × 3 cm，即 35 cm^2，则扣 35 分；砂纸痕，最长边每厘米扣 0.2 分，最高扣 10 分，按照面积大小扣分</td></tr>
<tr><td>总分</td><td>100</td><td>得分：</td><td>考核等级：</td></tr>
</table>

表 4-23　银粉效果（正面）评分表

<table>
<tr><td>评分项目</td><td colspan="3">扣分原则</td></tr>
<tr><td rowspan="7">正面及第一折边：
1. 底色漆露底；
2. 正面由于喷涂方法不一致颜色不同；
3. 起花（起云）；
4. 修补痕迹；
5. 流挂；
6. 其他所有可见色漆存在的缺陷，包括粘尘不当或擦伤导致的缺陷，中涂底漆粗糙桔皮未打磨去除导致的银粉排列不均</td><td colspan="3">评分时需要将所有工件置于相同高度、相同亮度的相同位置评分。三人一组共同评分，两人意见一致通过</td></tr>
<tr><td colspan="2" rowspan="2">1. 明显类，行业不可接受。正面或侧面可明显看出（参考判断尺度，大部分人员包括非专业人士 3 s 内即可看出），无法交车；
露底（需从较强光线下检查是否露底）、颜色不同、流挂只能归于明显类</td><td>a. 正面缺陷面积小于 20 cm^2 时，扣 60～70 分；否则扣 80 分</td></tr>
<tr><td>b. 第一折边缺陷，每 1 cm 扣 2 分，最多扣 50 分</td></tr>
<tr><td colspan="2" rowspan="2">2. 较明显类，行业内接受度 50%左右。从某一个角度可看出，大部分人包括非专业人士在告知位置情况下仔细可看出</td><td>c. 正面缺陷，每 1 cm^2 开扣 0.05 分，最高扣 60 分</td></tr>
<tr><td>d. 第一折边缺陷，每 1 cm 扣 0.05 分，最多扣 40 分</td></tr>
<tr><td colspan="2" rowspan="2">3. 不明显类，行业内接受度 100%，某侧面角度仔细可见，除过露底、颜色不同、流挂缺陷之外的缺陷（参考判断尺度，非专业人士在告知位置情况下难以看出或认为完全可以接受），较不明显，可交车</td><td>c. 正面缺陷，每 1 cm^2 扣 0.02 分，最高扣 30 分</td></tr>
<tr><td>d. 第一折边缺陷，每 1 cm 扣 0.02 分，最多扣 10 分</td></tr>
<tr><td>与目标色板颜色近似度</td><td colspan="3">上一项未扣完满分时，用目标色板和无缺陷且面积较大位置比色：
1. 正侧面都很接近，边对边对比无色差，不扣分。
2. 比较接近，有微小差别，可边对边交车；扣 5～10 分。
3. 比较接近，有微小差别，边对边无法交车，能够过渡喷涂，扣 15～20 分；根据排名，由最佳一名起，每排名靠后一名，扣 1 分。
4. 差距更大，过渡无法解决，看起来要继续微调才可过渡，扣 25～35 分；根据排名，由最佳一名起，每排名靠后一名，扣 1 分。
5. 差距过大，不像是同一颜色，需要大量色母才能微调，扣 40 分</td></tr>
<tr><td>总分</td><td>100</td><td>得分：</td><td>考核等级：</td></tr>
</table>

表 4-24　清漆效果（正面）评分表

<table>
<tr><td>评分项目</td><td colspan="3">扣分原则</td></tr>
<tr><td rowspan="5">1. 清漆均匀度：
2. 流平；
3. 饱满度；
4. 光泽
（不评价本项没有注明的其他缺陷，例如清漆表面的缺陷，清漆垂流、鱼眼、超痱子等）</td><td rowspan="5">工件（不含第一折边）正面流平、均匀度、光泽、饱满度，按照等级扣分；
板面上同时存在 2 个以上等级时（最长边小于 2 cm 的小面积区域不计），将等级求平均值后确定扣分</td><td colspan="2">1 级，扣 0 分（纹理、流平不抛光即可完美交车）</td></tr>
<tr><td colspan="2">2 级，扣 10～15 分（小于 25%面积抛光后完美）</td></tr>
<tr><td colspan="2">3 级，扣 25～30 分，行业内专业人员很难接受直接交车，抛光后可交车。大面积（50%～75%需抛光，扣 25 分；75%以上需抛光，扣 30 分）</td></tr>
<tr><td colspan="2">4 级，扣 40～45 分，不可交车，抛光后可以接受，但抛光易于抛穿（导致重喷）部位 1～3 处且主要处于边缘</td></tr>
<tr><td colspan="2">5 级，扣 55～60 分，不能交车，无法抛光解决，抛光易于抛穿导致重喷部位 4 处以上且主要位于正面，需整板重喷时，扣 65 分，不合格区域小于 50%时，扣 55 分</td></tr>
<tr><td>满分：100</td><td>得分：</td><td>考核等级：</td><td></td></tr>
</table>

任务六　前翼子板瑕疵处理

任务描述

客户李先生的新赛欧白色轿车的右前翼子板完成了面漆处理。现在请你依据交车标准，检查施工后的表面，如果有瑕疵，完成瑕疵处理的工作，请安全、环保地完成此项工作任务。

学习目标

【知识目标】

能叙述常见的涂装缺陷成因、预防与处理方法。

【能力目标】

（1）能正确判断涂装缺陷；

（2）能正确处理已经产生的涂装缺陷；

（3）能完成车辆漆面检查，将车辆交付给客户。

【素质目标】

（1）具备良好的沟通能力和表达能力；

（2）能够按照企业“7S”要求和安全生产规范进行操作；

（3）具有与同学密切合作，规范安全地完成学习活动的能力。

建议学时：4 学时

知识准备

常见的涂装缺陷及防治方法

1. 起皱（咬底）

当新的涂膜施工后，基底涂层的膨胀和凸起，可能在施工时或干燥时出现。

（1）缺陷成因：

① 当使用双组分产品，进行湿对湿施工时，闪干时间过长（涂层处于胶状时，对其进行了重涂）。

② 重涂溶剂敏感型涂层（NC 硝基、TPA 热塑性丙烯酸）时，使用了错误的修补材料或喷得太厚。

③ 作为封闭层的涂层不足够厚（喷得太薄或之后被磨得太多）。

④ 基底涂层未彻底干燥固化。

（2）缺陷防范：

① 始终遵循推荐的闪干时间。

② 进行溶剂测试，使用正确的施工工艺。

③ 确保正确的漆膜厚度，用产品说明书中建议的漆膜厚度。

④ 确保基底涂层干燥固化（重新烘烤或红外线烘烤）。

（3）缺陷处理：

打磨缺陷涂膜至正常的涂膜，用适合的底漆和面漆返工（如必要，可剥离缺陷涂膜至无问题的涂层）。

2. 膨胀隆起/发汗

刚操作完的涂膜中，残留溶剂非常慢地挥发，这将造成漆面大面积的膨胀隆起或发汗。该问题会导致光泽减弱（雾状）以及小面积的边缘痕迹。

（1）缺陷成因：

① 整个工艺过程中，各涂层间干燥时间过短。操作过程中，底漆层涂膜太厚。

② 填补区域中涂底漆太薄或没有足够的封闭隔离。

③ 溶剂敏感底涂层的膨胀。

④ 不正确的腻子或中涂漆固化剂的添加量。

⑤ 硝基或热塑性丙烯酸油漆上进行了不正确的工艺操作。

（2）缺陷防范：

① 采用推荐的产品膜厚和干燥时间。尽可能使用红外线干燥方式，因为基于红外线特性，干燥过程总是由漆膜底层先开始的。

② 施涂足够膜厚的隔离涂层（大约 50 μm）。

③ 施工前用丙烯酸或硝基溶剂对基底进行溶剂测试，精细打磨羽状边和旧漆膜（腻子施工区域用 P80 砂纸；中涂底漆施工区域用 P400 砂纸，参考技术说明书进行操作）。不要在溶剂敏感型旧涂层上施涂腻子（最好施涂于裸金属上）。底漆中涂施工时，每一层都薄喷，并给予层间较好的闪干。使用含温和溶剂的产品（水基底漆）。

④ 仅用规定的产品混合比例。

⑤ 基于不同的基底选择合适的工艺和产品。

（3）缺陷处理：

彻底磨掉缺陷区域或清除受影响的部分，用正确的底漆或面漆施工。

3. 失　光

喷涂后哑光或无光泽的漆面。

（1）缺陷成因：

① 漆膜膨胀。

② 涂层太厚（施喷面漆时涂层施喷太厚，涂层内存有许多尚未挥发的溶剂，当面漆干固后，溶剂还继续挥发而引致面漆层收缩出现失光现象）。

③ 风化侵蚀（二氧化硫、一氧化二氮与湿气反应的结果，或较强紫外线的照射）。

④ 油漆混合比例错误。

⑤ 较差的不正确的漆膜护理，不正确的抛光（过强烈的抛光形成损伤；直接于阳光下抛光）；由于较差的漆膜护理维护形成的风化侵蚀；太粗太旧的洗车刷损伤；

太强效的洗车液（如用家用洗洁精）。

⑥ 新修补漆膜过早接触不良天气条件，厚涂层或新涂层对低于露点温度条件敏感。

⑦ 在喷涂和/或干燥固化过程中空气循环不足。

（2）缺陷防范：

① 保证遵守正确的混合比例，确保遵循规定的膜厚。

② 保证正确的膜厚和干燥时间。

③ 检查空气循环系统，必要时更换顶棉、地棉。有疑问时，咨询喷漆房供应商。

（3）缺陷处理：

首先尝试用粗抛光蜡抛光，再用细蜡、高光泽蜡恢复光泽。如果还不能恢复正常，必须选择重新喷涂。

4. 遮盖力差

底层颜色透过面漆被显现，透过面漆能看到旧漆层、底漆或中涂喷涂区颜色。

（1）缺陷成因：

① 底层未着色成与面漆接近的颜色或者灰度。

② 缺乏遮盖强的色料（例如没有重金属颜料）。

③ 面漆的黏度过于稀薄。

④ 面漆在使用前未完全搅拌均匀。

⑤ 喷涂太薄。

（2）缺陷防范：

① 特别在使用半透明颜色时（如 3 层珍珠效果色）需要统一的基底色。

② 对于遮盖力弱的颜色，可选择灰度底漆系列，并选择最适宜的灰度，以匹配各个面漆颜色的色调，或者针对湿对湿工艺使用免磨中涂底漆。

③ 色母、色漆按规定在使用前彻底搅拌均匀。

④ 确保足够的面漆膜厚（双组分纯色：50 ~ 70 μm，底色漆：10 ~ 20 μm），注意层间适当的闪干时间。

（3）缺陷处理：

面漆干燥固化后打磨并重喷。

5. 溶剂泡

滞留在漆膜里面的溶剂气化形成表面水泡状缺陷。

（1）缺陷成因：

① 漆膜喷涂太厚。

② 固化剂和/或稀释剂太快干。

③ 每个涂层间的闪干时间太短。

④ 在烘烤前或红外线加热前闪干时间太长。

⑤ 红外线烤灯和车体的间距不够，造成表面温度过高。

⑥ 湿对湿工艺时，两个涂层间闪干得不够。

（2）缺陷防范：

① 遵循所推荐的膜厚。

② 根据不同温度条件，选择正确的固化剂和稀释剂组合。

③ 遵循所推荐的闪干时间。

④ 使用红外线加温时，参照推荐的间距和功率级别（光照强度）。

⑤ 采用湿对湿工艺时遵照推荐的涂膜间的闪干时间。

（3）缺陷处理：

出现溶剂泡的表面，必须打磨至完好的漆层，选择正确的底漆和面漆重喷。如果气泡未能完全清除，那么新的涂层施工后将会出现针孔。

6. 针　孔

基底涂层（旧涂层）的溶剂泡未完全清除，导致新涂层上出现小孔或火山口状缺陷。

（1）缺陷成因：

① 旧涂层的残留溶剂蒸发或气化。

② 因塑料件里的毛孔和气泡形成针孔。这个问题通常出现在柔软的塑料件[如PUR（聚氨酯）后扰流板]和 GRP（玻璃增强热固性塑料或玻璃钢）上。

③ 塑料件生产时已存在的膨胀缺陷或泡沫孔。

（2）缺陷防范：

① 要么完全彻底地打磨掉原先的缺陷，要么填补掉这些孔。

② 在施工前彻底检查塑料件表面是否有小孔，如果有，则用塑料件原子灰填补。

（3）缺陷处理：

① 针孔或火山口状缺陷只能被彻底打磨并修补，或者实际需要时填补难以磨平整的小孔。

② 塑料件如有太多的气孔将难以喷涂，所以在喷涂前对表面的检查很重要，应在磨损缺陷处用塑料件原子灰填补小孔，并按正确工艺重喷。

7. 鱼　眼

鱼眼是指 0.5 ~ 3 mm 直径的圆形凹陷。这些缺陷外表上看，从相对平滑的凹陷至严重到见底（基底）的程度。如不正确地重新修补，原先的凹陷点可能再次呈现相对平整些的凹陷。

（1）缺陷成因：

① 油、油脂、蜡和硅的残留物所引发（如有些抛光蜡含硅）。

② 维修人员：来自衣服、橡胶手套、皮肤污物和头发上的洗液残留物等。

③ 喷烤漆房：可移动（转动）机件的润滑剂、塑料件的脱膜剂、压缩空气软管上的污物、密封剂、不适当的油、漏气的油水分离器、脏的顶棉和地棉等。

④ 油漆材料：不正确地使用添加剂（防鱼眼添加剂），固化剂/稀释剂在运输和储存时混入了杂质。

⑤ 工件或配件：脱膜剂、滑爽添加剂的残留，焊剂，沥青和隔热垫上的油，新

海绵的脱膜剂，不适合的清洁剂或研磨剂，胶带黏合剂。

⑥ 进入了其他工作区域的受污染的空气。

（2）缺陷防范：

以上 6 点给出了漆膜产生鱼眼的主要原因，可以据此预防类似的污染。原则上推荐在临近喷漆的场所仅使用不含硅的产品，并且彻底清洁待喷涂表面。

（3）缺陷处理：

彻底打磨缺陷区域至完好的涂层。使用正确的油漆材料重涂。喷涂的区域如果清楚地显现硅引发的鱼眼，如有必要，可以按说明书使用抗鱼眼（硅）添加剂。

8. 流　挂

汽车侧面的漆面上出现类似水珠状、水滴状、大面积水珠状、水幕状的流痕。

（1）缺陷成因：

① 所喷涂的油漆材料（加了固化剂和稀释剂）太慢干。

② 黏度太低（太稀薄）。

③ 要喷涂的物体的表面温度太低。

④ 喷涂太厚。

⑤ 喷涂太多层。

⑥ 闪干时间太短。

⑦ 喷枪与被喷涂物太近。

⑧ 喷枪喷嘴太大。

⑨ 不规范的喷涂操作。

（2）缺陷防范：

① 确保正确选择和调配固化剂及稀释剂，以适合不同的环境温度和喷涂面积。

② 确保喷枪是干净的，喷嘴和风帽的口径正确。

③ 喷涂要连贯、均衡，不走曲线，不要犹豫停顿。

（3）缺陷处理：

① 在油漆完全固化之后，用打磨垫块配合水磨砂纸去除流痕。使用越是细的砂纸，越是不会对漆膜造成损伤，而且能减少抛光工作量。用粗抛光蜡抛光，再用高光泽蜡恢复光泽。

② 如果不能抛光打蜡解决，缺陷磨除后，打磨整板后重新喷涂即可。

9. 橘皮/桔皮

油漆表面较差的纹理，像是橘子皮表面的纹理。

（1）缺陷成因：

① 喷枪距离太远。

② 喷涂气压太低（雾化不良）。

③ 漆膜太薄。

④ 油漆黏度太高（油漆太稠）。

⑤ 对于喷涂的条件或被喷涂物面积，固化剂和/或稀释剂太快干。

⑥ 喷枪嘴太小。

⑦ 层间闪干的时间太长。

（2）缺陷防范：

① 保持所推荐的喷枪与被喷物的适当间距。

② 确保遵照推荐的气压。

③ 始终喷涂湿涂层。

④ 按建议调整黏度。

⑤ 选择正确的固化剂和稀释剂。

⑥ 按照产品说明书选择正确的喷嘴。

⑦ 采用正确的闪干时间。

（3）缺陷处理：

① 对于小的缺陷，用 P1200 砂纸打磨表面，用粗抛光蜡抛光，再用高光泽蜡恢复光泽。

② 对于面积较大的缺陷，则需打磨平整并重喷。

10. 抛光痕迹

在油漆表面出现来自抛光蜡或抛光轮的非常细的偏灰色低光泽线条。

（1）缺陷成因：

① 漆膜还没有干燥固化得足够长的时间；漆膜太厚；固化剂的选择和固化剂的添加量不正确，会使得油漆表面产生抛光痕的敏感度更严重。

② 在抛光机上施加过分的压力。

③ 在抛光的过程中抛光机的抛光轮倾斜了。

④ 粗糙的抛光蜡。

⑤ 被抛光的工件刚从烤房中取出或在直射的阳光下抛光，从而表面温度太高。

（2）缺陷防范：

① 确保正确的膜厚范围，注意干燥时间、固化剂和稀释剂的正确选择。在抛光前，让漆膜充分干燥（如果必要，可用红外线重新烘烤）。

② 要使用正确的抛光头施工。抛光时不要过分按压抛光头，也不要倾斜抛光头。

③ 不要使用太粗糙的抛光蜡。

④ 不要在直射阳光下抛光，确保漆膜是冷却了的。

（3）缺陷处理：

重新用高光泽抛光法抛光，必要的地方可先用粗抛光蜡做预抛光。

11. 灰尘污染

通常由外界杂质造成漆膜表面不规则的小颗粒，呈现各种不同的大小、形状、类型和状态。

（1）缺陷成因：

① 喷涂前对底层的清洁不够好。

② 连体工作服或衣物上的细纤维。

③ 因为脏的过滤棉所造成的不良空气供给，排风和喷漆房内部气压异常。

④ 喷房外的进气口被污染（抛光残留物、细灰等）。

（2）缺陷防范：

① 喷涂前彻底清洁表面。

② 使用不掉纤维的工作衣或衣物。

③ 确保定期更换喷漆房过滤棉。

④ 确保抛光整理区域远离喷涂区，用通风、过滤的方式隔开。

（3）缺陷处理：

① 用粗抛光蜡抛光，以适合的高亮度抛光法恢复光泽。

② 更严重的缺陷需要打磨并重喷。

12. 飞　漆

喷涂操作中，干了的喷涂雾化细粒子粘在涂膜表面，或者说这种雾化粒子未被漆膜吸收。

（1）缺陷成因：

① 针对喷涂环境或被喷涂物的面积，选择了不正确的固化剂和/或稀释剂，造成不良的漆雾粒子吸收。

② 喷枪运行时喷幅交叠不够。

（2）缺陷防范：

① 针对不同的喷涂条件或被喷涂物的面积，选择正确的固化剂和/或稀释剂。

② 喷枪运行时，确保足够的喷幅交叠。

（3）缺陷处理：

用粗抛光蜡抛光，以适合的高亮度抛光法恢复光泽。

13. 漆　尘

新喷的漆膜上来自喷涂环境的漆尘粒。

（1）缺陷成因：

① 从喷枪、气管和衣服上掉落的油漆污垢。

② 来自喷房的漆尘（多色的粒子）掉入湿的漆膜。如果换气不良或顶棉较脏，喷房的顶部会形成这些尘点。

③ 邻近板块施工时的漆雾污染。

（2）缺陷防范：

① 定期清洁喷枪、气管和衣物。

② 定期维护喷漆房和过滤棉系统，确保喷房供应商气流设定正确。

③ 保持施工区域以与其他车辆油漆施工区域隔离开。

（3）缺陷处理：

① 用粗抛光蜡抛光，以适合的高亮度抛光法恢复光泽。

② 严重的缺陷需要打磨并重喷。

14. 水　迹

通常轻微地以圆形的发白色斑点状出现于油漆表面的水斑纹，是由于含有矿物盐分的水溶液干燥后形成的。通常斑纹的内部区域无损伤，而外部边缘轻微凸出。

（1）缺陷成因：

① 新涂装的漆膜还未完全干燥固化就淋雨了。

② 漆膜施工较厚，以至干燥不良。

③ 选择固化剂不正确，或固化剂添加量不正确。

（2）缺陷防范：

确保新喷油漆使用了正确的固化剂、正确的调配比例，喷涂层数（膜厚）没有过多。

（3）缺陷处理：

① 先水洗，如果不行，使用 P1500 水磨砂纸打磨后，再用粗抛光蜡抛光，并用高光泽抛光法恢复光泽。

② 更严重的情况需要打磨重涂。

15. 起云/起花

斑纹状或条状的或明或暗的颜色缺陷，常见于金属漆漆面。

（1）缺陷成因：

① 施工时，喷涂不均匀、交叠不正确。

② 层间闪干时间不正确。

③ 未按技术说明正确施工底色漆。

（2）缺陷防范：

确保新喷油漆使用了正确的固化剂、正确的调配比例，喷涂层数（膜厚）没有过多。

（3）缺陷处理：

① 如果在底色漆喷涂时就出现了起云现象，可以在问题区域用正确喷涂技法再喷涂补救。

② 如果出现于清漆之后，则只能待干燥固化后打磨，用正确方法重涂。

16. 起　皱

当漆膜表面干燥比底层的漆快时，会形成不平坦的波浪状表面纹理。该问题仅会出现于瓷漆。

（1）缺陷成因：

清漆漆喷涂得太厚；稀释剂添加太少或没添加催干剂；不利的干燥条件（如车间温度过高）。

（2）缺陷防范：

① 按照推荐的喷涂层数和膜厚施工。

② 按照调和配方来添加催干剂。

③ 确保正确的干燥条件（不能太热）。

（3）缺陷处理：

① 对于小的缺陷，彻底干燥漆膜，打磨至固化变硬的涂层，然后重涂。

② 对于严重的起皱缺陷，用脱漆剂或机械方法剥离整个涂层，并按规范重涂。

17. 条件等色

当一个颜色在特定的条件下看起来和另一个颜色色调一致，而在其他不同的条件下可能看起来完全不同。这种情况最常见的是在白天能匹配的颜色，到了人工光线条件下显现不同（特别是路边的钠灯下）。

（1）缺陷成因：

① 除人类天生的条件，以及不同的人对颜色感知的许多差异外，还有其他的一些原因造成条件等色的问题。

② 修补油漆所用的颜料和/或色母的颜料成分与原漆的颜料成分不一样。

③ 一个不了解的色漆（没有配方的颜色）在使用前，未在不同的光源下进行检查确认。

④ 调配一个颜色时，未参考使用配方中的色母。也就是微调颜色使用的色母不是原配方中的色母。

（2）缺陷防范：

① 对以前不了解的颜色，只能使用电子测色仪器来防止条件等色。

② 对于了解的颜色（有调色配方），该颜色必须在多种光线下检查比较。

③ 微调时仅使用原配方中的色母和/或微调指导表（色母挂图中的）指示的色母。

（3）缺陷处理：

① 由条件等色形成的颜色轻微差异可以用驳口过渡喷涂法来解决、克服。

② 对于严重的条件等色，则要重新调配颜色，或用电子测色仪器配合检测。

18. 洗车产生的擦痕

在深色的车身漆膜上经常能见到平行的丝状擦痕。其表面会有些失光，色调也会显得灰白。

（1）缺陷成因：

① 洗车刷或机械洗车刷太粗、太脏或太旧。

② 预清洗时水用得不够。

③ 刚施工好的车辆漆膜不能过早地用机械方法清洗。当漆膜干燥固化时间不足够长，喷涂太厚，或固化剂使用不当，那么新漆膜将对产生划伤敏感度增加。

（2）缺陷防范：

① 使用干净正确的刷子。

② 在刷洗前用大量水彻底冲洗。

③ 避免过早地用机械方法清洗刚施工好的漆膜表面。确保遵循推荐的漆层厚度、干燥固化时间及固化剂比例。

（3）缺陷处理：

用粗抛光蜡进行抛光，再用适合的高光泽蜡恢复光泽。不断地使用洗车机械设备而造成表面损伤是无法避免的。许多车辆原厂使用抗划擦清漆，这类车辆需要修补时，必须用厂方推荐的抗划清漆施工。

19. 水　泡

在潮湿天气，少量的水汽被吸入油漆涂层里，然后在干燥的环境中再次蒸发（渗透）。这个过程是正常的，不会损伤构造良好的油漆涂层。然而，不良的底层处理会在面漆之下留下成为污染物的吸湿的/水溶性的物质（盐）。这将导致局部集中的盐水溶液抬升漆膜，成为水泡。水泡可能以各种尺寸、形状、密集程度呈现，可形成于各涂膜间或原发于整个涂层之下。在干燥天气情况下，大多数的水泡将会暂时退去。

（1）缺陷成因：

① 要喷涂的表面（腻子、裸金属等）未经彻底清洁。盐分残留污染物（如来自脏的打磨水或手汗）被留在涂层下的表面或各涂层之间。起水泡的形态可能显现出成因（成行的水珠状——擦痕，印痕——手指或手掌印）。

② 水磨操作（特别是聚酯类产品）完成后，表面残留水分未给予足够的挥发时间，就进行了下一道涂层的施工。

（2）缺陷防范：

① 用干净的水彻底清洁要喷涂的表面。有规律地更换打磨用水和清洁用水，特别在冬天，车体漆膜要修补的区域可能粘了盐分（道路上化雪用的盐水污染物）。考虑换为干打磨，以防止打磨时涂膜对水的吸收。最后，要基于不同基底，用不同的专用清洁剂进行表面清洁。

② 使用水磨后，给予充分的时间让表面残留水分挥发（大约 2 h，20°C 时）。对于聚酯类产品，尽可能使用干打磨。

③ 确保喷涂施工时喷房是干燥的。在湿冷条件下，进行任何喷涂操作前先加温喷房。

（3）缺陷处理：

① 彻底磨掉缺陷涂膜，清除受影响区域，直至情况良好涂层。必要时，可以清除缺陷涂层至金属底材。

② 选择正确底漆和面漆进行重涂。

20. 渗　色

渗色是底层渗透出可溶性的色料，使面漆颜色出现色斑。观察面漆上的渗色，呈现斑点或成片的变色污迹（通常为红色或黄色）。过多聚酯腻子的过氧化物固化剂会与面漆颜料发生化学反应，同样会造成类似的污染痕迹。

（1）缺陷成因：

① 旧涂层中可溶性的色料被修补材料中的溶剂溶解分离，改变了表面的颜色。

② 当过量的用于聚酯腻子的过氧化物（固化剂）与修补材料中的颜料发生反应后，出现黄褐色的色斑。兰、绿色漆特别容易发生此问题。

③ 沥青或焦油残留物未彻底清除干净。

（2）缺陷防范：

① 做溶剂测试，以检测是否存在可溶性的色料。

② 遵循推荐的过氧化物固化剂与聚酯腻子分量比例，并彻底地混合均匀。不要在施涂时，出现固化剂颜色条纹（说明仍未混合均匀）。

③ 在施涂前，确保所有污染物，特别是顽固的沥青和焦油沉积残留必须完全清除。

（3）缺陷处理：

修补渗色区域，需要先用合适的底漆涂料产品对其隔绝，如环氧底漆。如果渗色严重，必须将缺陷区域上的涂层清除至完好的底层，然后用正确的底漆和面漆进行返工。

21. 失去附着力

附着力缺失通常会显现两种情形：第一种是附着力缺乏发生于整个漆膜下；第二种是出现在涂层之间。

（1）缺陷成因：

① 某些会造成破坏黏合力的物质留在了涂层的基底上（例如硅、油、油脂、蜡、锈蚀、打磨残渣等）。

② 底材上使用了不适合的底漆或中涂漆。

③ 基底上不充分的打磨。

④ 底漆或底色漆喷涂得太干或太薄。

⑤ 较差的干燥条件。

（2）缺陷防范：

① 始终使用正确类型的底漆或中涂于底材上，以防与基底的附着力缺失（如针对铝材、钢材或塑料件等）。

② 按规范施工底漆产品（参见技术说明书或产品包装上的说明）。

③ 不要喷涂太厚。

④ 在油漆材料施工前彻底清洁基底表面。

（3）缺陷处理：

清除附着力差的涂层，彻底打磨和清洁基底，选择正确的底漆、中涂和面漆产品重涂。

22. 边缘印痕

环绕原旧涂膜羽状边打磨位置面漆上出现膨胀或发汗现象。

（1）缺陷成因：

① 中涂底漆和/或腻子区域不充分的干燥固化。

② 前处理时，羽状边打磨得不够细，中涂漆喷涂到旧涂层和金属区域时，使羽状边区域旧涂膜出现膨胀（这和金属底材没有关系）。

③ 新配件上原底漆的膨胀。

④ 在硝基或热塑性丙烯酸漆上错误的工艺。

⑤ 底色漆和清漆施工前，粗打磨到的区域未完全被隔离（底色漆施工前使用了小于 P400 的砂纸；纯色面漆施工前使用了小于 P320 的砂纸）。

（2）缺陷防范：

① 要注意干燥时间，使用红外线干燥是由底层向外层干燥的过程，可减少边缘印痕的发生。

② 施工前，用丙烯酸或硝基稀释剂对基底进行溶剂敏感度测试。确保打磨的羽状边够细（腻子涂层用 P80/P150 砂纸；中涂底漆层用 P240 砂纸，参考技术说明书）。不要在溶剂敏感型旧涂层上施涂腻子（最好施涂于裸金属上）。底漆中涂施工时，每一层都薄喷，并给予层间较好的闪干。使用含温和溶剂的产品（水基底漆）。

③ 注意正确的调配比例。

④ 针对不同的基底选择正确的工艺。

⑤ 用薄喷的中涂漆来隔离打磨到的区域。

（3）缺陷处理：

打磨受影响区域至平滑平整，用正确的底漆和/或面漆重喷。

23. 打磨痕迹

基底上漩涡状的打磨痕迹显现在面漆上。

（1）缺陷成因：

① 基底被太粗的研磨物打磨过，打磨划痕的深度太深，导致无法被完全填补掩盖。

② 底漆或中涂的干燥时间未被遵守，造成在喷涂和干燥时底漆层膨胀，从而能清楚地看到之前打磨操作时留下的漩涡状痕迹。

③ 填充中涂底漆涂层太薄，无法完全遮盖基底上的打磨痕迹。

④ 不良的打磨技术和/或打磨设备。

（2）缺陷防范：

① 使用规范的打磨材料（例如腻子用 P80/P180，填充底漆/中涂底漆通常只能覆盖 P240 以上的砂纸痕迹）。

② 按照规定方法进行干燥。

③ 遵守规定的膜厚范围。

④ 在开始打磨前，要先把打磨机置于要打磨的表面。机器打磨填充底漆/中涂底漆时选用不超过 5 mm 的振动模式。

（3）缺陷处理：

彻底磨掉有缺陷的漆层，根据必要性选择正确材料进行重涂。

操作指引

1. 课前准备

（1）场地设施：户外或者装有良好照明的场地。

（2）施工主体：已完成面漆处理的右前翼子板。

（3）学生组织：教师指导、分组实训、过程评价。

2. 注意事项

听从实训指导教师的安排，严格遵守场地安全规定。

任务实施

李先生的新赛欧轿车的左前翼子板经过面漆处理后，送到交车区进行质量检查，步骤如下：

1. 漆面外观检查

（1）检查区域：
① 喷涂工件全部正面。
② 喷涂工件侧面。
（2）检查方式：
① 将板件放在有良好光照条件下的环境中，目视检查。
② 戴溶剂手套触摸检查漆面。
（3）检查要点：
① 漆尘多少。
② 橘皮轻重。
③ 是否有溶剂泡、鱼眼、砂纸痕迹、水印、流挂等缺陷。
④ 色漆是否起云。
⑤ 底色颜色是否完全遮盖。
⑥ 清漆是否薄喷、漏喷。
（4）检查结果：
有明显可见缺陷即为不合格。

2. 平整度检查

（1）检查区域：
板件正面施涂原子灰、中涂底漆覆盖区域。
（2）检查方式：
在良好的光源下正侧面目视检查板件施涂原子灰处。
（3）检查要点：
正侧面观察，看不出曾经施涂原子灰的部位不平整。
（4）检查结果：
① 正面观察曾施涂原子灰部位不平整为不合格。
② 正面观察平整，侧面观察曾施涂原子灰部位不平整为不合格。

3. 颜色匹配检查

（1）检查区域：

新喷涂面漆部位和周边未喷涂部位。

（2）检查方式：

在良好的光源（日光或模拟太阳光灯）下目视检查。

（3）检查要点：

紧邻新喷涂面漆部位的颜色是否与新喷涂面漆部位颜色一致。

（4）检查结果：

新喷涂面漆部位与周边未喷涂面漆部位颜色不一致为不合格。

如果检查出相关缺陷，按照各缺陷的处理办法处理即可。经过检查，如图 4-129 所示，李先生的新赛欧轿车的左前翼子板修复无问题，可以将车交付给李先生。

图 4-129　质检交付

任务小结

（1）油漆颜色准确，漆面纹理一致，表面无任何瑕疵。

（2）漆膜丰满有亮度，正面边角无缺陷。

（3）车身表面、玻璃等部位无油漆飞溅，连接处平滑自然。

参考文献

[1] 张启友. 汽车钣金修复工艺[M]. 北京：机械工业出版社.
[2] 李贤林. 汽车钣金工艺[M]. 北京：高等教育出版社.